大道之行也天下為公選賢與能講
信修睦故人不獨親其親不獨子其子使
老有所終壯有所用幼有所長矜寡孤
獨廢疾者皆有所養男有分女有歸
貨惡其棄於地也不必藏於己力惡其
不出於身也不必為己是謀閉而不興盜
竊亂賊而不作故外戶而不閉是謂大同

孫文

孙文学说

构建近代中国的理论先导

张苹 张磊 著

山西出版传媒集团　山西人民出版社

图书在版编目（CIP）数据

孙文学说：构建近代中国的理论先导/张苹，张磊著．—太原：山西人民出版社，2015.7
ISBN 978-7-203-08907-0

Ⅰ．①孙… Ⅱ．①张… ②张… Ⅲ．①孙中山（1866—1925）—政治思想—研究Ⅳ．① D 693.0

中国版本图书馆 CIP 数据核字（2015）第 127774 号

孙文学说：构建近代中国的理论先导

著　　者：	张　苹　张　磊
责任编辑：	蒙莉莉　李　鑫
装帧设计：	柏学玲
出　版　者：	山西出版传媒集团·山西人民出版社
地　　　址：	太原市建设南路 21 号
邮　　　编：	030012
发行营销：	0351—4922220　4955996　4956039　4922127（传真）
天猫官网：	http：//sxrmcbs.tmall.com　电话：0351—4922159
E—mail：	sxskcb@163.com　　发行部
	sxskcb@126.com　　总编室
网　　　址：	www.sxskcb.com
经　销　者：	山西出版传媒集团·山西人民出版社
承　印　者：	山西出版传媒集团·山西新华印业有限公司
开　　本：	787mm×1092mm　1/16
印　　张：	22.25
字　　数：	280 千字
印　　数：	1—2 000 册
版　　次：	2015 年 7 月　第 1 版
印　　次：	2015 年 7 月　第 1 次印刷
书　　号：	ISBN 978-7-203-08907-0
定　　价：	50.00 元

如有印装质量问题请与本社联系调换

自 序
PREFACE

《孙文学说：构建近代中国的理论先导》一书，是我们为纪念伟大的民主革命先行者与近代化前驱孙中山诞辰150周年的菲薄奉献。几年来，我们竭力在过去的研究基础上完成了四部著作。本书则聚焦于孙文学说的研究，恰恰回应了1981年出版的我的首部著述《孙中山思想研究》。我们先前的几部孙中山传记和相关论文集，也大多侧重于思想研究。从那时到现在，30年过去了，抚今追昔，不禁感慨万千。

我对孙中山的研究，始自50余年前的研究生毕业论文《孙中山思想研究》。后来的许多成果，也与这个课题大体有关。前后持续几近一个甲子，终于完成了《孙文学说：构建近代中国的理论先导》。本书虽然浅陋，却也显示了作者对人物思想、社会思潮研究的强烈关注和十分执著，这并非是偶然的，因为重大的历史变革总是要以思想为先导和指引。只要是人们从事自觉的活动，必然是由思想所驱使。没有革命的理论，就没有革命的运动，历史证明，确是至理名言。正是在这种意义上，马克思指出了"批评的武器"的巨大作用：揭示旧制度的溃疡，开出疗救的方案。当然，"武器的批评"往往是必要的、不可代替的。反动统治阶级以暴力抱残守缺，则需要为先进理论所掌握的群众——社会物质的力量去摧毁。所以，深入、广泛和实事求是地研究人物思想、社会思潮，对反映历史的真实和规律具有不可忽视的意义。了解人们的头脑和思维活动，无疑是把握人们活动的关键。

这是一个朴素的真理。正如相识50余年、谊兼师友的金冲及同志在评论拙作《孙中山传》时所指出："人的行动总是受其思想的支配。不了解他是怎么想的,就不可能真正了解他为什么会这样做。对'站在正面指导时代潮流的伟大历史人物'自然更需要了解他对时代的认识,他所追求的目标以及种种设想,它给后人留下了哪些遗产。这样,才能更全面深刻地了解孙中山在近代中国所处的历史地位。"(《人民日报》2011年12月30日)

当然,就孙中山研究这项兼具重大学术价值和现实意义的课题而言,我们仍须锲而不舍,不断加以深化和拓展。时代有此需要,研究有待持续。

没有理由自满和停滞,只能奋然前行。

一

文化,是一个具有最为广泛的内涵和外延的词语。它涵盖了烙印上人类活动痕迹的一切事物,从粗陋的石器到抽象的哲理。

社会思潮,无疑是文化的精髓部分。它关乎社会发展的取向、智力支撑和精神动力诸方面,特别是在剧变的时代起着极其重要的作用。以19世纪中叶的鸦片战争为发端,中国社会从中世纪末期入于近代历史阶段。但它未能走上正常的、健康的近代化路途,却逐步沦为半殖民地半封建的畸形社会,期间充满着矛盾和巨变,正如梁启超所言:"19世纪与20世纪交点之一刹那顷,实中国两异性相搏、相射,短兵相接,而新陈嬗代之时也。"在此后的一个世纪里,思想领域中异彩纷呈,古今中外的文化因素交汇冲突,展现出一派生机勃勃的景象。

近代岭南文化亦复如此,它融聚了中原文化、周边文化和海洋文化,确是优长独具,成为中华文化园地中的一丛美丽的奇葩。面临"天崩地解"的巨大变局,加以西学的渗入,于是,作为中国近代时期的发端区和民主革命的策源地,爱国、民主、科学、变革、开放等元素构成了粤东社会思潮的主旋律,映照出人文荟萃、群星辉耀的景观,孙中山则是最突出的代表,而且,他的意义扩展到全国和世界。这是完全可以理解的,因为"人物是历史的链条",精英人物推动了先进的社会思潮和社会运动,成为鲜明的标志或符号。他们开始摆脱因袭的重担,摒弃愚昧和盲从,上下求索以探求救国拯民的真理,演出了多幕的悲壮史剧。所以如此,则是梁启超给予了中肯的诠释。他在《清代学术概论》

自 序

一书中高度评价了敢于"冲决君主之网罗"的谭嗣同烈士等,赞颂他们振聋发聩的激越呼声打破了封建专制主义长期君临所造成的思想界的沉寂,同时,深切剖析和阐明了近代新思潮的主要动因:"彼辈当时并卢梭之《民约论》之名亦未梦见,而理想多与暗合,盖非思想解放之效不及此。"一语中的,思想解放四字亦首见于文字。

二

1840年爆发的鸦片战争,打开了中国的门户。

林则徐成为"睁眼看世界"并且认真反思的首批人物,他和他的同道魏源等主张"师夷之长技以制夷"。后者的《海国图志》一书勾勒了世界的面貌,甚至肯定性地介绍了美国的社会政治制度,堪称变革先驱者的空谷足音,产生了颇大的影响,甚至波及了日本的明治维新。

太平天国农民战争所反映的思想、纲领和政策,包涵反对封建暴政及现存土地所有制的内容,但充溢其中的农业社会主义却有悖于历史的趋向,《天朝田亩制度》为其代表。只有洪仁玕在天国后期发布的《资政新篇》,显示出前瞻性的一抹亮色。作为纲领和方案,两份官方文献均未能够实现,根本原因乃是由于前者滞后而后者超前,缺乏现实价值和相应的社会阶级基础。

当然,维新思潮方可不愧为近代首次重要的思想启蒙。以康有为、梁启超为代表的资产阶级维新派从爱国走向变革,并且引进了新学,主张经济、政治和文化领域的革新,实行温和的资本主义化。1898年的戊戌变法尝试为其付诸实践的顶点,但被清朝统治集团中握有实权的顽固派所镇压。

民主革命思潮不愧为第二次重大的思想启蒙。以孙中山为代表的资产阶级革命民主派倡导了具有比较完全意义的民主主义,组建了革命政党,领导了以"强迫"手段推翻清王朝的辛亥革命。孙中山站在时代的前列,立足于祖国的大地,继承和弘扬了优秀的传统文化,从西方引进和融汇了林肯的"民有、民治、民享"原则及法国大革命的"自由、平等、博爱"口号等,他的三民主义理论和纲领,不仅冲击了封建专制主义,还是促使中国真正趋于近代的思想先导。毫无疑义，孙文学说在当时具有史无前例的开拓地位和作用。

至于洋务运动乃至新政的观念和主张，尽管对社会产生了一定的积极作用，但"中学为体，西学为用"的陋规严重局限了它们的深度和广度，"自强"、"求富"泰半成为空言。实际上，倡导者主要是维护了现有社会制度，因之，不在思想启蒙和真正变革之列。愈益被唾弃的顽固派思想，则是对历史大潮的反动。

随着封建"末世"、"衰世"的结束，中国——尤其是岭南儒学传统的变易不可避免。主要表现为经世派的崛起，他们怀疑以至批判繁琐的汉学和空疏的宋学，救亡图存和社会演进成为这个群体崇尚的学术诉求和实际功能。朱次琦、陈澧发其端，成为儒学从古代转向近代的中介。康有为则将儒学的变革推向更高阶段，借用了今文经学的公羊三世说为社会发展提供理论依据，甚至唤起孔子的亡灵，给他披上"改制"的衣衫。同时，他还逐步涉猎了西学。近代儒学对当世的社会思潮的附会和影响，显然未成气候。

由于国际、国内形势的发展和变化，1919年爆发的五四运动揭开了近代史的后期篇章。伴生的新文化运动当为第三次意义深远的思想启蒙。在其发轫阶段，主要仍是对民主主义的补课，深化与拓展了辛亥革命时期思想战线的"未竟之业"。同时，促进了革命精神的昂扬与探求真理的热潮。民主与科学是为两面旗帜，《新青年》杂志则是主要阵地。在后阶段，十月社会主义革命的影响使马克思主义在中国的传播日益成为主流。出现了第一批具有共产主义思想的新型知识分子，他们深入到工人群众中去，促成了科学社会主义与工人运动相结合，从而诞生了中国共产党。新民主主义革命阶段由是到来。

同全国相呼应，孙中山故乡成为思潮激荡的中心之一。各种理念和派别踊跃登场，先进的、科学的世界观与形形色色的思潮（包括社会主义思潮中的一些派别）进行争论——从改良主义到法西斯主义，从无政府主义到新村主义，从国家主义到联省自治主张，各种社会思潮纷呈交织，但只是民主主义和科学社会主义显示出生命力，后者，愈益成为20世纪20年代后中国社会思想领域的主流。

处于疾风骤雨般历史时期的进步社会思潮，共同的主要特点大致可以表述如下：中西文化的冲突和融汇，因为先进人士向西方学习乃是时代的必然；痛感于民族危机深重,爱国主义成为必不可缺的主要内容;反对盘根错节的封建主义,则为另一主要课题;改变积贫积弱状况与争取繁荣富强,自然成为共识。

三

至于孙中山思想体系——孙文学说的研究,确是一个难度较大的课题。它在时间上定格于19世纪末叶和20世纪初期,植根于殖民主义、封建主义双重桎梏下的中国社会,面临亟待解决的课题是独立、民主和富强,还要在历史演进过程中避免资本主义的弊端。为了拯救和发展中国,孙中山不懈地上下求索,从人类文化——特别是近代文明的宝库中考察、辨识和抉择优秀的成果,与时俱进地结合时代精神和中国的实际,熔铸革命与建设的理论、纲领和方案。此外,研究过程之所以步履维艰,不仅由于孙文学说内涵十分丰富,还因为客观研究环境往往存在着许多制约因素。以至《孙中山思想研究》——我的研究生毕业论文——从成稿到付梓,竟然经历了二十余年(1958—1981)。但我在确定毕业论文选题时,婉拒了同窗和挚友们反复劝告另选诸如太平天国史课题的建议,决意把孙中山思想作为主要研究对象,乃是因为孙文学说无愧为兼具学术价值和现实意义的构建近代中国的理论先导。我当然明白这个课题具有的难度及其敏感性质,但我非常尊敬这位民主革命与近代化前驱,确认他的学说具有跨越悠久广阔的时空的性质。他的光辉的一生堪称中国近代史的缩影,迄今仍然不仅是一位历史人物。我决心知难而进,不惜惨淡经营,果然研究过程多次中断,"文革"中更受到"为资产阶级代表人物树碑立传"的批判。我却相信只要坚持马克思主义唯物史观的指导,兼纳其他史学理论、方法论的积极因素,忠实于历史的真实,必然会获致科学的成果。我的年轻的合作者持有与我相同的信念,虽然她的处境较我当年优越得多。

在《孙中山思想研究》的"后记"中,我曾就写作准则——理论和方法论作了几点扼要阐述。后来的研究观点和方法,大体无甚变化。首先,力求把孙中山——伟大的民主革命和近代化前驱的思想体系,严格地放置在特定的历史范畴——19世纪80年代到20世纪20年代的半殖民地半封建中国和当时的世界形势之内,进行分析和评价。原因有三:第一,只有按照马克思主义的这个"绝对要求"考察历史人物及其思想,才能如实地作出科学论断,既不苛求其所不可能达到的,也不溢美其可能达到的。这样,马克思主义的历史主义才能体现。第二,只有把人物纳入历史范畴,才能确切了解他的思想赖以产生的现实土壤,从而如实把握这种思想的实质和内涵。外铄的作用当然不能忽视,特别是在世界日益成为统一整体的近代时期。归根结底,思想总是近代中国社会存在的反映,不论它的表现多么抽象和隐晦,否则只能成为没有依据的、缺乏生命力的虚幻之花。第三,只有把人物同他赖以活动的时代和环境密切联系起来考察,才能展示出他的思想的承上启下的关系,同时,便于同当代有关思潮进行比较。历史人物不是孤立的现象,他的思想绝不可能离开过去和当前思想流派的影响。从这种观念出发,我把孙中山的三民主义同太平天国农民战争的理论表现和维新派的思潮作了比较分析,说明前者对后者的扬弃,并指出孙中山更多是从西方吸取了大量思想素材——主要是民主主义以及社会主义的一些相关元素。同时,还将孙中山的思想和当时各种思潮(包括革命民主派内部不尽相同的理念)作了比较,显示出三民主义的优长,反映了它的特色。事实表明,孙中山的民主主义思想在当时的历史条件下堪称比较先进、科学的民主革命理论、纲领和方案,至今仍有堪资借鉴的现实意义。

其次,力求全面地研究孙中山的思想。孙文学说的核心——三民主义是一个较为完整的体系,其内涵的各个部分是相互关联和彼此补充的。对于民族主义说来,民族的本质、大亚洲主义等课题是不容忽略的。就民生主义而言,生产要素论、剩余价值论和外资等课题也是不可等闲视之的。至于孙中山以很大篇幅构建共和政体的设想,则是民权主义的重要内容。政体固然在最大程度上从属于国体,但国体缺乏相应的政体也难以实现它的基本性质。因之,不可把孙中山认真阐发的"革命程序论"、"政党政治论"、"权能区分论"、"地方自治论"、"全民政治论"和"五权宪法论"视为没有太多实际意义和积极作用的泛论。不争的事实是撇开有关政体的设计,会使共和国方案的具体内容化为乌有。甚至对被孙中山自称为"味同嚼蜡"的《民权初步》一书也不能漠然置之,因为这部给人以过于繁琐印象的会议通则,实际含有批判封建专制主义的政治倾向,具有民主主义启蒙性质。集会议政是实施民主的手段之一,而在从"君主制"直到"假共和"的长期过程中,被实施"偶语弃市"暴政剥夺了民主权利的民众显然并不熟悉这种民主形式。当然,孙中山思想的其他方面也决不可忽视。

再次,我力求把孙中山的思想作为一个不断发展的过程加以研究。在近四十年的岁月里,他先是从爱国和变革走上民主革命的路途;待到晚年,又把三民主义适乎世界潮流、合乎人群需要地推向前所未有的高度。这种与时俱进的变化过程是十分明显的,但又难以截然划分阶段。他的思想还在1894年兴中会建立前已经包含了"勿敬朝廷"、"造反"的革命因素。长达10年左右的旧民主主义革命的降弧时段,也绝非他的思想的中绝期;他的后期思想飞跃的大体完成当在20年代初期,却也可以上溯到1918年前后。因之,把《兴中会宣言》和《中国国民党第一次全国代表大会宣言》,作为孙中山思想的两次重大转折——从爱国、变革走向民主革命和把旧三民主义发展为新三民主义的主要标志,应当大致符合孙中山思想的演进历程。

还需指出的是:我在1986年纪念孙中山诞辰120周年活动的前夕出版了《孙中山论》,这是我从事孙中山研究的主要论文结集,完成的时间跨度近三十年。反观自己的史学理论、方法论,基本上是一以贯之的,虽历经曲折、顿挫、反思和重温马克思主义,始终不变初衷。当时我正在哈佛大学访问讲学,许多外国同行们对唯物史观是持误解和否定态度的,经过几多交流与争论后,我依旧坚持自己的理念和信仰。因此,我又在"后记"中重申了马克思主义始终是我研究孙中山的指导思想。毫无疑问,社会科学研究工作的终极目的是揭示对象的本质和规律性,历史科学决非史实的堆砌排比,因之必须有赖于正确的观点和方法。宣称摒弃一切理论、方法论的"客观主义者",实际上难免沦为形形色色并不高明的哲学的俘虏。当然,对先进的、科学的理论和方法论的执著决不意味着采取故步自封的教条主义、主观随意的实用主义的态度,因为这种态度本身便是反马克思主义的,只会践踏真理和损害社会科学研究工作。浮躁的、极端功利、肆意炒作和非常偏颇的学风和文风,更是需要摒除。我至今仍然认为,我们从事社会科学研究的主要优势首先在于有着先进的、科学的世界观的指导。

光阴荏苒,我已年逾八旬。回顾从事历史研究以来,特别是孙中山研究的历程,确是起伏跌宕,发人深思。大致说来,以1956年纪念孙中山诞辰90周年为发端,到1961年在武昌召开的纪念辛亥革命50周年学术研讨会,可算新中国成立以来的首次研究高潮。我也恰在此时开始了孙中山研究,稍后和"十年内乱"期间,孙中山研究基本停顿。研究者甚至受到惩罚,对我的批判大都发生在这些年份。我虽反复引用毛泽东的《纪念孙中山先生》和列宁关于充分肯定资产阶级革命家的论述以自辩,却是无济于事。"文化大革命"的结束,拨乱反正和解放思想,给社会科学带来了春天。从70年代末期到90年代前期,孙中山研究走向高潮,研究机构和学会相继成立,各种类型的学术研讨会在内地、台、港、澳和国外频繁召开,不同形式的成果纷纷问世,研究队伍不断扩大(尤其是年轻的专业成员增多)。我和我的许多同行、同事也正是在这个阶段走向港、澳、台地区和世界各地。孙中山研究成为显学,取得了丰硕的成果。但是,由于各种主、客观原因,如研究难度大、起点高和在某种程度上遭到忽视,孙中山研究在两个世纪之交的时刻呈现了一些委顿的现象,令人颇为忧虑,却也催人奋起。好在隆重纪念辛亥革命100周年的活动,使孙中山研究再创乃至增创辉煌。令我们出乎意料之外的喜悦是:我与广州市社科院历史研究所张磊副研究员合著的《孙中山传》被中共中央组织部和宣传部定为向全国党员干部第五批推荐的学习书目,而另一本《孙中山图传》则被选入"全国中小学图书馆改造工程"的"装备"用书。这令我们欣慰而愧怍:兴奋的是孙中山研究为社会所需要和认同,歉疚的是著述质量有待提高。结论当是我们熟悉的孙中山的语重心长的遗言——"同志仍须努力"。

爰作几点说明,聊充自序,以便大家多些理解作品与作者,并兼恳请不吝赐教。

目 录
CONTENTS

导　言　伟大的民主革命先行者与近代化前驱

第一章　孙文学说的文化导向与三个来源
　第一节　"有规抚欧洲之学说"；反对"极端的崇拜外国"和"一味的盲从附和" ……………………………………………………… 031
　第二节　"有因袭吾国固有之思想者"；消除历千年而不解的"专制之毒" ……………………………………………………………… 042
　第三节　"有吾所独见而创获者" ………………………………… 055

第二章　中国正规民主革命与近代化的理论、纲领和方案
　第一节　挣破殖民主义与封建主义双重枷锁是近代化的前提 …… 059
　第二节　"实业化"是近代化的重要内涵 ………………………… 061
　第三节　民主政治是促进近代化的杠杆 ………………………… 063
　第四节　科学、教育、文化的革新与发展是近代化的必要条件 … 065
　第五节　变革、"开放主义"是近代化的主旋律 ………………… 066

第三章　民族主义思想
　第一节　旧民主主义革命时期的民族主义 ……………………… 075
　第二节　民族主义的新阶段 ……………………………………… 088
　第三节　民族主义的几个重要问题 ……………………………… 096

第四章　民权主义思想
　第一节　旧民主主义革命时期的民权主义 ……………………… 112
　第二节　民权主义的新阶段 ……………………………………… 120

第三节　平等观与自由观 …………………………………… 126
　　第四节　关于政体的构想 …………………………………… 135

第五章　民生主义思想
　　第一节　旧民主主义革命时期的民生主义 ………………… 167
　　第二节　民生主义的新阶段 ………………………………… 180
　　第三节　民生主义的几个重要问题 ………………………… 187

第六章　新三民主义与三大政策
　　第一节　新三民主义的民族主义 …………………………… 200
　　第二节　新三民主义的民权主义 …………………………… 207
　　第三节　新三民主义的民生主义 …………………………… 213
　　第四节　三大政策的形成及其重大意义 …………………… 219

第七章　三民主义的理论——哲学基础
　　第一节　进化发展的普遍观念 ……………………………… 234
　　第二节　以近代自然科学为基础的自然观 ………………… 239
　　第三节　唯物主义的认识论 ………………………………… 246
　　第四节　社会历史观点——"民生史观" ………………… 253

第八章　孙文学说的持久、普遍意义
　　第一节　体现了众多国家与地区社会演进的必然趋势 …… 265
　　第二节　将中国问题的"真解决"与世界密切联系起来考察 ……… 270
　　第三节　把中国与世界人民争取正义与进步的事业融汇一体 …… 273

附　录
　　孙中山重要活动年表 ………………………………………… 277
　　作者主要相关著述目录 ……………………………………… 319
　　引用、参考书目举要 ………………………………………… 322

后　记 …………………………………………………………… 337

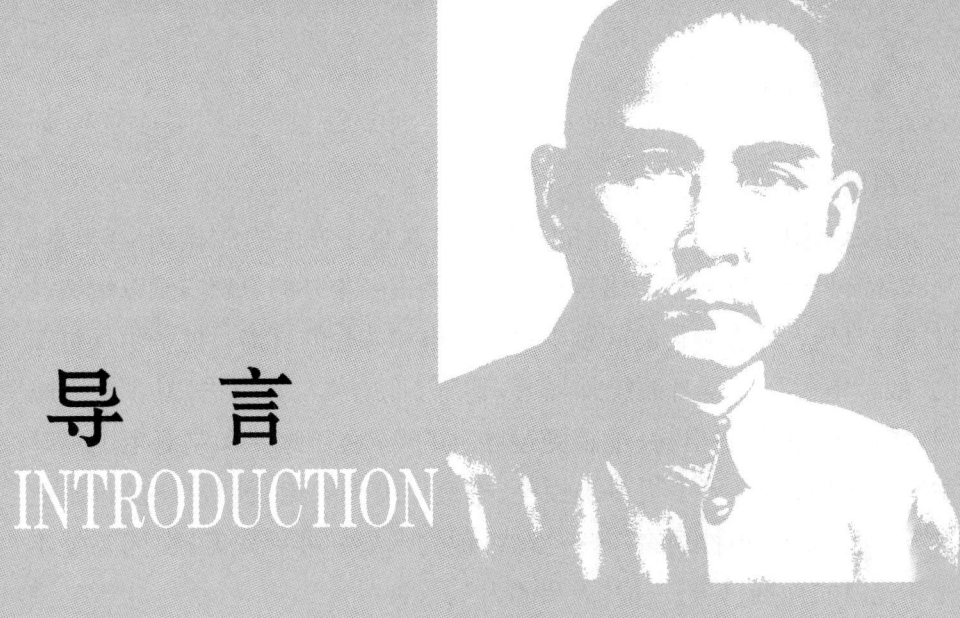

导 言
INTRODUCTION

伟大的民主革命先行者与近代化前驱

他诞生于暴风骤雨席卷九州大地的峥嵘岁月，梁启超曾经发出这样的感叹："十九世纪与二十世纪交点之一刹那顷，实中国两异性之大动力相搏相射，短兵紧接，而新陈嬗代之时也。"正是"天崩地解"般的近代中国曲折剧变的历史进程，把他铸造成一代巨人。

任何杰出人物作用于历史并非随心所欲，他们的眼界、观念和理想总是为时代所制约，而其活动只能立足和凭借于现实的舞台，是以堪称"时势造英雄"。但是，历史又是人们创造的，出类拔萃者必能倡导一定的社会思潮和运动，他们的作为所产生的重大能动作用是毋庸置疑的。因此，"英雄造时势"也是这个命题的又一侧面。

正是在这种意义上，孙中山——伟大的民主革命先行者与近代化前驱的历史地位和作用必须充分肯定。他以近40年艰苦卓绝的革命活动，在广阔的时空舞台上演出了多幕悲壮史剧。他的政治生涯延伸了两个世纪，贯串了民主革命的两个阶段。他的足迹遍布许多不同社会制度和发展层次的国家和地区，接触了各种类型的人士。他力图使祖国挣脱殖民主义和封建主义的双重枷锁，从中世纪进入近代。他始终站在历史潮流的前面，给时代留下了自己的鲜明印记。

孙中山不愧为一个巨人,他的思想和实践是多方面的,内涵十分丰富。他几次环游世界,能操数种语言;他求索于古今中外的思想宝藏以熔铸救国拯民的真理,并在难得的间歇中思考宇宙和人生的真谛;他毕生从事革命的"战争事业",乃至身兼统帅与"排长"[①];他始终与时俱进,从不在奔腾的"世界潮流"前故步自封;他感受过胜利的欢欣,目睹共和制诞生于封建君主制的废墟;他经历了更多的顿挫,迭遭通缉和绑架;他曾有过"槁木死灰"的心境,却能"愈挫愈奋"……当然,他的形象并非完美无缺,因为他不是光环笼罩的神祇,只是一位"大写的人"。

在近代中国的历史舞台上,孙中山扮演了民族英雄、革命领袖的重要角色。他必须在两个世纪的交接时刻担负起开拓的重任,因为严峻的现实是:无论波澜壮阔的农民战争,抑或思潮澎湃的资产阶级维新运动,都不能拯救中国,难免以悲剧告终。他积极响应时代的召唤,勇敢地超越了前行者——制订具有比较完全意义的资产阶级民主革命政纲,建立资产阶级革命政党,开展反清武装斗争,从而使近代中国民主革命运动由准备阶段进入正规阶段。他又是建设事业的重要擘画者,为实现近代化殚精竭虑,提出了完整宏大的纲领和方案,因为他确认革命与建设相辅相成。当革命新时期——新民主主义革命到来后,他积极地迎接了急湍的时代大潮,让自己的思想和实践经由检验和扬弃达到前所未有的高度:把旧三民主义发展为新三民主义,确立了联俄、联共、扶助农工的三大政策。孙中山的一生宛如上升的阶梯,始终自我超越不已,奋力攀登不止,无论是声望、威信和年龄的增长都未能导致思想僵化和独断。他从爱国和热衷于社会变革的青年,成长为民族英雄和民主革命领袖,又将旧三民主义发展为新三民主义,不愧为时代潮流的指导者。

孙中山建树了不朽的丰功伟绩:高举民主革命的旗帜,领导了推翻帝制、建立共和制度的辛亥革命;实行了第一次国共合作,推动了国民革命的

---

① 《孙中山全集》第8卷,190页,北京,中华书局,1986。

发展。他的整个政治生涯形象地呈现为一个"弧形"加以半个"弧形"。第一个"弧形"是他在旧民主主义革命时期活动的写照,从兴中会到同盟会构成升弧,辛亥革命为其顶点,"二次革命"、中华革命党反袁斗争和护法运动则显示为降弧。第二个"半弧形"反映了他在新民主主义革命时期的业绩,其顶点为中国国民党第一次全国代表大会召开、弭平广州商团叛乱和北上。他的非时的逝世,中断了"弧形"的高扬。

为了拯救和发展祖国,孙中山奉献了自己的一切。在为新世界诞生的艰苦卓绝的奋斗历程中,他的精神状态一直保持在"悲剧的高度"——为崇高的理想而献身,虽然事业未能及身而成,壮志未酬。他无愧为中华民族的伟大的儿子。同时,他的思想和实践体现了人类进步的必然趋向,"天下为公"、"世界大同"作为他的终极奋斗目标,因之获得了不同社会制度和发展程度国家的认同。所以,他也理所当然地属于世界。

一

孙中山的故乡在濒临南海的广东香山县。

唐宋以来,特别是明清时期,岭南以"富而通"著称。但他于1866年冬诞生于兹的翠亨村却不富饶:"负山濒临,地多砂碛,土质硗劣,不宜耕作。"[①] 仅有70余户村庄的大部分居民生计艰难,他出生时的家境也是非常困苦的。父亲曾在澳门当过鞋匠,后来返乡租田耕作并兼更夫。他从6岁起就参加农家的辅助性劳动,年龄稍长便下田操作。番薯成为经常的主食,很少有鞋穿。困苦的生活在童稚的心灵上留下了深深的烙印,他后来曾自称"我是苦力,同时也是苦力的儿子。我生于穷人家庭,我自己仍然是穷人"[②]。在他看来,"农民的生活不该长此困苦下去。中国的儿童应该有鞋穿,有米饭吃。"[③] 幼年和少年的遭际使他"早知稼穑之艰难",他自称后来倡导民生主义显然与"境遇之刺激"有关。[④]

① 《孙中山全集》第1卷,17页,北京,中华书局,1981。
② L.Sharman. *Sun Yat-sen:His Life and Its Meaning*.New york,1934.
③ 宋庆龄:《为新中国奋斗》,5页,北京,人民出版社,1952。
④ 宫崎滔天:《孙逸仙传》,《建国月刊》,第5卷,第4期。

孙文学说
构建近代中国的理论先导

香山,蕴含着可歌可泣的爱国与革命的传统。鸦片战争时期,民族英雄林则徐曾经驻节县城,壮烈捐躯的水师提督关天培在磨刀洋面迎击过英国侵略军,民众保家卫国的英雄事迹更是广泛流传。刚刚覆败的太平天国农民战争更给少年孙中山以深刻的印象。他从返乡的太平天国战士的口中了解到天国英烈的壮举,热望"洪秀全灭了清朝",并为这出史剧的悲惨结局而惋叹。深植于人民中的反侵略、反压迫的战斗精神哺育了孙中山,使他衷心地赞扬故乡"不在地形之便利,而在人民进取性之坚强;不在物质之进步,而在人民爱国心之勇猛"①。

困苦的生活并未压倒这个聪明活泼的孩子,孙中山陶醉于自己的意趣:游泳、捉鱼、捕鸟、放风筝、踢毽子,到附近武馆看三合会员练武,和小伙伴们在山野间模拟太平军同清军作战。直到10岁方才入塾读书。他认真学习,为了节省灯油而在月光下阅读。但对不求甚解地背诵儒家发蒙读物和典籍颇为不满,曾向塾师要求讲解"大学之道,在明明德"的释义。随着观察和思考能力的逐渐提高,周围的封建陋习引起他的反感。他厌恶赌博、蓄婢、纳妾,反对家人给姐姐缠足,并因诘责专横的胥吏险被刺伤。愚昧、苦难和窒闷的社会氛围,使这个喜欢思索的少年常常感到困惑和痛苦。

孙中山愈益强烈地憧憬和企慕着新世界,甚至甘愿离乡背井——虽然水碧沙明的兰溪和草木苍翠的金槟榔山长系心头,并在辗转流亡异域时化为浓郁的乡愁。他虽终未能一睹镇上牧师保有的世界地图,但外部信息不断传到素以侨乡见称的香山。他的长兄孙眉在19世纪70年代初就远航到夏威夷(檀香山)去做劳工,并逐渐拥有了商店和牧场。他对太平洋中那个"草经冬而不枯,花非春而亦放"的群岛心向往之,终于在13岁时跟随母亲登上了停泊在澳门的轮船,经历20余个昼夜的航程,抵达了碧波环抱的檀香山。澳门是他走向世界的起点,远行扩大了他的视野和增加了新的感受,"始见轮舟之奇,沧海之阔,自是有慕西学之心,穷天地之想。"②而在夏威夷居住的5年中,他在美、英教会开办的学校里接受了"欧洲式的教育",开始

---

① 《孙中山全集》第4卷,478页,北京,中华书局,1985。
② 《孙中山全集》第1卷,47页,北京,中华书局,1981。

学习英文。课余时间,仍然自习国学。夏威夷人民的反侵略斗争,显然给他以很大的激励:"改良祖国,拯救同群之愿,于是乎生。"①

他于1883年夏辍学回国。开阔的眼界,新的知识和感悟,变革的热忱,"神圣的权力不是永恒的"观念……使青年孙中山对故土感到陌生、忧虑和愤懑。他从香港换乘的沙船初入国门便受到清吏的勒索,令他疾呼:"中国在这些腐败万恶的官吏掌握中,你们还能坐视不救吗?"遵从亲人们的意愿,他在翠亨参加耕作和继续自修。同村的青年陆皓东、杨鹤龄等与他过从甚密,常在一起议论施政,抨击官府的弊端,提出改良乡政的各种措施。然而,乡居生活并未长久。他们反对封建迷信的活动引起了轩然大波:他在檀岛时就不以崇奉关帝为然,于今乡民膜拜北帝庙中的木雕泥塑益发使他反感。"劝勿妄信"没有效果,他与陆皓东进入庙中折断北帝直竖的中指,又将金花娘娘的脸蛋用指甲挠成花面,还对北帝大加申斥。笃信神灵的乡民非常惊恐和愤怒,把亵渎神像者视为"疯孩子"。他的父亲只得应允修复神像,而他则被迫前往香港。在进入英国基督教圣公会主办的拔萃书院后,他与陆皓东受洗成为基督教徒。教义在他的思想和实践中曾留下了痕迹,科学则又使他逐渐淡化宗教观念——"余于耶稣教之信心,随研究科学而薄弱……颇感耶稣教之不合论理,因不安于心。"结果,"大倾向于进化论"。②他后来绝少参加宗教活动,甚至他的战友们几乎"永不见其至教堂一步"。

就在孙中山赴港求学的那一年,中法战争爆发了。从英国1840年挑起了第一次鸦片战争以来,资本—帝国主义采用包括暴力在内的各种手段推行殖民掠夺政策,并同封建统治者相互勾结,使封建的中国逐步沦为半殖民地半封建的中国。为了挣破殖民主义和封建主义的双重枷锁,使中国臻于独立、民主和富强,人民的反侵略、反压迫斗争此伏彼起,太平天国农民战争则是汹涌浪潮的高峰。随着70年代初民族资本主义的萌发,加以强有力的外铄作用,剧变的社会政治、思想领域中出现了新的因素,新的社会思潮和社会运动进入历史舞台。法国发动的这场侵略战争深化了民族危机,

---

① 《孙中山全集》第2卷,395页,北京,中华书局,1982。
② 宫崎滔天:《孙逸仙传》,《建国月刊》,第5卷,第4期。

进一步暴露了清朝政府的腐败,激励了爱国主义的昂扬,推动了维新思潮的发展。爱国与变革的强劲二重奏给予青年孙中山以"希望和勇气",香港工人拒绝修理法舰和装卸法货的正义行动使他受到启示和激励。他认为这一切"证明中国人已有相当觉悟",因此,"战胜法国并非难事,只靠民众力量"。当然还"应当造钢铁的船,木头船是没用的"①。他愈益密切地关注政局,否定现存政权的观念潜滋暗长,曾向檀岛的朋友表示:学有所成后"就要准备推翻满清"。后来,他强调了这场结局屈辱的战争给他的重大影响:"余自乙酉中法战后,始有志于革命。"②

1884年到1886年间,孙中山就读于港英当局主办的中央书院。由于阅读中文书刊存在困难,便于课外努力补习国文。当他修毕书院的中学课程后,他面临着生活的抉择。军事和法律曾是他的学习取向,但他终于选择了学医,"以医亦救人之术也",况且中国的医疗卫生状况十分落后,中法战争期间暴露出的救护工作的严重缺陷,引起了他的关注。

1885年夏,他与同邑外坐村人卢慕贞结婚。

孙中山的习医生涯,始自广州博济医院附设的南华医学校。在校期间不过年余,留给周围人们以深刻印象的是他对教学中"不合理制度"的改革主张。他要求男生参加产科实习,并使校方采纳了这个合理建议。他还结识了同学郑士良和算学馆的学员尤列,经常议论"维新兴国"的有关问题。郑士良与会党关系密切,他正是通过这位同窗的中介接触了秘密会社。1887年初,孙中山转入香港伦敦传道会和议政局议员何启创办的西医书院,因为那里"学科较优,而地较自由,可以鼓吹革命"③。在5个学年中,他研读了物理、化学、植物、解剖和药物等学科,取得了优异成绩,但并不满足于专业知识。达尔文——其时刚逝世不久——的进化论令他心折。法国18世纪资产阶级革命史使他激奋。他研究国际法、军事学、海军建设,各种财政学、国政、各种派别的政治学,并把"通晓舆图"作为实学要旨。学习国学的热情依

---

① 林百克:《孙逸仙传记》,中文版,157~161页,上海三民公司,1928。
② 《孙中山全集》第7卷,59页,北京,中华书局,1985。
③ 《孙中山全集》第6卷,229页,北京,中华书局,1985。

然饱满,认真探讨"历朝制度之沿革"和"古今治乱之道"。孙中山在大学阶段基本完成了"欧洲式的教育",这种机遇在同代人中是罕见的。

孙中山更为热切地关注国事,经常同郑士良、尤列及稍后结识的同学陈少白到校舍附近杨鹤龄家的商店"杨耀记"聚会。他们上下陡峭的石级,穿过狭窄阴暗的街道,"昕夕往还,所谈者莫不为革命之言论,所怀者莫不为革命之思想,所研究者莫不为革命之问题"①。许多"无所忌惮"的言论惊世骇俗,使他与陈少白、杨鹤龄和尤列获得了"四大寇"的谑称。另一方面,与激进的观念并存的则是温和的维新思想。他在1890年前后曾致函给退休乡居的原任职海关道并出使过欧美的同邑郑藻如,提出兴农桑、禁鸦片和普及教育等主张。他还与一些维新人士有着密切联系:同郑观应商讨"改革时政",后者曾在风靡一时的《盛世危言》中称道他为"吾邑孙翠溪西医"。他的老师何启给他以较大影响,这位留英研习医学和法律的维新人士的代表作即是流传广泛的《新政真诠》。当时,热情的青年受到维新思潮的浸润是可以理解的。仿效西方、变法改革对封建专制主义长期君临的中国社会无疑是一种冲击,含有民主主义的崭新内容和启蒙意义。

1892年秋,孙中山以优异成绩毕业。教务长康德黎向他颁发的医学士证书执照内称:"照得孙逸仙在本院肄业五年,医学各门,历经考验,于内外妇婴诸科,俱皆通晓,确堪行世。"然而,这名合格的医生却不满足于自己的职业。他更热衷于医国的崇高事业,因为他已确认"医术救人所济有限,其他慈善事业亦然";而"若夫最大权力者,无如政治。政治之势力,可为大善,亦能为大恶。吾国人民之艰苦,皆不良之政治为之。若欲救国救人,非锄去恶劣政府不可"。②他的这种"真知"把握了改造社会的关键,成为他投身政治斗争的思想依据。在他赴澳门开业时,曾在船上对陈少白"讲到将来有机会的时候,预备怎么造反"③。

作为澳门的第一位华人西医,孙中山在著名的镜湖医院悬壶。开诊是义

---

① 《孙中山全集》第6卷,229页,北京,中华书局,1985。
② 《孙中山全集》第2卷,359页,北京,中华书局,1982。
③ 陈少白:《兴中会革命史要》,《建国月刊》,第1卷,第3期。

务性质的,补偿是由院方设法借贷给他开设中西药局。他的医德和医术颇受赞扬,"就诊者户限为穿"。但他并未在澳门久留,主要是当地缺乏社会活动的良好条件,加以葡国医生的排挤,致令医务"猝遭顿挫"。孙中山于翌年前往广州,在省城设立东西药局。很短的期间,就出现"病家趋之若鹜"的现象。只是他越来越热衷于政治活动,"行医日只一两时,而从事革命者实七八时",月入近千元的收入也被大量挪用。他和许多志士经常聚会于圣教书楼后面的礼堂和广雅书局内南园抗风轩,探索救国救民的途径和方法,并积极"接纳会党,联络防营",还同水师中的青年军官们建立了联系。组建革命团体的课题已经提上日程,甚至议及兴中会这个名称,宗旨则为"驱除鞑虏,恢复华夏",只是由于人数过少等原因而未形成"具体的组织"。①

1894年初,他与陆皓东回到翠亨村起草《上李鸿章书》,他认为自己的主张如被采纳,当可实现自上而下的中枢变革,比较顺畅,易于奏效。是年春天,他与陆皓东携书北上,从此告别了医务,开始踏上职业革命家的艰苦而又光辉的道路。他们在上海稍事逗留,会见了郑观应和另一位维新人士王韬,请他们为介于李鸿章的幕僚,并再次修改了书函。6月,他们抵达天津后递上信札。《上李鸿章书》指责了"滥征"、"多弊"的封建苛政,批判了"徒知坚船利炮之是务"的洋务派的"舍本图末",阐明了"欧洲富强之本,不尽在于船坚炮利,垒固兵强,而在于人能尽其才,地能尽其利,物能尽其用,货能畅其流"。他坚信"步武泰西,参行新法,其时不过二十年,必能驾欧洲而上之"。②然而,权倾政坛的直隶总督兼北洋大臣李鸿章虽以洋务闻名当世,且为西医书院的名誉赞助人,却对来自岭南的投书者未加理会。北上奔走呼吁的结果,不过领得一纸"农桑会出国筹款护照"。

《上李鸿章书》的内容全然属于维新思潮范畴,郑观应因而赞为"其说亦颇切近"。但是,孙中山不同于半封建半资本主义式的"君子"们。他的思想还有着另外的一个重要方面。他的童年和少年时代是在贫苦农民和华侨企业家家庭中度过,所受教育和经历使他较为了解西方,沐浴了民主主义精

---

① 冯自由:《中华民国开国前革命史》,3页,中国文化服务社,1946。
② 《孙中山全集》第1卷,8~18页,北京,中华书局,1981。

神,传统的中世纪意识积淀相对单薄。在他看来,古老的帝国和至尊并不具有"永恒的"性质,否定现存社会制度的"造反",决非大逆不道。作为较少承受因袭重担的近代新型知识分子,当他意识到维新思潮的局限,就能够跨出关键性的步伐,以开拓近代中国民主革命的新征程。

他此后的活动,标志了近代中国民主革命正规阶段的到来。

二

毫无疑问,上书的挫折给孙中山以很大的刺激。但此行并非徒劳的,他得以进一步认识了清廷的腐败:"则观满清政治下之龌龊,更百倍于广州。"加之中日战争爆发,民族危机日益深重。这些因素激发了他和志士们的革命意识:"知和平之法无可复施。然望治之心愈坚,要求之念愈切。积渐而知和平之手段不得不稍易以强迫。"①

孙中山的思想和活动历程达到了第一个临界点。

然而,他面临着严峻的形势。在西方,1789年的法国资产阶级革命早已过去,1848年的民主革命也带着不彻底性告一段落;在东方,只有日本的明治维新较为成功。而1871年异军突起的巴黎公社,只是预示了新的革命时期的到来。至于维护半殖民地半封建社会秩序的清朝政府,甚至不允许温和的变革,戊戌变法的昙花一现,就是铁证。但是,来自西方的革命影响不可抗拒地传到了东方。包括中国在内的许多殖民地附属国在20世纪的曙光中觉醒,"世界风暴的新源泉"在两种革命运动交替阶段于亚洲涌现。由于"新精神"和"欧洲思潮"在中国的"强有力发展",所以"中国旧式的骚动必然会转化为自觉的民主运动"。②孙中山的理论和实践体现了时代的发展趋向,使近代中国民主革命运动由准备阶段入于正规时期。他跨出的重大的步伐,具有历史性的意义。

孙中山没有再回广东,他在中日战争的炮声中经上海前往檀岛,在华侨中进行宣传鼓动,并于1894年11月组建了中国资产阶级第一个革命团体

---

① 《孙中山全集》第1卷,52页,北京,中华书局,1981。
② 《列宁全集》第15卷,159页,北京,人民出版社,1963。

兴中会。"宣言"号召人民拯救危亡,"振兴中华"。入会誓词则为:"驱除鞑虏,恢复中国,创立合众政府"。已具雏形的民主革命纲领显然是划时代的政治方案,因为这是民主革命进程中第一次出现的关于共和制的要求,虽然魏源等先前曾经肯定地评述了美国的共和制度,但却没有任何移植于中国土壤的明确意图。与农民阶级和维新派的纲领相较,孙中山的政治构想更为圆满地回答了历史的课题:它承续了农民战争反对封建暴政的斗争精神,却摒弃了"皇权主义"的糟粕;它接受了维新志士仿效西方、重视社会变革的主张,却突破了"君主立宪"的局囿。次年,孙中山又在香港与杨衢云等建立了兴中会总机关,并立即筹划反清武装斗争,准备在广州首先发难。他和郑士良、陆皓东等先在省城建立分会,设置机关据点数十处,多方联络会党、绿林、游勇、防营和水师,以农学会作为公开活动的旗号。他还在香港进行了争取外援的活动,只是未能奏效。由于事泄,预计在重阳起义的计划流产。然而,乙未广州之役却以孙中山的"战争事业"的发端而载入史册。陆皓东等则成为资产阶级革命民主派首批牺牲的烈士。

孙中山偕同郑士良、陈少白逃亡日本,他在横滨建立了兴中会分会,旋又断发改装,赴檀岛、美国和英国进行革命活动。1896年10月,孙中山在伦敦被清驻英使馆人员诱骗绑架,幸得西医书院的英籍教师康德黎等的奔走营救和舆论压力,才免予被押解回国处死的厄运。在被囚禁12天脱险后,他用英文写了《伦敦被难记》一书,出版后,扩大了革命党人的国际影响,他本人也日渐为世界所熟知。孙中山在伦敦居留到翌年夏天,勤奋地阅读、观察、思考和写作。跟踪他的侦探写下的纪录大都是"毫无变更地每日赴大英博物馆"之类的词句,他确是在庋藏丰富的图书馆中度过大部分时光。康德黎十分赞许自己的学生,指出"他不歇地工作,阅读有关政治、外交、法律、军事、海军的书籍;矿产与矿业、农业、畜牧、工程、政治经济学类,占据了他的注意,而且细心地和耐心地研究"①。同时,他认真地考察社会。"文明富庶"的资本主义导致的两极分化使他震惊,伦敦东头贫民区无疑给他留下

---

① J. Cantlie and C .S Jones. *Sun Yat-sen and the Awakening of China*. New York, London, 1912, P202.

了深刻印象。无产阶级的抗争——伦敦和英伦三岛的各行业工人举行罢工并遭到军队镇压——引起了他的深切同情,使他的社会政治、经济思想获得了新内涵。正如他所忆述:"两年之中,所见所闻,殊多心得。始知徒致国家富强、民权发达如欧洲列强者,犹未能登斯民于极乐之乡也。是以欧洲志士,犹有社会革命之运动也。余欲为一劳永逸之计,乃采取民生主义,以与民族、民权问题,同时解决,此三民主义所由完成也。"①孙中山企图以"社会革命"消弭资本主义发展的"祸患",三民主义体系初步形成。

为了就近策划斗争,孙中山离英赴日。他的革命活动得到了国际友人的同情和支持,特别是日本志士的赞助。他则积极援助了菲律宾等国家的革命运动,正如菲国志士彭西所颂扬的:"孙逸仙能把出现在远东许多国家里面的问题结合起来",因此成了一群来自朝鲜、中国、日本、印度和菲律宾的青年学生的热情鼓动者之一。②

在乙未广州之役流产后,孙中山决意再次发动规模更大的斗争。他坚持武装反清,拒斥清朝政府的软化和诱降手段,奔走于东京、横滨和长崎等地,向留学生和华侨宣传反清革命主张,派遣郑士良等回国,联络南方会党。他曾希望与戊戌变法失败后逃亡国外的康有为、梁启超合作,"共同实行革命大业"。由于对方——主要是康有为顽固坚持保皇,未能实现联合计划。但是,策划起义的工作加紧进行。他在1900年夏偕同日本友人宫崎寅藏等往来于日本、新加坡和香港海域,布置在广东惠州再次举义。10月上旬,三洲田爆发了兴中会领导的规模最大的武装反清斗争。义军东指,从600余人发展到两万余人。只是由于"外援难期"和缺乏武器接济,领导者郑士良被迫宣布解散队伍。此次起义虽然失败,但造成了积极的政治影响。如果说5年前的广州起义流产后,许多舆论视孙中山等为"乱臣贼子",那么惠州起义后,则"鲜闻一般人之恶声相加,而有识之士,且多为吾人扼腕叹息,恨其事不成矣"③!这种状况甚令革命党人感到"快慰",他们看到了"国人之迷梦

---

① 《孙中山全集》第6卷,232页,北京,中华书局,1985。
② Mariano Ponce. *Sun Yat-sen: The Founder of Republic of China*. Manila, 1965. P40.
③ 《孙中山全集》第6卷,235页,北京,中华书局,1985。

已有渐醒之兆"。

孙中山并未气馁,而是准备新的斗争。美国《展望》杂志的通讯员林奇在横滨访问了甫遭挫折的革命家,发现他正在读书,案头和书架上摆满了"有关军事战术、军需弹药、历史和政治、经济的书籍",其中包括简述布尔人抗英游击战术的著作。他检讨了惠州之役的败因,并断言中国的变革进程将是快速的:"日本人用了30年才办到的事情,我们最多用15年就能办到。"[①]他只是对林奇隐瞒了亲密战友殒身所造成的伤痛:继陆皓东在广州起义牺牲以来,史坚如、杨衢云和郑士良陆续弃世——或血洒刑场,或被刺客暗杀和"暴卒",而"其精灵之萦绕吾怀者,无日或间也"。

他在悲怆与期望的心态中迎接了新世纪的到来。

三

1900年义和团反帝爱国运动失败后,半殖民地半封建社会秩序最终形成。清朝政府充当了帝国主义列强的奴隶总管,它们共同残酷镇压群众的反抗和联合抵制真正的变革。但是,民族矛盾和社会矛盾的激化必然促进革命形势的发展:群众抗捐抗税斗争此伏彼起,抵制美货、收回利权运动如火如荼,知识分子日趋革命化,革命团体纷纷建立……同时,兴中会的十年征程也对革命形势的逐步趋向高潮起了重大积极作用:孙中山和他的战友们进行艰苦的斗争,不懈地展开宣传与组织活动,发动了两次武装起义,并在实践中形成了三民主义政纲,而他本人则在斗争中被公认为"领袖群伦"的革命家。显然,为后来的斗争创造了必要的条件。

在新世纪的开端时刻,孙中山继续宣传民主革命的主张,批驳保皇派的谬论,并把动员和组织活动推进到空前的广度和深度。他摒弃了先前轻视"秀才造反"的偏见,十分重视吸引知识分子"以任国事"。他深入到餐馆和洗衣店去发动侨胞,确信"在泥土下面可以找到宝贝"。对于会党工作依然紧抓不放,为洪门重订具有民主主义内涵的"新章"。运动新军的课题,亦被

[①]《孙中山全集》第1卷,210页,北京,中华书局,1981。

导 言

提上议事日程。作为宣传、组织活动的突出成果,则是他在1905年春夏之际于欧洲建立的一些以留学生为主体的革命社团。孙中山的这些革命活动是在极其艰苦的条件下展开的——他经常住在侨胞的洗衣作坊内,穿着"美国工人与学生的粗糙黄绒裤"。曾为他主持洗礼的喜嘉理牧师与他在纽约华人教堂不期而遇,颇惊讶于他的"形容枯瘦"。但他始终乐观和坚毅,不仅因为确信"革命党人必须为民众而忍受一切苦难",还由于意识到"今日时机已熟"——当前的最为迫切的任务,就是"招集同志,合成大团,以图早日发动"。

近代中国临到了自己的"1905年"。孙中山在这年夏季从欧洲抵达日本,积极投入建立统一的、全国性的革命政党的活动。8月,以兴中会、华兴会和光复会等团体为基础,建立了资产阶级革命政党——中国同盟会。同盟会以三民主义为纲领,主张"驱除鞑虏,恢复中华,创立民国,平均地权"。这是兴中会誓词的丰富和发展,堪称具有比较完全意义的资产阶级民主主义政纲。在当时的历史条件下,三民主义无疑是比较先进与科学的社会政治和经济变革方案,就解决民主革命的主要课题——独立、民主和富强而言,较之农民阶级和资产阶级维新派的纲领优越得多。同盟会是近代形态的革命政党,下层社会的秘密结社和维新派的"学会"不能望其项背。同盟会的分支机构大体遍及国内各省区和国外一些地区,在一定程度上起到了"中枢"的作用。同盟会还拥有了一个相对稳定的、有威信和能力的领导核心,承担起指挥部的效能。尽管同盟会在政治上、思想上和组织上还存在不足和缺陷,但它的建立显然把民主革命运动推进到了一个新阶段。"始信革命大业可及身而成"——这就是孙中山从中获致的信念和希望。

同保皇派进行原则性的大论战,是同盟会成立后在政治上、思想上面临的首要任务。孙中山和他领导的革命民主派积极投入战斗,以前所未有的规模和火力向保皇派进击。这场论战涉及了许多方面,围绕着革命与保皇的根本课题展开。在日本出版的《民报》、《新民丛报》,则是双方的主要阵地。孙中山和他的战友们有力地批驳了保皇党人的各种谬论,揭穿了他们的狡诈伎俩,丰富和发展了三民主义,使之获得了完整的形态。民族主义具有崭新的内容和形式——承受了农民阶级和社会下层分子中间的素朴"民族"观念,淘汰了其中"笼统的排外主义"和"宗法"色彩;因袭了把民族独立与近代化联系起来的维新派主张,摒弃了其中的"满汉合作"的妥协主义;更重要的是,"竭力从欧美吸收解放思想",把法国18世纪资产阶级民主革命的"自由"口号和美国资产阶级民主主义者林肯的"民有"观念等同于民族主义。孙中山在此期间所倡导的民族主义基本内容为:用革命手段推翻以满洲贵族为首的清朝政府,力求避免被帝国主义"瓜分"、"共管"的厄运,建立独立自主的"民族的国家"。民权主义是三民主义的核心部分,堪称有划时代意义的崭新政治理念与方案——承续了农民战争对封建暴政的抗争精神,抛却了农民阶级的"皇权主义";接受维新派重视社会政治变革和仿效西方的观念,逾越了"君主立宪"的藩篱与"和平手段"的局囿;西方的民主主义构成民权主义的主要渊源,"平等"、"民治"思想和"共和制度"、"代议制度"则被充分摄取;古代中国的政治思想的某些因素和政治制度的个别环节,也在这里留下了痕迹。民权主义的内容大致如下:以"国民革命"为主要手段,推翻"恶劣政治之根本"的封建专制制度,代之以"主权在民"的共和国,并在"民主立宪"的原则上规划出相应的政体。民生主义是孙中山倡导的社会经济纲领——因袭了农民阶级的素朴的经济平等观念,消除了绝对平均主义和小生产的狭隘性;承受了维新派把中国富强与资本主义化结合起来的主张,摒弃了维护封建土地制度的见解;西方社会经济思想给予民生主义以很大影响,英国古典经济学家亚当·斯密等和美国经济学家亨利·乔治的"土地国有论"、"单一税论"成为有关方案的主要素材;"博爱"、"民享"的观念,也为民生主义所认同。民生主义正如孙中山所明确指出:"不外土地与资本问题"。采取"核定地价"、"照价纳税"、"照价收买"及"涨价归公"的手段和步骤,实施"土地国有"、"平均地权"的方案,以达到预防垄断祸患、"解决农民自身问题"及造福社会的目标;迅速实现"实业化",使中国成为工业国,并采取"节制"私人资本和发展"国家社会主义"两种互补方式和途径,以避免"经济阶级压迫之痛苦"和提高工业化速度。孙中山没有像民粹派那类小资产阶级"社会主义者"在近代文明面前表示恐惧和伤感，而是"承认生活所强迫他承认的东西"。三民主义虽然缺乏反帝反封建的明确口号，带有局限性和某些主观色彩，但却体现了近代中国社会的发展趋向，反映出人民群众挣破双重枷锁、追求美好生活的愿望。毫无疑问，三民主义是旧民主主义时期先进思潮的高峰。因之，这场大论战理所当然地以革命民主派的胜利告终，致令——甚至保皇派也不得不承认——"其旗帜益鲜明，其壁垒益森严，其势力益磅礴而郁积"①。大论战为革命高涨创造了政治的、思想的条件，使辛亥革命成为正规的民主革命运动。在这场意识形态领域的斗争中，孙中山无愧为革命民主派的旗手。

策划、组织和发动反清武装斗争，成为孙中山和他的战友黄兴等所从事的主要革命活动。从1907年到1911年，他在两广和云南地区直接或间接领导了8次武装起义——或是依靠会党、防营和新军，或是借助群众自发斗争。多次起义虽因缺乏群众基础和成熟条件而归于失败，却在政治上给予窳败透顶的清朝政府以沉重打击，促进了人民的觉醒，激励起群众的斗志。1911年的"广州三月二十九日之役"，更无愧为辛亥革命的先导。至此，革命浪潮汹涌澎湃。不断扩大的保路运动，益发把斗争推向高潮。革命事业有赖于"战争事业"，乃是近代中国民主革命的基本规律之一。旧民主主义革命的顶峰——席卷全国的辛亥革命风暴，在特定意义上就是一场空前规模的武装反清斗争。1911年10月，武昌起义的枪声在神州大地迅速得到回响。摇摇欲坠的清朝政府土崩瓦解，终于临到了末日。革命党人的长期战斗和人民群众的英勇奋起，结出了丰硕的成果。在这关键时刻，孙中山从美国经欧洲返回祖国。12月下旬，他抵达处于南北对峙的"前方"——上海。作为一致公认的、享有崇高威望的革命元勋，孙中山理所当然地被各省代表推举为即将诞生的共和国的首任临时大总统。长期的国外流亡生涯结束了，他"身当其冲"地在祖国直接领导革命运动。

不同于西方许多国家的资产阶级革命进程，辛亥革命并非以共和制度的建立为其基本完成的标志——从根本意义上说，近代中国旧民主主义革

---

① 与之：《论中国现在之党派及将来之政党》，《新民丛报》，第92号。

命始终未能基本完成。因之,孙中山面临着复杂而艰巨的任务:把革命推向纵深,捍卫和巩固共和制度。他于1912年元旦在南京组建了临时政府,并在短短的几个月内推动临时参议院制定了效能"与宪法等"的具有民主精神的《中华民国临时约法》,颁发了39项除旧布新的法令。《中华民国临时约法》虽然缺乏实现的基础,但却具有重大启蒙意义,堪称——如同孙中山所指出——"我国有史以来未有之变局,吾民破天荒之创举也。"然而,形势继续逆转,失败的阴影在不断扩展,尽管革命似乎仍在凯歌进行。越来越多的迹象表明:集中外反动势力的政治代表袁世凯才是革命的真正威胁。这个兼具军阀、官僚和政客于一身的权术家得到了帝国主义和国内几乎一切反动势力的支持,他们急于挑选这个"强有力的人"来使不断崩毁的旧秩序在业已形成的新局面下重新稳定下来。而从革命队伍内部看来,同盟会迅速涣散瓦解。临时政府内外交困,极难有所作为。力量的对比,显然不利于孙中山和他领导的革命民主派。

共和国刚刚诞生,就已面临着被扼杀的厄运。

四

革命运动的成败,归根结底取决于斗争双方力量的对比。袁世凯在中外反动势力的积极支持下,逐步攫取了革命的果实。孙中山则不得不于清帝溥仪宣布退位的次日辞去临时大总统职,并荐袁世凯以自代。这场悲剧性的结局正如孙中山晚年所总结:"曾几何时,已为形势所迫,不得已而与反革命的专制阶级谋妥协,此种妥协实间接与帝国主义相调和,遂为革命第一次失败之根源。……夫袁世凯者,北洋军阀之首领,时与列强相勾结,一切反革命的专制阶级,如武人官僚辈,皆附之以求生存,而革命党人乃以政权让渡于彼,其致失败,又何待言!"① 辛亥革命的伟大历史地位和作用是毋庸置疑的——摧毁了充当帝国主义走狗的清朝政府,造成了一场政治上、思想上的启蒙,打开了进步的闸门,推进了中国近代化的历程。但是,辛亥革

---

① 《孙中山全集》第9卷,115页,北京,中华书局,1985。

导 言

命在根本意义上归于失败。封建帝制的崩溃,并未意味着半殖民地半封建社会秩序和人民群众无权与贫困的处境真正有所改变。

正是这样,孙中山和他的战友们必得进行捍卫共和制的斗争。这个极为"艰难顿挫"的历程长达十年,贯穿于旧民主主义革命的降弧阶段和新民主主义革命的发轫时刻。事实上,他还在共和国诞生之初就充当了"守护神"。《中华民国临时约法》的制定,临时政府颁布的革故鼎新的一系列法令,要求袁世凯"宣誓服膺共和"及奠都南京等,都是为了保卫摇篮中的共和国。这些防范虽然未能阻止袁世凯的反噬,但有助于共和观念深入人心,并为捍卫共和制度提供了重要武器,后来的护法运动的主要依据就是恢复遭到毁弃的《中华民国临时约法》。随着民国的名存实亡,孙中山再次举起了"武装革命"的旗帜。由是,便引发了"二次革命"、中华革命党反袁、护国运动和两次护法运动的开展。

孙中山在1912年4月解职后,一度耽于建设祖国的梦想,因为他认为民族主义、民权主义因"清帝退位而付之实现",当前的首要任务是实现民生主义,只有"振兴实业"、"发展物力",方能利于"民国巩固"。他在国内各地考察,到处宣传"社会革命","舍弃政事,专心致力于铁道之建设"。他担任中华民国铁道协会会长和全国铁路督办,为短期内铺设20万里铁路而奔走。但是,严酷的事实是不摆脱殖民主义和封建主义的桎梏,没有独立和民主,中国不能臻于繁荣富强。孙中山的建设计划墨迹未干,处心积虑于集权、独裁和称帝的袁世凯就开始了窃国勾当。这个独夫民贼于1913年3月派人刺杀了热衷于责任内阁制的国民党——由同盟会和四个小党并组而成——领袖宋教仁,又通过所谓"善后大借款",从帝国主义手中乞得了镇压革命党人的军费,于是磨刀霍霍,反革命逆流湍奔而来。

宋案的枪声惊醒了孙中山,使他认识了袁世凯的狰狞面目。他意识到共和国面临崩解的厄运,辛亥革命的成果可能丧失殆尽,于是立即结束了在日本的考察和筹款活动,从神户遄返上海,与黄兴等商讨对策。孙中山认为袁世凯已经实行窃国的阴谋,必须以武力给予反击,应当采取"速战"的方针,以期先发制人。然而,许多国民党领袖不赞成这种决策,而是主张"法律解决";或是寄希望于"调停",往来斡旋不遗余力。党内意见分歧,使得"速战"方针不得实现。只是由于孙中山的极力促进,李烈钧才在袁军逼迫下于7月中旬在江西湖口发难。由此,爆发了"二次革命"。可是独立的省份主要局限于东南一隅,加以这些地区内部情况复杂,反袁斗争未能形成洪流,仅仅在3个月内就被镇压下去。短促的"二次革命"以失败告终,"同党人心之涣散"是主要原因。

孙中山再次流亡日本,他面对着极其严峻的形势。袁世凯倒行逆施,迫不及待地踏上了独裁——帝制自为的路途,在国内残酷镇压革命党人和群众的反抗,对外则以出卖权益换取帝国主义助其"再高升一步"。流亡日本的许多革命党人处境艰难,"几于一蹶不振"。孙中山既未曾"以失败而灰心",也没有"以困难而缩步"。他依旧"精神贯注,猛力向前",积极投入捍卫共和的斗争。重组革命党的活动在他抵达东京后就已开始,建立新党的工作随着新年度的到来而正式提上议事日程。1914年7月,中华革命党在东京宣告成立。在孙中山手订的"总章"中,党的迫切任务被规定为反对袁世凯的暴政——"扫除专制政治","建设完全民国"。作为坚决的反袁派,中华革命党在两年多的战斗历程中展开了广泛的活动。孙中山和他的战友们以东京《民国》杂志和上海《民国日报》为主要宣传阵地,猛烈抨击袁世凯集权、独裁和帝制自为的窃国行径,倡导"三次革命",呼吁民众奋起捍卫共和。同时,中华革命党坚持"武装革命"的方针,确认"武力执行"是斗争的主要途径和手段,在粤、湘、川、陕、鲁和江浙等地区不断起义。正是由于革命党人不惜牺牲,潜入内地,"遍为运动,前仆后继",才能"渐以拥护共和反对谋帝之义,灌输于各省人心中而促其实行"。①只是由于中华革命党在政治上、组织上和思想上的局限性,使之不能如同盟会那样成为革命运动的中枢。中华革命党党员最多不过3000人左右,甚至黄兴等都未参加。但是,作为一面鲜明的战斗旗帜,在反袁护国运动中具有重要的历史地位和作用,不容低估。

---

① 《革命文献》第5辑,76页,台北,"中央文物供应社",1978。

导 言

1915年10月,孙中山和他的战友、助手和学生宋庆龄在东京结婚。从此,他们并肩走过了十年的风雨历程。他们的关系是互动的,宋庆龄也给予孙中山以积极影响。

形势迅速发生了变化,袁世凯的倒行逆施,特别是卖国的"二十一条"的披露和帝制自为,激起了广大群众的反抗。从西南发端的护国运动,得到了广泛的响应。袁世凯处于极其孤立的境地,"洪宪新朝"被迫撤销。1916年5月,孙中山在反袁浪潮高涨的时刻回到上海,以加强护国的斗争,并表示"不徒以去袁为毕事"。这年6月,袁世凯在举国声讨中死去。鉴于"障碍既除",孙中山提出"规复约法,尊重民意机关"的要求。在他看来,《中华民国临时约法》和国会乃是共和国的标志和象征。但是,"重建民国"的任务绝未因"去袁"而实现。受到日本帝国主义支持——世界大战使得日本乘机强化了对华侵略——的北洋军阀头子段祺瑞承袭了袁世凯的衣钵,在窃据北京政府国务总理职务的一年中,继续践踏《中华民国临时约法》和国会,并诱发了督军团叛乱和张勋复辟等丑剧。现实使孙中山很快意识到"民国再厄于段祺瑞",而这个皖系军阀头子竟还打着"再造共和"的幌子招摇撞骗,"以假共和之面目,行真专制之手段"。在这种情势下,孙中山不得不为捍卫共和进行新的斗争。1917年夏,他毅然率领受革命党人影响的海军第一舰队和部分议员南下,在广州建立护法军政府,第一次护法运动由此展开。在孙中山的惨淡经营下,举行了国会非常会议,制订了《中华民国军政府组织大纲》,他就任海陆军大元帅职。孙中山殚精竭虑地策划讨伐段祺瑞的军事斗争,要求"还我约法,还我国会,还我人民主权"。护法运动取得了一定的成果,几个月内就有十多个省份卷入,致使北京政府的反革命"统一"计划,卒未得逞。然而,握有实力的西南军阀头子陆荣廷、唐继尧不过是"借护法之名,收蚕食鹰攫之效"。孙中山捍卫共和的事业,与他们的争权夺利背道而驰。西南军阀头子对军政府事事掣肘,使其"命令不能出府门",甚至悍然改组军政府,公然排斥孙中山。他在难以有所作为的情势下被迫向国会辞职,并在通电中作出了"南与北如一丘之貉"的结论。1918年5月,孙中山离粤赴沪,第一次护法运动就此失败。

在上海的两年岁月中，孙中山不懈地探求新的道路。他以相当部分的精力从事著述，力求"以主义普及国民"，总结过去斗争的经验与教训，裨益于当前的革命事业。他在《孙文学说》的自序中清醒地承认多年革命活动归于失败："夫去一满洲之专制，转生出无数强盗之专制，其为毒之烈，较前尤甚。"为了消除党内"以错误之思想而懈志"的消极现象，他批判了传统的"知易行难"的学说，强调了——虽也难免偏颇——"知难行易"的哲理，肯定了实践的广泛可能性。与此同时，他继续策划川、湘、闽等地区的反对北洋军阀的武装斗争，积极培植援闽粤军，准确回师广东。孙中山处于"孑然无助"的十分窘困境地，却始终坚持民主主义的理论和实践。

应当强调指出，孙中山正是在第一次护法运动后的新旧民主革命阶段交替之际，写下了他的最重要的关于发展中国经济的宏伟规划和具体方案。《实业计划》于1919年首次发表，两年后由上海民智书局出版了英文版和中文版单行本。他在20世纪开端时就曾展望祖国的未来，确信"全国即可开放对外贸易，铁路即可修建，天然资源即可开发，人民即可日渐富裕"。在本书中则绘制了一幅中国近代化的蓝图——修筑10万英里铁路、百万英里公路，整治长江、黄河、珠江等，疏浚和开凿运河，建设3个世界大港、4个二等港、9个三等港和15个渔业港，改建和增建大批城市，开发煤、铁、石油及其他矿产，兴建钢铁、水泥、机床、造船等大型工厂以及食品、纺织、建筑等类企业，改良农业、营造森林和移民垦边……孙中山非常理解工业化、实业化对经济与社会发展的重大意义，积极主张与强调引进近代西方产业的要素，为我所用："吾之意见，盖于欲使外国之资本主义以造成中国之社会主义。"他兼具革命家与建设者的身份和职能，不愧为近代化的前驱。只是由于未能真正地、长期地主政全国，所以计划大都无法实现。

毋庸置疑的严峻现实是，旧民主主义革命历程临到了它的尾声。

五

人类社会的发展是不会长久停顿的，无论对中国和世界而言，都是如此。十月社会主义革命开拓了历史的新纪元。稍后爆发的五四运动成为近

导 言

代中国民主革命的新阶段——新民主主义革命的开端。无产阶级作为自觉的政治力量登上历史舞台,它的先锋队中国共产党不愧为革命的舵手。从此,中国革命的面貌焕然一新。

孙中山和他的战友们面临着新的机遇,同时经受着严峻的考验。他们必须扬弃先前的理论和实践,使自己的活动上升到新的高度,"适乎世界之潮流,合乎人群之需要"。孙中山积极迎接了"新世纪的曙光",在经历"艰难顿挫"后继续执著于探索和追求。他赞扬十月社会主义革命,在1918年初即曾致电列宁,表示"十分钦佩,并愿中俄两国革命党共同战斗"[①]。他支持五四运动,认为以青年学生为先锋的这场兼具思想启蒙与反帝反封建内容的斗争定会"收绝伦之效果"。当国际无产阶级和中国共产党向他伸出热情的双手时,他就把他们引为忠诚的战友。事实上,孙中山于1921年底就已在桂林会见了由共产党人李大钊介绍前来的共产国际代表马林,讨论了有关中国革命的重大问题,其中包括了马林提出的主要建议——组织一个能够联合各个进步阶级和阶层的政党,建立真正的革命武装。

"整理党务",显然是孙中山在上海期间的主要活动。他于1919年秋宣布将中华革命党改组为中国国民党,冠以"中国"两字以示区别于1912年成立的国民党,并制定了新的"规约",以"巩固共和、实行三民主义"为宗旨。他在演讲和文章中反复阐明"办党比无论任何事都要重要",再次批判了辛亥革命时期一度流行的"革命军起,革命党消"的误导口号,并重申恢复三民主义的完整政纲,因为它们所规定的任务和目标均未完成。"民族主义可以不要"的论调必须纠正,因为帝国主义列强还在"压制中国人",所以我们还是三民主义,缺一不可。

孙中山没有一刻间断反对军阀的斗争,特别着力于驱除踞粤桂系的策划和准备。他要求驻闽粤军早日回师广东,又联络西南地区的唐继尧、刘显世等各派反桂力量。1920年10月,粤军在广大群众的支持和各派反桂力量的配合下攻克广州,桂系残部逃亡广西,使得孙中山有可能再次开府广东。

[①] [苏]叶尔马舍夫:《孙逸仙》(中译未刊稿),221页,莫斯科,1962。

他于这年11月由沪赴穗,重组军政府,继续行使职权,开展第二次护法运动。但是,他已意识到护法军政府及其活动的局限,指出"护法不过矫正北京政府之非法行为……对内仍承认北京政府为中央政府,对外亦不发生国际上地位之效力",所以"即达目的,于中华民国亦无若何裨益"。因之,"广东此时实有建立正式政府之必要"。①尽管已怀异志的粤军首领陈炯明等并不赞同,孙中山的正确主张还是得到了广泛支持。1921年4月,国会非常会议选举孙中山为非常大总统,通过了《中华民国政府组织大纲》,而他则于5月就职并组建了民国政府。护法运动第二阶段较之前段的主要优长之处,就在于此。

统一两广,出师北伐,是孙中山面临的中心任务。这年秋天,仅仅用了两个月的时间就攻克了桂系军阀的最后据点龙州。西征的胜利为北伐提供了条件,孙中山于10月出巡广西,组织大本营随行,3万北伐军也在同日开拔。尽管陈炯明等多方干扰,他却不为所动,积极整编军队,并在翌年初大体完成组训工作。孙中山于2月颁布动员令,北伐战争的序幕拉开。然而,斗争遭到严重阻碍。湘督赵恒惕反复无常,假借民意拒绝北伐军过境。陈炯明更是公开破坏,指使爪牙暗杀了坚决支持北伐的粤军将领邓铿。粤中形势逆转,孙中山不得不于6月初返回广州,对陈炯明部加以劝诫,揭露"广东军人武武相护,反对北伐"的祸心。6月16日,陈炯明部发动叛乱,突然包围和炮击总统府,企图杀害孙中山。由于双方实力过于悬殊,他只得仓促变装出走。在登上泊于省河的军舰后,他立即发出讨伐陈炯明的号召,急令北伐军回师平叛,同时亲率舰队在省河袭击叛军。他不畏惧帝国主义的压力,拒绝了各种"调停",在极为困难的条件下,冒着酷暑坚持战斗近两月。终因北伐军在韶关一带失利,无力回师,孙中山被迫于8月上旬经香港赴沪,途中重申"一息尚存,此志不懈"。二次护法运动,又以惨痛失败告终。

这次"祸患生于肘腋"的叛乱的后果是严重的,在孙中山"垂三十年"的革命过程中,"顾失败之残酷未有甚于此役者"②。然而,正是在这困厄的时

---

① 《孙中山全集》第5卷,450~451页,北京,中华书局,1985。
② 《孙中山全集》第6卷,555页,北京,中华书局,1985。

刻,孙中山得到了中国共产党直接的支持。初生的无产阶级先锋队还在《第一次关于时局的主张》中就已指出:当前的民主革命以反帝反封建为主要内容,现存的政党中只有孙中山领导的中国国民党是"革命的民主派",并希望它能改变"动摇不定的政策"。中共中央在1922年夏举行的西湖会议,正式确定了国共合作的根本方针和具体方式。李大钊会后从杭州前往上海,同孙中山商讨了振兴国民党以便振兴中国的一系列重大问题。稍后,孙中山、廖仲恺还同苏俄代表越飞进行了多次会谈,制订了"联合宣言",一致确认了两国密切合作、推动中国反帝反封建斗争的原则。

把中国国民党改组为真正的革命政党,在政治上、思想上和组织上赋予新的内涵,以便承担起历史的重任,无疑是孙中山必须解决的首要课题。他认识到了这桩任务的迫切性,还在1922年秋天就召开研究改组国民党的会议。共产党人参与了有关工作,讨论改组计划和草拟宣言、党纲及党章。遵循党内合作方式,孙中山为增加"新血液"而邀请李大钊等共产党人加入国民党。恰在此时,讨贼军和滇桂联军逐走了盘踞广州的陈炯明。孙中山于1923年2月返回广州,重建大元帅府并就大元帅职。他虽然仍希望"终成护法之全功",但在理论与实践中却已改弦易辙:赋予政纲以明确的反帝反封建内容,实行联俄、联共和扶助农工的三大政策,改组国民党,建立以国共合作为核心的民族民主统一战线,培训革命武装力量,巩固广东革命策源地,为北伐准备必要条件。要之,"另为彻底之革命运动"。

孙中山的政治生涯进入了新阶段。

他的与时俱进是绝非偶然的。首先,是因为他无限忠诚于爱国主义和民主主义的原则。对他来说,使祖国臻于独立、民主和富强乃是神圣的职责。是否利于这桩崇高的事业,成为他反思和检验自己理论和实践的最高准绳。严峻的现实是:从组建兴中会起,无数革命党人和群众抛头颅、洒热血,然而,四分之一世纪过去了,民国却只是一块"空招牌",在神州大地上横行霸道的依然是帝国主义及其走狗——军阀、官僚、政客。对祖国和人民的命运的高度责任感,使他从善如流,勇于抛却过时的观念,积极接受新鲜事物,不断探索救国救民的真理,力求使自己的活动更有成效。其次,勇于和善于在思想上除旧布新也是孙中山不断奋进的重要动因。在近代中国社会进程中，新事物纷至沓来，变动改换是如此迅速和激烈，往往令人目不暇接。他却能以强烈的敏感度和确切的识辨力对待时代的潮流，不懈地学习和探索，并把获致和认同的新观念及时付诸实践。这种自我扬弃过程决不是轻易的，需要勇气与卓识，而对于孙中山这样一位举世闻名、具有长期斗争历史的著名革命家说来，更是难能可贵。再次，不断总结斗争的经验与教训也是孙中山的活动继续踏上新阶梯的又一因素。他毅然走上民主革命的道路，就是以上书李鸿章的失败为契机。他的后期政治生涯中的飞跃，则是他对先前的斗争纲领、途径和方法检验和扬弃的结果。他决不故步自封，总是使自己的活动顺应历史的大潮。

六

1924年1月，经过较为充分准备的中国国民党第一次全国代表大会在广州隆重举行。

孙中山以总理身份担任主席。与会代表包括共产党人李大钊、毛泽东、谭平山、瞿秋白和林祖涵等。李大钊被指定为大会主席团成员。一些共产党人参与了宣言审查委员会、党务审查委员会和章程审查委员会的工作。大会的根本任务是："要把国民党再来组织成一个有力量有具体的政党"，以便"用政党的力量去改造国家"。①大会主要议程为通过宣言、党章和选举中央领导机构，改组国民党，以实现国共合作。大会通过的《中国国民党第一次全国代表大会宣言》具有极其重大的意义。宣言正确判明了中国的基本国情，指出它是帝国主义侵夺的"半殖民地"；"反革命的专制阶级"、"国内军阀"则充当帝国主义走狗，与其主子共同压榨中国人民。宣言采纳了中国共产党的反帝反封建政纲，确立了联俄、联共、扶助农工的三大政策，使三民主义有了更为丰富的科学内涵，并因增强了战略、策略部分而更为完整。宣言还批判了立宪派、联省自治派、和平会议派和商人政府派的空谈和谬

---

① 《孙中山全集》第9卷，97页，北京，中华书局，1985。

论，并制订了包括废除一切不平等条约在内的政策。宣言无疑是中国国民党与中国共产党、国际无产阶级协同努力的结果，成为国共合作的共同纲领。显然，"这篇宣言，区分了三民主义的两个历史时代"："在这之前，三民主义是旧范畴的三民主义，是旧的半殖民地资产阶级民主革命的三民主义"；"在这以后，三民主义是新范畴的三民主义，是新的半殖民地资产阶级民主革命的三民主义，是新民主主义的三民主义，是新三民主义。只有这种三民主义，才是新时期的革命的三民主义"。[①]大会在讨论《中国国民党总章》时，围绕着通过党内合作方式实现国共合作的关键问题展开了尖锐的斗争。右派分子把阻挠国共合作的破坏活动带到大会上，提出"不许党内有党，党员不许跨党"。由于共产党人和国民党左派的协同战斗，挫败了右派分子的阴谋，贯彻了孙中山的联共方针，使国民党获致了新的生命力和活力，从一个缺乏战斗力的松散组织，改组为"实行民权的权力集中，以为团体奋斗"的、"党律既严"的革命政党。国民党面貌为之一新，成为工人、农民、小资产阶级和民族资产阶级的联盟形式。大会选举了中央执行委员和中央监察委员，组成了新的中央领导机构。国民党左派廖仲恺等和共产党人李大钊、毛泽东、谭平山、瞿秋白等被选为中央执委和候补执委。中央监委的许多名额则为右派分子据有。

这次代表大会的胜利召开，不仅是国民党的划时代意义的重大事件，同时，也成为大革命走向高潮的起点。孙中山的革命生涯进入新阶段，达到了前所未有的高度。呈现在人们面前的一派生机蓬勃的气象，越来越多的群众满怀希望地注视和参与着事态的发展。

国共合作，对国民党的壮大产生了积极的影响：制定了科学的民主革命政纲，举起了反帝反封建的旗帜，团聚了爱国的、民主的力量，组成了革命统一战线。中国共产党的组织更有了长足的发展，党员数量增长很快，党员成分起了重大变化，农民、工人和青年学生占绝大多数。与此同时，共产党的影响和威望也获得了极大的发展。国民革命的中坚和核心力量由此加

---

① 《毛泽东选集》，683页，北京，人民出版社，1966。

强,成为革命浪潮汹涌澎湃的主要因素。

国共合作,有力地促进了工农群众运动的迅猛发展。孙中山的扶助农工的政策得以真正贯彻。他确信工人阶级应当"作国民的先锋";认为没有广大农民参与"就是我们革命没有基础",因为"觉悟"、"联络"和武装起来的农民阶级是"中国第一等主人公"。事实正是这样。工人运动迅速从"二七惨案"后的低潮走向高潮,1925年5月1日在广州召开的第一次全国劳动大会显示了无产阶级战斗的新阵容。旋即爆发的五卅运动和省港大罢工,大大推动了广东和全国革命形势的发展。农民运动蓬勃开展,广东农民协会于1925年初成立后两年就已组织农民80余万。两湖和豫、赣等地也相继建立农会,全国农会会员到1927年夏已逾千万人。与此相应,青年、妇女运动均有很大的发展。风起云涌的工农群众运动,为大革命提供了广泛坚实的社会基础。

国共合作,为建立革命武装创造了良好条件。孙中山的"战争事业"持续了30年,但始终未能建立一支真正的"革命军"。在共产党人和国际无产阶级的支持下,孙中山认识到这桩任务的必要性和迫切性。还在中国国民党第一次全国代表大会期间,他就下令创办黄埔军校。因为,"没有革命军的奋斗……我们的革命便没有成功"。所以,国民革命有赖于"革命军"——"第一步使武力与国民相结合,第二步使武力为国民之武力"。经过紧张的筹办,实际上由国共两党共同合办的这所新型的革命军事学校于当年6月开学。孙中山亲任军校总理,廖仲恺与蒋介石分任党代表和校长。共产党人周恩来、恽代英和萧楚女等人承担了政治和教育工作的重任。在两年多的时间里,军校培养了近5000名军政干部。黄埔建军,推动了革命武装的建立。

国共合作,还加强了反帝反封建的思想战线。孙中山把旧三民主义发展为新三民主义,使之成为革命统一战线的政治、思想基础。以前,旧三民主义已被视为党派的纯粹政治活动纲领。此后,"由于国共两党的合作,由于两党革命党员的努力,这种新三民主义便被推广到了全中国,推广到了一部分教育界、学术界和广大青年学生之中。"[1]在统一广东革命根据地和北伐战争中,更以反帝反封建思想武装了军队,向农民群众提出了打倒土豪劣绅和贪官污吏的口号,掀起了暴风骤雨般的农民运动。

广东革命形势的迅猛发展,引起了帝国主义和国内反动派的惊恐和仇视,他们千方百计颠覆广东政府,企图摧毁革命策源地。孙中山对帝国主义及其走狗的反扑采取了坚决回击的态度,蔑视炮舰政策的恫吓。1923年底,美、英、法、日等国就因广东政府收取粤海关"关余"和要求收回海关主权,竟将20艘军舰泊集珠江。孙中山谴责了侵略者的卑鄙行径,并在群众支持下取得了胜利。港英帝国主义分子在1924年10月悍然指使反革命武装——商团在广州叛乱时,他在共产党人和工农群众、革命武装积极支持下采取坚决镇压的方针,沉重打击了帝国主义及其爪牙,巩固了革命根据地。当然,这种斗争不可避免地反映到国民党内部:右派分子愈益猖獗地反对三大政策,实际上成为帝国主义和封建势力的内应;孙中山和他的革命战友则同他们进行了斗争,甚至将个别成员开除出党。只是对右派的反击未能进行到底,没有彻底清除隐患。

1924年10月下旬,受到革命影响的冯玉祥所部军队在直奉战争中倒戈,发动北京政变,直系把持的北京政府倒台。冯玉祥等电邀孙中山北上"讨论国事",为开展革命事业提供了难得的机遇。中共中央立即发表了《第四次对时局的主张》,号召迅速召开国民会议。在共产党人和广大人民群众的支持下,孙中山毅然决定北上,"拿革命主义去宣传"。他在《北上宣言》中重申了反对帝国主义和封建军阀的主张,提出召开国民会议和废除不平等条约的要求和口号。这年11月,孙中山经上海取道日本赴北京。他沿途不断揭露帝国主义的鬼蜮伎俩,抨击了为皖系军阀控制的北京政府的媚外行径,抵制段祺瑞之流炮制的"善后会议",坚持民族主权和民主政治的原则。

长期的艰苦斗争使孙中山积劳成疾,1925年3月12日,他因肝癌不治逝世。孙中山在遗嘱中把自己革命活动的经验概括为:"必须唤起民众,及

---

[1]《毛泽东选集》,661页,北京,人民出版社,1966。

联合世界上以平等待我之民族，共同奋斗。"他念念不忘尚未完成的革命事业，殷切期望早日召开国民会议和废除不平等条约。他的家事遗嘱，反映了孙中山"尽瘁国事，不治家产"的优秀品质和无私风格。"他全心全意地为了改造中国而耗费了毕生的精力，真是鞠躬尽瘁，死而后已。"[①]这种崇高的评价，显然是恰如其分的。

他的光辉事业为后继者所承续和发展。

壮志未酬的伟大民主革命先行者与近代化前驱的英名青史长存。

[①] 《毛泽东选集》，312页，北京，人民出版社，1966。

第一章
CHAPTER ONE

孙文学说的文化导向与三个来源

在社会历史发展的进程中,人们的文化取向愈益具有至关重要的意义。领袖人物(在近代则往往组成为群体)以及政党、阶级采取的文化取向,更是如此。在根本意义上,文化取向关乎国家、民族的发展趋势和前途,导引、制约乃至架构着未来社会的走向和模式。文化取向的内涵与外延当然是广义的,并非囿于狭义的范围,对变革与建设起着导向作用,涉及经济与社会发展的总体内容。毫无疑问,人们制定与遵循的理论、路线、方针和政策,社会生活各个领域的制度和规范,在很大程度上为文化取向所塑造与成形。

剧变的近代中国处于转型期,文化取向显然有着特别重要的意义。任何进步的、革命的人士、政党与阶级,都必须有所抉择地妥善解决这个课题。所以如此,主要是因为封建末世或近代半殖民地半封建社会缺乏及时产生正规的民主主义和科学社会主义的土壤。在中世纪末叶的中国,自给自足的自然经济、半自然经济颇为强固,"宰制于上"的是"皇帝和贵族的专制政权",封建主义文化体系长期君临。新的经济成分及相应的先进思想的产生,自是十分困难;而在半殖民地半封建的中国,虽然分解着的社会机体给新的经济成分提供了某些条件,但帝国主义和封建主义的双重枷锁阻抑着新经济因素,同时也钳制着"新思潮"的发展。归根结底,存在决定意识。

　　严峻的形势,向探索中国发展道路的仁人志士们尖锐地提出了文化取向的课题。首先,他们必须向西方寻求真理——近代民主主义和科学社会主义。然而,在引进过程中必须有所分析、辨别,更需考虑时代价值的需求,结合中国社会的实际,即是立足于当代的高度,实施中国化,以增加民族的元素。全盘西化和闭关自守,无疑都是完全错误的。其次,他们必须因袭传统文化。但是,这种承传定要以科学准则和时代精神作为扬弃的依据。民族虚无主义和国粹主义——不加分析、批判地一律摒弃或全部接受传统文化,都是不足为训的。由于封建专制主义在中国源远流长和盘根错节,所以,与之首先采取一定程度的疏离态度,并进行民主主义启蒙就成为变革的思想前提。要之,近代中国的先进人士在锻造自己的战斗纲领时必须对文化取向的中外古今关系加以科学解决,做到"兼收众长,益以创新"。向西方学习先进文化,承传传统文化精华,结合中国实际而有所"独见",应当是孙文学说文化取向的正确准则。

　　孙中山所持的文化取向,显然是他留给后继者的宝贵精神遗产。在当前我国经济与社会处于转型阶段和建设中国特色社会主义的历史时刻,仍然兼具科学价值和社会意义。

第一节
"有规抚欧洲之学说";反对"极端的崇拜外国"和"一味的盲从附和"

作为民主革命先行者和近代化前驱,孙中山不愧为向西方寻求救国真理的光辉代表。他曾经把自己思想的渊源归结为三个方面:西方、传统及"创获"。但是,综观孙中山不断进取的毕生理论活动,从西方吸纳先进思想,无疑是他文化取向的主导之一。

孙中山制订的中国资产阶级民主革命纲领——三民主义,其基本内涵来自西方近代资产阶级民主主义。他把民族、民权和民生主义等同于法国18世纪资产阶级革命所提出的"自由、平等、博爱"的口号,比附为美国资产阶级民主主义者林肯的"民有、民治、民享"的理念。他的三民主义的核心部分——民权主义理论以及政体架构,主要是借鉴于近代欧美的"共和制度"和"代议政治"的观念与实体;虽然,祖国的传统文化亦留下了不容忽视的印记,古代中国某些政治思想的因素和政治制度的环节,也被改造与糅合在其中。孙中山在解释他的共和理论与方案时曾经明晰地指出:"何为民国?美国总统林肯氏有言曰:'民之所有,民之所治,民之所享。'此之谓民国也。何谓民权?即近来瑞士国所行之制:民有选举官吏之权,民有罢免官吏之权,民有创制法案之权,民有复决法案之权,此之谓四大民权也,必具有此四大民权,方得谓为纯粹之民国也。"西方代议制的共和国模式,成为他长期奋斗的主要目标与效法楷模:"革命党之誓约曰:'恢复中华,创立民国。'盖欲以此世界至大至优之民族,而造一世界至进步、至庄严、至富强、至安乐之国家,而为民所有、为民所治、为民所享者也。"①他甚至确认林肯所曾主张的"民有、民治、民享",就是自己所"提倡的三民主义"。②他在晚年重新解释了三民主义,对西方的代议制做了一定程度的批判,把他的民主主义思想发展到前所未有的高度,但其基本政治观念和构想仍未脱出资产阶级民主制度的窠臼。至于孙中山为解决中国社会经济的基本问题——土地与资本而倡导的民生主义,更多的是借鉴于近代西方的政治经济学说与"资产阶级土地国有论者"约翰·穆勒以及亨利·乔治的学理。他的民族主义的理念,也从西方吸纳了近代的相应因素。

孙中山在阐述他的革命纲领的时候,曾多次明确谈到他的思想与学说的主要来源:"中国的革命思潮是发源于欧美,平等自由的学说也是由欧美传进来的"③。特别重申"民权的学说是由欧美传进来的"④。他把三民主义与法国大革命的口号进行了比较,认为"法国的自由和我们的民族主义相同,因为民族主义是提倡国家自由的。平等和我们的民权主义相同,因为民权主义是提倡人民在政治之地位都是平等的,在大破君权、使人人都是平等的,所以说民权是和平等相对待的,此外还有博爱的口号……和我们的民生主义是相通的"。所以积极主张向西方学习,原因乃是由于"欧美近一百年来的文化,雄飞突进,一日千里,种种文明都是比中国进步得多"⑤。在他看来,这种吸收、借鉴是十分重要的,绝非可有可无:"如果不参考欧美已往的经验、学理,便要费许多冤枉工夫,或者要再蹈欧美的覆辙。"⑥列宁曾对孙中山的这种文化取向给予了极高评价:"这里的亚洲的共和国临时大总统是充满着崇高精神和英雄气概的革命的民主主义者,这种精神和气概是这样一个阶级所固有的:这个阶级不是在衰落下去,而是在向上发展;它不是惧怕未来,而是相信未来,奋不顾身地为未来而斗争;它憎恨过去,善于抛弃死

---

① 《孙中山全集》第 6 卷,413 页,北京,中华书局,1985。
② 《孙中山全集》第 6 卷,3 页,北京,中华书局,1985。
③ 《孙中山全集》第 9 卷,293 页,北京,中华书局,1985。
④ 《孙中山全集》第 9 卷,277 页,北京,中华书局,1985。
⑤ 《孙中山全集》第 9 卷,315 页,北京,中华书局,1985。
⑥ 《孙中山全集》第 9 卷,321 页,北京,中华书局,1985。

去了的和窒息一切生命的腐朽东西,决不为了维护自己的特权而硬要保存和恢复过去的东西。"①同时,充分肯定了他"竭力从欧美吸收解放思想"的作为。在旧民主主义革命时期,孙中山作为中国处于上升阶段的资产阶级的杰出代表,他的文化取向反映了这个阶级当时所能达到的思想深度、广度和高度,无疑具有先进性和科学性。

剧变的时代——特别是资本主义社会的弊端日益明显和社会主义思潮与运动的蓬勃展开,不能不引起向西方寻求真理的中国先进人士的深思,于是,他们往往不可避免地产生了对社会主义的同情和吸收。迄于近代,社会主义思想在中国呈现出颇为纷纭多样的姿态,并且具有了时代特征,几乎附丽于绝大部分进步思潮。太平天国农民战争产生了较为完整的农业社会主义思想。在正式颁发的《天朝田亩制度》这篇重要官方文献中,相当具体地规划了"天国"的社会架构,认为男女都是兄弟姐妹,"何得存此疆彼界之私,何得存尔吞我并之念"。平分田地,"务使有田同耕,有饭同食,有衣同穿,有钱同使,无处不均匀,无处不保暖也"。《天朝田亩制度》具有反封建——主要是封建土地所有制的意义,但并未能实行,而这种绝对平均主义的纲领,是与社会近代化进程相悖的。虽然,洪仁玕的《资政新篇》堪称一抹亮色。维新派的领袖康有为是代表人物之一,他积极传播"新学",希望经由自上而下的温和方式进行社会变革,促进中国走向近代化,并在 1898 年实行了变法的尝试。但是,甚至这种"跪着的造反"也遭到了顽固派的镇压。康有为等流亡异域,但给予他们以更多了解西方社会的机会。在他的许多著作中,《大同书》思想庞杂,空想社会主义无疑是它以及较早写成的《礼运注》的重要内涵。康有为以救世主的姿态允诺了一个大同世界,在那里"人人皆公","人人皆平","无贵贱之分,无贫富之等"。"国界"、"家界"、"产界"、"级界"以及"形界"等等均被破除,甚至具体细微到对未来的厕所都作了设计。康有为的空想社会主义不完全同于古代的大同理想,带有时代的特色。他接触了资本主义并观察到它的缺陷,所以在瞻望未来时提出"农工

---

① 《列宁全集》第 18 卷,153 页,北京,人民出版社,1959。

商业界归之公"。意味深长的是，康有为受到了《乌托邦》一书和傅立叶的影响。当然，结论正如毛泽东所指出的："康有为写了《大同书》，他没有也不可能找到一条到达大同的路。"近代中国进步社会思潮的特色之一，即几乎一整代"上下以求索"的志士都对社会主义给予关注。

  孙中山在这方面迈出了更大的步伐，他在引进西方民主主义时几乎同步地受到了社会主义各流派的影响，吸收了许多相关因素，成为他的民主主义的重要补充。这既是时代的反映，更是他激进的变革精神使然。早在1896年流亡伦敦遭到清驻英使馆绑架脱险后，孙中山曾在那里逗留了约半年多的时光。他除了撰写《伦敦被难记》一书外，还认真读书学习和考察体验了西方社会。他几乎每日均到大英博物院图书馆，阅读有关政治、经济、法律、外交、农业、畜牧、矿业、机械工程等方面的书籍。那座庋藏丰富的图书馆的圆形阅览室，也曾留下马克思、列宁的足迹。他还参观了宪政俱乐部和国会。伦敦及英国各地的无产阶级不断举行罢工。不少斗争遭到了军警的镇压，令他十分同情。伦敦东区——包括孙中山居住的霍尔本区的贫民窟给他留下了深刻的印象。显然，对资本主义国家和社会的进一步了解引起了孙中山的反思："所见所闻，殊多心得。始知徒致国家富强、民权发达如欧洲列强者，犹有社会革命之运动也。予欲为一劳永逸之计，乃采民生主义，以与民族、民权问题同时解决，此三民主义之主张所由完成也。"三民主义至此初步形成，亦意味着对社会主义因素的有所吸收。尖锐的事实是，孙中山在使自己的祖国"走上了西方的道路"时，却愈益发现资本主义社会的溃疡比比皆是：垄断组织形成，贫富两极分化，民主制度弊端丛生……同时，社会主义思潮与运动兴起。所以必须在学习西方时也"思患于预防"，"庶不致再蹈欧美今日之覆辙"。孙中山把民生主义等同于社会主义，并非偶然，只是为了强调"民生"的意义，才将英文的社会主义一词译为汉语的民生主义。他宣称自己是"完全之社会党"，希冀与政治革命同步实行社会革命。

  孙中山在日本东京组建的全国性革命团体——中国同盟会的纲领和有关文件中，重申了民生主义即社会主义的基本内容和主要原则："文明之福祉，国民平等以享之。当改良社会经济组织……肇造社会的国家，俾家给人足,四海之内无一夫不获其所。敢有垄断以制国民之生命者,与众弃之!"至于土地与资本则成为首要课题:"一曰平均地权,二曰节制资本。"平均地权——土地国有的核心为"核定天下地价,其现有之地价仍属原主所有,其革命后社会改良进步之增加,则归于国家,为国民所有共享"。节制资本——"国家社会主义"的要义为"中国实业之开发应分两路进行":"(1)个人企业,(2)国家经营是也。凡夫事物之可以委诸个人或其较国家经营为适宜者,应任个人为之……至其不能委诸个人及有独占性质者,应由国家经营之。"孙中山的社会经济方案,实际上是一个贫困落后的国家力求快速实现近代化的构想。他的土地纲领可以"摧毁私有者的垄断"与消灭"绝对地租",得以"在农业中比较彻底和完全地实行自由竞争"。同样,节制资本和"国家社会主义"原则也意味着早日实现工业化,即充分发挥私人资本与国家资本的双重积极作用,使之各得其所和各尽其能。毫无疑问,土地国有和企业的国有化,并不一般地等同于社会主义,它们的性质主要取决于所在社会的经济、政治的基本制度。

孙中山与社会主义者交往频繁,曾于1905年春在布鲁塞尔访问了国际社会党执行局(第二国际)。他向主席王德威尔德和书记胡斯曼提出接纳他的组织为第二国际成员的要求,并且"简要地说明了中国社会主义者的目标",即除去"反满"外,"要使中国的土地全部或大部分公有",借以"防止一个阶级剥夺另一个阶级的现象,就如欧洲各国所发生过的那样"。后来,他还与胡斯曼有过信函往来。

孙中山的民生主义——社会主义的重要内容和现实意义,在于他一贯力求把经济与社会的发展建立在社会化、近代化的大生产之上。这位受过"欧洲式教育"的巨人深知历史"进化程序"是"由农业时代进而为工业时代,步步前进,永不退后……断不能废除现世之文明进步而复返于原始状态也"。既然如此,"故实业主义行于我国也必矣"!孙中山不同和优于俄国民粹派以及许多小资产阶级社会主义者,他没有在近代文明前表示恐惧和伤感,而是——如列宁所指出的——"承认生活所强迫他承认的东西",抛弃了那种"宁肯停滞也不要资本主义发展"的观念。他在20世纪开端时展望祖国的光辉未来，确信"全国即可开放对外贸易，铁路即可修建，天然资源即可开发，人民即可日渐富裕"。在后来的《实业计划》中更绘制了一幅中国近代化的宏伟蓝图——修筑10万英里铁路、百万英里公路，整治长江、黄河、珠江等，疏浚和开凿运河，建设3个世界大港、4个二等港、9个三等港和15个渔业港，改建和增建大批城市，开发煤、铁、石油及其他矿产，兴建钢铁、水泥、机床、造船等大型工厂及食品、纺织、建筑等类企业，改良农业、营造森林和移民垦边……孙中山非常理解工业化、实业化对经济与社会发展的重大意义，积极主张引进近代西方产业的要素，洋为中用，"盖于欲使外国之资本主义以造成中国之社会主义"。作为中国近代化的前驱，祖国臻于富强是他的理论和实践的题中应有之义。显然，这是他的社会主义观念中的科学成分。科学社会主义的本质特征之一，就是解放、发展生产力。

孙中山的民生主义——社会主义的积极因素，还存在和表现为预防与消除资本主义的祸患。他以西方为鉴，确认"私人之垄断，渐变出资本之专制……是工业革命之结果，其施福惠于人群为极少之数，而加痛苦于人群者为极大多数"。因之，必须"用一种思患预防的办法来阻止私人的资本，防备将来社会贫富的大毛病"。正是在这种意义上，他真诚而又天真地宣称："夫吾人所以持民生主义者，非反对资本，反对资本家耳！反对少数人占经济势力，垄断社会之富源耳！"反对私人垄断，消除两极分化乃至剥削，以"共富"为目的，也体现了科学社会主义的又一基本特征。

当然，孙中山的民生主义——社会主义带有主观的因素，主要是他把中国社会经济的滞后视为社会革命与民主革命得以同步进行的条件，认为中国社会只有着"大贫"与"小贫"的分别，贫富悬殊、两极分化以及劳资对立方露端倪。由于"中国的工业未发展，资本主义尚未抬头，一般大众服从而守法。因此这个国家可以轻易的塑成任何形状"。事实上，孙中山的民生主义——社会主义的空想与主观性就在于他的土地方案与资本构想实质上难以"防患于未然"，而是在一个经济落后的国家内最大限度地发展资本主义的近代化纲领。科学社会主义的理论和实践证明：只有在社会主义国家内方才既能够发展社会化、现代化的大生产，又可避免资本主义的各种流弊，真正做到"使外国之资本主义以造成中国之社会主义"。调整、发展社会经济,"所得的利益归人民所有",关怀备受压榨的农民和工人……这些善良的愿望也只有在社会主义基本制度建立后才能真正实现。至于把"社会革命"与政治革命"毕其功于一役"的主张,则是"混淆革命的步骤,降低对当前任务的努力"。只是在这种意义上,列宁才辩证地指出:"中国的民主主义者真挚地同情欧洲的社会主义,把它改造成为反动的理论。"孙中山思想中的民粹主义因素,就在于此。

正是由于孙中山的社会主义思想中具有科学成分与积极因素,孙中山和他的战友们——主要是朱执信等对科学社会主义倍加赞誉,十分钦佩社会主义的"泰斗"马克思,而批评了无政府主义等流派。在1912年热衷于宣扬民生主义的日子里,孙中山于10月应中国社会党本部的邀请连续作了3次评论社会主义及其派别的演讲,十分称道马克思"研究资本问题垂三十年之久,著为《资本论》一书,发阐真理,不遗余力,而无条理之学说,遂成为有系统之学理。研究社会主义者咸知所本,不复专迎合粗浅激烈之言论也"。迄于近年,"于是社会主义遂放光明于世界也",希望"我中华民族民国之国家",一变而为社会主义国家。朱执信则是最早介绍马克思、恩格斯和马克思主义的先进人士之一,他在《民报》上发表了《共产党宣言》的节译和概述了《资本论》的要旨,认为"故自马尔克以来,学说皆变,渐趋实行,世称科学的社会主义"。当然,他们不可能全面、准确地理解科学社会主义,而对于各种小资产阶级社会主义派别则往往缺乏辨识。直到20世纪20年代,孙中山接受了中国共产党和国际无产阶级的帮助,推动了北伐战争,才在实践中对科学社会主义有了更进一步的认识:称赞列宁为"革命的圣人",强调必须"以俄为师",反复申明民生主义和共产主义是"好朋友",甚至以为民生主义包括了社会主义。当然,这种政治上的良好合作意愿中仍掺杂着非科学的成分。但是,也在一定意义上与新民主主义革命的非资本主义化的必然前途似乎合拍。

事物总是复杂的,绝对化往往使观察和论断流于偏颇。作为马克思主义三个主要来源之一的空想社会主义中包括科学成分,科学社会主义则在形成、发展过程中不断充实、完善自身。民主主义与社会主义有着本质的歧异,但在一定条件下并不存在不可逾越的壁垒。这种状态,明显体现于孙中山一身。他的社会主义思想中兼有科学与空想的成分。他的民主主义理念也有所突破。当然,孙中山思想在总体上仍属于民主主义范畴,因为他未能客观认知和把握科学社会主义的体系——从理论到制度,并且带有主观社会主义因素。

科学社会主义是无产阶级以及广大人民群众进行革命与建设的理论,兼具革命性与科学性。所以,科学社会主义在中国的真正传播和生根、开花、结果是在1919年前后。以五四运动为起点,破封建主义之旧、立民主主义之新的初期新文化运动开始转变为以传播马克思主义为主流的启蒙运动。这是又一次伟大思想变革,也是近代中国文化战线的飞跃。初期新文化运动倡导者中的优秀分子认识到俄国十月社会主义革命开拓了人类历史的新阶段,理解到中国社会政治、经济和文化状况在辛亥革命后的实际变化,开始了反思和再次探索与追求,转向了马克思主义。一批热切追求真理的青年,也很快地接受了无产阶级世界观。中国社会出现了第一代具有初步共产主义思想的新人,他们成为马克思主义思想运动的骨干:广泛传播了马克思主义,深入到工人群众中去,促成了马克思主义与工人运动相结合,从而在思想上和干部上准备了1921年中国共产党的成立,中国革命从此面目一新,走上了中国共产党领导的新民主主义革命的道路。

以孙中山为代表的仁人志士历尽艰难困苦,向西方寻求救国真理,反映了近代中国的历史特点和社会发展的客观需要。这是完全可以理解的:对于被殖民主义和封建主义双重枷锁桎梏而贫困落后的近代中国来说,获得拯救与发展的道路只有一条,那就是从完全意义的民主主义到科学社会主义,即从旧民主主义革命到新民主主义革命并进而到社会主义革命与建设。它们接续构成近代中国历史发展的两个时期——三个阶梯,只有循此奋力攀登,国家才能臻于独立、民主和富强。然而,刚刚从中世纪末期脱出的中国社会,民族资本在19世纪70年代才开始萌发,半殖民地半封建社会的固有矛盾又使这种新的内在因素发展十分缓慢迟滞。资产阶级出生后就发育不良,非常孱弱。较早出现的无产阶级的成长,也受到社会存在的多方制约。在当时中国特定的历史条件下,他们的代表人物不可能及时在中国创造出完全意义的民主主义和科学社会主义。然而,深重的民族灾难和社会危机,促使一切怀有救国拯民愿望的先进人士迫不及待地从实际出发,对西方先进社会思潮和运动实行"拿来主义"。他们不畏艰辛向西方寻求真理,借以促使神州大地宛如凤凰涅槃般在革命与建设的火焰中新生。这个历程是曲折复杂的:引进和熔铸完整的民主主义理论,使近代中国民主革命从准备阶段进入正规阶段,孙中山出色地完成了这桩历史使命,成为那个时代的旗帜;他又在后期政治生涯中迎接了新民主主义革命阶段的到来,把自己的思想与实践提升到新的高度,依然站在时代潮流的前面,推进了历史的行程;他还对社会主义作了研究和汲取,其中不乏科学成分与积极因素,并且力求与中国社会实际相结合。他未能完成这桩任务。中国共产党人肩负起时代的重担,经过了马克思主义与中国实际相结合的两次历史性飞跃,指导新民主主义革命和社会主义革命与建设走向光辉的胜利。历史已经证明,舍此别无他途。正是在这个意义上,孙中山不愧为近代中国向西方寻求救国真理的伟大先驱者。

孙中山在"竭力从欧美吸收解放思想"时,他的文化取向表现出的优点和特点,还由于在引进西方先进文化的过程中,始终根据中国基本国情以及与拯救、发展自己祖国的实际需要,进行选择与取舍,而绝非不分青红皂白地生搬硬套。他尖锐地批判了"极端的崇拜外国"、"一味的盲从附和"与"一定要步欧美的后尘"的心态和论调,认为这是错误和不足取的。[1]

孙中山从实践中——特别是在后期活动中越来越察觉到西方文明的缺陷,因而在引进时采取分析辨别而非肯定一切的态度和方法。他不断地阐明这个尖锐的事实——"欧美政治的进步,比较物质文明的进步是差得很远的,速度是很慢的。"因之,"欧美的民权政治至今没有根本办法"。断言当今"代议制度,已成民权主义之弩末"[2],例如"像美国、法国,革命过了一百多

---

[1] 《孙中山全集》第9卷,342页,北京,中华书局,1985。
[2] 上海《民国日报》1923年1月1日。

年,人民到底得了多少民权呢?照主张民权的人看,他们所得的民权还是很少"①。这是因为:第一,"欧美的民权政治,至今还是没有办法";第二,西方现行的代议政体"弊害丛生",现代的代议士们都变成了"猪仔议员,有钱就卖身,贪赃贪利,为全国人民所不齿"。《中国国民党第一次全国代表大会宣言》更进一步指出:"近世各国所谓民权制度,往往为资产阶级所专有,适成为压迫平民之工具。"②所以,"我们拿欧美已往的历史来做材料,不是要学欧美,步他们的后尘。"③孙中山还以新生的苏维埃国家的社会政治制度与西方的代议制对比,认为他还只是粗浅了解的"这种人民独裁的政体……当然比较代议政体改良得多"④。

孙中山在吸收外来先进事物的时候,非常强调要尊重中国的国情。对于西方先进的思想理论的吸取,必须结合中国的实际,熔铸为指导中国革命与建设的理论,决不能脱离中国的社会特点而照本宣科。他不止一次地指出,要"照自己的社会情形,迎合世界潮流去做,社会才可能改良,国家才可以进步"。因为,中国几千年来,"社会上的民情风土习惯和欧美的大不相同",所以,"管理社会的政治自然也是和欧美不同,不能完全仿效欧美照样去做,像仿效欧美的机器一样。"他的"五权宪法"的主张,就不是复制西方的"不太完全"的"三权分立"方案,而是参酌了中国古代政治制度,加以改进、演变而创建。他认为英国"虽然是立宪的鼻祖,但是从来没有成文的宪法","三权分立"只是原则,迄今"实在是一权政治"。美国宪法不仅"现在已经是不适用的",而且"不完备的地方"和"流弊也很不少",致使"黠者得乘时取势,以售其欺"。甚至还会因议员擅用纠察权以"挟制行政机关",形成"议员专制"。孙中山把"五权宪法"视为结合中国社会政治实际而引进西方政治方案的创举,甚至以为可以"防止一切流弊"。所以,他非常强调"创获",重申不可"亦步亦趋":"提倡三民主义来改造中国,所主张的民权,是

---

① 《孙中山全集》第9卷,300页,北京,中华书局,1985。
② 《孙中山全集》第9卷,120页,北京,中华书局,1985。
③ 《孙中山全集》第9卷,314页,北京,中华书局,1985。
④ 《孙中山全集》第9卷,314页,北京,中华书局,1985。

和欧美的民权不同。我们拿欧美已往的历史来做材料,不是要学欧美,步他们的后尘;是用我们的民权主义,把中国改造成一个'全面政治'的民国,要驾乎欧美之上"。①对于愈益暴露其矛盾和缺陷的西方经济学说和经济体制,孙中山也做出新的思考:在采纳有益成分的同时,力图避免弊病的再生。他对亚当·斯密的分配论,就作过一定的批判。当他重新解释三民主义的时候,曾对民生主义有所推进和发展,在更为深刻和全面的意义上,提出"耕者有其田"口号。对"资本"问题也给予了充分的注意,主张用"节制资本"和"发达国家资本"的办法发展"国家社会主义"——"集产社会主义",以免除资本主义经济体制所带来的流弊,从而提高国家工业化的速度,并得以避免"经济阶级压迫之痛苦"。他重申在引进外国文化的时候,必须有所分析辨别,从中国实际出发,而不宜"一味的盲从附和"②。应当指出,孙中山在引进西方先进文化的过程中始终十分注意将其中国化,包括内容与形式,以便社会认知、接受,具有可行性和生命力,又使得自己的思想与世界潮流"接轨"。当他在晚年对获取帝国主义的支持开始绝望,重新审视自己以往的理论与实践,并将目光转向新生的苏维埃政权,较多地了解了社会主义,仍然多次指出"民生主义就是共产主义","可以说共产主义是民生的理想,民生主义是共产的实行;所以两种主义没有什么分别"。③这种比附虽不尽科学,但却体现了孙中山把他所理解的社会主义与中国实际结合的探索,利于人们取得共识,促成中国革命统一战线的形成。他主张"以俄为师",也不意味着生搬硬套:"共产组织甚至苏维埃制度"之所以不能引用于当前中国,就是"因中国并无可使此项共产主义与苏维埃制度实施成功之情形存在之故"。

总之,孙中山绝不是全盘西化的提倡者或拥护者,他的对外文化取向包含着有所抉择及结合中国实际的准则。这种中国化的求实态度无疑是必须与正确的,只有如此才完全符合科学精神。

---

① 《孙中山全集》第9卷,314页,北京,中华书局,1985。
② 《孙中山全集》第9卷,320页,北京,中华书局,1985。
③ 《孙中山全集》第9卷,381页,北京,中华书局,1985。

第二节

"有因袭吾国固有之思想者"；消除历千年而不解的"专制之毒"

  孙中山文化取向的突出特点与优点，是他始终以开放和引进为其主旋律的重要内涵：学习西方先进的社会政治、经济、文化理论与方案，以消除历千年而不解的"专制之毒"。同时，定需继承传统的优秀文化遗产，以熔铸拯救和发展祖国的纲领。这种文化取向，显然决定和指导了孙中山毕生的理论与实践：积极引进西方先进文化，认真传承民族传统文化的精粹，相互融合，以之引导社会的发展。

  关于什么是孙中山文化取向的主导，历来是一个具有重要意义的争议课题。将其纳入两千年来被奉为封建道统——官方哲学即儒学的轨道之内，显然是缺乏根据的偏见。从孙中山的思想发展过程及本质认真考察，他的学说恰恰是在对传统儒学的疏离和批判中先行消除"专制之毒"而形成的。孙中山从少年时代就开始接受欧洲式的教育，沐浴了民主主义思潮，服膺于进化论，赞颂法国18世纪革命和美国独立战争，尊崇"自由、平等、博爱"准则，称颂"民有、民治、民享"精神。同时，也受到了社会主义思潮的影响。他在开拓和踏上了正规民主革命的道路后，批判封建主义的道统和法统，对中世纪制度和意识形态持有比较鲜明的否定态度，确认中国现实发展的内在桎梏乃是"千年专制之毒"。他还从民主主义的理念出发着重剖析儒家政治学说，认为孟子的"劳心者治人，劳力者治于人"的观念陈腐，因为社会的发展使得人们不断成长，"已将治人与治于人的阶级打破"。他更以欧洲作为范本,指出他们曾把"皇帝治人底阶级打破,人民才得今日比较的自由"。而中国的专制制度,是不能为"平等自由的国民所堪受的"。他还尖锐地抨击了封建等级制度,认为这种"人为的不平等的成因在于特殊阶级的人,过去暴虐无道"。理想中的社会应当是"无有贵贱之差,贫富之别"。孙中山十分尊崇"主权在民"的原则,以"人民自治为政治之极则,故于政治之精神,执共和主义"。①他积极倡导经过"国民革命"的战斗途径推翻封建帝制,以建立"纯粹之民国"。十分清楚,孙中山是封建道统和法统的坚决反对者。

孙中山不仅着重从政治上对封建纲常之首——君权大张挞伐,而且对儒家学说进行了批判。还在青年时期,他对于儒家经典就表示了怀疑和否定,慨叹"不幸中国之政,习尚专制,士人当束发受书之后,所习者不外乎四书五经及其笺注之文字。然其中有不合于奉令承教、一味服从之意者,则且任意删节,或曲为解说,以养成其盲从之性"②。他批驳了所谓"阳明之学"推进了"日本维新"的论点,指出二者实"风马牛不相及"。孙中山的思想及其全部实践证明,他本质上是反儒教的。在他后期活动中,这种文化取向更为明显。他对于以"打倒孔家店"为重要内容——尽管带有形式主义方法和绝对化倾向的五四新文化运动热情赞扬和充分肯定,称道"一般爱国青年,莫不以革新思想为将来革新事业之准备,于是蓬蓬勃勃,发抒言论",以至于"社会遂蒙绝大之影响"。断言"此种新文化运动在我国今日,诚思想界空前之大变动"。确信"致革命之成功,必有赖于思想之变化"。

显然,孙中山的批儒思想是同他的革命活动紧密联系的。尊孔崇儒和反孔批儒在他看来并非是纯粹意识形态领域中的问题,而是与现实政治生活中的主要课题密切相关,实际是关乎前进和倒退、变革和守旧的一场思想上、政治上的严重斗争。孙中山的这种观念是他对长期斗争实践的总结,特别是对辛亥革命后袁世凯倒行逆施的概括。当时,这个窃国大盗正在准备帝制自为。尊孔崇儒,则是为复辟制造理论根据的一个十分重要的方面。

---

① 宫崎寅藏:《三十三年落花梦》,63~65 页,群学社,1905。
② 《孙中山选集》上卷,32 页,北京,人民出版社,1981。

孙文学说
构建近代中国的理论先导

1913年6月,袁世凯颁布了《通令尊崇孔圣文》。翌年秋天,他率领百官举行了"尊孔祀圣"的大典。政治生活中的这股逆流使得历史沉渣浮泛:陈焕章叫嚣"效忠素王"①,创立了臭名昭著的"孔教会"。康有为喧嚷"若今不尊孔,将何从焉"②。帝国主义侵略者也积极参与了尊孔的鼓噪:沙俄伯爵盖沙令胡说:"孔教者,中国独一无二之根本也。"③美籍"洋儒"李佳白惊呼"孔教……万万不可废弃"④。针对这出乌烟瘴气的丑剧,孙中山在1915年发布的《讨袁檄文》中尖锐地揭示出它的政治实质:"……祭天祀孔,议及冕旒,司马之心,路人皆见。"⑤严峻的现实正是:袁世凯在这年12月终于登上了"中华帝国"的宝座。孙中山把思想领域的尊孔崇儒同社会政治领域中的复辟倒退联系起来的论断,显然是具有重要的理论和实际意义的。

作为一个革命活动家,孙中山对儒学的批判必然会密切结合斗争实践所提出的迫切课题。从他和他的战友们踏上革命的路途以来,思想启蒙就成为革命民主派所面临的一项重大历史任务。日益同帝国主义文化相结合的封建文化桎梏着人们的思想,而构成其核心部分的显然即是孔孟之道。"凡属主张尊孔读经,提倡旧礼教旧思想、反对新文化新思想的人们,都是这类文化的代表。"⑥反对变革和革命,坚持保守和倒退——这种僵化顽固的立场、观点,贯穿了儒学的基本内容:从孔子的"克己复礼"和"述而不作,信而好古",孟子的"法先王"和"率由旧章"起;中经董仲舒的"天不变,道亦不变",朱熹的"尊王贱霸";直到张之洞的"五伦之要,百行之原。相传数千年,更无异义"。所有这些观念都是竭力维护现存社会秩序,阻碍了历史的进程。近代中国一切反动势力大都尊奉儒学为至宝,乞灵于孔孟之道。清除儒学的流毒,是民众解放思想和奋起斗争的主要条件之一。孙中山和革命民主派的成员们承担起这项任务:以鲜明的民主革命观念批驳了封建复古

---

① 《孔教论》,96页,1914年刊本。
② 康有为:《孔教会序》,《不忍杂志》,第1册。
③ 《孔教论》,16页,1914年刊本。
④ 《孔教论》,10页,1914年刊本。
⑤ 《孙中山选集》上卷,98页,北京,人民出版社,1981。
⑥ 《毛泽东选集》,688页,北京,人民出版社,1966。

思想，冲击了儒学的保守、倒退和复辟的主张，坚持了变易、进化和发展的普遍原则，赞颂了革命以及必要的暴力手段。

　　孙中山认为整个宇宙所遵循的法则是"进化之公理"，人类社会是一个持续不断的前进过程："国家进化，由野蛮而进于文明；人类亦然，由无知识而进于有知识，脱离旧观念，发生新观念，脱离旧思想，发生新思想。"①这种历史的进程是按照一定的规律实现的。社会的这种必然趋势，又决非反动势力所能肆意改变。正像"世界的潮流"已经发展到"民权"的时代，纵然有部分顽固分子妄图复辟帝制，如"有很大的力量像袁世凯"和"很蛮悍的军队像张勋"，结局只能是"终归失败"。②而把社会进展的必然性变为现实性，则尚须革命运动的促进。"要人类和国家进步，便不能不革命。"③革命是社会发展的动力，已经为世界历史所证明：一个国家"由贫弱变成富强"，只能是"由革命造成的"。当时的中国陷于贫困落后的境地，并非由于革命所导致；和反动派诬蔑革命的这种谰言相反，根本原因乃是"误于以前不变"。孙中山还把暴力视为在一定条件下革命的必要手段，这种观念显然反映了他的革命实践的经验和教训。早在《伦敦被难记》一书中，孙中山就以切身体验来阐明改良活动是难以奏效的，它的不断破产使人们"积渐而知和平之手段，不得不稍易以强迫"④。真正的变革往往是难免要流血的，甚至以君主立宪代替封建专制，"亦必以流血得之，方能成为真立宪"⑤。革命的暴力所以经常不可避免，主要原因在于指望统治者"来将国家改革，那是绝对不可能的"。他们迫于情势而作出的某些改革姿态，往往只是"舍本而逐末"或"用以缓和民众骚动情绪的具文"。因为任何较为重大的变革，都会"意味着给他们以损害"。

　　应当指出，孙中山坚持变易、进化和发展的普遍原则，赞颂革命和革命暴力，对保皇派反对革命谬论的批判，在民主革命的准备时期具有重大的现

---

① 《孙中山选集》上卷，437页，北京，人民出版社，1981。
② 《孙中山选集》下卷，674页，北京，人民出版社，1981。
③ 《孙中山选集》下卷，509～510页，北京，人民出版社，1981。
④ 《孙中山选集》上卷，24页，北京，人民出版社，1981。
⑤ 《孙中山选集》上卷，67页，北京，人民出版社，1981。

实意义。为了抵制日益高涨的民主革命浪潮，保皇派炮制出种种反对革命的言论。康有为等为孔子的亡灵披上了保皇的新装，把"克己复礼为仁"奉为永恒的道德；利用儒家的"仁爱"说教以及中庸之道，宣扬"循序渐进"的改良主义路线；并借助于儒家的唯心主义先验论和天命论，诬蔑中国人民"愚蠢"——没有资格以"共和政治"取代封建帝制。他们还宣称"保皇即革命"，妄图混淆视听。在清王朝面临分崩离析的形势下，保皇派扮演了革命运动反对者的角色。孙中山对此作出了尖锐的批判，捍卫了革命的原则。他戳穿了保皇派的"改革姿态"，指出"革命、保皇二事，决分两途，如黑白之不能混淆，如东西之不能移位"。两者关系只能是"相互冲突，相互水火"。他驳斥了"只可立宪，不能革命"的庸俗进化观念，指出这是对民众的极大侮辱。革命民主派和广大群众决心从"最上之改革"着手，在封建王朝的废墟上建立民主共和国。孙中山对保皇派的反革命论调的批判，有力地促进了民主革命高潮的到来。划时代的辛亥革命，实质上是长期武装反清斗争过程的总爆发。

在坚持变易、进化和发展普遍观念以及赞颂革命和革命暴力的同时，孙中山把批判的锋芒指向民主革命的主要对象之一——体现了儒学的封建宗法思想和制度。董仲舒在封建儒学的形成过程中曾经起了重要作用，他以"天命论"为基础，提出了以"三纲五常"为核心的完整思想体系。"三纲五常"和神的权威共同构成封建社会的四大支柱——政权、神权、族权和夫权，它们"代表了全部封建宗法的思想和制度，是束缚中国人民特别是农民的四条极大的绳索"①。严峻的现实正是如此。直到19世纪90年代末期，张之洞还在《劝学篇·明纲》中宣称："故知君臣之纲，则民权之说不可行也；知父子之纲，则父子同罪免丧废祀之说不可行也；知夫妇之纲，则男女平权之说不可行也。"剥削制度的传统观念是"历史的惰性力"，对儒学的批判是革命的需要，因此，孙中山把抨击的矛头直指封建主义"四权"。

孙中山首先把批判的矛头指向封建主义政权——君权。他指出中国社

---

① 《毛泽东选集》，33页，北京，人民出版社，1966。

会直到20世纪初期,仍然处于"以千年专制之毒而未解"的境地。在这个"专制的国家"里,"只有皇帝一个是主人,人民都是奴隶,人民都是皇帝一个人的私产"。①而在皇帝之下,则是高踞于人民头上的"公侯伯子男许多阶级"。在他看来,这种体现了中世纪儒学的政治原则的"君主专制"制度是"很不平等的",因而是"不合理"的,不是"平等自由的国民所堪受的"。人民群众到了"不能忍受的时候",认识到"君主专制是无道"的,于是,"人民同皇帝抗争"的民主革命便成为必然的社会趋势。在民权高涨的时代,君权只能沦为"过去的陈迹"。孙中山摒弃了封建王朝具有永恒性的观念,指出"朝代的生命"是"有其诞生、长大、成熟、衰老和死亡"。清帝国已陷于崩溃的境况,任何挣扎都是"注定要失败的"。而在这个最后的王朝灭亡后,一切复辟的丑剧只能是短命的——袁世凯称帝仅"八十日间终归泡影",张勋复辟"亦不旋踵而败"。他认为"君权之不能战胜民权",乃是"世界潮流"和"古今公例"。正是确信君主专制"必无立足之地",孙中山和他的战友们以鲜明的、共和主义的革命立场宣称:"敢有帝制自为者,天下共击之!"②其次,孙中山把批判的锋芒指向神权。儒家为了维护现存政权而托庇于"天"、"神"的权威,从"天命论"和"天人感应说"中引申出王权神授说,为封建君主制度饰以"神圣的光环",以抵制革命浪潮的冲击。正如马克思所指出的:"天赋王权"实际上是"这个旧的封建官僚社会的最高政治表现和最高政治代表"。③孙中山在批判过程中首先揭示了神权的政治实质,指出封建统治者炮制这种谬论的根本目的在于愚弄人民和反对革命。在"以天下奉一人"的"帝制时代",所谓"皇帝为天生者,如天子受命于天,及天睿聪明诸说,实假以欺人,以证皇帝之至高无上,甚或托诸神话鬼语,坚人民之信仰"。④许多历史事例证明,统治阶级"假造天意",把他们的特权说成是"天所授予的",就是为了从中引申出一项反革命的政治准则——"人民反对他们,便是

---

① 胡汉民编:《总理全集》第2集,416页,上海,民智书局,1930。
② 《孙中山选集》上卷,69页,北京,人民出版社,1981。
③ 《马克思恩格斯全集》第6卷,634页,北京,人民出版社,1961。
④ 胡汉民编:《总理全集》第2集,661页,上海,民智书局,1930。

逆天"①。孙中山在指出宣扬神权是统治者为了维护政权的同时,还揭露了神权的依据——"天命论"和"天人感应说"的虚妄。他在反驳保皇派"引孔孟天命之说以文饰"的谬论时,对他们所提出的"天与人事果能截然区别乎"的问题断然答复:"自然与人事,固绝对之不同也",君权神授之类的观念只能是"欺人"之说。再次,族权也为孙中山的批判矛头所触及。他认为封建宗族观念具有落后性、狭隘性,在社会政治生活中起着消极的作用。他承认"中国人对于家庭和宗族的观念是很深的",这种传统的旧意识"深入中国人的脑筋,有了几千年"。因此,宗族观念局囿了人们的目光,使他们的视野难以逾越家族和宗族的藩篱,以致"消弭了民族的精神",使得"虽有四万万人结合成一个中国,实在是一盘散沙"。②不仅如此,宗族观念还直接导致一些中世纪的陋习,例如经常发生的"野蛮的各姓械斗"和"穷源极流"地修家谱等等。最后,夫权也是孙中山一贯反对的。他是男女平等的主张者,女权是他经常关注的一个课题。孙中山不承认儒家的"夫为妻纲"、"男尊女卑"和"男主女从"的观念,把女子沦为男子的附庸看成是不健康的社会现象。他的男女平等观建立在这样的基础上,即男女并非天生就有高低之分——妇女在智力和才能方面不逊于男子,她们可以承担大部分男子的工作。孙中山把消除男女不平等作为民权主义的内容之一,认为"民权革命"不仅要达到"政治上人人都是平等",而且要实现"男女也是平等"。这位忠诚的民主主义者曾不止一次地宣称:"革命以后,要实行男女平权。"③孙中山对封建主义的政权、神权、族权和夫权的批判,实质上是对封建儒学的社会政治和伦理道德观念的否定。

在哲学领域内,孙中山从认识论的角度反对了儒家的唯心主义先验论和形而上学。孔子认为"生而知之",他的门徒们也都重复这种唯心主义的论调,或称道"天纵之将圣",或说"求诸己"。总之,把人们的实践活动摈除于认识过程之外。孙中山驳斥了汉儒的"知之匪艰,行之惟艰"的观点,也指

---

① 《孙中山选集》下卷,693 页,北京,人民出版社,1981。
② 《孙中山选集》下卷,693 页,北京,人民出版社,1981。
③ 《孙中山选集》下卷,566 页,北京,人民出版社,1981。

责了王阳明的"知行合一"论,认为后者不过是前者的变种,都是"不合于实践之科学"。在阐发自己的"知难行易"学说中,他提出了具有唯物主义倾向的认识论。首先,孙中山认为客观存在是第一性的,人们的认识则是第二性的:"宇宙间的道理,都是先有事实,然后才发生言论;而不是先有言论,然后才发生事实……我们要研究宇宙间的道理,须先要靠事实。"① 例如,战术学就是"本于古人战斗的事实,逐渐进步而来"。人们认识的来源主要有三个方面:"(1)由于天生者;(2)由于力学者;(3)由于经验者。"② 孙中山虽然在第一个来源中夸大了人们的自然禀赋的作用,但这并非指先验的理性和观念,而是意味着人们的"聪明"的"厚薄不同"。他强调了第二和第三个来源,基本上仍是把认识置于直接经验和间接经验的基础上,在客观上批驳了儒家的唯心主义先验论。其次,孙中山强调了获取"真知"的重要性,重申了认识的不可停滞性,批判了儒家在认识论上的保守僵化态度。他认为儒家的盲从的、泥古不化的态度违背了认识的规律,是对人们精神的严重窒息。他抨击孔子及其门徒的"'述而不作','坐而论道',把古人言行的文字,死读死记,另外来解释一次,或把古人的解释,再来解释一次"③。这种拘泥于"陈饭"的方式,是不可能有进步的。他还进一步揭示了儒家经典及其注疏对知识分子精神的戕害作用——"士人束发受书后,所诵习者,不外四书五经及其笺注之文字;然其中有不合于奉令承教、一味服从者,则任意删节,或曲为解说,以养成其盲从之性。"④ 孙中山只承认"真知",即经受"科学按之,以考其实"的认识的积极意义;而"舍科学以外之所谓知识者",则不是"真知",不能正确地反映客观事物。例如,天圆地方的观念不是真知,因为它经不住事实的验证,没有如实地反映地球和宇宙空间的状态。他还多次说明认识必须不断发展,决不能停滞不前,这不仅因为客观存在着"尚非人类今日知识所能窥"的事物,还由于世界是在不断发展着——"知识要随事

---

① 《孙中山选集》下卷,671页,北京,人民出版社,1981。
② 胡汉民编:《总理全集》第2集,251页,上海,民智书局,1930。
③ 胡汉民编:《总理全集》第2集,227~228页,上海,民智书局,1930。
④ 《孙中山选集》上卷,23页,北京,人民出版社,1981。

物之增加而同时进步，否则渐即于老朽颓唐。"孙中山的上述批判不仅是对儒家哲学的冲击，也是对儒家经典以及对其一味崇奉态度的谴责。在当时的社会条件下，显然有着思想启蒙作用。

孙中山的反儒思想在他的后期活动中有所发展，表现出新的深度和广度。这是革命形势迅猛发展的反映，也是孙中山思想进步的结果。首先，他对以"打倒孔家店"——尽管带有形式主义的方法和绝对化的倾向——为重要内容的五四运动时期所进行的新文化运动热情赞扬，充分肯定了它的重大社会意义，认为"五四运动以来，一般爱国青年，莫不以革新思想为将来革新事业之准备，于是蓬蓬勃勃，发抒言论……社会遂蒙绝大之影响，此种新文化运动在我国今日，诚思想界空前之大变动"[1]。同时，他还据此作出了具有实际意义的一个结论——"欲致革命之成功，必有赖于思想之变化"。其次，孙中山在他的一些演讲中直接批判了孟子维护剥削制度的谬论。他反对"亚圣"所提出的"有劳心者，有劳力者，劳心者治人，劳力者治于人"的原则，认为体现这种原则的社会是不合理的。因为，在"治人者"和"治于人者"相对立的社会里，包括"帝、王、公、侯、伯、子、男"的治人者压榨劳动人民，而构成大多数群众的"治于人者"则处于贫困和无权的境地，是"人为的不平等"，对于这种腐朽的社会秩序，必须采取革命的手段："革命的始意，本是在打破人为的不平等"，现在"人民的知识大开，已经是很觉悟了，便要把治人和治于人的两个阶级，彻底来打破"。[2]再次，孙中山还从革命运动的迫切需要出发，要求在广大农民中间肃清儒家的"天命论"的流毒，使他们从"死生有命，富贵在天"之类精神桎梏下解放出来，积极投入革命运动。他认为在农民群众中存在着的"祖宗业农，受了这种辛苦，子孙也应该承继，来受这种痛苦，要世世代代都是一样"的观念，是"以前的旧思想"。他把破除孔孟之道的流毒同实施革命的三大政策之一——扶助农工联系起来，主张"我们现在要用政治力量来提高农民，就要用国家的力量来打破这种思

---

[1] 《孙中山选集》上卷，429页，北京，人民出版社，1981。
[2] 《孙中山选集》下卷，579页，北京，人民出版社，1981。

想",使得"农民自己先有觉悟"。①

作为中国近代民主革命的先驱者,孙中山在变革半殖民地半封建社会秩序的斗争过程中,既要对封建制度进行"武器的批判",也要对维护旧制度的封建儒学运用"批判的武器"。后者是绝对必要的,也是他的革命活动的组成部分。这种意识形态领域中的破旧立新,对民主革命运动产生了积极的作用。至于孙中山的反儒思想缺乏彻底性和科学性,正是因为他历史的、阶级的局限性所导致的。

但是,孙中山绝非民族虚无主义者。传统文化中有着优秀的丰富宝藏,而脱离传统则是不可思议的。他希望中国人民振奋民族精神,自尊、自重、自强,决心跻身于世界强国之林。他指出中国在历史上曾经"是很强盛很文明的国家",其"所处的地位比现在的列强像英国、美国、法国、日本还要高得多"。目前国家的地位之所以"一落千丈",主要是由于帝国主义侵略,即每年"要被外国夺取十二万万的金钱",使得"民穷财尽"。②加之封建主义的桎梏,确是"以千年专制之毒而不解",致使中国人民"无一不被困黑暗之中"。至于自身的主要内在原因,则在于"我国失去了民族精神"。为了改变这种状况,一方面要求"大家联合起来"组成一个"大国族团体",齐心协力"共同去奋斗";另一方面应是"恢复我一切国粹",即"固有的道德"、"固有的知识"和"固有的能力",等等。

孙中山为了弘扬中华民族的优秀文化传统,振奋民族精神,在不少论述中援引过孔孟的语言,对民族固有的道德、文化加以肯定,甚至提出要"复三代之规"。但是,这种现象并非意味着他对中世纪的意识形态从疏离到回归,因为新的思想和时代精神同传统文化的精粹不是绝对排斥的。孙中山不过是根据中国的国情与实际的需要,借用群众所熟知的古老观念来宣传他的民主主义及社会主义。因而,在孙中山的许多演说和著述中,认为维护等级制度的孔子和孟子还在两千多年前就已经主张民权,因为"孔子说'大

---

① 《孙中山选集》下卷,866 页,北京,人民出版社,1981。
② 《孙中山选集》下卷,642 页,北京,人民出版社,1981。

道之行也,天下为公。'便是主张民权的大同世界"[1]。孙中山附会地说明共和制度是"我国治世之神髓,先哲之遗业"。以为"三代之治实能得共和之神髓而行之者也"。甚至还断言"夫苏维埃者,即孔子所谓大同也"。儒学中的"固有道德"——如"智"、"仁"、"勇"及"忠孝仁爱信义和平"等范畴,也被孙中山摒弃了原有的含义,填充以民主主义的社会政治、伦理内涵。例如,儒学中被奉为"三达德"之一的"智",原为对"五伦"的"正确"解释,孙中山却把它说成是"明是非"。凡"利于民"和"利于国"为"是",否则即为"非"。同时,孙中山虽援引许多传统的伦理道德观念,但却不局囿于中世纪的三纲五常的伦理道德规范,并赋予其具有时代精神的内涵。他认为"我们在民国之内,照道理上讲,还是要尽忠。不忠于君,要忠于国,要忠于民,要为四万万人效忠"。这种"为四万万人效忠,比较为一人效忠,自然高尚得多"。至于"仁爱",孙中山把它大致等同于基督教教义中的"博爱",并在淡化其宗教意味后,主张应当理解成为广大民众谋幸福。而"信义和平"则被他引申为反对帝国主义的强权殖民政治,还要提倡在国际事务中"立定扶倾济弱的志愿"。凡此种种,都体现了革故鼎新的含义。当然,不能否认中国传统文化对孙中山的影响,他曾把"有因袭吾国旧有之思想",作为自己学说的渊源之一。但更为重要的原因,则是实际斗争的需要。与康有为的一些著述类似,孙中山也给自己的不少观念穿上传统文化的"外衣",赋予其民主主义乃至社会主义因素的内涵,以便使之在斗争中具有更大的号召力与亲和力。显然,孙中山在这个时期的文化取向仍旧体现了坚持民主主义的正确准则。问题的实质在于:唤起观念的亡灵是为了肯定"新精神",以赞颂当前的斗争。而这种传承不仅限于形式,亦包含了内涵的优秀因素。

孙中山的"恢复国粹"的主张,还是他高扬爱国主义旗帜的具体表现。他强调"要恢复民族精神,不但是要唤醒固有的道德,就是固有的知识也应该唤醒它";不仅如此,"并且要发扬光大"。只有这样,"然后我们的民族地位才可以恢复"[2]。为了打碎双重枷锁,使中国臻于独立、民主和富强,他认为

---

[1]《孙中山全集》第9卷,262页,北京,中华书局,1981。
[2]《孙中山全集》第9卷,247页,北京,中华书局,1985。

中国人民必须克服"一盘散沙"的状态,振奋民族精神以加强凝聚力。即使因为革命与形势的需要,孙中山一度强调发扬民族精神和倡导恢复"国粹",却绝非皈依传统,淡化向世界寻求真理的文化取向,只是对资产阶级的社会政治学说和制度,越来越采取了带有批判意味的审视和借取。他确信"恢复我一切国粹之后,还要去学欧美之所长,然后才可以和欧美并驾齐驱。如果不学外国的长处,我们仍要退后"①。他始终强调要学习西方的科学知识,因为这是经济与社会发展所不可缺少的。

显而易见,孙中山提倡恢复"国粹"并不是"回归"传统,因为他从未停止向西方寻求真理的步伐——"以俄为师"和联俄、联共、扶助农工三大政策的制定,就是他不断探寻并引进当代最先进思想的趋向与结果。更重要的是,他对传统文化始终采取分析、辨识和有所选择的态度与方法,一贯认为"我们固有的东西,如果是好的,当然是要保存,不好的才可以放弃"②。从孙中山的思想发展的轨迹及毕生的实践来考察,他的文化取向的主要方面无疑是对封建儒学采取疏离立场。宋庆龄在1937年曾经为批判带有"儒教气味"的"新生活运动",回应关于孔子学说能否适用于现代生活的讨论,她在《儒教与现代中国》一文中指出:"正如孔子的儒教代表着专制、压迫和人民痛苦,孙中山的主义就代表着民主和人民幸福。"她断然摒弃"反对社会秩序的任何改变"的儒教,认为当前中国需要"新的思想意识"。不可否认,孙中山在强调要"恢复民族精神"和弘扬传统文化时表现了一定程度的偏颇:首先,他对"国粹"的评估缺乏深刻中肯的剖析,未能充分指出它存在着封建性的糟粕,而多是笼统的溢美之词;其次,认为传统的政治学——《大学》中所说的"格物、致知、诚意、正心、修身、齐家、治国、平天下"是"独有的宝贝",因而断言"中国没有的东西是科学,不是政治哲学。至于讲到政治哲学的真谛,欧洲人还要求之于中国"。③上述观点有悖于孙中山一贯的文化取向——立足于祖国大地,主要向西方探求救国的真理,以锻制自己的政治思

---

① 《孙中山全集》第9卷,251页,北京,中华书局,1985。
② 《孙中山全集》第9卷,243页,北京,中华书局,1985。
③ 《孙中山全集》第9卷,231页,北京,中华书局,1985。

想与方案。所以如此，既有历史条件的限制，也有斗争实际的需要，加以人们难以摆脱的不同程度的儒家情结。因此，无须苛求孙中山，应从根本内容和主导方向去理解他关于恢复民族精神的呼吁，领会他为加强民族凝聚力、向心力而着力弘扬优秀文化传统的用心，并恰如其分地揭示他的论述中某些不够精当之处。

应当指出，中国传统思想中包含的朴素民主主义与主观社会主义因素的理想、方案得到孙中山在一定意义上的认同。自古以来，曾有无数仁人志士以对理想社会的构思描绘了"天国"、乌托邦、"大同之世"等美好图景。西方如此，中国亦然。《诗经》的一些篇章，曾经十分形象地描绘了"乐土"、"乐园"。体现了儒家观念的《礼记·礼运篇》以"大道之行也，天下为公"概括了理想社会的特征，勾勒出一个安宁、和睦、没有剥削、人人饱暖的"大同之世"。许多古代哲人也都编织过类似的美丽蓝图，寄托他们的追求和理想。孙中山对于"天下为公"十分赞赏，把"大同"作为自己的"理想国"。当然，他也赋予了古老的观念以新内涵。

迄于近代，社会主义诸流派的思想在中国呈现出较为纷纭多样的态势，并且具有明显的时代特征，几乎附丽于绝大部分进步思潮。太平天国农民战争产生了颇为完整的农业社会主义思想。在正式颁布的《天朝田亩制度》这份重要的社会变革纲领与方案中，相当具体地规划了"天国"的社会生活，认为男女都是兄弟姐妹，"何得存此疆彼界之私，何得存尔吞我并之念。"通过平分田地，"务使有田同耕，有饭同食，有衣同穿，有钱同使，无人不均匀，无处不饱暖也。"《天朝田亩制度》具有一定意义的反封建——主要是封建土地所有制的意义，但并未能实行，而这种绝对平均主义的构想，则是与社会近代化进程相悖的。孙中山在承袭农民阶级打击封建暴政的传统时，对具有朴素民主主义与空想社会主义的平等、平均表示了一定程度的首肯，但摒除了皇权主义和绝对平均主义。至于康有为的《礼运注》及《大同书》中标榜的"公"、"平"和主张消除"贵贱之分"和"贫富之等"的空想社会主义，也对孙中山产生了一定的影响。

第一章　第三节

第三节
"有吾所独见而创获者"

孙中山十分重视"从欧美吸收解放思想",因为由中世纪脱胎而来的近代中国社会不可能及时产生民主主义和社会主义;而为了进行正规的民主革命,他必须向西方学习。同时,孙中山还要继承和发扬优秀的传统文化,因为现时的中国是从过去的中国演变而来,任何变革都不可能虚无主义地否定先前的一切。全盘西化是非常偏颇的、脱离实际的观念。不加分析、辨别地承传"固有之思想"则是不足为训的拘泥。当然,拒绝向西方学习和否认传统文化的优秀遗产则是另一个极端的错误。

孙中山在锻造革命理论、纲领和方案的全部过程中,时时不忘"创新"、"创获"。这种"独见",成为孙文学说的重要组成部分。事实上,所谓"创新"、"创获",关键在于把西方的先进思想与中国实际相结合,将优秀的传统民族文化与时代精神和现实中国社会相融汇。以孙中山首先揭橥的民族主义为例,它反映了半殖民地的主要社会矛盾,发扬了中国人民反对殖民主义侵略和奴役的要求,体现了中华民族争取独立自主的热望。又如关于五权宪法的构想,堪称中西政治制度的联姻:既蕴涵了分权主义,又采纳了中国古代政体的一些元素。可以毫不夸张地认定,孙中山关于政体的这种方案是他"独见"的成果。民生主义的形成,当亦如是。对源于西方或古代中国的相关理念及实际的诸多损益,无疑意味着"创新"、"创获"。

可见,孙中山在吸收西方先进思想和接纳传统优秀遗产时,比较充分地结合了中国实际和赋予了时代精神,因之有"所独见和创获者"。

孙中山在文化取向问题上所持的较为先进的准则、态度和方法,导致了孙文学说——构建近代中国的理论先导的形成与发展。

孙中山的文化取向,是为了建立他的"理想国"。

他的"理想国"的本质和特点在于:对人类文明的充分吸取,承传中国文化的优秀传统,加以个人的参酌创新。他还把"理想国"概括为"纯粹之民国",即"世界至进步、至庄严、至富强、至安乐之国家"。具体而言,这个国家应是独立的、统一的、民主的、自由的、富强的、文明的与和谐的,既是对古老中国的延续,又是在新世纪的腾跃。毋庸置疑,孙文学说不愧为构建——在严格意义上——近代中国的理论先导。

显然,孙文学说的文化取向及"理想国"仍属于民主主义范畴,因为其所导致的基本经济、政治、文化与社会的构成决定了文化取向的性质,但也包含了社会主义的科学与空想的因素。立足于当代的中国,面对着当时世界的主要思潮——民主主义与社会主义思想,孙中山吸取了前者的主要内涵,接受了后者的一些因素,同时,传承了优秀的传统文化,有所创获、创造,显示了他对崇高目标的不懈追求。

由于历史局限,孙中山未能实现他所企盼的"中国梦"。他的后继者承担和超越了他所开拓的"未竟之业",促成着伟大的民族复兴重任。

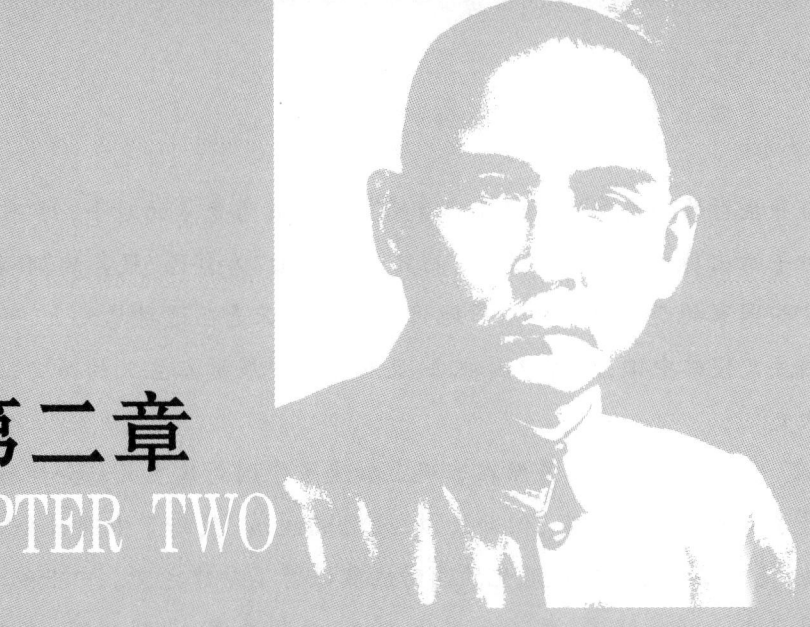

第二章
CHAPTER TWO

中国正规民主革命与近代化的理论、纲领和方案

以1840年鸦片战争为发端，中国历史从中世纪进入近代时期。

因此，近代化作为主课题也就同步提上议事日程。

然而，近代时期的实际社会内涵及演变，在中国却是迥异于西方，即半殖民地半封建化代替了资本主义化。意味深长的是：新阶段的历史舞台帷幕的开启既非社会生产力的巨变所导致，亦非波澜壮阔的革命运动所引发，而是为一场肮脏的英国侵华战争所拉动。强烈的外铄作用深切影响了近代中国的社会进程，阻断了健康发展的道路，使之循着一条充满窒碍、痛苦和牺牲的曲折路途走向悲惨的深渊，形成一种畸形的过渡社会形态。

历史已经证明，资产阶级总是"按照自己的面貌为自己创造出一个世界"。对于这个科学的论断，应当加以具体的历史阐释：所谓"自己的面貌"，在资本主义发展的不同阶段有着明显的差异。而"为自己"的欲望和意图，则是一以贯之。在资本主义处于上升时期，为了在本国乃至世界范围内确立自己的统治，资产阶级需要"伙伴"，所以援助为资本主义化而斗争的国家；对它心目中的"野蛮"民族的征服，则是必要的补充。待到资本主义进入帝国主义阶段，"阳光下的地盘"已经分割殆尽，对殖民地附属国掠夺超额利润越发成为自身生存的必要条件。以致旧有的"伙伴"成为竞争的对手,新"伙伴"——新对手的出现便绝对不再允许,而只"创造"出"为自己"服务的"仆役",即是使这些国家的变革仅囿于附庸地位的保持。正是在这种意义上,可以确认"帝国主义侵略中国,反对中国独立,反对中国发展资本主义的历史,就是中国近代史"。

帝国主义的侵略虽然在客观上加速了中国封建主义社会经济的解体,促进了资本主义的萌发,但却又以"残酷的统治"截断了中国社会近代化的发展,使中国社会在殖民地化的同时依然保留了封建主义。中世纪状态仍旧牢固存在于社会经济、政治和文化领域,根深蒂固,盘根错节,半封建定语的"半"字并不意味着仅仅是"对开"。毋庸置疑的事实是:帝国主义既促使中国社会殖民地化,又力求保持它的半封建状态,以便把贫弱的中国沦为其附庸。西方的"文明使者"竭力保护封建主义的朽败事物,并与反动统治者结成联盟,以压制任何真正的社会变革,维护现存的社会秩序;而国内的统治者也愈益勾结外国侵略者,借卖身投靠以自保。清朝政府在它的末期已经成为"洋人的朝廷"。民国时期的形形色色的反动统治者大都莫非列强的鹰犬。帝国主义充当封建主义的靠山,而封建主义则是帝国主义的支柱——这种极其丑恶腐朽的联盟,严重阻滞了近代中国社会的正常发展。没有真正的独立,缺乏起码的民主,贫困而又落后,是半殖民地半封建社会的基本特点。中国人民并未在失掉"旧世界"的同时"获得一个新世界",因为"新的社会因素"只有在完全粉碎殖民主义与封建主义枷锁后才能结出人民得以享有的"果实"。

近代中国的根本国情,就在于此。任何变革的方案如不植根于现实的土壤,就只能是不结果实的花朵。中国近代化的构想,亦不例外。它必须从根本国情出发,反映社会的基本矛盾及其特点,把握亟待解决的中心课题,进行长期艰苦的奋斗,才能成为先进的、科学的方案。在当时的历史条件下,孙中山的正规民主革命与近代化主张无疑是当时各种相关理论、纲领和方案中比较先进与科学的构想。因为,它的出发点和归宿正是力求"适合中国国情,顺应世界潮流,建设新国家"。

第一节

挣破殖民主义与封建主义双重枷锁是近代化的前提

中国近代化的前提必须是经由民主革命以挣破殖民主义与封建主义的双重桎梏。孙中山在长期的实践中愈益深切地认识到这种基本国情：中国只是"半独立国"、"殖民地"，甚至可以称之为"次殖民地"；同时，它又"以千年专制之毒而不解"。

与此相应，孙中山越来越清楚地理解到这样一个严峻的现实：帝国主义列强威胁着中华民族的生存，中国业已面临着瓜分、共管的厄运，国之将亡，更遑论国家的近代化。还在辛亥革命以前，他就深刻地指出："他们(指欧美资本家——引者)不至于笨到这种地步：实行商业的自杀，来帮助中国拥有自己的工业威力而成为独立的国家。我坚决相信，如果我们稍微表现出要走向这条道路的趋向时，那么整个欧美资本主义世界就会高嚷着所谓工业的黄祸了。因此，他们的利益首先在于使中国永远成为工业落后的牺牲品。"而在经历了旧民主主义革命的实践后，他更理解到帝国主义的"政治力"、"经济力"侵略是中国贫困落后的主因。所谓"政治力"，意味着"军事侵略"和"外交侵略"；较之"政治的压迫还要厉害"的"经济力"，则包含了"洋货的侵入"、"外国银行的纸币侵入市场、汇兑的折扣、存款的转借"、"进出口货物的运费"、"租界与割地中的赋税"、"地租和地价"、"特权营业"、"投机事业"和其他种种剥削。因之，孙中山也就把救亡图存的民族主义思想发展为"努力推翻帝国主义"以扫除"最大障碍"的明确政纲。

封建主义是中国近代化的主要内在障碍,孙中山对此有切身的感受。这不仅由于封建专制帝制束缚了社会经济的发展,它所维护的封建土地所有制成为贫困落后的主要根源之一;还因为它充当了侵略者的鹰犬,并以昏庸朽败的统治为殖民主义侵略提供了可行性。"荼毒苍生,一蹶不振"——这就是孙中山对封建暴政所下的论断,不论其形式为帝制抑或假共和。

历史证明,不破除沉重的双重枷锁是不可能实现近代化的。正如孙中山所断言的:"国家最大的问题是政治,如果政治不良,在国家里头不论什么问题都不能解决。"三民主义的政纲,即是为解脱桎梏的良策。

第二节
"实业化"是近代化的重要内涵

"实业化"无疑是近代化的重要内涵。孙中山认为"发展中国工业"乃是"无论如何必须进行的大事",因为"实业主义为中国所必需,文明进步,必赖乎此"。他十分理解小生产和自然经济的局限,非常懂得社会化的近代大生产的重大意义,而没有在当代物质文明面前表示——如民粹派之类的小资产阶级"社会主义者"那样——恐惧和伤感,并批判了"文明不利于贫民,不如复古"的偏见迂词,采取了现实主义积极态度,即"承认生活强迫他承认的东西"。

孙中山的社会经济纲领的主要内涵,如他自称"不外土地与资本问题"。他十分重视改变生产关系,孜孜以求地探索适合生产力发展的社会条件。土地方案采取"核定地价"、"照价纳税"、"照价收买"和"涨价归公"的手段和步骤,实现"土地国有"、"平均地权",从而达到防止地主"垄断"祸害、"解决农民自身问题"、造福社会和使中国尽快像"英国、美国一样富足"的多元的总体目标。在资本的课题上,他曾在"艰难顿挫"的时刻编制了社会经济发展的宏伟蓝图《实业计划》,并对实施途径规定了特色鲜明的原则——"节制资本"和"发展国家资本"。即"可以委诸个人或其较国家经营为适宜者,应任个人为之",而"不能委诸个人及有独占性质者,应由国家经营之"。目的在于预防"托拉斯"控制国家的"民生权"、关怀工人的利益以及"合全国之资力",而尽快从"不发达"状态臻于"实业主义"的境地。

孙中山关于实业化的具体构想，无疑是难能可贵的：优先发展交通运输业，重视开发能源，强调重工业的基础作用，注重农业和轻工业的建设，以求"农工商矿，繁然待举而不能偏废者"。他嘲讽闭关自守者为鲁滨逊式的"荒岛孤人"，主张实行"开放主义"，在"保持主权"的前提下，充分引进外资、技术、装备和人才。孙中山的《实业计划》，不愧为中国历史上第一个国家工业化方案。

孙中山的社会经济纲领诚然带有一定的主观社会主义色彩，实质上却是最大限度地发展资本主义的方案，当然，构想带有时代与中国的特色。而在19世纪后期和20世纪之初的中国，资本主义化大体等于"实业化"——近代化。

第三节
民主政治是促进近代化的杠杆

民主政治是民主革命的主要目标和理想,亦为促进近代化的杠杆。

孙中山认为封建暴政是罪恶的渊薮:妨碍我们在智力方面和物质方面的发展,造成可怕的贫困和落后;使人民处于无权的状况,"无一非被困于黑暗之中"。所以,国体以及政体的变革是非常必要的。他主张通过"国民革命"的途径和手段推翻作为"恶劣政治之根本"的封建专制制度,代之以共和制度。他确信"一个新的、开明而进步的政府"的建立,必将"为我们未来的经济发展打下基础",并在短期内"使自己摆脱困境","跻身于世界上文明和爱好自由国家的行列"。显而易见,孙中山极为重视先进政权对近代化的重大作用。

孙中山还为共和政体的构筑煞费苦心,力求顺畅完满地实现民主建政:革命程序论表述了民主革命——民主建政的主要内容和阶段划分,政党政治论阐明了"代议政治"的基本准则,权能区分论规定和赋予了民主政治以实际内容——人民有"权"、政府有"能",地方自治论和全民政治论则是体现"主权在民"精神的具体方案,五权宪法论主要是分权主义的理想政府结构的蓝图。他在这方面的探索是重要的,使政体与国体的变革相适应,以体现国体的实质和特点,显然是有着积极意义的尝试。

1911年秋爆发的辛亥革命,导致了封建帝制的崩溃和共和制度的建立。这既是一场政治变革与思想启蒙,也在一定程度上促进了实业化的进展。

作为近代化进程中迈出的重要步伐，先进政权的杠杆作用得到初步的显示。

由于缺乏必要的土壤与气候，主要是世界进入了帝国主义时代，而中国资产阶级在经济、政治上和思想上均是孱弱无力，共和制度未能也不可能真正在中国社会生根开花。所以，它应有的杠杆作用也就无从充分发挥。

第四节
科学、教育、文化的革新与发展是近代化的必要条件

科学、教育和文化的革新与发展,显然是近代化的必要条件。

受过欧洲式教育的孙中山对此完全能够理解,并给予了充分的重视。他崇尚科学,认为"科学的知"方为"真知",把"科学家之试验"看作"文明之动机","于人类则促进文明,于国家则图致富强"。甚至认为日本明治维新以后的"文明"、"发达"和"进步","皆科学为之也"。他看重教育事业,确信这是关乎国家兴亡的问题。他痛心于国人中"不识丁者十有七八,妇女识字者百中无一"的状况:"此人才安得不乏,风俗安得不颓,国家安得不弱。"他十分关注教育的革新与发展,主张实行全民义务教育,同时,以新的"教养有道"的教育体制取代封建教育。1920年,他曾在上海与朱执信、廖仲恺研究中小学教育并拟编写教科书,并在开府广州时到广东第一女子师范等院校演讲,倡议创办广东大学。此外,他也非常重视技术、装备和管理方面的"好的方法"。

应当指出,孙中山非常重视人才——国民综合素质的提高。还在青年时代,他就把"人尽其才"视为"富强之大经,治国之大本"。他所期望的新人是有文化和信仰的,"当用其学问,为平民谋幸福,为国家图富强"。

客观条件的限制,使孙中山的上述观念和实践未能更为充分地展开。

孙中山在这方面的真知灼见,迄今仍然具有现实意义。

第五节

变革、"开放主义"是近代化的主旋律

　　民主革命与近代化须臾离不开变革,乃是必然的发展规律。孙中山对此有着深切的理解。他所倡导的变革是全面的,涉及社会生活的各个领域。

　　开放,对于长期闭关自守的中国社会显然是重大的变革——无论在观念、体制和实施方面,都是如此。因此,开放成为孙中山思想体系和广泛活动中文化取向主旋律的重要内涵。他所奉行的"开放主义",在当时无疑具有进步意义。

　　孙中山的故乡——广东香山县翠亨村毗邻澳门,关于外部世界的信息不断传来。少年孙中山曾经渴望一睹镇上牧师收藏的世界地图而未果,却终于在13岁时从澳门乘船前往檀香山。此行开阔了他的胸襟和眼界:"始见轮舟之奇,沧海之阔,自是有慕西学之心,穷天地之想。"他先后在檀香山和香港学习了10余年,较为深入而广泛地了解了西方社会经济、政治学说和自然科学。他的这种际遇在当时是不可多得的,对世界的认识使他不再囿于闭关锁国所造成的狭隘观念。在他看来,"迎合世界的潮流",并在对这种大趋势的理解基础上谋求"中国问题的真解决",方是符合时代精神的文化取向。事实上,孙中山思想的形成与发展是同吸收世界先进文化分不开的。他所面对的尖锐的中国现实是:传统的中世纪缺乏新的经济成分与阶级基础,不可能产生近代民主主义和科学社会主义;而在逐步畸变并沦为半殖民地半封建社会后,也难以及时地、完整地铸造这种先进思潮。由是,外铄

作用在近代中国社会思想领域中成为不可或缺的重大因素。为了制定正规的民主革命政纲，孙中山必须"竭力从欧美吸收解放思想"。这种引进包括了文化的各个层次，从精神文化、制度文化以至物质文化。他多次确认三民主义与18世纪法国资产阶级革命的"自由、平等、博爱"口号一致，并将林肯所主张的"民有、民治、民享"与之等同。三民主义的哲学基础，也在很大程度上是对"西学"的摄取。在规划社会政治、经济和文化架构诸方面，他明确主张"步泰西之法"；至于引进外资、技术、装备和人才，在"保持主权"的前提下亦应实施。待到晚年，他认识和体验到日益显示出诸多弊端的西方国家不仅未曾真正援助仿效者，恰恰相反，经常支持反动势力"以扑灭吾党"。于是把目光转向新生的苏维埃国家，赞颂十月社会主义革命为"新世纪的曙光"，强调"以俄为师"，俾得"另为彻底之革命运动"。显而易见，孙中山不愧为近代中国向西方学习的先进代表人物。

　　应当指出，坚持开放和面向世界的孙中山从不全盘接受和盲目崇拜外来事物，而是采取分析辨别的态度和方法，并力求使之与中国的国情和民族的传统相结合。他曾反复指出："在效仿欧洲的生产方式"时，一定"要避免其种种弊端"，决不能"随西方文明之旧路径而行"。又曾多次申明欧美有欧美的社会，我们有我们的社会，彼此的人情风土各不相同。所以，"我们能够照自己的社会情形，迎合世界潮流去作，社会才可以改良，国家才可以进步。"否则，只能给国家、民族带来"退化"和"危险"。在他晚年提出"以俄为师"口号以促进国民革命时期，孙中山也未曾生搬硬套友邦的可贵经验。也正是在这种意义上，如他的当年战友所忆述，即"从来不说太平天国不好，有时还称赞太平天国的许多方法好"的孙中山，批评"洪秀全一辈人不懂中国国情及传统的信仰，而打起天主教的旗帜，因此造成多数人，尤其是读书人的反对"。同时，一贯与时俱进的孙中山强调保存中华民族固有的优良传统，振奋民族精神，恢复中华民族应有的地位和作用。作为真诚炽烈的爱国者，孙中山摒弃民族虚无主义，并力求从传统文化中吸取其精华，他所反对的只是僵化和倒退，在浩浩荡荡的世界潮流前不应故步自封，在纷至沓来的新事物前决不抱残守缺。

实践证明,对转型期的社会而言,关于西方文化和传统文化的取向问题极为重要,不仅关乎近代中国经济与社会的发展途径与模式,甚至成为近代化进程中成败的决定性因素之一。在世界日益融为有机整体的时代,闭目塞听只能遭受"荒岛孤人"之讥。但是,任何引进都必须有所抉择,密切结合国情,否则难以结出硕果。即使是先进的、科学的学说,也必须经由中国化才能实现。孙中山的有关文化取向的观念,实为他的民主革命与近代化思想中的优秀组成部分。

孙中山的近代化思想是他的精神遗产中的瑰宝,在近代中国历史阶段具有重要的地位和作用。

他的近代化思想反映了当时社会的必然走向及其特色,体现了人民的深切期望。

他的近代化思想具有丰富的内涵,与民主革命纲领不可分割。以三民主义为主干,形成一个完整的体系:挣破双重枷锁——殖民主义与封建主义乃是前提,"实业化"构成中心,民主政治则是杠杆,科学、教育和文化当是必要条件,变革、开放主义成为主旋律。近代化的根本目标,在于建立独立、民主和富强的新中国。他的近代化思想和实践,在中国近代史进程中具有空前的、划时代的意义。先驱者的事业虽然未能及身而成,他的民主革命与近代化思想也不可能不带有历史的、阶级的局限。然而,无疑推动了中国民主革命与近代化步伐,并为后继者开拓了持续奋进的道路。

第三章
CHAPTER THREE

民族主义思想

"民族革命"——显然是孙中山和他所领导的资产阶级革命民主派首先揭橥的战斗旗帜。

这种政治现象并非是偶然的。作为沦于半殖民地的国家,近代中国社会成为多种矛盾的焦点,而在错综复杂的矛盾中,民族矛盾占有特别突出的地位。帝国主义和中华民族的矛盾,构成近代中国社会的基本的、主要的矛盾。毛泽东在20世纪30年代指出:"在现阶段的中国社会中……以帝国主义的民族压迫为最大的压迫,因而帝国主义是中国人民的第一个和最凶恶的敌人。"①不仅如此,多民族的旧中国内部也包含着民族问题——在"大清帝国"时期,满洲贵族统治集团的暴政造成了它同汉族和其他少数民族的矛盾;在中华民国时期,代表大地主大资产阶级利益的形形色色的政权所实行的大汉族主义政策导致了它们同其他少数民族的矛盾。帝国主义同中华民族的矛盾和中国国内的民族矛盾呈现出纵横交汇的状况,因而,外国侵略者总是力求以国内的统治者作为实现殖民主义的社会支柱,而国内统治者则往往依附外

---

① 《毛泽东选集》,627~628页,北京,人民出版社,1966。

国侵略者来维持现存社会秩序。不过帝国主义和中华民族的矛盾无疑是一切民族矛盾中的主要矛盾。要之,近代中国社会交织着双重的民族矛盾:它在对外意义上,是备受侵凌的半殖民地;它在对内意义上,则是一个民族统治阶级"宰制于上"的民族牢狱。

  民族压迫——主要是帝国主义的侵略——乃是一副极其沉重的枷锁,严重地桎梏着近代中国社会的发展。对于中国人民来说,正如马克思在论述爱尔兰的民族斗争时所指出的:"民族解放对他们来说并不是一个抽象的正义或博爱的问题,而是他们自己的社会解放的首要条件。"①因此,民族问题、争取民族独立问题就不可避免地吸引了近代中国一切先进人物的目光,成为他们最为关注的政治课题之一。作为中国近代民主革命的一项主要任务,民族解放构成了各种具有进步意义的社会思潮和运动的基本内涵。

  在旧民主主义革命时期,不同阶级的先进人物曾经在解决民族问题方面作过多种尝试。他们提出过不同的纲领和方案,并且进行了广泛的实践活动。作为近代中国民族解放运动的主力,农民阶级曾为这桩事业作过英勇的斗争。以广州三元里群众抗英为发轫的反对帝国主义侵略和国内民族压迫的斗争连绵不绝,其中,包括波澜壮阔的太平天国农民战争和义和团反帝爱国运动。然而,落后的生产方式限制了农民的眼界,使得他们不可能提出科学的民族解放纲领,并且在实践中难以避免种族主义和笼统排外主义的倾向。农民阶级的斗争沉重打击了侵略者和反动统治者,使得中国免遭瓜分的厄运,但是,历史、阶级的局限性毕竟妨碍了他们完成民族解放的艰巨任务。维新派也把这个课题作为政治活动的主要内容,他们正是在民族危机空前严重的形势下把变革活动推向高峰,19世纪90年代的维新运动具有强烈的爱国救亡色彩。维新派的活动家们以激越的呼声唤起民众的民族意识,促使人们认识到变革现实的极端必要性和迫切性。康有为尖锐地展示出严峻的现实:"我今无士、无兵、无饷、无船,虽名为国,而土地、铁路、轮船、商务、银行,惟敌之命,听

---

  ① 《马克思恩格斯全集》第32卷,656~667页,北京,人民出版社,1956。

客取求,虽无亡之形而有亡之实也。"①谭嗣同发人深省地高呼:"君独不见越南乎!君独不见香港乎……殷鉴不远,覆车在前,吾人益不能不谋自强矣!"②唐才常更是义愤填膺地写道:"痛夫西人之讪我、诟我、病夫我,曰顽钝无耻,曰麻痹不仁,曰无教之国,何其悍然不顾平等之义至斯亟也!才常如汗且喘,奔走告我支那之士,则莫不发指眦裂,涕颐唾交,剑剧刃言者而后快也。"③在颇为清醒地阐明了严重的民族危机后,他们一致得出了必须变革现状的结论:"变法而强,守旧而亡……能变则全,不变则亡,全变则全,小变仍亡。"④并且,确信这种温和的社会改革将会使贫弱的中国"由富而强"⑤;而只要对西方侵略者"示以可以自保之机",则"其谋可立戢……其祸可立弭"。⑥"君子"们的愿望是真诚的,但他们的见解和主张中包含着严重的缺陷:既未能反映矛盾的本质,也未曾作出真正解决矛盾的方案。事实上,维新派的志士们对于帝国主义表现出幻想和轻信:一方面,他们片面地强调了西方列强侵华的主要原因在于中国的"终不自振"——"我既自居于弱昧,安能禁人之兼攻,吾既日即于乱亡,安能怨人之取侮。"⑦这种散发着社会达尔文主义气息的观念,在客观上掩蔽了帝国主义殖民掠夺的本性。另一方面,他们相信维新运动应会得到某些"文明的"列强的赞同和支持,竟制定出联合侵略者——主要是英、日帝国主义的政策,居然宣称:"治标者,即联英日之谓。"⑧这种无异于"与虎谋皮"的错误政治主张,在客观上歪曲了他们提出的御侮救亡的课题。在对待国内的民族问题上,维新派的政治家们一般地对以满洲贵族为首的清朝政府采取妥协态度,没有认识到它是列强在华统治的社会支柱,也不敢于承认它是民族牢狱的造成者。特别是在他们已沦为保皇派后,更主张"不必种

---

① 康有为:《统筹全局折》,见《戊戌政变记》卷1,北京,中华书局,1954。
② 《谭嗣同全集》,101~102页,北京,中华书局,1956。
③ 唐才常:《论热力》(上),见《觉颠冥斋内言》卷4,长沙,1898。
④ 康有为:《统筹全局折》,见《戊戌政变记》卷1,北京,中华书局,1954。
⑤ 敢于"冲决网罗"的谭嗣同也不例外,认为这种"跪着的造反"能改变中国的命运。
⑥ 梁启超:《戊戌政变记》卷1,北京,中华书局,1954。
⑦ 康有为:《第五次上皇帝书》,见《戊戌政变记》卷1,北京,中华书局,1954。
⑧ 唐才常:《论中国宜与英日联盟》,见《觉颠冥斋内言》卷4,长沙,1898。

族革命而可以得政治革命"①，企图在不推翻以满洲贵族为首的清朝政府的条件下，以"上书"、"下跪"的方式取得某些社会改良。甚至，为了抵制革命党人的"反满"口号而倡导"满汉合作"的谬论，公然抹煞客观存在着的民族内部矛盾，"谓今之政权在满人掌握，而汉人不得与闻，决非衷于事实也"②。显而易见，维新派虽然在救亡的课题中纳入了较之农民阶级意识显然自觉的资本主义化方案，但是，他们对待帝国主义和以满洲贵族为首的清朝政府的妥协态度则是农民阶级坚持斗争的背反。归根结底，维新派的阶级调和原则在最大限度上决定了他们的民族妥协政策。

作为前者的继承和发展，孙中山在民族问题上的主张具有崭新的内容与形式。他吸取了广泛存在于农民阶级和社会下层分子中间的"民族思想"，而淘汰了其中"笼统的排外主义"和落后的"宗法的"色彩。③他因袭了把民族独立的课题与国家的资本主义化密切联系起来的维新派观点，而又唾弃了其中的妥协主义——主要是"满汉合作"的主张。传统的、在众多的汉族知识阶层中广泛存在的"夷夏之防"的观念，也在孙中山的民族主义中留下了印记。但是，更为重要的是，孙中山在熔铸民族斗争纲领时"竭力从欧美吸收解放思想"④。他称誉法国18世纪资产阶级民主革命的"自由"口号，并把它的含义加以摄取；⑤他倾心于林肯的"民有"观念，而把它同自己的民族独立意识等同起

---

① 梁启超此文反对了革命民主派的反满口号，对革命运动起了严重的消极作用。(《申论种族革命与政治革命之得失》，载《新民丛报》，第76号。)

② 梁启超：《申论种族革命与政治革命之得失》，载《新民丛报》，第76号。

③ 李大钊曾经指出："孙中山先生所倡导的国民革命运动在中国民族解放全部历史中，实据有中心的位置，实为最重要的部分。他承接了太平天国民族革命的系统，而把那个时代农业经济所反映出来的帝王思想，以及随着帝国主义进来的宗教迷信——淘汰净尽。他整理了许多明季清初流下来以反清复明为基础的，后来因为受了帝国主义压迫而渐次扩大着有仇洋色彩的下层结社，使他们渐渐的脱弃农业的宗法的会党性质，而入于国民革命的正规。"(《李大钊选集》，538页，北京，人民出版社，1959。)

④ 《列宁选集》第2卷，293页，北京，人民出版社，1995。

⑤ 孙中山这样写道："究竟我们三民主义的口号，和自由、平等、博爱三个口号，有什么关系呢？照我讲起来，我们的民族可以说和他们的自由一样，因为实行民族主义，就是为国家争自由。"(《孙中山选集》下卷，689页，北京，人民出版社，1981)

来。①"自由"和"民有",被孙中山在这里理解为反对民族压迫和实现国家主权。十分明显,西方资产阶级民族主义构成了孙中山的民族解放斗争的纲领——民族主义的重要来源和内容。②

在旧民主主义革命时期,孙中山所倡导的民族主义的基本内容如下:用革命手段推翻以满洲贵族为首的清朝政府,力求避免为帝国主义"共管"或"瓜分"的厄运,从而建立起独立的"民族的国家"。而在辛亥革命前,"反满"乃是民族主义的重要内容和中心口号。孙中山的民族主义体现了近代中国社会的历史趋向,证实了列宁所作的论断:"资本主义使亚洲觉醒过来了,在那里到处都激起了民族运动,这些运动的趋向就是要在亚洲建立民族国家,也只有这样的国家才能保证资本主义的发展有最好的条件。"③民族主义在当时的历史情势下具有积极的战斗意义,虽然它自身包含着严重的缺陷——缺乏鲜明的反帝纲领,存在着一定程度的大汉族主义倾向与种族主义色彩。

由于国际和国内形势的变化,中国的民主革命在1919年后出现了历史性的转变。新民主主义革命的纪元到来,它是发生"在世界资本主义战线已在地球的一角(这一角占全世界六分之一的土地)崩溃,而在其余的角上又已经充分显露其腐朽性的时代,在这些尚存的资本主义部分非更加依赖殖民地半殖民地便不能过活的时代,在社会主义国家已经建立并宣布它愿意为了扶助一切殖民地半殖民地的解放运动而斗争的时代,在各个资本主义国家的无产阶级一天一天从社会帝国主义的社会民主党的影响下面解放出来并宣布他们赞助殖民地半殖民地解放运动的时代"④。作为世界社会主义运动的重要同盟军,中国民族解放运动必须把它的矛头指向帝国主义,在国际上联合社

---

① 孙中山认为:"林肯所主张之民有、民治、民享,就是兄弟所主张的民族主义、民权主义和民生主义。"(《总理遗教·演讲》,44页,中国国民党中央党部宣传委员会编印,无版权页。)
② 章太炎的一段自述也明显地表现了这点:"兄弟少小的时候,因读《蒋氏东华录》,其中有戴名世、曾静、查嗣庭诸人案件,便就胸中发奋,觉得异种乱华是我们心里第一恨事。后来读郑所南、王船山两先生的书,全是那些保卫汉族的话,民族思想,渐渐发达。但两先生的话,都没有什么学理,自从甲午以后,略看东西各国的书籍,才有学理收拾进来。"(载《民报》,第6号)
③ 《列宁全集》第20卷,400页,北京,人民出版社,1958。
④ 《毛泽东选集》,622~624页,北京,人民出版社,1966。

会主义国家和一切被压迫民族及人民，在国内联合共产党和发动广大工农群众。依靠中国共产党和国际无产阶级的帮助，孙中山把民族主义推向一个新的、反映当时历史特点的阶段。反对帝国主义及其殖民主义政策，以"自由统一的（各民族自由联合的）中华民国"作为解决多元一体的国内民族问题的准则；同时，把"联俄"、联合世界上一切被压迫民族和人民以及"联共"和"扶助农工"作为不可须臾离开的有机组成部分，这就是民族主义发展新阶段的基本内容。孙中山的民族主义在当时的历史条件下具有积极的意义，但它不可避免地仍带有消极的因素——例如，所谓"血统"和"国族"的观点以及"大亚洲主义"等等。

第一节
旧民主主义革命时期的民族主义

民族压迫、民族矛盾乃是民族运动借以产生的社会土壤。

当孙中山开始探求变革现实的政治方案时，民族问题正是社会政治生活的轴心之一。一方面，帝国主义列强"曾经对中国采用了并且还正在继续地采用着如同下面所说的一切军事的、政治的、经济的和文化的压迫手段，使中国一步步地变成了半殖民地和殖民地。（一）向中国举行多次的侵略战争，例如1840年的英国鸦片战争，1857年的英法联军战争，1883年的中法战争，1894年的中日战争，1900年的八国联军战争。用战争打败了中国之后，帝国主义列强不但占领了中国周围的许多原由中国保护的国家，而且抢去了或'租借'去了中国的一部分领土。例如日本占领了台湾和澎湖列岛，'租借'了旅顺，英国占领了香港，法国'租借'了广州湾。割地之外，又索去了巨大的赔款。这样，就大大地打击了中国这个庞大的封建帝国。（二）帝国主义列强强迫中国订立了许多不平等条约，根据这些不平等条约，取得了在中国驻扎海军和陆军的权利，取得了领事裁判权，并把全中国划分为几个帝国主义国家的势力范围。（三）帝国主义列强根据不平等条约，控制了中国一切重要的通商口岸，并把许多通商口岸划出一部分土地作为他们直接管理的租界。它们控制了中国的海关和对外贸易，控制了中国的交通事业（海上的、陆上的、内河的和空中的）。因此它们便能够大量地推销它们的商品，把中国变成它们的工业品的市场，同时又使中国的农业生产服从于帝国主义的需要。(四)帝国主义列强还在中国经营了许多轻工业和重工业的企业,以便直接利用中国的原料和廉价的劳动力,并以此对中国的民族工业进行直接的经济压迫,直接地阻碍中国生产力的发展。(五)帝国主义列强经过借款给中国政府,并在中国开设银行,垄断了中国的金融和财政。因此,它们就不但在商品竞争上压倒了中国的民族资本主义,而且在金融、财政上扼住了中国的咽喉。(六)帝国主义列强从中国的通商都市直至穷乡僻壤,造成了一个买办的和商业高利贷的剥削网,造成了为帝国主义服务的买办阶级和商业高利贷阶级,以便利其剥削广大的中国农民和其他人民大众。(七)于买办阶级之外,帝国主义列强又使中国的封建地主阶级变为它们统治中国的支柱。……(八)为了造成中国军阀混战和镇压中国人民,帝国主义列强供给中国反动政府以大量的军火和大批的军事顾问。(九)帝国主义列强在所有上述这些办法之外,对于麻醉中国人民的精神的一个方面,也不放松,这就是它们的文化侵略政策……其目的,在于造就服从它们的知识干部和愚弄广大的中国人民"①。这样,就使得中华民族处于"蚕食鲸吞,已效尤于接踵;瓜分豆剖,实堪虑于目前"的岌岌可危境地。另一方面,以满洲贵族为首的清朝政府实行着极其反动朽败的统治。由于这个封建专制政权奉行着民族压迫政策,因而它体现了双重压迫——阶级压迫和民族压迫。正如孙中山所揭露的:"(一)满洲人的行政措施,都是为了他们的私利,并不是为了被统治者的利益。(二)他们阻碍我们在智力方面和物质方面的发展。(三)他们把我们作为被征服了的种族来对待,不给我们平等的权力与特权。(四)他们侵犯我们不可让与的生存权、自由权和财产权。(五)他们自己从事于、或者纵容官场中的贪污和行贿。(六)他们压制言论自由。(七)他们禁止结社自由。(八)他们不经我们的同意而向我们征收沉重的苛捐杂税。(九)在审讯被指控为犯罪之人时,他们使用最野蛮的酷刑拷打,逼取口供。(十)他们不依照适当的法律形式而剥夺我们的各种权利。(十一)他们不能依责保护其管辖范围内的所有居民的生命与财产。"②

---

① 《毛泽东选集》,660~661 页,北京,人民出版社,1966。
② 《孙中山选集》上卷,60 页,北京,人民出版社,1981。

严峻的现实促使孙中山在他的初期政治活动中就举起"民族革命"的旗帜,并把民族解放当作自己所从事的革命运动的主要目标之一。

"反满",力求推翻以满洲贵族为首的窳败政权——乃是孙中山在"大清帝国"时期倡导的民族主义的基本内容。毫无疑义,"反满"正是孙中山最初的革命意识的主要部分。[①]还在1893年冬,孙中山同郑士良、陆皓东、尤列等初议建立革命团体时就提出了"驱除鞑虏,恢复华夏"的宗旨。[②]兴中会——孙中山在中日战争的隆隆炮声中所创建的革命团体——曾在"宣言"中指斥清朝政府"庸奴误国,荼毒苍生,一蹶不振,如斯之极"[③]。同时,把"驱除鞑虏,恢复中国,创立合众政府"的纲领作为会员誓词。[④]1905年,成立于东京的同盟会在"宣言"中重申了"反满"课题,较为详尽地论述了这项"革命之经纶":"(一)驱除鞑虏。今之满洲,灭我中国,据我政府,迫我汉人为其奴隶,有不从者,杀戮亿万。我汉人为亡国之民者二百六十年于斯!满洲政府,穷凶极恶,今已贯盈,义师所指,覆彼政府,还我主权。……(二)恢复中华。中国者,中国人之中国也。中国人之政治,中国人任之。驱除鞑虏之后,光复我民族的国家。敢有为石敬瑭、吴三桂之所为者,天下共击之!"[⑤]此外,孙中山还在他的一系列论著中反复阐明了这个课题。

显而易见,"反满"成为当时民族主义的主要内容是可以理解的。因为,一方面,以满洲贵族为首的封建统治集团所奉行的民族压迫政策造成了它同汉族和其他少数民族的矛盾。这种矛盾在清朝后期有所缓和,但直至清末始终存在着。正如孙中山所指出:"满洲政府实行排汉主义,谋中央集权。"毋庸置疑的事实是:在剥削阶级专政下的"多民族国家",必然"是建筑在一个民族,更确切些说,是建筑在该民族的统治阶级对其余民族的统治

[①] 孙中山还在少年时代,就因受到教师和村民谈论的影响,在相当程度上从反满的意义倾慕太平天国,并曾自拟为"洪秀全第二"(参见《时报》辑《中国革命记》第1册,3页)。当他成为一个热心探求变革现实的途径的青年时,"勿敬满廷"的口号业已在他和他的朋友们之间流传(参见宋庆龄:《中国人民的伟大的革命的儿子——孙中山》,载《人民日报》1956年11月4日)。

[②] 尤列:《杨衢云略史》,载《广东文物》中册,437页,香港,中国文化协进会编,1941。

[③] 《孙中山选集》上卷,19页,北京,人民出版社,1981。

[④] 冯自由:《中华民国开国前革命史》第1卷,6页,中国文化服务社,1946。

[⑤] 《孙中山选集》上卷,68~69页,北京,人民出版社,1981。

上面，它们就是民族压迫和民族运动的最初产生地和主要舞台"[①]。另一方面，由于以满洲贵族为首的统治集团日益成为帝国主义在华殖民掠夺政策的社会支柱——既以自身的腐朽统治造成的社会落后状况为帝国主义奴役中国提供了可能性，又在后来逐渐充当起侵略者的"奴隶总管"角色。孙中山在驳斥保皇派谬论时曾经指出："彼满清政府不特签约款以割我卖我也，且为外人平靖地方，然后送之。"所以，在当时的历史条件下，任何具有进步性的社会运动都不能不触动清朝政府，粉碎以满洲贵族为首的统治也就意味着有力地打击了帝国主义。[②] 这里，国内范围的民族压迫的消除有助于国际范围的民族压迫的减弱。正是这样，19世纪末叶萌发的革命运动必须把矛头指向清朝政府，战斗的民族主义则不能缺少反满的课题。反对以满洲贵族为首的清朝政府——它对外严重丧权辱国，对内则实行民族压迫政策——的口号，赋予民族运动以直接的现实性和巨大的动员作用。事实上，"反满"和"满汉合作"的争论曾是革命党人和保皇派在1905～1907年间大论战的主要课题。粉碎保皇派妄图抹煞国内民族矛盾的谬论，成为组织一支革命大军的重要思想条件。在那个特定的历史阶段内，"反满"确曾成为具有广泛号召性的战斗口号。

避免日益迫近的"共管"、"瓜分"厄运与争取民族独立，乃是民族主义的另一基本内容。与"反满"口号相比较，这个课题无论在内容和形式上都未获得应有的充分表述，但是，它无疑构成民族主义的要旨。如同近代中国许多先进的人士一样，孙中山也是在民族危机空前严重的阶段展开自己的革命生涯，并且，这种严峻的形势在孙中山毕生奋斗的岁月中从未有所缓和。因此，现实就不能不赋予孙中山的理论和实践以极强烈的救亡性质。在孙中山有关民族主义的论述中，改变备受侵凌的民族处境的观念曾被多次阐发。兴中会的"宣言"开宗明义地揭示了面临的深重民族危机——"方今强

[①]《马克思主义与民族、殖民地问题》，《附录》，392页，北京，人民出版社，1953。
[②] 孙中山在用英文发表的《中国的现在和未来》一文中写道："帝位和清朝的一切高级文武职位，都是外国人（他在大多数相关论述中都称为"处于中国之内"的"满洲民族"——引者）占据着的⋯⋯不完全打倒目前极其腐败的统治而建立一个贤良政府⋯⋯那么实现任何改进就完全不可能的。"（《孙中山全集》第1卷，88页，北京，中华书局，1981）

邻环列,虎视鹰瞵,久垂涎于中华五金之富,物产之饶。蚕食鲸吞,已效尤于接踵;瓜分豆剖,实堪虑于目前。"①同时,把这个革命团体的主要任务归结为:"集会众以兴中,协贤豪而共济,抒此时艰,奠我中夏。"②在为致公堂手订"新章"时,孙中山进一步阐述了帝国主义殖民政策对中国的严重威胁:"况当今……天下列强高唱帝国主义,莫不以开疆辟土为心,五洲土地几尽为白种所并吞,今所存者,仅亚东之日本与清国耳。"③稍后,孙中山又在《〈民报〉发刊词》中把"外邦逼之"和"异种残之"并列为民族主义"殆不可须臾缓"的原因。④在充分地阐明了民族危机后,孙中山提出了挽救民族危亡和争取民族独立的方案。然而,由于孙中山对帝国主义认识不足,不能深刻理解帝国主义的殖民掠夺乃是它的本性的必然表现;⑤加之,又片面地把民族危机的形成归结为中国社会制度的朽败——"瓜分之原因……政府无振作也,人民不奋发也。"⑥因为"有满清政府为之鹰犬,则彼外国者,欲取吾土地,有予取予携之便也"⑦。这样,避免"共管"、"瓜分"厄运与争取民族独立的斗争内容,就在相当程度上被简缩地归结、融合为摧毁充当帝国主义"鹰犬"的清朝政府:"故欲避免瓜分,非先倒满洲政府。"⑧并且,由此产生了"苟我发愤自雄,西人将见好于我不暇,遑敢图我"的天真想法。应当承认,孙中山的这种方针有其正确的方面:摧毁甘充侵略者"鹰犬"的清朝政府,必然在一定程度上打击了侵略者。⑨但是,把反帝这桩中国民主革命的首要任务纳入"反满"范畴则是不精当的——后者的相对狭隘容积,无疑不能包

---

① 《孙中山选集》上卷,19页,北京,人民出版社,1981。
② 《孙中山选集》上卷,19页,北京,人民出版社,1981。
③ 《孙中山全集》第1卷,260页,北京,中华书局,1981。
④ 《孙中山选集》上卷,71页,北京,人民出版社,1981。
⑤ 毛泽东在《实践论》中指出:中国人民对于帝国主义的认识大致可分为两个阶段——"表面的感性的认识阶段"和"理性的认识阶段",后一认识阶段"是从1919年五四运动前后才开始的"。(《毛泽东选集》,278页,北京,人民出版社,1966)
⑥ 胡汉民编:《总理全集》第1集,1019页,上海,民智书局,1930。
⑦ 胡汉民编:《总理全集》第1集,1019页,上海,民智书局,1930。
⑧ 胡汉民编:《总理全集》第1集,1019页,上海,民智书局,1930。
⑨ 毛泽东在《唯心历史观的破产》一文中写道:"辛亥革命是革帝国主义的命。中国人所以要革清朝的命,是因为清朝是帝国主义的走狗。"(《毛泽东选集》,1517页,北京,人民出版社,1966)

括前者的巨大内涵；粉碎以满洲贵族为首的"奴隶总管"政府，决不意味着杜绝帝国主义侵略。然而，几乎一整代革命党人都抱有类似观点。著名的民族主义倡导者章太炎在竭力鼓吹"反满"后指出："略得数道为之建立政府，百度维新，废政俱举，彼外人者，亦视势利所趋耳！未成则欲取之，小成则未有不向为与国者。"①牺牲在上海租界"西牢"中的邹容烈士也曾表述了同样见解："倘使……早脱满洲人羁缚，吾恐英吉利也、俄罗斯也、德意志也、法兰西也，今日之张牙舞爪以蚕食瓜分于我者，亦将屏气敛息，以惮我之威权，惕我之势力。"②辛亥革命导致了清帝国的崩溃，满洲贵族统治集团"宰制于上"的状况得到消除。这种情势难免造成了孙中山的错觉，使他误认民族主义已"因清廷退位而随之实现"③。后来，在一系列诸如中华革命党"宣言"、"党章"等重要文件中也没有明确反映出民族主义的对外任务。但是，帝国主义和中华民族的矛盾依然存在。掠夺中国的丰富资源，支持窃国大盗袁世凯，唆使各派军阀混战……贯串了从辛亥革命后到孙中山逝世的整个阶段。这种极其尖锐的民族矛盾，终究不能不在孙中山的政治思想中得到反映。1912年，孙中山在上海同盟会总部的一次演讲中指出："本会之民族主义，为对于外人维持国民之独立。"④孙中山没有忽视悲惨的民族处境，认为"中国则为半独立国，尚未得与完全独立国并列"⑤。民族危机依然严重——"日人驻兵于南满，俄人驻兵于蒙古，英人驻兵于西藏，法人驻兵于滇黔，日思瓜分"⑥。形势迫使他再次大声疾呼："我汉族实无国家存在于亚东大陆上！而外忧日迫，瓜分豆剖之危机……近且见之实行。"⑦孙中山把民族危机的解除途径分为两个方面：其一，必须改变军阀、官僚、政客擅权的国内政治局面，因为"这是根本问题"。他在评论"二十一条"卖国条约签订时

---

① 章太炎：《驳康有为论革命书》，见《太炎文录》卷2，上海，古书流通处，1924。
② 邹容：《革命军》，见《中国近代思想史资料简编》，644页。
③ 《孙中山全集》第2卷，324页，北京，中华书局，1982。
④ 胡汉民编：《总理全集》第2集，159页，上海，民智书局，1930。
⑤ 《总理遗教·演讲》，478页，中国国民党中央党部宣传委员会编印，无版权页，下同。
⑥ 《总理遗教·演讲》，168页，中国国民党中央党部宣传委员会编印。
⑦ 《总理遗教·演讲》，336页，中国国民党中央党部宣传委员会编印。

指出:"设非迅速去袁,则祸至无日,今日所见,唯某国耳!假如欧洲战事底定,必及于东亚问题,俎上之肉,挟均势均利之名义临之,庸得免耶!"①其二,孙中山也提出了前所未有的废除列强在华特殊权益的主张:要求取消"领事裁判权"②,恢复"关税自主"③,收回各地的"租界"④,归还先前的"失地"⑤等等。而在1914年写成的一篇"序文"中,孙中山还朴素地表述了以正义战争制止侵略战争的思想。⑥显然,上述见解表明孙中山在维护民族独立的课题上跨进了一步。可见,不能把旧民主主义革命的降弧阶段视为民族主义的中绝期,孙中山就是在这些"艰难顿挫"的时日里仍做了不断的探求,为民族主义发展的新阶段积累了某些因素。

　　作为具有广阔视野的"民族革命"的领袖,孙中山逐步意识到世界正在成为一个整体。他在争取民族独立的最初斗争中就未曾把目光囿于一个国家的范围之内。从具有共同命运这个基本特点出发,孙中山认为中国的民族运动同世界——特别是亚洲的被压迫民族的民族运动有着密切关系,并且在某些问题上,把这种关系提到相互支持的高度。曾与孙中山有过交往的菲律宾爱国志士彭西在《孙中山:中华民国的创造者》一书中写道:"对孙逸仙说来,远东各国的问题是可以放在一起研究的。这些问题具有许多共同特点,因此,孙是朝鲜、中国、日本、印度、暹罗和菲律宾的青年学生的热心赞助者之一。"⑦事实上,孙中山在19世纪90年代流亡国外的艰苦岁月中曾向反对美帝国主义奴役的菲律宾爱国者伸出友谊的手臂,不仅积极协助他们购运械弹,而且还准备"率兴中会中人至菲岛投阿氏军,速其成效,转

---

① 《中华革命党本部通告书》,见《革命救亡论》,58页。
② 《总理遗教·演讲》,488页,中国国民党中央党部宣传委员会编印。
③ 《总理遗教·谈话》,3页,中国国民党中央党部宣传委员会编印。
④ 《总理遗教·谈话》,11~13页,中国国民党中央党部宣传委员会编印。
⑤ 《总理遗教·谈话》,7页,中国国民党中央党部宣传委员会编印。
⑥ 孙中山在《战学入门序》中写道:"我中华为世界独享之古国,开化最早,蛮风久泯,人好和平,不尚斗争。乃忽逢此白祸滔天之会,有亡国灭种之虞;此志士仁人欲为人道作干城,为进化除障碍,有不得不以战止战也。"(《孙中山全集》第3卷,95页,北京,中华书局,1983)
⑦ Matiano Ponce. *Sun yat-sen:The Founder of Republic of China Manila*. 1965,P40.

余势而入支那内地,以起革命军于中原"①。在 20 世纪初,孙中山曾给予越南志士潘佩珠以帮助。他在交谈中"痛斥君主立宪之虚伪",促使潘佩珠走上了民主革命的道路。②对于被压迫民族的解放斗争经验,孙中山也十分重视,他不仅自己认真研究南非布尔人反英斗争中的"散兵战法",还把这种行之有效的战术作为 1903 年创办于东京的革命军事学校的主要科目。③当然,孙中山的上述观念当时还未曾提高到联合一切被压迫民族和人民以反对帝国主义的水平,但终归意味着他已开始理解对于中国民族解放运动具有重要意义的一个课题——"看清被压迫民族的革命运动及全世界的革命者,均有联合之必要。"④

以"五族共和"作为解决国内民族问题的基本原则——这是民族主义内容的另一个方面。中国是一个历史上形成的统一的多民族国家,处理各个民族间的关系乃是社会政治生活中的重大课题。首先,孙中山所持准则的基本精神在于:反对一个民族的统治阶级"宰制于上",实现各个民族间的平等,任何民族不得享有特权,也同样不应受到排斥。还在进行"反满"斗争的时刻,孙中山就指出:"我们并不是恨满人,是恨害汉人的满人"。并把认为"民族革命是要灭尽满洲民族"的主张,视为"大错"。⑤他反对在同盟会的名称前冠以"对满"二字,认为"我辈所以革命,即令满人同情于我,亦可许入党"。在他看来,应当"对于满洲人不以复仇为事,而务与之平等共处于中国之内"。这些论述表明孙中山是更彻底地——较之他的许多战友——摆脱了带有"复仇主义"色彩与"种族主义"性质的倾向,而显示出近代资产阶级民族运动所内含的民主主义精神。⑥作为上述观念的体现,"五族共和"成为孙中山在"大清帝国"瓦解后认同和解决国内民族问题的准则。这个口号有着

---

① 宫崎寅藏:《三十三年落花梦》,68 页,上海群学社,1905。
② 《潘佩珠年表》,载《广东文史资料》第 22 辑,224 页。
③ 冯自由:《中华民国开国前革命史》上卷,146~147 页,上海,中国文化服务社,1946。
④ 《李大钊选集》,562 页,北京,人民出版社,1959。
⑤ 田桐:《同盟会成立记》,载《太平杂志》第 1 卷,第 1 期。
⑥ 应当指出,"复仇主义"在当时的革命民主派的宣传活动中相当严重地存在着。例如,朱执信就曾在倡导民族主义时强调了"今之革命,复仇其首"的观念。

如下的具体含义：维护祖国的统一和各民族的团结，"国家之本，在于人民。合汉、满、蒙、回、藏诸地为一国，如合汉、满、蒙、回、藏诸族为一人。是曰民族之统一。"其次，中国境内诸民族——主要是汉、满、蒙、回、藏五族"各于政治上有发言之权"①，共同"立于平等地位"②。要之，中国各族人民"在昔之受压制于一部者，今皆得为国家主体，皆得为共和国之主人翁，即皆能取得国家参政权"③。只是由于国内形势所迫，主要是帝国主义划分势力范围、军阀割据、少数民族上层分子进行分裂，民族问题的解决未能实现，始终在民族主义思想中居于较为从属的地位，因而没有得到充分阐述。

关于旧民主主义革命时期民族主义的基本内容，孙中山主持的中国国民党第一次全国代表大会曾在"宣言"中作了这样的概括："辛亥以前，满洲以一民族宰制于上，而列强之帝国主义复从而包围之，故当时民族主义之运动，其作用在脱离满洲之宰制政策与列强之瓜分政策。"④这种表述是确切的，全面地反映了民族主义的主旨。

当然，作为资产阶级民主主义思潮的组成部分，孙中山的民族主义不可避免地带有历史的、阶级的局限性，这些不足和缺陷也就必然会给民族革命的实践造成消极后果。首先，民族主义缺乏明确的、坚决的、彻底的反帝内容。在整个旧民主主义革命阶段中，孙中山和他所领导的革命民主派未能提出明确的反帝口号。然而，近代中国社会矛盾中，"帝国主义和中华民族的矛盾，乃是各种矛盾中的最主要矛盾"⑤。帝国主义的侵略使中国沦为半殖民地，阻塞了中国社会发展的通道，从而，直接地、严重地威胁着中华民族的生存。因此，民族主义必须把反帝作为首要的、中心的任务，提出战斗的纲领和鲜明的口号，才能够确切地反映社会矛盾，科学地概括民族解放运动的任务，并且，把存在于广大人民群众中的反帝要求和斗争汇成不可阻挡的反侵略斗争的洪流。仅仅提出避免共管、瓜分的主张，又把这种任务在很

---

① 《总理遗教·谈话》，29页，中国国民党中央党部宣传委员会编印。
② 《总理遗教·演讲》，467页，中国国民党中央党部宣传委员会编印。
③ 胡汉民编：《总理全集》第2集，82页，上海民智书局，1930。
④ 《孙中山选集》下卷，525页，北京，人民出版社，1981。
⑤ 《毛泽东选集》，625~626页，北京，人民出版社，1966。

大程度上消融于"反满"或推翻其他反动统治的斗争,或只限于提出一些不具有根本性的抑制帝国主义侵略的要求,是不能使得民族主义成为正确指导民族解放运动的纲领。当然,所谓"消融",是具有双重意义的:就其把避免瓜分、共管厄运和反对甘为侵略者爪牙的国内统治集团的斗争联系起来而言,乃是符合客观实际和具有积极意义的;就其把民族解放运动的首要任务置于从属性的地位而言,则是不符合客观实际和具有消极意义的。这里,后者的偏颇倾向是不可忽视的。不仅如此,孙中山和他的同志们还对帝国主义列强抱有一定程度的幻想,甚至发表过一些带妥协性的言论。孙中山曾经多次向西方列强呼吁,希冀从这些"文明的"、"富庶的"国家取得道义上和物质上的援助。他避免触及帝国主义列强的在华权益,同盟会的"对外宣言"中规定"所有外人之既得权益,一体保护"[1]。在就任临时大总统后,孙中山又在"宣言"中重申了前义:"凡革命以前满清政府所让予各国国家或各国个人种种权利,民国政府亦照旧尊重之。"[2]发表于纽约《太阳报》上的《告美国人民书》中,孙中山不加分析地表示"欢迎他国的教士、商人和资本家、科学家"。显而易见,这种错误会在革命实践中造成严重的消极影响。[3]类似缺陷的存在并不是偶然的,两个重要原因在最大限度上形成了这种状况。第一,孙中山和他的同志们未能充分认识人民群众——特别是农民阶级的作用和意义,对于来自下层的自发反帝斗争——如各地"教案"和义和团运动——缺乏正确、全面的评价,因而采取了比较冷漠和苛责的态度。这样,他们就无从在民族解放斗争中充分发挥和引导人民群众中的巨大潜力。面对着强大的侵略者,革命党人深感可资凭借的社会物质力量的不足,

---

[1] 《孙中山选集》第 1 卷,311 页,北京,人民出版社,1981。
[2] 胡汉民编:《总理全集》第 2 集,11 页,上海,民智书局,1930。
[3] 关于这个问题,胡汉民曾经这样忆述:"当时革命的目的,不是仅仅推翻满洲政府,并且在推翻满洲政府之后使半殖民地的中国,变为独立的中国。这个意义本来就很明白的,但是当时有个弱点,是只提出排满洲的口号,未曾提出打倒帝国主义的口号,以致革命党人,一经推翻满洲政府,便多数都认为民族主义已告成功。在革命军起义和临时政府成立的时候,对外宣言首先承认了满洲政府以前和帝国主义国家订的条约赔的外债。甚至海关收入的支配权、上海混合裁判的法权,更是无条件的送给列强,而成为恶例。这些都是极大的错误,是使国民革命失败的重要原因之一。"(《胡汉民先生在俄演讲录》第 1 集,2~4 页)

只能采取软弱妥协的方针,力求使帝国主义在中国国内战争中保持"中立",以便减少革命运动的阻力。列强武装干涉的阴影曾使得一整代革命党人感到恐惧不安,他们幻想以不触动列强的既得权益作为换取侵略者不干涉的代价。第二,和同代的许多先进人士一样,孙中山对于帝国主义的认识停留在感性阶段。他从严峻的现实生活中意识到帝国主义的侵略威胁了中华民族的生存,但却未能看出"帝国主义内部和外部的各种矛盾"与"帝国主义联合中国买办阶级和封建阶级以压榨中国人民大众的实质"①,因而,不曾真正懂得帝国主义乃是中国人民的死敌——对它抱有任何幻想都无异于"与虎谋皮"。历史的、阶级的局限性,使得孙中山和革命民主派都未能在旧民主主义革命阶段提出反帝的口号。

其次,大汉族主义倾向和种族主义色彩则是民族主义的另一个重要缺陷。大汉族主义的表现主要在于:承认汉、满、蒙、回、藏等民族共同组成"多民族的国家",但却把中国历史的发展主要归结为汉族开创的结果。在强调汉族的灿烂的"古老的文明"时,忽视或无视其他少数民族——特别是满族的历史贡献,甚至错误地把满族斥为"东北一游牧之野番贱种"②。这就不能客观反映历史的真实,而为后来他所倡导的以汉族为中心的"民族同化"政策提供了论据。所谓"五族共和",也只是意味着"一般的"民族平等,既不能实事求是地承认少数民族社会生活的独特性及其在中国政治、经济、文化方面的贡献,也未能制定出贯彻着真正民族平等精神的政策。如同列宁所指出的:"按资产阶级民主制的本性说来,关于一般平等问题(其中包括民族平等问题)的抽象的或形式的提法,是资产阶级民主制所特有的。"③与此相关,种族主义的色彩也是民族主义所包含的缺陷。把"血缘"、"血统"作为一种依据,而将"华夏"、"轩辕后裔"同"鞑虏"、"野番贱种"对立起来,认为前者是优越的,后者则是低劣的——这种种族主义的成分是消极的、落后的和不科学的,成为糅杂在民族主义中的杂质。毫无疑问,在当时的历史条件

---

① 毛泽东曾指出,孙中山和一代爱国者那时对帝国主义的认识停留在感性阶段。
② 《孙中山选集》上卷,52页,北京,人民出版社,1981。
③ 《列宁全集》第31卷,125页,北京,人民出版社,1963。

下，把革命运动的矛头指向以满洲贵族为首的清朝政府是完全必要的。但是，中国近代民族解放运动的大敌却是帝国主义和作为侵略者在华统治的社会基础的封建主义，以满洲贵族为首的统治集团同汉族及其他少数民族的矛盾只能从属于上述两大基本矛盾，而不应当被人为地置于它们之上。过分地强调"反满"，必然会妨碍人们正确认识中国近代社会的基本的、主要的矛盾。正如吴玉章后来忆述："反满这个口号……把一切的仇恨集中在满族统治者身上，其中掺杂着汉族人民的种族主义情绪，而没有真正提高全国人民的民族意识。结果放过了一个真正的民族敌人——外国侵略者。同样对于汉族祖先的光荣传统的宣传也太简单了，没有批判、反对那长期统治中国的汉族封建主义。这就又放过了一个内部大敌人，也就是支持了清朝统治的汉族封建势力。"①

这就是民族主义中的主要消极因素。

列宁曾经指出："资本主义的发展过程中，可以看出在民族问题上有两个历史趋向。第一个趋向是民族生活和民族运动的觉醒，反对一切民族压迫的斗争，民族国家的建立。第二个趋向是民族之间各种联系的发展和日益频繁，民族壁垒的破坏，资本、一般经济生活、政治、科学等等的国际统一的形成……第一个趋向在资本主义发展初期占优势，第二个趋向标志着资本主义已经成熟，正在向社会主义社会转变。"②由于社会生活的落后，当西方国家的民族问题业已处于第二个历史趋向时，中国的民族问题还大体停留在第一个历史趋向。所以，无论近代中国的民族运动具有多么鲜明的特色，但在"反对一切民族压迫的斗争"中，可以看到这种"民族运动的觉醒"也正在导向"民族国家的建立"。事实是"只有瞎子才不能从这一串事变中（中国的革命运动等等——引者）看出一系列资产阶级民主主义民族运动的兴起，看出建立独立的和单一的民族国家的趋向"③。

孙中山在旧民主主义革命时期所倡导的民族主义具有明显的缺陷，但

---

① 吴玉章：《辛亥革命》，13 页，北京，人民出版社，1961。
② 《列宁全集》第 20 卷，10 页，北京，人民出版社，1958。
③ 《列宁全集》第 20 卷，406 页，北京，人民出版社，1958。

它作为那个历史时期的民族斗争的旗帜，反映了人民群众摆脱民族压迫的热切愿望，体现了他们的战斗意志。民族主义促进了建立独立的、中华民族的"民族国家"的历史趋向，从而把近代中国的民族运动提到新的高度。

孙文学说
■ 构建近代中国的理论先导

第二节
民族主义的新阶段

孙中山在旧民主主义革命时期提出了民族主义纲领,并进行了艰苦的斗争。他在这方面的理论和实践产生过积极的意义,辛亥革命的中心口号就是"反满"。参加这场全国范围的革命运动的各个阶级和阶层主要是在民族主义的旗帜下取得广泛的一致性,汇合为得以冲毁清帝国的不固堤防的洪流。

然而,多次斗争的结果表明:与其说民族主义的中心任务在一定意义上即反对满洲贵族"宰制于上"得以实现,毋宁说民族主义的最主要的根本任务在更为深远的意义上即反对帝国主义未曾完成。事实上,资产阶级民主革命未能取得真正胜利,半殖民地半封建社会秩序没有得到根本改变,民众的无权和贫困状态未能明显改善,民族问题的圆满解决——对外摆脱帝国主义的侵凌和对内实现各民族间的"平等共处"是不能想象的。在所谓"民国"时期,中国的民族问题呈现为一幅异常惨淡的图景:帝国主义列强依然骑在中国人民头上,残酷地榨取广大群众的血汗;反动统治者则实施大汉族主义的民族压迫政策,少数民族仍旧受着歧视和排斥。

孙中山面临着一桩严重的历史任务:必须促使民族主义在自身的扬弃中上升到新的高度。不仅是严酷的现实要求他重新检验自己的民族主义理论和实践,更重要的还是历史行程进入了一个崭新的时代——在世界范围内,1917年的俄国十月社会主义革命开辟了人类历史的新纪元;在中国,

1919年的五四运动标志着旧民主主义革命阶段已为新民主主义革命阶段所取代。近代中国社会的变化是如此急剧,以致曾经在历史上起过重要积极作用的民族主义面临着变为过时纲领的危险。对于孙中山和他的忠实战友来说,以革命精神重新解释民族主义具有重大的意义。在中国共产党和国际无产阶级的帮助下,孙中山发展了旧民主主义革命阶段所提出的民族主义,从而使它反映了新的历史特点和获得了生命力。这是孙中山忠实于民主主义、爱国主义的结果,也是中国共产党制定的民族解放斗争纲领的胜利。①

民族主义的深刻的变化过程,发轫于旧民主主义革命临到尾声的时刻;十月社会主义革命和五四运动这场空前的彻底反帝爱国运动以及新文化运动促成了这种思潮新因素的出现;1924年召开的中国国民党第一次全国代表大会的"宣言"则是转变基本完成的标志。新民主主义革命时期的民族主义乃是旧民主主义革命时期民族主义的继承和发展,二者之间既有因袭也有歧异。

明确的反帝主张——无疑是民族主义发展新阶段的首要特色。孙中山在1920年曾对民族主义的理论和实践作过初步检验,认为"当初同盟会还只明白民族主义,拼命去作……其实民族主义也未完成"②。所以如此,乃是由于"清室虽不能压制我们,但各国还是要压制的"③。稍后,孙中山进一步尖锐地指出了中国人民备遭侵凌的境况:"脱离了满洲人的奴隶,还要作外国人的奴隶。"④为了摆脱这种不堪忍受的状况,孙中山号召革命党人仍要不懈地"提倡民族主义"和"在民族主义上作工夫"。⑤这里,孙中山在否定先前一度持有的民族主义"已因清廷退位而实现"的主观判断的同时,也就

---

① 中国共产党第二次全国代表大会所制定的最低纲领中明确提出了"推翻国际帝国主义的压迫,达到中华民族完全独立"的革命任务,这对孙中山民族主义思想的演进具有重大的积极意义。
② 《总理遗教·演讲》,35页,中国国民党中央党部宣传委员会编印。
③ 《总理遗教·演讲》,38页,中国国民党中央党部宣传委员会编印。
④ 胡汉民编:《总理全集》第2集,416页,上海,民智书局,1930。
⑤ 《总理遗教·演讲》,44页,中国国民党中央党部宣传委员会编印。

把过去融合到"反满"课题中的避免共管、瓜分厄运与反对列强侵略的主旨和任务提到独立的地位，得出"勿谓满清已倒，种族革命已告成功，民族主义即可束诸高阁"的结论。① 上述观念表明孙中山日益认识到帝国主义才是中华民族的大敌，逐步理解民族解放运动必须以反帝为首要内容。

在多次的演讲中，孙中山把自己的祖国称作"半独立国"、"殖民地"或"次殖民地"。应当指出，"次殖民地"的概念是缺乏严格的科学内涵的，但却表现了孙中山的强烈悲愤。在他看来，"现在作各国人的奴隶所受的痛苦，比以前还要更甚。"② 帝国主义对中国进行了多方面的侵略，凭借着"自然力"、"人为力"威胁着中华民族的生存。"自然力"是指人口形成的压迫：帝国主义列强人口增殖率甚高，中国人口数字增长缓慢，甚至停滞或减少③，而人口众多的民族就有可能征服或同化人口较少的民族。人口数量迅速增殖的帝国主义列强也将要"用多数来征服少数。一定要并吞中国"④。显然，孙中山在这里无疑对人口因素的作用作了不当的估计。一个民族或国家所以要去侵略另一个民族和国家的根本原因，在于该民族或国家的剥削制度；而一个民族或国家会被另一个民族或国家征服、同化，主要的原因则是文明程度的差异。马克思曾把文明程度较高的民族同化文明程度较低的民族的现象，称作"历史的永恒规律"。人口因素——"自然力"不能也不可能在这里发生重要的意义。孙中山的上述论点表明他对威胁中华民族的凶恶侵略者的实质还缺乏认识。"人为力"则包括"政治力"和"经济力"，而"这两种力关系于民族兴亡，比较天然力还要大"。⑤ 帝国主义的"政治力"意味着它们对中国实行"军事侵略"和"外交侵略"，甚至直接扼杀中国革命运动。孙中山认为辛亥革命以来的中国革命运动往往为反革命军阀"所阻止"，"为什

---

① 《总理遗教·演讲》，224~225 页，中国国民党中央党部宣传委员会编印。
② 《孙中山选集》下卷，637 页，北京，人民出版社，1981。
③ 孙中山所据的中国人口数字主要是根据美国驻华公使柔克义所估计的数字——3 亿。这是不符合近代中国人口的实际数字和发展趋势的。
④ 《孙中山选集》下卷，601 页，北京，人民出版社，1981。
⑤ 《孙中山选集》下卷，602 页，北京，人民出版社，1981。

么军阀有这个大力量呢？因为军阀背后，有帝国主义援助"。①稍后，他更明确指出帝国主义列强"尝助反对我者以扑灭吾党"②。孙中山开始改变了过去认为中国的革命事业可以获得列强支持和援助的错误观念，得出了一条对于殖民地附属国的民族解放运动具有重大意义的结论："帝国主义……就是用政治力量去侵略别国的主义。"③帝国主义还实行"经济力"侵略，这种"压迫"较之"政治的压迫，还要厉害"。④孙中山把帝国主义的经济侵略方式归纳为下列几种："洋货的侵入"、"外国银行的纸币侵入市场、汇兑的折扣、存款的转借"、"进出口货物的运费"、"租界与割地中的赋税"、"地租和地价"、"特权营业"、"投机事业和其他种种剥削"。⑤在他看来，帝国主义正是经由以上种种手段控制了中国经济命脉，贪婪地榨取着中国人民的血汗，中国每年"要被外国人夺去十二万万的金钱"⑥。地大物博的中国，就这样沦为"民穷财尽"。孙中山还把帝国主义列强的政治侵略和经济侵略联系起来考察，指出二者正是"相互为用"和"彼此补充"的。例如，帝国主义输出棉纺织品和直接在华开设纺织厂的经济侵略行为，也是一个"政治问题"，因为帝国主义所以能够采取扼杀中国棉纺织业的手段是由于"不平等条约的束缚"——这是二者的"相互为用"。同时，帝国主义在侵略中国的过程中，"到了经济力有时而穷，不能达到目的的时候，便用政治来压迫"⑦——这是二者的"彼此补充"。显而易见，孙中山的上述见解表明他对帝国主义的认识有了长足的进步。尽管他未能充分理解和接受列宁关于帝国主义的科学理论，没有深刻地洞察帝国主义的本质和属性，但是，他从政治和经济方面剖析了帝国主义的侵略活动，揭露了殖民掠夺的罪恶，并把反帝作为中国近代民族解放运动的主要任务，这就必然会对民族解放事业发生重大

---

① 《总理遗教·演讲》，141~142页，中国国民党中央党部宣传委员会编印。
② 邓泽如：《中国国民党二十年史迹》，305页，上海，正中书局，1948。
③ 胡汉民编：《总理全集》第1集，45页，上海，民智书局，1930。
④ 胡汉民编：《总理全集》第1集，20页，上海，民智书局，1930。
⑤ 《孙中山选集》下卷，607~615页，北京，人民出版社，1981。
⑥ 《孙中山选集》下卷，642页，北京，人民出版社，1981。
⑦ 《孙中山选集》下卷，833页，北京，人民出版社，1981。

积极作用。在帝国主义时代,"资本主义已……变为各民族的最大压迫者"①。只有把斗争的主要矛头指向帝国主义,殖民地附属国的民族解放运动才会循着正确的轨道发展。

与旧民主主义革命阶段相比较,被孙中山重新解释过的民族主义的对外方面发生了鲜明的变化。反对帝国主义,被规定为首要的任务。《中国国民党第一次全国代表大会宣言》对此作了概括,指出"辛亥以后,满人之宰制政策,已为国民运动所摧毁,而列强之帝国主义则包围如故,瓜分之说变为共管……其结果足使中国民族失其独立与自由则一也"。因此,"民族主义,其目的在使中国民族得自由独立于世界";而"民族解放之斗争,对于多数之民众,其目标皆不外反帝国主义而已"。②民族主义的纲领更加体现为实际政策,"废除不平等条约"、革除"侵害中国主权"的一切现象的要求相应提出。这样,民族解放运动的首要任务就得到颇为确切的反映和概括。毛泽东曾经对这一点给予了高度的评价:"孙中山和我们具有各不相同的宇宙观,从不同的阶级立场出发去观察和处理问题,但在20世纪20年代,在怎样和帝国主义作斗争的问题上,却和我们达到了这样一个基本上一致的结论。"③

民族主义的另一基本课题则是国内范围内各个民族之间的关系,它也在民族主义新阶段中达到了前所未有的高度,虽然,这个发展过程经历了不断扬弃。还在1920年,孙中山在一次演讲中否定了先前所持的"五族共和"的观念,认为"这五族的名词很不切当,我们国内何止五族呢……应该把我们中国的所有各民族融成一个中华民族"④。翌年,孙中山又进一步阐发了"民族融合"的见解:"汉族向来号称四万万,或者还不只此数……还不能够真正独立,组织一个完全汉族的国家,这实在是我们汉族莫大的耻辱……必要满、蒙、回、藏都同化于我们汉族,成一个大民族主义的国

---

① 《列宁全集》第21卷,281页,北京,人民出版社,1959。
② 《孙中山选集》下卷,525页,北京,人民出版社,1981。
③ 《毛泽东选集》,1477页,北京,人民出版社,1966。
④ 《总理遗教·演讲》,38页,中国国民党中央党部宣传委员会编印。

家。"①应当指出,这种以汉族为中心,"融合"、"同化"其他少数民族的主张,乃是孙中山把一般的、抽象的"五族共和"具体化的结果,这种探索和尝试虽不意味着趋近于正确的解决原则,但却便于自身的扬弃。同时,对于孙中山上述主张,不能采取简单化的分析和历史类比的方法。在世界近代史上曾经出现过形形色色的民族"融合"、"同化"的理论和实践——例如,臭名昭彰的沙俄的"俄罗斯化"、匈牙利的"马扎尔化"和德意志的"日耳曼化"等等。显而易见,这些"同化主义"和孙中山的"融合"、"同化"主张是不同的。因为,孙中山的纲领中并未否认国内各民族的平等:既没有剥夺少数民族的各种权利,也没有赋予汉族以特殊权益。正如他所指出的:"汉族当牺牲其血统,与夫自尊自大之名称,而与满、蒙、回、藏之人民,相见以诚,合为一炉而冶之。"②同时,孙中山的这种主张还具有对于遭受帝国主义侵凌的少数民族给予帮助的含义。在他看来,"满洲是处于日本的势力范围之内,蒙古自来是俄国的范围,西藏几乎成了英国的囊中物……他们都没有自卫的能力。"③所以,应当经由民族"融合"、"同化"以"提撕振拔"。在这个问题上,孙中山把美国和瑞士作为楷模,认为"美利坚的新民族,便是合英、荷、法、德、俄几国的人同化到美国所成的名词,因为那些国家的人到了美利坚之后,都合一炉而冶之,成了一个民族,所以才有今日光辉灿烂的美国……这样的民族主义,才是积极的民族主义"④。瑞士经历了大体类似的过程,因而"早成了独立民族主义的国家"⑤。孙中山的这种观念是可以理解的,美国和瑞士曾是在资本主义所能容许的最大限度的民主主义原则上解决民族同化与共处的典型。列宁曾经指出:"资本主义同化民族的这一过程包含着极大的历史进步作用"⑥。例如,"美国的民族界限的磨灭具有进步性",因为这种"同化"除去消极因素外,"还有资本主义所具有的世界的历

---

① 《总理遗教·演讲》,42页,中国国民党中央党部宣传委员会编印。
② 《国父遗著未刊本——三民主义》,6页,上海,民智书局,1924年。
③ 胡汉民编:《总理全集》第2集,204页,上海,民智书局,1930年。
④ 《总理遗教·演讲》,42页,中国国民党中央党部宣传委员会编印。
⑤ 《总理遗教·演讲》,43页,中国国民党中央党部宣传委员会编印。
⑥ 《列宁全集》第20卷,12页,北京,人民出版社,1958。

史意义的打破民族壁垒、消除民族差别、使各民族同化的趋势。"同样,瑞士堪称"把民族斗争减到最小限度,从根本上消除它"的国家。正是在这种意义上,孙中山以美国和瑞士为范本所制定的民族同化政策也就还包含着某些民主主义因素。但是,孙中山的这种主张终归是有缺陷的。首先,大汉族主义贯串着民族"融合"、"同化"的政策。孙中山忽视了少数民族在中国社会生活中的作用,甚至作出"中国是一个民族造成一个国家"的夸大汉族地位和作用的论断。[①]因此,在上述观念基础上所形成的民族"融合"、"同化"——以汉族为中心——政策,没有充分反映国内少数民族的社会经济、政治和文化特点,未能尊重历史上形成的复合民族的事实。这种错误政策不仅不能完满解决国内的民族问题,反而会在政治上造成消极的后果。其次,孙中山效法美国和瑞士的主张忽略了具体的历史条件:一方面,近代中国社会根本不存在资本主义化的通途,所以"资本主义同化过程"根本不具备先决条件。另一方面,具体社会条件也不相同。美利坚民族大同化过程是在移民基础上进行的,共居于新大陆的各个民族自然地融合为一个新民族。应当指出,同化的范围不包括美洲土著居民和黑人。作为有色人种,他们迄今还未完全摆脱歧视和苛待。反之,中国境内各民族已在绵长历史过程中形成比较稳固的多元一体,它们各自具有独特的社会经济、政治和文化生活,彼此之间往往还存在着统治阶级实行民族压迫政策所造成的严重隔膜。因此,缺乏"同化"的必要条件。显然,孙中山所做的历史类比和仿效是不尽恰当的。"融合"、"同化"的基本内容与性质,在很大程度上取决于其所处的不同的社会条件。

孙中山对国内民族问题的探究并未停止,终于在他晚年达到了新的高度。《中国国民党第一次全国代表大会宣言》提出了"民族自决"原则,代替了先前民族"融合"、"同化"的主张。虽然,孙中山在1921年就提出过"民族自决"的口号——"民族自决一说,就是本党的民族主义"。但其含义仅限于对外方面,即中华民族应在国际政治舞台上具有独立自主的权利。"宣言"

---

① 《孙中山选集》下卷,590页,北京,人民出版社,1981。

规定的"民族自决"原则的基本内容如下:"承认中国以内各民族之自决权,于反对帝国主义及军阀之革命获得胜利后,当组织自由统一的(各民族自由联合的)中华民国。"[①]由于这个议题在当时议事日程上仍未居于首要地位,所以未经孙中山作出较为详尽的阐发。但这终究是一个具有重大意义的发展,它在很大程度上表明孙中山接受了中国共产党关于国内范围民族问题的主张。

民族主义新阶段的基本内容,大体如此。尽管仍然具有局限性,但它作为一面战斗的旗帜,在新的历史时期中不愧为殖民地附属国资产阶级民族主义进步性的高度表现。

---

① 《孙中山选集》下卷,562页,北京,人民出版社,1981。

第三节
民族主义的几个重要问题

孙中山在后期活动中所倡导的民族主义还包括几个带有比较纯粹理论性质或自成体系的论点,这些观念的阐明有助于进一步了解民族主义思想的基本内涵与整体架构。

第一个论点是关于民族的本质和定义。

1924年,在有关民族主义的系列演讲中,孙中山对于民族的本质和定义作了比较详尽的阐述和论证。在他看来,民族与国家有着重大差异。民族——"是天然力造成的"①,它的形成过程"完全是由于自然,毫不加以勉强";反之,国家——"是用武力造成的"②,它的形成与战争密切相关。"战争不能以一人行之,故合群;合群不能无一定之组织,故有首宰;首宰非能一日治其群众也,故成为永久之组织而有国家。"③这里,孙中山实际上把民族朴素地理解为一个历史上自然形成的共同体。认为它是在社会发展过程中"自然形成"的,而把民族和国家如实地区分开来,并且阐明了民族形成的基本特点。

如果孙中山凭借着直观在民族形成问题上作出了一般性的正确论断,那么在具体地分析民族形成的诸因素时就带有了片面倾向。孙中山把民族

---

① 《孙中山选集》下卷,592页,北京,人民出版社,1981。
② 《孙中山选集》下卷,591页,北京,人民出版社,1981。
③ 胡汉民编:《总理全集》第1集,937页,上海,民智书局,1930。

形成的因素归纳为五种自然力：首先，他强调了"血统"——"祖先是什么血统，便永远遗传成一族的人民。"其次，他指出了"生活"的作用——"谋生的方法不同，所结成的民族也不同，像蒙古人逐水草而居，以游牧为生活，什么地方有水草，便游牧到什么地方，移居到什么地方。由这种迁居的习惯也可以结合成一个民族。"再次，他把"语言"作为另一个"大力"——"如果外来民族得了我们的语言，便容易被我们感化，久而久之，遂同化成一个民族。再反过来，若是我们知道外国语言，也容易被外国人同化。"此外，他又指出了"宗教"的作用——"大凡人类崇奉相同的神，或信仰相同的祖宗，也可以结成一个民族。"最后，"风俗习惯"也起着不容忽视的作用——"如果人类中有一种特别相同的风俗习惯，久而久之，也可以自行结合成一个民族"。① 非常清楚，孙中山所谓的五种自然力实际上可以归结为三点：血统、文化（就其广义而言）以及经济生活。后两点乃是民族形成的基本因素和特征，而血统则并非如此。孙中山对于民族形成的基本因素和特征——特别是经济生活——未曾加以充分论述，给予应有的评价；反之，却把民族形成的非基本因素和特征——血统置于首要地位。这就表明孙中山在考察近代中国民族时，未能与以血缘为纽带的种族概念加以明确区分，因而，把类如共同经济生活这样一个主要构成近代民族形态的重大元素模糊地表述于"生活"的一般概念中，以致形成近代中国民族形态的社会经济原因被忽略，并使其无从确切显示自身乃是一个历史范畴。

考察孙中山上述论点的缺陷是颇有意义的，因为中国近代民族运动的倡导者大抵在理论上都存在类似错误。情况所以如此，一方面，固然是他们的社会历史观中唯心成分所带来的消极影响，妨碍了他们充分重视和深入探究社会经济因素的重大作用；另一方面，中国社会中的资本主义发展缓慢和不充分，共同经济联系未能臻于成熟，以致近代中国民族形态也就不可能更为完整和清晰地呈现，难免妨碍了孙中山和他的战友们在论述民族的本质和特征时给予理论的概括。虽然，他在民族主义的具体纲领中还是

---

① 《孙中山选集》下卷，583~592页，北京，人民出版社，1981。

注意到这个课题。当他们考察近代中国民族这个共同体时,触目的却是社会生活中的中世纪的家族、宗族关系,深植人心的则是"家族观念"和"宗族观念"——"中国人最崇拜的是家族主义和宗族主义。"①而孙中山却又未能把家族、宗族同民族的本质明确区别划分清楚,他只在它们之间看到了份量差异与简单过程,认为"中国国民和国家结构的关系,先有家族,再推到宗族,再然后才是国族"。"国族"即指民族,孙中山认为"中国自秦汉而后,都是一个民族造成一个国家","一级一级地放大,有条不紊"。②这样,孙中山的理论概括工作就在很大程度上停顿在"家族"和"宗族"的层面。

孙中山在有关民族本质和特征方面的论断的缺陷必然会给其实践带来消极影响,所谓"血统"、"国族"之类的观念包含和导致"种族主义"、"大汉族主义"因素。把"血统"夸大为民族形成的首要因素,实际上难免为"种族主义"提供了理论根据,革命民主派在辛亥革命前的有关民族主义的宣传中片面地渲染了"轩辕胄裔"和"胡虏"的对立,重要的思想原因之一就是他们强调了"血统"因素。认为"国族"这个概念在中国等于"民族"。把秦汉以后的中国视为由"一个民族造成",也就必然夸大了汉族的作用,忽视或抹煞了少数民族在中国历史上的重要意义。

第二个论点是关于"大亚洲主义"的问题。

孙中山在他的后期活动中曾经提出"大亚洲主义"的口号,它最初见之于《致犬养毅书》和《中国存亡问题》。后来,孙中山在1924年北上绕道日本时又应邀就此问题加以阐发。对这一口号进行分析是必要的,因为,这个口号不仅具有尖锐的实际意义,且曾被日本军国主义分子及其御用文人加以歪曲。

应当指出,"大亚洲主义"的矛头是针对西方帝国主义及其为殖民主义提供理论依据的"文化"。孙中山明确指出:"我们讲大亚洲主义,研究的结果,究竟要解决什么问题呢?就是为亚洲受痛苦的民族,要怎样才可以抵抗欧洲强盛民族的问题,简而言之,就是要为被压迫的民族来打不平的问

---

① 《孙中山选集》下卷,590页,北京,人民出版社,1981。
② 《孙中山选集》下卷,644页,北京,人民出版社,1981。

题……我们讲大亚洲主义,以王道为基础,是为打不平。美国学者对于一切民众解放的运动,视为文化的叛逆。"斯图德塔特在1920年出版的《有色人种的兴起》一书,即持此种谬论,"所以我们现在所提出的打不平的文化,是反叛霸道的文化。"①可见,"大亚洲主义"的主旨在于团结亚洲被压迫国家以反对西方殖民主义的侵凌。在这种意义上,"大亚洲主义"可以视为遭受共同被奴役厄运的亚洲人民意愿的反映。

"大亚洲主义"的政治趋向是反对西方列强,而其自身的基础则是"王道"、"我们固有的文化"和"仁义道德"。透过上述古老词句的外衣,可以看到孙中山所倡导的实际上乃是与西方帝国主义"霸道的文化"相对立的观念,即"求一切民众和平、平等、解放的文化"。并且,企图以此作为指导各国人民——首先是亚洲人民共处关系的准则。应当指出,孙中山虽然在"大亚洲主义"的观念上涂饰以古老的东方色彩,但并不意味着对于西方文化的简单排斥,而只是反对那种为帝国主义列强侵略亚洲民族作辩护的"霸道的文化"。学习欧洲的科学技术,振兴工业——这类观念也包含于"大亚洲主义"之中。

从"大亚洲主义"的理论中可以引申出两个具有重大现实意义的政治结论。其一,必须坚决反对"压迫民族",这种斗争显然主要指向西方帝国主义,但是,孙中山也没有忽略位于亚洲的日本帝国主义,同时揭露了它"只知步武欧洲之侵略手段"的卑鄙伎俩。其二,亚洲各国人民必须团结起来,以便加强实力,共同抵抗来自西方列强的侵略。正如孙中山所企盼的:"中国和安南、缅甸、印度、波斯、阿富汗都联合起来,因为这些国家,向来都不是统一的。此刻要亚洲富强,可以抵制欧洲,要联成一个大邦,那才可以说得通。"②

特别需要加以探讨的乃是"大亚洲主义"是否具有狭隘的地域性或种族性问题。因为,仅从形式上看来,回答似乎是肯定的;而从实质上考察,答案却是否定的。所以如此,是由于孙中山所倡导的口号固然以亚洲作为范围,

---

① 《孙中山选集》下卷,468页,北京,人民出版社,1981。
② 《孙中山选集》下卷,712页,北京,人民出版社,1981。

但是并非意味着地域性或种族性,而主要是立基于亚洲人民大抵为"受屈部分之人类"的观念之上,并且考虑到它们在第一次世界大战以后正在"起而抵抗欧洲强权"。①在他看来,"今之土耳其,其先导也;波斯、阿富汗,其继步也;其再继者,将有印度、马来亚也;此外,更有最大最要而关于列强之竞争最烈者,即中国之四万万人民是也。"②正是由于"大亚洲主义"的内涵主要并非是地域性或种族性的观念,而基本上是关乎政治性的理念,所以,它不是一般地反对西方——只是反对西方帝国主义;却又把在地域和种族方面都异于亚洲被压迫民族的苏维埃国家引为战友和同志。因为苏维埃国家的人民与帝国主义的"欧洲的白人分了家",他们"极力主张公道",正如中国、印度是亚洲"受屈者之中坚",苏维埃国家则是欧洲"受屈者之中坚"。③亚洲人民与苏维埃国家人民有着共同的敌人,在反对帝国主义的斗争中是并肩作战的伙伴。苏维埃国家非常同情亚洲的民族解放运动,并力求"倡而引导之"。此外,孙中山曾力劝日本与苏维埃国家迅速建立邦交,放弃对苏维埃国家所采取的敌对态度,以免"变强权与公理之战而为黄白人种之战"④。可见,"大亚洲主义"并未包含着狭隘的地域性和种族性。

孙中山的"大亚洲主义",根本不同于日本帝国主义及其御用文人借"大亚洲主义"为名而炮制的"亚洲门罗主义"。但是,它存在着严重缺点——主要表现在对于日本帝国主义抱有某种程度的幻想。首先,孙中山在强调亚洲诸国密切团结以反对西方帝国主义列强时,忽略了日本帝国主义与亚洲其他被压迫民族之间的不可调和的对立。事实上,日本虽然是一个亚洲国家,但其帝国主义的性质基本与西方列强相似,它在近几十年来所进行的军国主义侵略活动,充分表明它是亚洲民族解放运动最凶恶的敌人。希望日本帝国主义能作"东方王道的干城"而不作"西方霸道的鹰犬",企盼日本帝国主义能够援助中国革命运动和联合苏维埃国家,只能是一种根本不能

---

① 《孙中山选集》下卷,467 页,北京,人民出版社,1981。
② 《孙中山选集》下卷,467~468 页,北京,人民出版社,1981。
③ 《孙中山选集》下卷,469 页,北京,人民出版社,1981。
④ 《孙中山选集》下卷,469 页,北京,人民出版社,1981。

实现的有害的幻想。无可置辩的事实是，把日本帝国主义不当地纳入亚洲人民反对西方帝国主义的范围，远不如把它按其社会性质划入为亚洲人民坚决反对的帝国主义阵营更为确切。孙中山虽然也指斥了日本帝国主义的侵略政策，但在客观上导致对于帝国主义的任何轻信都只会带来消极的政治后果。其次，孙中山还对"大亚洲主义"作过不当的阐述和比附："夫中国与日本，以亚洲主义开发太平洋以西之富源，而美国亦与其门罗主义统合太平洋以东之势力。各遂其生长，百岁无冲突之虞。"① 显然，这种观点包含着更多的误判：认为中国与日本能够合作"开发太平洋以西之富源"，无异"与虎谋皮"；关于美国门罗主义的了解也是形式主义的，未能认清 20 世纪的门罗主义只是意味着"美国在西半球的统治权这样一件东西而已"②。对于帝国主义的认识模糊和抱有幻想，必然会使孙中山作出上述的错误论断。再次，孙中山在阐述"大亚洲主义"时应用了不少传统的概念——"王道"、"固有文化"和"仁义道德"等等。虽然引者赋予这些概念以新内容，但它们不能明确地反映亚洲人民在 20 世纪 20 年代解放斗争的理论和实践；同时，这些在古代社会中形成的概念还使现代革命思想与中国传统的历史观念混淆不清。

第三个论点是对于世界主义的批判。

反对世界主义，是孙中山在他后期活动中为了宣传民族主义而进行的思想批判之一。

孙中山认为世界主义是一种与民族主义相对立的意识。在他看来，民族主义是被压迫民族反对帝国主义的思想武器，而世界主义则是"变相的帝国主义"或"变相的侵略主义"。虽然未曾对世界主义进行充分的分析，但孙中山却以民族解放运动斗士的敏锐政治意识洞察到这种思想的政治趋向："世界上的国家，拿帝国主义把人征服了，要想保全他的特殊地位，作全世界的主人翁，便是提倡世界主义。"③ 也就是说，西方列强因为"恐怕"我们有了民族主义，"所以便生出一种似是而非的道理，主张世界主义来煽惑我们"④。

---

① 胡汉民编：《总理全集》第 1 集，1002 页，上海，民智书局，1930。
② 福斯特：《美洲政治史纲》，331 页，北京，人民出版社，1956。
③ 《孙中山选集》下卷，622 页，北京，人民出版社，1981。
④ 《孙中山选集》下卷，632 页，北京，人民出版社，1981。

显而易见,孙中山的上述批判触及了世界主义的本质。事实上,作为现代资产阶级思想体系的世界主义的任务就在于向人们宣扬漠视自己祖国的利益,轻视民族的文化,以虚无主义的态度对待民族的传统,放弃民族主义。同时,大肆推销他们的价值观和社会制度的普遍意义。这些卑劣的意图的散布又是在承认整个世界是每个人的祖国的漂亮幌子下进行的。世界主义是帝国主义文化侵略的手段,它与政治、经济侵略是相互为用的。

孙中山充分估计了世界主义在实际政治生活中的严重危害性,反复指出世界主义不是"受屈的民族所该讲的",因为"我们受屈民族,必先要把我们民族自由平等的地位恢复起来"。①接受世界主义,就意味着放弃民族主义,背离民族解放斗争事业。孙中山认为世界主义的泛滥,可能导致民族和国家的覆灭。他甚至以明末投降满洲贵族统治者的官员、文人的可耻行径,揭露世界主义的危害。

应当指出,反对世界主义并不意味着孙中山是一个狭隘的民族主义者,他曾多次阐明民族主义并非"盲目排外",强调民族主义与国际间的正常交往毫无矛盾。只是在这种意义上,孙中山认为也可以"讲世界主义",而其先决条件则有两个:第一,这种世界主义应当"是从民族主义发生出来的",因而,"我们要发达世界主义,先要民族主义巩固才行"。②这实际上是把民族利益和主权的保持作为世界主义的前提。第二,必须"在强权打破之后,世界上没有野心家,到了那个时候,我们便可以讲世界主义"③。这显然是意味着消除世界主义的压迫阶级。十分清楚,孙中山在这里所指的"世界主义"根本不同于帝国主义的世界主义,它在很大程度上是臻于"世界大同"的途径,即"对于世界诸民族各保持吾民族之独立地位,发扬吾固有文化,且吸世界之文化而光大之,以期与诸民族并驱于世界,以驯致大同"④。

孙中山关于世界主义的论述仍然具有一些不足之处,他所主张的趋于

---

① 《孙中山选集》下卷,632 页,北京,人民出版社,1981。
② 《孙中山选集》下卷,632 页,北京,人民出版社,1981。
③ 《孙中山选集》下卷,626 页,北京,人民出版社,1981。
④ 孙中山在这里所指的世界主义与恩格斯在 19 世纪 40 年代所提出的世界主义的概念有着大体类似的内涵,恩格斯当时曾经把世界主义理解为"没有民族局限性和偏见"。

"大同"的世界主义颇为模糊而空泛:既缺乏社会阶级内涵,又没有明确的实现途径。但是,他对世界主义简要而且有力的批判不仅在当时产生着重大作用,甚至在许多年后,霸权主义和强权政治的推行者竭力宣扬世界主义的形形色色变种的时候,也还有着重大的现实意义,因为这种批判有助于我们认清世界主义倡导者的真实面目,剖析世界主义的反动本质。此外,还应当估计到孙中山在这方面所做贡献的国际意义,特别是对亚洲民族解放运动所产生的积极影响。例如,已故的印度尼西亚总统苏加诺就曾在题为《建国五原则的诞生》的著名演讲中明确宣称:"从前有许多人患了世界主义的毛病……但是孙逸仙博士起来告诉中国人民说中华民族是有的。1918年……在他的著作三民主义中,我受到了教育,揭破了巴尔斯教给我的世界主义。我的心,就从那个时候起,在三民主义的影响下,深深地树立了民族主义的思想。"[①]

近代中国社会存在着复杂的民族矛盾,这些矛盾的激化导致了民族主义理论和实践的产生。

作为近代中国民族解放运动的领袖,孙中山为了这桩事业而献出了毕生精力。在旧民主主义革命时期,他所倡导的民族运动的理论和实践,在很大程度上摆脱了农民阶级的笼统排外主义和维新派的妥协主义的缺陷,因而在更完全的意义上赋予了民族运动以近代民主主义形态。在新民主主义革命时期,他又把民族主义提到新的高度。在对外方面,充实以明确的反帝纲领;在对内方面,则于经历一番探索后而作出了解决国内民族问题的"民族自决"方案,同时,提出了具有战略性质的三大政策。由是,使得民族主义与中国共产党的最低纲领中的相应部分基本上趋于一致。

孙中山在熔铸和发展民族运动的理论方面是历尽艰辛的,他在急剧动荡的时代里不得不经常探索和扬弃。在兴中会成立后到导致清帝国崩溃的辛亥革命阶段中,民族斗争的突出课题是反满,避免瓜分、共管厄运的内容

[①] 《苏加诺演讲录》,14页,北京,世界知识出版社,1956。

主要是融解于前一课题。在辛亥革命后的日子里,孙中山曾一度因为"反满"课题的解决而产生民族主义业已基本实现的错觉。然而,严峻的现实生活纠正了这种有悖实际的判断,并且使得孙中山日益清晰地认识到帝国主义才是中国民族解放运动的大敌。稍后,在中国革命进入新民主主义时期,孙中山对先前所持的民族主义进行了具有重大意义的检验,从而使得民族主义达到了自身发展过程中的顶点。这个曲折的思想发展过程,充分显示出先驱者寻求救国真理的千辛万苦。

　　正如过去历史上的任何思想学说一样,产生于近代中国社会土壤的民族主义也有它的历史的、阶级的局限性。但是,作为客观存在的社会矛盾的反映和人民群众争取民族解放意愿的体现,孙中山所倡导的民族主义在中国革命运动中产生过重大积极作用,不愧为"指导时代潮流"的思想,在近代中国的先进思想宝库中占有重要地位。

第四章
CHAPTER FOUR

民权主义思想

在中国近代民主革命过程中,人民群众的民主精神不断高涨和发展。民主革命先行者孙中山所倡导的民权主义,无疑是这种民主主义思潮的高峰。作为孙中山的民主革命理论与纲领的重要部分,民权主义在三民主义体系中占有核心地位。民权主义赋予民主革命以比较完全的意义,共和理念成为民主革命进入正规阶段的主要标志。民权主义包含了有关国家政权的课题——主要是政权的性质和在很大程度上取决于前者的政权形式,即国体与政体问题。这些问题的阐明对于革命运动具有重大的意义,因为"一切革命的根本问题是国家政权问题。不弄清这一点,便谈不上自觉地参加革命,更不用说领导革命"①。

民权主义的产生和发展,乃是半殖民地半封建社会存在的反映。近代中国社会交织着尖锐复杂的各种矛盾,封建主义同人民大众的矛盾居于主要地位。正如毛泽东所指出的:"现在也有两座压在中国人民头上的大山",其中一座"叫做封建主义";②近代中国"主要的就是少了两件东西",其中"一件是民

---

① 《列宁全集》第24卷,18页,北京,人民出版社,1957。
② 《毛泽东选集》,1102页,北京,人民出版社,1966。

主"。①事实正是这样:在清代末期,"宰制于上"的是"皇帝和贵族的专制政权";在中华民国时期,则"先是地主阶级的军阀官僚的统治,接着是地主阶级和大资产阶级联盟的专政"。②人民群众呻吟于封建专制主义的暴政之下,处于完全无权和极端贫困的境地。要求民主,成为中国人民的迫切政治愿望。

民权主义的形成,也是民主革命运动的理论表现。在整个民主革命的历史阶段中,反对封建专制、争取民主的课题,成为一切进步的、革命的阶级、政党及人士所关注的焦点,构成民主革命的基本任务。因此,民主主义不可避免地成为贯串革命全过程的先进思潮的主流。孙中山的民权主义,正是民主主义先进思潮发展的新阶段。

在旧民主主义革命时期,进步的、革命的阶级、政党及人士曾为变革封建专制主义的政治制度做过许多尝试。他们的理论和实践,在当时的社会政治生活中起了不同程度的进步作用。

作为最大的革命民主派,农民阶级为此进行了英勇的斗争。太平天国的领袖们猛烈抨击了清王朝的封建暴政,指斥清朝政府"造为妖魔降律,使我中国之人无能脱其网罗,无所措其手足"。"官以贿得,刑以钱免,富儿当权,豪杰绝望。"这种极其残暴的"胁制",使得"士女皆哭泣道路"。③同时,在农业社会主义的基石上构筑起具有某些朴素的平等因素的社会政治理想,确认"天下多男人,尽是兄弟之辈,天下多女子,尽是姐妹之群"④。太平天国后期的主要领导者洪仁玕是当时对西方了解较多的知识分子,他在《资政新篇》中提出了带有比较鲜明的民主主义色彩的政治方案。然而,落后的生产方式使得农民的眼界不能超越君主制的局囿,难以开创出崭新的社会政治制度——如共和国方案,因为他们大抵"都是皇权主义者"⑤。历史的、阶级的局限,注定了农民战争不可能在社会政治制度方面完成"革故鼎新"的任务。

---

① 《毛泽东选集》,725 页,北京,人民出版社,1966。
② 《毛泽东选集》,625 页,北京,人民出版社,1966。
③ 杨秀清:《奉天讨胡檄布四方谕》,见《太平天国史料》第 2 集,开明书店,1950。
④ 洪秀全:《原道醒世训》,见《太平天国史料》第 2 集,开明书店,1950。
⑤ 《斯大林全集》第 13 卷,100 页,北京,人民出版社,1955。

第四章

　　诞生于近代中国的资产阶级十分热衷于社会政治的变革,把这个重大课题作为自己活动的中心内容。维新派引进了"新学",广泛传播了社会变革的观念,并且作了把理论付诸实践的尝试,在社会政治、思想领域中产生了不容忽视的启蒙作用。这种思潮可追本溯源到19世纪40年代前后,还在鸦片战争时期就已出现了变革派的先驱。他们敏锐地感到现存社会秩序已经临于"末世",崩解是不可避免的趋势。龚自珍提出了"更法"的鲜明主张,认为"一祖之法无不敝,千夫之议无不靡,与其增来者以敕改革,孰若自改革"①。这些地主阶级经世派的代表人物开始从闭关自守和妄自尊大的迷梦中醒来,把探究的目光投向世界。魏源以"公"字赞扬非"世及"的美国总统选举,称道"众可可之,众否否之"的议会制,认为联邦宪法的"章程可垂奕世而无弊"②,发出"一变古今官家之局"的感喟。当然,魏源的主要意图在于"不悉夷情不可以筹远",但他对西方国家的肯定性介绍仍是向传统的封建专制主义政治体制的冲击,成为后来仿效资本主义国家政治制度思潮的先声。稍后,剧变的时代把更多的改革者推上政治舞台。政治制度问题愈益成为他们瞩目的中心,政治改革的呼声日渐强烈。他们鼓吹君主立宪,认为"虚君共和"是理想的制度。郑观应——孙中山青年时代的挚友——遍览世界各国的政治制度后,确信"君主者权偏于上,民主者权偏于下,君民共主者权得其平"③。陈炽赞颂"泰西议院之法"为"强兵富国,纵横四海之根源"④。陈虬要求以"变通"的方式在中国建立"通上下之情"的议院。⑤何启、胡礼垣更在《新政真诠》中对议会政治作了具体的阐述。⑥随着维新运动走向高潮,康有为和他的同道们把这个课题提上议事日程。在他看来,"中国大病,首在壅塞……君与臣隔绝,臣与民隔绝,大臣小臣又相隔绝。"⑦这种对于封建专制制度的温和批判,充分流露了

---

① 《龚自珍全集》,文集,上卷《乙丙之际著议七》,三联书店,1957。
② 魏源:《海国图志》,《外大西洋墨利加州总序》,壬寅百卷本。
③ 郑观应:《盛世危言》,卷1《议院》,图书集成局,1898。
④ 陈炽:《庸书》,外篇,下卷《议院》,刊本,1897。
⑤ 陈虬:《治平通议》,《救时要议·开议院》,瓯雅堂刊本,1893。
⑥ 何启、胡礼垣:《新政真诠》,三编,《新政论议》,上海,格致新报馆,1901。
⑦ 康有为:《公车上书》,见《公车上书记》,文升阁刻本,1895。

"君子们"与"天庭"隔绝的悲哀和愤懑。为了治疗中国的"大病",康有为开出两味药石:其一,即是被许多人一致奉为灵丹妙药的"议院",形式上"因用汉制",披上古老的传统衣衫。其二,则为制定宪法——"商榷新政,草定宪法,于是谋议详而章程定矣!"①康有为和他的同道们真诚地相信议会和宪法一旦付诸实现,社会生活状况必将大大改变:"上广皇上之圣聪,可坐一室而知四海,下合天下之心志,可同忧乐而忘公私。"于是"天下奔走鼓舞,能者竭力,富者纾财,共赞富强。君民同体,情谊交孚,中国一家,休戚与共"②。而在这幅"猗欤盛哉"的图景中,革命风潮的威胁将会消弭——"不待民之请求迫胁,而与民公之,如英之威廉第三后诸主然。明定宪法,君民各得其分,则路易十六必有泰山磐石之安、聃彭之寿、尧舜之誉。"③采取自上而下的改革,在君主立宪的方案中提高士绅即资产阶级和开明地主的社会地位,抵制日益扩展的人民革命运动,这就是康有为的政纲的实质。只是在他"秘不示人"的《大同书》中,康有为才为渺茫的未来勾勒了民主政治的轮廓:"无国家,全世界置一总政府,分若干区域……总政府及区政府皆民选。"④梁启超的政治主张则较为激进,认为两千多年来的封建专制政治是"法禁则日密,政教则日夷;君权则日尊,国威则日损"⑤。他相信人类的社会政治制度处于演变过程中,大体遵循着"三世六别"的规律:"多君为政"之世又分为"酋长之世"与"客卿之世"二别,"一君为政"之世又分为"君主之世"与"君民共主之世"二别,"民为政"之世又分为"有总统之世"与"无总统之世"二别。民主政治将会在中国出现,因为"不及百年,将举五洲而悉惟民之从。而吾中国亦未能独立而不变"⑥。但是,不能过高地评价梁启超的"申民权"观念。相当程度的浮夸始终是梁启超的宣传活动的特色,他曾讴歌卢梭:"《民约论》兮,尚其来东,大同大同兮,时汝之功。"

---

① 康有为:《应诏统筹全局折》,见《戊戌奏稿》,刊本,1911。
② 康有为:《公车上书》,见《公车上书记》,刊本,1911。
③ 康有为:《进呈法国革命记序》,见《戊戌奏稿》,刊本,1911。
④ 引文为梁启超在《清代学术概念》一书中对《大同书》所表述的理想政治方案的概括。
⑤ 梁启超:《饮冰室文集》(上),《通论》,223页,中华书局,1926。
⑥ 梁启超:《饮冰室文集》(上),《政治类》,23页,中华书局,1926。

而他称道的中国民权,实际上被推到未来。"绅权固当务之急","先必兴绅权"①,这才是梁启超的真意所在,所以他也对君主立宪唱出了"君权与民权合,则情易通"的赞歌。②作为在一整代维新党人中具有罕见的"冲决封建网罗"气质的猛士,谭嗣同的政治思想具有比较鲜明的民主主义色彩。他尖锐地谴责了封建暴政,认为"二千年来之政,秦政也,皆大盗也"。他确信远古时代并无君主,所谓帝王只不过是后来的人们为了管理而推举出的"专司其事"者。君主并非神圣不可侵犯的,不称职的"天子"完全可以更换,并据此引申出一个重要政治结论——"冲决君主之网罗"③。谭嗣同的政治观念在那个沉寂的时代具有重大的意义,梁启超对这位牺牲在封建顽固派屠刀下的杰出思想家作了并非溢美的称誉:"彼辈当时并卢梭《民约论》之名亦未梦见,而理想多与暗合,盖非思想解放之效不及此。"④不过,谭嗣同关切的仍然是"绅权":"既不能兴民权,亦当畀绅耆议事之权……夫苟有绅权,即不必有议院之名,亦有议院之实也。"⑤维新派从西方引进了"新学",广泛传播了君主立宪的政治变革观念,冲击了封建专制主义,批判了顽固派的反动谬论和洋务派的舍本逐末。他们还为实现自己的政纲而斗争,戊戌变法是这种变革事业的尝试,为此,"六君子"血洒京师街头。维新派的政治思想和实践在当时无疑有着重大启蒙作用,产生过积极的社会意义。但是,他们自身是软弱的,而半殖民地半封建社会秩序的维护者——帝国主义和封建主义势力则相对强大,并且不容许哪怕是"跪着的造反"。维新派终于未能实现自己的政治理想与方案。绵延两千年的封建专制主义政治制度并没有"不待民之请求迫胁"而退出历史舞台。

以太平天国为标志的近代农民战争曾经沉重地打击了封建暴政,但却不

---

① 梁启超:《饮冰室文集》(上),《政治类》,17 页。这种观点颇有代表性,趋向资产阶级化的地主、官僚、士绅大都着眼于"绅权":"绅权者民权之始,绅权进则民权亦进,其削也亦如之。"(《粤东商民与岑春煊》,载《民报》,第 2 号)
② 梁启超:《饮冰室文集》(上),《政治类》,72 页,中华书局,1926。
③ 《谭嗣同全集》,4 页,北京,中华书局,1956。
④ 梁启超:《清代学术概论》,156 页,上海,商务印书馆,1924。
⑤ 《谭嗣同全集》,307 页,北京,中华书局,1956。

孙文学说
构建近代中国的理论先导

能彻底否定它——不论是从实际意义上,还是从思想意义上。落后的生产方式的局限,使得农民阶级的眼界难以超越君主制。以戊戌变法为高峰的近代维新运动温和地批判了封建专制主义,强烈地要求君主立宪制度,但他们既拒绝采取暴力手段,又不能突破君主制的藩篱。然而,中国的近代化发展趋势,却迫切要求以共和制取代封建专制主义的社会政治制度。历史的需要使得孙中山不得不进行艰苦的探索和追求,以便锻制划时代的崭新政治思想武器,举起"政治革命"的旗帜,为实现带有共和国要求的民主主义政纲而斗争。他在一定程度上承袭了农民战争对于封建暴政的不可调和的战斗精神,但却摒弃了农民阶级的皇权主义。①维新派的政治主张曾给孙中山以深刻影响,使他在政治活动的初期就形成了重视政治变革和仿效西方的观念,但他却逾越了君主立宪的范围,并以"强迫"手段代替了自上而下的"渐变"方针。当然,西方的资产阶级民主主义才是孙中山的民权主义的主要渊源。②他倾心于法国18世纪资产阶级革命的"自由、平等、博爱"口号,而把"平等"的内涵摄入民权主义。③他服膺林肯的"民有、民治、民享"的观念,并把"民治"与民权主义等同起来。④近代欧美的"代议政治"、"共和制度",则被视为效法的范本。此外,古代中国某些政治思想和政治制度的个别环节也为孙中山所采用。⑤

在旧民主主义革命时期,孙中山的民权主义的基本内容大致表述如下:以"国民革命"为手段,推翻作为"恶劣政治之根本"的封建专制制度,代之以"平等"、"民治"和"国民"的共和国,并在"民主立宪"的原则上规划出相应的政体。建立共和制度,显然是民权主义的核心。民权主义曾是革命民主派所高

---

① 《孙中山选集》下卷,675~677 页,北京,人民出版社,1981。

② 邹容在《革命军》一书中充分表述了这种状况:"吾幸夫吾同胞之得卢骚民约论,孟德斯鸠万法精理,弥勒约翰自由之理,法国革命史,美国独立檄文等书译而读之也。夫卢骚诸大哲之微言大义,为起死回生之灵药,反魄还魂之宝方,金丹换骨,刀圭奏效,法美文明之胚胎,皆基于是。我祖国今日病矣!死矣!岂不欲食灵药,投宝方而生乎?苟其欲之,即吾请执卢骚诸大哲之宝幡,以招展于我神州之地。"

③ 《孙中山选集》下卷,690 页,北京,人民出版社,1981。

④ 《总理遗教·演讲》,44 页,中国国民党中央党部宣传委员会编印。

⑤ 《孙中山选集》下卷,762 页,北京,人民出版社,1981。

举的一面战斗旗帜,作为当时比较进步的政纲在社会政治、思想领域中起过重大的积极作用,导致了封建君主政制的结束,并使后来敢冒天下之大不韪的帝制自为或复辟只能成为一幕短命的丑剧。民权主义难免带有历史的、阶级的局限性,主要是缺乏彻底的反封建精神和完满实现人民权力的内容。

由于国际和国内形势的急剧变化,中国的民主革命在辛亥革命后仅仅十年左右便发生了历史性的飞跃:从旧民主主义革命转变为新民主主义革命,无产阶级成为革命的盟主。革命民主派面临着严峻的考验,必须重新检验自己的政治纲领,把它提升到新的高度,才能"适乎世界之潮流,合乎人群之需要"。在中国共产党和国际无产阶级的帮助下,孙中山以革命精神重新阐述了民权主义:"民权制度"应当"为一般平民所共有,非少数人所得而私";实行"直接民权",以贯彻"主权在民"的原则;人民享有民主权利,"卖国罔民"的"团体和个人"则不得享有"自由和权利"——这就是民权主义发展新阶段的主要内容。民权主义依然存在着历史的、阶级的局限,在国家的领导阶级和彻底实现人民权力诸问题上未能充分反映时代的特点,但它终究顺应历史潮流而有所发展,在反帝反封建的革命斗争中继续起着重大的积极作用。

民权主义是具有比较完全意义的民主主义政纲,无愧为近代民主主义思潮的高峰。

第一节
旧民主主义革命时期的民权主义

当孙中山在19世纪90年代踏上政治舞台时,推翻这个最后的封建王朝已经成为亟待解决的重要政治任务。朽败的清朝政府完全成为社会发展的内在沉重桎梏:维护现存的陈腐的生产关系,从而压抑了生产力的增长;实行封建专制主义,剥夺了人民的起码权利;采取思想钳制政策,在意识形态领域中造成"万马齐喑"的局面。严峻的现实使得孙中山和他所领导的革命民主派举起"政治革命"的旗帜,决心以共和国取代封建帝制。

对封建专制制度进行尖锐的批判,乃是民权主义的一个重要组成部分。还在兴中会宣言中,孙中山及其所创建的第一个革命组织就对清朝政府进行了揭发和谴责:"上则因循苟且,粉饰虚张;下则蒙昧无知,鲜能远虑……庸奴误国,荼毒苍生,一蹶不兴,如斯之极。"①稍后,孙中山进一步指出封建暴政造成了贫困和落后,使得中国人民"无一非被困于黑暗之中":"无论为朝廷之事,为国民之事,甚至为地方之事,百姓均无发言或与闻之权。其身为官吏者,操有审判之全权;人民身受冤抑,无所吁诉……甚至堵塞人民之耳目,锢蔽人民之聪明,尤可骇者,凡政治书多不得浏览,报纸尤悬为厉禁……国家之法律,非人民所能与闻。"②在对西方国家做了更多考察后,孙中山运用资产阶级民主共和理念和准则较为全面地批判了封建专制政权:

---

① 《孙中山选集》上卷,19页,北京,人民出版社,1981。
② 《孙中山选集》上卷,22~23页,北京,人民出版社,1981。

"(一)满洲人的行政措施,都是为了他们的私利,而不是为了被统治者的利益。(二)他们把我们作为被征服的种族来对待,不给我们平等的权利和特权。(三)他们妨碍我们在智力方面和物质方面的发展。(四)他们侵犯我们不可让与的生存权、自由权和财产权。(五)他们自己从事于或者纵容官场中的贪污和行贿。(六)他们压制言论自由。(七)他们禁止结社自由。(八)他们不经我们的同意而向我们征收沉重的苛捐杂税。(九)在审讯指控为犯罪之人时,他们用最野蛮的酷刑拷打,逼取口供。(十)他们不依照适当的法律程序而剥夺我们的各种权利。(十一)他们不能依责保护其管辖范围内所有居民的生命与财产。"[1]与此同时,孙中山还认为封建专制主义是造成国家纷乱和分裂的重要原因。既然"把国家当做私人的财产",难免出现"各据一方,定不相下"的局面,甚至"分裂一二百年,还没有定局"。[2]孙中山坚信封建暴政同"自由、平等、博爱"和"民有"、"民治"、"民享"的原则相矛盾,与"民主立宪"的政体相对立,决非"平等自由的国民所堪受的",必须迅速消除"以千年专制之毒而不解"的社会政治状况。[3]显然,孙中山对封建专制主义的批判具有重大的启蒙意义:剥夺了长期君临中国的中世纪制度与帝王头顶上的神圣的光环,成为实行"武器的批判"的先导。

经由"国民革命"的途径推翻封建暴政以建立共和国,构成民权主义的主要内容。采取革命手段实现"民主立宪",正是民权主义不愧为近代民主主义思潮的高峰的标志:既突破了农民阶级的皇权主义,又摒弃了维新派的君主立宪观念。孙中山认为摧毁封建暴政、建立共和国的途径,主要是革命的暴力。他曾经采用过上书当道的方式,但未获得任何实际的效果,于是"积渐而知和平之手段,不得不稍易以强迫"。显而易见,腐败反动的清朝政府是不可能进行真正的社会改革的:"由满洲人将国家加以改革,那是绝对不可能的。因为改革意味着给他们以损害。实行改革……就会丧失他们现在

---

[1] 《孙中山选集》上卷,60页,北京,人民出版社,1981。
[2] 《孙中山选集》上卷,75页,北京,人民出版社,1981。
[3] 《孙中山选集》上卷,71页,北京,人民出版社,1981。

所享受的各种特权。"①他还不断提醒人民不要为"满清政府偶尔发布的改革诏旨所迷诱",告诫大家切勿相信保皇派散布的政治幻想。因为,它已经成为革命运动的凶恶敌人,堪称"万劫不复的奴才"。事实上,即使是"世界立宪,亦必以流血得之,方能成为真立宪"②。正是这样,"国民革命"就成为除旧布新的必需的手段。至于民主革命的目标,在于建立一个"平等"的、"民治"的、"国民"的国家——资产阶级共和国。早在兴中会的誓词中,"创立合众政府"已经成为斗争的纲领。这种表现在朴素形式中的观念具有重要的意义,它表明孙中山和他的同志们摒弃了封建君主制,而把共和国作为自己的政治理想,制定了比较正规的民主革命纲领。后来,孙中山继续阐发了民权主义思想。1897年,他在同宫崎寅藏晤谈时重申:"人民自治为政治之极则,故于政治之精神,执共和主义。"③1903年秋,孙中山在檀香山的希炉重建被保皇派破坏的革命组织,将其命名为中华革命军,誓词中就包括"创立民国"的内容。④在1904年重订《致公堂新章》中,孙中山把"创立民国"的口号以明确的纲领形式规定下来。⑤1905年成立的同盟会则在宣言中把"建立民国"作为"今日革命之经纶"和"将来治国之大本",指出"惟前代革命如有明及太平天国,只以驱除光复自任,此外无所转移。我等今日与前代殊,于驱除鞑虏,恢复中华之外,国体民生,尚当与民变革,要其一贯之精神,则为自由、平等、博爱"。宣言还对民权主义作了概括的阐述:"今日由平民革命以建国民政府,凡为国民皆平等以有参政权,大总统由国民共举,议会以国民公举之议员构成之,制定中华民国宪法,人人共守。"并且重申:"敢有帝制自为者,天下共击之!"

应当指出,资产阶级共和国在封建专制主义长期统治下的中国被视为一种崭新的、激进的政治方案。为了论证它的先进性,阐明它是适合中国国情的,必须以共和制取代君主制,孙中山驳斥了各种反动谬论。他认为一切

---

① 《孙中山选集》上卷,59页,北京,人民出版社,1981。
② 《孙中山选集》上卷,67页,北京,人民出版社,1981。
③ 宫崎寅藏:《三十三年落花梦》,63~65页,上海群学社,1905。
④ 《警钟日报》1904年4月26日。
⑤ 冯自由:《华侨革命开国史》,59页,上海,商务印书馆,1946。

反共和的观念都是完全错误的,纯属"不谅形势之言"。他批判了"谓中国今日无一不在幼稚时代",因而实施共和政治"殊难望其速效"的谬论,指出落后的中国可以向西方国家学习,比较迅速地建立新的社会政治制度,正如"各国发明机器者,皆积数十百年始能成一物,仿而造之者,岁月之功已足。中国之情况,亦犹是耳"①。对于另一种"谓各国皆由野蛮而专制,由专制而君主立宪,由君主立宪而始共和,次序井然,断难躐等。中国今日亦只可为君主立宪。不能躐等而为共和"的谬论,孙中山从"取法乎上"的原则加以驳斥,认为中国决不能因袭西方国家的保守的君主立宪制。而应当直接采用共和制。他作了一个巧妙的譬喻:"铁路之汽车,始极粗恶,逐渐改良。中国而修铁路也,将用其最初粗陋之汽车乎?抑用其最近改良之汽车乎?"②当时还流行着所谓"中国人民知识程度不足,断不能行共和制"的谬论,从保皇派到后来袁世凯的洋顾问古德诺之流都曾鼓吹过这种滥调。孙中山据理批驳了上述谰言,强调只有实行共和制才能迅速提高人民的"知识程度"。孙中山并不讳言"数千年专制之毒,深中乎人心"的事实,但却决不以此作为"不能行共和之制"的原因;恰恰相反,把它视为更加迫切需要建立共和制的理由。他坚信民主政治对于中国人民不仅是必要的,而且是可行的,并且又在这里作了一个譬喻:"今使有见幼童将欲入塾读书者,而语其父兄曰:'此童子不识字,不可使之入塾读书也。'又通理乎?惟其不识字,故须急于读书也……故今日中国之当共和,犹幼童之当入塾读书也。"③孙中山对于各种反共和制度谬论的驳斥,有利于民主主义的传播,虽然,这种批判在很大程度上是机智胜于深刻。

1911年爆发的全国范围的民主革命运动推翻了清朝政府,"民国"取代了沿袭已久的封建专制制度。民权主义似乎已经付诸实现,"专制政体"乃至"帝王思想"将会"不谋而绝迹于天下"④。孙中山一度沉入美好的梦幻,以

---

① 《孙中山选集》上卷,66页,北京,人民出版社,1981。
② 《孙中山选集》上卷,66页,北京,人民出版社,1981。
③ 《孙中山选集》上卷,155~156页,北京,人民出版社,1981。
④ 《孙中山选集》上卷,94页,北京,人民出版社,1981。

孙文学说
构建近代中国的理论先导

为共和制终于确立于古老的中国。然而，共和国很快就徒具形式。旧秩序迅速在新形势下恢复，实质上是"地主阶级的军阀官僚统治"或"地主阶级和大资产阶级的联盟的专政"。人民群众毫无政治权力，"以千年专制之毒而不解"依然是现实的写照。在旧民主主义革命的降弧期中，孙中山不得不继续进行反对封建复辟、揭露假共和以捍卫共和制度的斗争。

揭示民主主义的敌人和现存政权的实质，乃是这个历史阶段的民权主义的基本内容之一。为宋案的枪声所惊醒的孙中山把批判的矛头指向窃国大盗袁世凯，他痛切地阐明当前形势的严重性——"军府艰难缔造之共和，以是坏灭无余"；同时，还揭穿了袁记政权"背誓乱常，妄希非分，假中央集权之名，行奸雄窃国之实"的罪恶行径。①而在《第二次讨袁宣言》中，孙中山更谴责了袁世凯"以一姓之尊而奴视五族"的"帝制自为"，并且，宣布袁世凯为人民公敌。②后来，孙中山继续把批判的武器针对盘踞北京政府的军阀和地方军阀，多次指责他们破坏共和国的象征——国会和约法。社会政治生活的惨淡景象迫使孙中山作出下列论断："现在国内的政治，比较满清的政府没有两样……满清政治，犹稍愈于今日……如现政府的滥捕滥杀良民，在满清政治专制时代，还没有发现。如现在武人官僚的贪婪，亦较满清时代为甚。"③同时，他更对这种现象的形成给予了进一步的分析："吾人所以破坏者，一专制政治，而今有三专制政治起而代之，又加恶焉! 于是官僚、军阀、阴谋政客，揽有民国之最高权矣！"④孙中山在这里所阐述的观点具有迫切的理论与现实意义：一方面，它反映了辛亥革命后国内的社会政治生活中的主要矛盾，并且号召人民群众重新进行反对现存政权的斗争；另一方面，它表明了孙中山对于"专制政治"的构成有了较为深切的认识，即是理解到官僚、军阀和政客的反动作用。在辛亥革命前，孙中山的民权主义的矛头主要指向执政的满族统治者，强烈的"民族革命"色彩冲淡了其他政治问题，封

---

① 《孙中山选集》上卷，98 页，北京，人民出版社，1981。
② 《孙中山选集》上卷，103 页，北京，人民出版社，1981。
③ 《孙中山选集》上卷，423~424 页，北京，人民出版社，1981。
④ 《孙中山选集》上卷，427 页，北京，人民出版社，1981。

建政权的组成部分反而未能得到相应的剖析和抨击。

为"再造共和"而持续斗争，这是孙中山在辛亥革命后所倡导的民权主义的主要内容。对于客观形势的判断，促使孙中山作出了必须再度为民权主义的真正实现而奋斗的结论。一般来说，孙中山在这个阶段所持的有关共和国的观念并未超脱出同盟会时期的民权主义的水平。但是，辛亥革命的实践和后来事态的发展终究赋予其某些新的成分。这样，当孙中山阐述"再造共和"的主旨时，就在"政治革命"的"破坏"和"建设"两个方面作出了比较深刻的论断。在他看来，具有全国规模的辛亥革命所以未能造成民主政治的实现，主要原因之一在于"革命之破坏"不够彻底——"不能待破坏之完成，所以无用旧物，尚多留置，未经破坏。吾人虽革去满族皇统，而尚留陈腐之官僚系统未予扫除。"①他在一次演讲中又作了一个颇为意味深长的譬喻："建筑一所新居，须先将旧有的结构拆卸干净，并且从地底打起地基，才能建筑坚固的屋宇。八年以来的中华民国，政治不良到这个地位，实因为单破坏地面，没有掘地底陈土的缘故。地底的陈土是什么，便是前清遗毒的官僚。"②其次，孙中山认为"革命事业不能成建设之业"的另一个重要原因在于缺乏"革命之建设"——未曾经由"训政"时期以"洗其旧染之污"，从而"使民国之主人长成，国基巩固"。③由于革命党人在推翻"君主专制政治"后未能及时对新政权的建立给予充分的力度，所以造成了消极的后果。孙中山的这些见解乃是革命实践的如实的概括和总结，并且构成他的后期思想跃进的内在要素。

孙中山在旧民主主义革命时期所倡导的民权主义有着重大的积极意义，带有共和国诉求的民主革命政纲在当时的历史条件下促成了社会政治思想领域中的划时代变革。在此以前，人们或者以为推翻清帝国的目的在于复兴汉族帝国，而以"反清复明"作为纲领性的口号；或者认为君主立宪的改良方案可以拯救中国，而不必根本否定传统的封建君主制度。在此以

---

① 《孙中山选集》上卷，427页，北京，人民出版社地，1981。
② 《孙中山选集》上卷，423页，北京，人民出版社地，1981。
③ 《孙中山选集》上卷，157页，北京，人民出版社地，1981。

后，愈来愈多的人们抛弃了复兴汉族帝国和君主立宪的主张，日益清楚地理解到共和国才是先进的政治方案，采取以革命手段推翻清帝国则是必由的途径。与此相应，革命运动也提升到新的高度，人民群众在鸦片战争以后的自发的反抗运动"转变为自觉的民主运动"①。因此，辛亥革命所达到的就不只是清廷统治的结束，而是绵延两千多年的中国封建帝制的崩溃。

然而，民权主义由于历史的、阶级的局限性具有不可忽视的缺陷。首先，民权主义未曾包含深刻的、明确的反封建内容。在清帝国时期，孙中山把清朝政府视作封建专制主义的集中体现者，以为只要"颠覆"了这个"恶劣政府"，民权主义的战斗任务即可达成。孙中山主要把矛头指向了"封建帝制"，而未能把斗争的锋芒进一步针对了"封建帝制"的社会基础。在辛亥革命后的日子里，孙中山虽然对封建暴政有了较为深切的认识——例如，充分估计了反动军阀、官僚和政客的祸害性。但是，他的剖析仍然未能更为深化：没有理解"宗法封建性的土豪劣绅，不法地主阶级，是几千年专制政治的基础，帝国主义、军阀、贪官污吏的墙脚"②。因之，也就不可能把打翻这种封建势力作为"国民革命"的真正目标。这个缺陷使得民权主义未能充分概括民主革命的基本任务，并在实践过程中导致了消极后果。其次，民权主义缺乏彻底解放人民群众的内容。虽然孙中山提出了"民治"、"平等"和"国民的国家"等口号，并且还多次重申了"民国则以四万万人一切平等，国民之权利义务，无有贵贱之差，贫富之分"。但是，人民群众的社会政治地位并未在"国民"的尊称中得到明确的规定和保证。③"主权在民"的原则是不可能在资产阶级共和国中真正实现的，所谓的"平等"只是"法律面前的平等"，它实质上——如同恩格斯指出的——乃是"富人与穷人不平等的前提下的平等"④。没有社会经济基础的彻底的变革，不根除剥削现象，"法律上

---

① 《列宁全集》第15卷，159页，北京，人民出版社，1963。
② 《毛泽东选集》17页，北京，人民出版社，1966。
③ 关于这点，毛泽东曾经指出："国体问题……就是社会各阶级在国家中的地位。资产阶级总是隐瞒这种阶级地位，而用'国民'的名词达到其一阶级专政的实际。"（《毛泽东选集》，669页，北京，人民出版社，1966）
④ 《马克思恩格斯全集》第2卷，648页，北京，人民出版社，1957。

的平等"只能是漂亮的辞藻。同时,孙中山在规划民主政治实现途径时所提出的"革命程序论"——把发动革命到真正实行"民治"的过程划分为"军政"、"训政"和"宪政"三个阶段——也带有某些消极意义,即未能把民主政权的建立放置在充分发动人民群众奋起斗争的基础上。再次,孙中山对于资产阶级的"共和政治"表示了几乎无保留的倾慕,"仿效外国革命政治,成立民主政府",而未曾采取可能具有的一定程度的批判态度。虽然资产阶级共和国对于当时中国社会仍是较为先进的政治制度,但是,西方资本主义国家业已在19世纪末叶进入帝国主义阶段,与之相应,资产阶级民主制度的溃疡日益成为有目共睹的事实。一些激进的民主主义者已经窥见了西方"代议政治"的虚伪性,俄国的民主主义者们则采取了更为尖锐的批判态度。孙中山的这种认识影响了民权主义更具深度和广度,妨碍了他对于理想社会政治制度的探索。当然,作为时代的先进思潮,孙中山在旧民主主义革命时期所高举的民权主义旗帜概括了广大群众渴望摆脱封建暴政的压迫和争取民主与自由的意愿,反映了近代中国社会政治生活中的主要矛盾,体现了历史的必然趋势。所以如此,是由于近代中国社会的基本矛盾之一乃是封建主义与人民大众的矛盾,而"人民大众和封建制度的矛盾"必须"用民主革命的方法去解决"[①],舍此别无出路。

[①] 《毛泽东选集》299页,北京,人民出版社,1966。

孙文学说
构建近代中国的理论先导

第二节
民权主义的新阶段

　　孙中山在旧民主主义革命时期曾经提出了反对封建暴政和建立共和国的政纲，并且进行了不懈的战斗，民权主义的理论和实践活动在当时的历史条件下产生过重大的革命作用，1911年爆发的全国规模的革命运动结束了沿袭数千年的封建君主制度。然而，与其宣称民权主义在一定意义上得以实现——推翻了封建君主制度和建立了"民国"，毋宁断言民权主义在更为深远和本质的意义上未能贯彻——封建暴政的社会基础不曾扫除，共和国只是徒有其表，政权的性质没有根本性的变化。在辛亥革命后的动荡年份里，惨淡的政治图景对于民主主义形成尖锐的讽刺。作为地主阶级的政治代表，军阀、官僚和政客们攫取了政权，人民群众依然没有丝毫政治权利，照旧处于被奴役的境地。孙中山和他的同志们虽曾掀起过多次捍卫共和制度的斗争，但也不能改变旧民主主义革命归于悲剧结局的趋势。

　　对于民权主义来说，孙中山面临着把它提升到反映现实的新高度的历史任务，不仅是因为资产阶级共和国方案的破产迫使孙中山重新检验民权主义，还由于新民主主义革命阶段的到来向革命民主派的政纲提出了一系列要求。民权主义必须在自身的扬弃中发展，停滞和僵化将会使它沦为过时的政治学说。在中国共产党和国际无产阶级的帮助下，孙中山以革命精神重新阐释了民权主义，使它得以反映了历史的特点，获得了新的生命力。这是孙中山忠实于民主主义的逻辑的结果，也是中国共产党的民主革命纲领的胜利。

　　同民族主义类似，民权主义的发展过程可以十月社会主义革命和五四运动作为转折点。1924年召开的中国国民党第一次全国代表大会的宣言，则标志着这一演进的完成。以革命精神阐释过的民权主义，是旧民主主义革命时期民权主义的继承和发展，二者既有着相同之处，也存在着不可忽视的差别。

　　进一步批判封建暴政，仍然是民权主义发展新阶段的内容之一。首先，孙中山历史地论证了封建暴政灭亡和民主制度胜利的必然性。他以进化发展的观点考察了社会政治制度变迁的历史，并把这个漫长的过程分为四个阶段——"洪荒时代"、"神权时代"、"君权时代"和"民权时代"。"洪荒时代"已是遥远的往昔，人兽相争构成主要内容，在当时的条件下，"人们的集合"是"天然的"而非"人为的"。稍后，文明的发展扩大了人们从事各种活动的领域，群众开始推举出自己的领导者，由于"和天争不是和兽争可以用力气的，于是发生神权"。又随着人与人争的阶段代替了人与天争的时期，于是有"君权时代"到来。最后，由于"科学一天发达一天，人类的聪明也一天进步一天，于是生出了一个大觉悟"，即是"知道君主专制是无道，人民应该反抗，反抗就是革命"。这样，"民权时代"就取代了"君权时代"。孙中山的上述观点包含着两重积极意义：一方面，贯串着社会进化的思想，把社会政治历史视作一个发展进程，显示出"民权时代"的必然性和先进性；另一方面，孙中山的上述观点也具有历史主义因素。他把民权问题纳入一定的历史范畴，作为人类社会政治生活的高级发展阶段。不同于卢梭的带有形而上学意味的"天赋人权"观念，孙中山认为"民权之萌芽，虽在二千年以前的希腊、罗马时代，但是确立不移，只有一百五十年"[1]。有别于18世纪法国启蒙主义思想家把中世纪视为毫无意义的"人类愚昧"的产物，孙中山认为封建政治制度曾经发生过积极作用——"从前人类的知识未开，赖有圣君贤相去引导，在那个时候，君权是很有用的。"[2]只是伴随着人类文明的进展，君权

---

[1] 《孙中山选集》下卷，663页，北京，人民出版社，1981。
[2] 《孙中山选集》下卷，668页，北京，人民出版社，1981。

方才成为"无道"的、"难以忍受"的暴政。其次,孙中山在揭露封建军阀、官僚和政客的反动本质时,意识到了他们与帝国主义列强相互勾结和狼狈为奸的关系——"军阀本身与人民利害相反,不足以自存。故凡为军阀者,莫不与列强之帝国主义发生关系。"例如,"所谓民国政府,已为军阀所控制,军阀即利用之,结欢于列强,以求自固。而列强亦利用之……攫取利权,各占势力范围。"①十分明显,孙中山的论述有着重大意义,关于封建军阀和帝国主义朋比为奸的观念,反映了半殖民地半封建社会的政治特点。

对于资产阶级共和国采取了某种程度的批判态度,把目光转向新生的苏维埃国家——这是民权主义发展新阶段的重要特色。经历了长期的观察和实践后,孙中山在自己活动后期开始窥见西方"民主政治"、"代议政体"的局限性和虚伪性。他以批判的目光对资产阶级共和国作了具有新内涵的评价:"考察欧美的民权事实,他们所谓的先进的国家,像美国、法国,革命过了一百多年,人民到底得了多少民权呢?照主张民权的人看,他们所得的民权,还是很少。"②在他看来,两个因素造成了这种情况:其一,西方资产阶级还未曾在民权实施方面作出完善的构建,因而妨害了民权的实现——"外国对于民权的根本办法,没有解决……欧美的民权政治,至今还是没有办法。"③例如,美利坚"合众国"的人民"只得到一种有限制的选举权",而"女子在一二十年前,还是没有这种普通选举权"。孙中山看到了一系列对于评价西方民主制度具有严重意义的事实,却又把它们片面地、表面地归咎于"实施问题"未能妥善解决的产物,而没有借以深察资产阶级共和国的实质,即这种类型的国家是根本不可能真正实现"主权在民"的原则。其二,西方国家的现行"代议政体"弊害丛生。孙中山认为"现代的代议士都变成了'猪仔议员',有钱就卖身,分赃贪利,为全国人民所不齿"。所以把"代议政体视为人类和国家永安之计,那是不足信"。在《中国国民党第一次全国代表大会宣言》中,他就这点作了概括的表述:"近世各国所谓民权制度,往往

---

① 《孙中山选集》下卷,552 页,北京,人民出版社,1981。
② 《孙中山选集》下卷,707 页,北京,人民出版社,1981。
③ 《孙中山选集》下卷,727 页,北京,人民出版社,1981。

为资产阶级所专有,适成为压迫平民之工具。"①在上述的认识基础上,孙中山得出了一个具有重要意义的论断:"我们所主张的民权,是和欧美的民权不同。我们拿欧美以往的历史作材料,不是要学欧美,步他们的后尘。"②与这种对西方国家制度所采取的某种程度的批判态度相联系,孙中山把苏维埃国家政治制度视为当代的一种先进政治方案。他把关注的目光转向工农国家,让"以俄为师"的革命原则在这里也得到了体现。还在20年代初期,孙中山就在致苏俄外交部的信函中表露出了解苏维埃制度的热望。③稍后,孙中山对于苏维埃国家制度作出了肯定性的一般评价,指出"各国到了代议政体,就算是止境"的这种观念业已陈旧,因为,"近来俄国新发明一种政体,这种政体,不是代议政体,是'人民独裁'政体,这种'人民独裁'政体……我们得到的材料很少,不能判断其究竟,惟想这种'人民独裁'的政体,当然比较代议政体改良得多"。④他的结论则是:"法美共和国皆旧式的,今日惟俄国为新式的:吾人今日当造成一最新式的共和国。"⑤

积极设计旨在免除资产阶级"代议政体"的流弊的各种政治方案,构成了这个阶段的民权主义的另一重要内容。孙中山从严峻的现实中得出了下述结论:"各国实行代议政治,都免不了流弊,不过传到中国,流弊更是不堪问罢了。大家对于这种政体,如果不去闻问,不想挽救……国家前途是很危险的。"⑥他力求制定出能够充分体现"为一般平民所共有,非少数人所得而私"的民权主义原则的政治方案。在他看来,最为理想的共和国应当是这样的:人民"享有一切自由与权利",反动派则"不得享有此等自由与权利"。其次,由"全体平民"组织"代表全体平民之利益"的"政府"。再次,为了使得人民真正居于国家的主人翁地位,乃于"间接民权之外,复行直接民权",人民"不但有选举权,且兼有创制、复决、罢官诸权"。此外,"民权运动之方式"采

---

① 《孙中山选集》下卷,526页,北京,人民出版社,1981。
② 《孙中山选集》下卷,727页,北京,人民出版社,1981。
③ 《孙中山选集》上卷,434页,北京,人民出版社,1981。
④ 《孙中山选集》下卷,722页,北京,人民出版社,1981。
⑤ 上海《民国日报》1922年2月23日。
⑥ 《孙中山选集》下卷,722页,北京,人民出版社,1981。

取"五权分立为原则",即"立法、司法、行政、考试、监察五权分立"。①与此相应,孙中山还规划了一系列旨在"济代议政治之穷"和"矫选举制度之弊"的具体措施。例如,实行"普遍选举制,废除以资产为标准之阶级选举"等等。孙中山在这里倡导的"惟求所以适合于现代中国革命需要"的共和国方案,较之"为资产阶级所专有"的"近世各国民权制度"有着不容忽视的进展。尽管他的目光仍未脱出资产阶级民主制度的窠臼,却也在一定程度上减少了资产阶级共和国方案的狭隘性,体现了激进的革命民主主义精神。中国共产党人对于"为一般平民所共有,非少数人所得而私"的民主主义原则,曾经给以很高的评价。②

以革命精神阐释过的民权主义,曾在当时的历史条件下产生了重大的积极作用。但是,它终归包含着民主主义固有的局限性。首先,孙中山所规划的共和国方案在国体问题上有着明显的缺陷。他在后期的活动中虽然日益认识到工人阶级和农民阶级在民主革命中的重大意义,并且提出了"扶助农工"和与中国无产阶级的政党——中国共产党建立合作关系的革命主张,却未能理解到20世纪20年代中国革命运动所导向的民主共和国是新民主主义性质的,它必须以无产阶级为领导、以工农联盟为基础。反之,对资产阶级和小资产阶级在"人民共和国"中的地位和作用则作了过高的、有悖于历史真实的估计。毛泽东曾经指出:"孙中山主张'唤起民众',或'扶助农工'。谁去'唤起'和'扶助'呢?孙中山的意思是说小资产阶级和民族资产阶级。但这在事实上是办不到的……在帝国主义时代,小资产阶级和民族资产阶级不可能领导任何真正的革命到胜利,原因就在此。"③现代中国的革命运动"无论就其斗争阵线(统一战线)来说,就其国家组成来说,均不能忽视无产阶级、农民阶级和其他小资产阶级的地位……中国现阶段的革命所要

---

① 《孙中山选集》下卷,526页,北京,人民出版社,1981。
② 毛泽东在《论人民民主专政》一文中写道:"除了谁领导谁这一个问题以外,当做一般的政治纲领来说,这里所说的民权主义,是和我们所说的人民民主主义或新民主主义相符合的。只许为一般平民所共有、不许为资产阶级所私有的国家制度,如果加上工人阶级的领导,就是人民民主专政的国家制度了。"(《毛泽东选集》,1482页,北京,人民出版社,1966)
③ 《毛泽东选集》,1484页,北京,人民出版社,1966。

造成的民主共和国。一定要是一个工人、农民和其他小资产阶级在其中占一定地位起一定作用的民主共和国……这种共和国的彻底完成,只有在无产阶级领导之下才有可能"[1]。显然,民主主义的局限性使得孙中山在解决这一具有首要意义的课题时存在着缺陷——未能充分反映当今时代与中国革命运动的特点,从而制定出正确的方案。其次,孙中山尽管已经看到和指斥了资产阶级"代议政体"的溃疡,并力求设计一种完满的政体,用以建立"超乎欧美之上"的政权形式;但他在政体问题上所做的一切努力并不能够改变资产阶级共和国的实质,因而也就没有决定性的超越意义。所以如此,乃是由于孙中山在考察资产阶级民主制度的弊病时较为片面地着眼于政体缺陷,未能把政体与国体密切联系起来。撇开国体问题致力于政体问题的探究,难免流于形式主义的泛论。企图以政体的某种变革作为实现民主政治的"一劳永逸之计",只是善良的空想。事实上,资产阶级共和国的性质使得"主权在民"的原则不可能完满实现,因而,孙中山也就不能给自己所提出的课题予以科学的论断和真正的解决。再次,孙中山在政体方面的探索始终未能脱出资产阶级"议会政体"的窠臼。他没有对"议会"、"分权"原则等资产阶级民主制度的主要构成部分采取深入分析的态度,而只是希冀矫治它的"弊"、"穷"。要之,民权主义在发展过程的新阶段仍然缺乏"彻底实现人民权力"的重要内容。[2]

应当指出,民权主义新阶段的内容已经在很大程度上体现了民主主义的进步性:既反映了时代的部分特征,甚至达到了自身所允许的极限。至此,孙中山的民主主义发展到了前所未有的高度。

---

[1] 《毛泽东选集》,644页,北京,人民出版社,1966。
[2] 毛泽东在《新民主主义论》中写道:"共产主义的全部民主革命政纲中有彻底实现人民权力。……三民主义则没有这些部分。"(《毛泽东选集》,681页,北京,人民出版社,1966)

第三节
平等观与自由观

就其内容而言,孙中山所倡导的民权主义含有着两个相互联系的部分。其一,是比较抽象的理论部分;其二,是比较具体的政体方案部分。平等观和自由观,乃是民权主义理论部分的中心课题。由于它们在相当程度上充作了民权主义思想的主要基石,孙中山对"平等"和"自由"所持的见解充分显示了革命民主派的社会政治观点的实质和特色,也鲜明展露了中国民主主义者的激进色彩和历史的、阶级的局限性的交织。

作为反对封建压迫的战士,孙中山充分理解"平等"这一课题的重大社会意义。他把"平等"提到了应有的高度——"欧洲各国从前革命,人民为争平等和争自由,都是一样的出力,一样的牺牲……更有许多人以为要能够自由,必要得到平等,如果得不到平等,便无从实现自由。用平等和自由比较,把平等更是看得重大的。"[①]孙中山谴责封建暴政"不给我们平等的权利和特权"的罪恶,指出这种状况"不是平等……的国民所堪受"的,同时,把建立一个"人人平等"的国家作为民权主义的主要标志之一。在长期的革命活动中,孙中山曾经多次重申有关"平等"的观念,同盟会的宣言承认未来的共和国中的国民"皆平等而有参政权"[②]。稍后,孙中山宣称"国人相视,皆叔

---

① 《孙中山选集》下卷,691 页,北京,人民出版社,1981。
② 《孙中山选集》上卷,69 页,北京,人民出版社,1981。

伯兄弟诸姑姐妹，一切平等"①。孙中山在手拟的一个文件中阐述了"国民平等之制"的含义："则以四万万人一切平等，国民之权利义务，无有贵贱之差，贫富之别，轻重厚薄，无有不均。"②在辛亥革命后捍卫共和的日子里，孙中山依然以"平等"口号来激发人们的反军阀统治的斗争："人为万物之灵，知识之高亡，身体之强弱，虽有不同，原无阶级之不平等，何能容受他人不平等之待遇。"③在以革命精神重新阐释了三民主义之后，孙中山继续就"平等"课题作了较系统的发挥，更在关于三民主义的演讲中把民权主义与18世纪法国资产阶级民主革命的"平等"口号等同起来。十分明显，孙中山关于"平等"课题的反复论述不是偶然的，它反映了人与人不平等的封建压迫的严重存在，也表达了人民群众争取"平等"的热切愿望。

在详尽地阐发"平等"的含义时，孙中山把这个课题分解为两个方面：一方面，是所谓"天生的"不平等和"人为的"不平等问题；另一方面，则是有关"真平等"和"假平等"问题。

孙中山对于"天赋平等"——即认为人类在泰初自然状态下原是平等的，只是后来的社会制度才形成了不平等现象——的观念采取了批判的态度，指出"自人类出生几百万年以前，推到近年民权萌芽时代，从没有见过天赋有平等的道理"。不平等的现象是一直存在的，而不平等又可按其性质分为"天生的"不平等和"人为的"不平等。"天生的"不平等内容系指"天地间的所生的东西总没有相同的。既然都是不相同，自然不能够说是平等。自然界没有平等，人类又怎能有平等呢？天生人类本来也是不平等的"。人们之间的"天生的"不平等的根据，在于彼此所具有不同"天赋的聪明才力"。孙中山还根据上述原则，把人们分为八等——圣、贤、才、智、平、庸、愚、劣。不过，现实生活中不仅存在着"天生的"不平等，在一定的社会发展阶段还出现了"人为的"不平等："到了人类专制发达以后，专制帝王尤其变本加厉，弄到结果，比较天生的更是不平等"。"人为的"不平等的成因主要在于

---

① 胡汉民编：《总理全集》第1集，281页，上海，民智书局，1930。
② 胡汉民编：《总理全集》第1集，319页，上海，民智书局，1930。
③ 《总理遗教·演讲》，532页，中国国民党中央党部宣传委员会编印。

"特殊阶级的人,过去暴虐无道"①,它在社会生活中表现为帝、王、公、侯、伯、子、男、民的阶梯式的压迫。②孙中山认为"人为的"不平等是不合理的社会现象,它应当在"政治革命"中被扫除。

孙中山的上述见解有其积极的方面:第一,他在阐述"人为的"不平等时,暴露出封建主义制度的不合理性,并且谴责了封建统治阶级造成"人为的"不平等的"暴虐无道",论证了"被压迫人民,无地自容,所以发生革命风潮"的必然性。第二,孙中山把不平等分为"天生的"和"人为的"两种不平等的观念也在某种意义上反映了客观实际。大致说来,人们在现实生活中的不平等确是表现为两个方面——社会政治地位的不平等和"聪明才力"的差异,而前者的消除并不等于后者的弭平。因为,二者是有着区别的,判明它们的特性,对于解决平等课题是有其积极意义的。但是,孙中山所持的观念也有着消极的方面:首先,他对"天生的"不平等的认识,仅仅从生物、生理的意义上来理解,而未能与人们的社会存在联系起来。片面地夸大了自然禀赋对"天生的"不平等的作用,势必把人们的"聪明才力"在很大程度上视为一种纯粹先验的素质。然而,"人的本质并不是单个人所固有的抽象物。在其现实性上说,它是一切社会关系的总和。"③"天生的"不平等是与社会制度有着密切关系的。剥削制度造成的"人为的"不平等严重地影响着"天生的"不平等,"因为剥削者世世代代享受教育特权,过着富裕生活,具有各种本领,而被剥削者大多数甚至在最先进最民主的资产阶级共和国里也是受压迫、受恐吓、愚昧无知和分散的"④。其次,孙中山对"人为的"不平等的

---

① 《孙中山选集》下卷,692页,北京,人民出版社,1981。
② 应当指出:孙中山把平等分为"天生的"不平等和"人为的"不平等的观点和卢梭所持的见解十分类似。后者在《人类不平等的起源和基础》中写道:"我想人类中有两种不平等:一种不平等,我把它叫做自然的或物理的不平等,因为它是自然所设定,并且由年龄、健康、体力以及精神或心灵的性质的不同所构成的;另一种可以叫做政治的或道德的不平等,因为他从属于一种契约,并且是由人的同意而设定的,或者至少是由人民的同意而授权的。这种不平等在于某一些人享有有损他人的各种特权,例如那些比他人较富的、较尊的、较强的或者甚至能使他人服从自己的人就是。"
③ 《马克思恩格斯选集》第1卷,18页,北京,人民出版社,1972。
④ 《列宁全集》第28卷,234~235页,北京,人民出版社,1963。

理解也带有表面性和片面性,未能揭示"人为的"不平等现象的社会经济基础,并洞察它的本质。孙中山只是从社会政治——特别是中世纪的阀阅制度、等级制度方面考察这个课题,作出了一些不尽符合历史真实的论断。他认为中世纪"欧洲的专制,要比中国厉害得多",因为,欧洲的"世袭制度"使得王公贵族世代高居人上,劳动人民则只能终生贫贱,形成了人们的"职业不能够自由"的状况,而"职业不自由,所以失了平等"。[1]中国人民则因过去未受"世袭制度"的限制,有着所谓的"职业自由",所以在"平等"问题上没有切肤之痛,甚至不会响应单纯的"平等"口号。这里,孙中山所持的"平等"观念的局限性鲜明地显示出来。尽管孙中山曾经赋予"平等"课题以较为深广的内容[2],但它大体上依然囿于政治—法律的领域。它主要是作为"以往的一切特权和世袭制度"的对立物,才得以体现了民主主义的原则。

在"天生的"不平等和"人为的"不平等的观念的基础上,孙中山又发挥了"假平等"和"真平等"的见解。在他看来,平等可按其性质分为"真平等"和"假平等"两种。孙中山认为"真平等"即是"做到政治上的地位平等",即消除了"人为的"不平等。如果无视"个人天赋的聪明才力"的差异,并且"有造就高的地位,也要把他们压下去,一律要平等,世界便没有进步,人类便要退化"。[3]这种状况,就是违反平等真谛的"假平等"。

十分明显,孙中山的有关"真平等"和"假平等"的论述有着重要意义,这不仅由于它们具有实际结论的性质,还因为它们颇为清晰地展示了民主主义的"平等观"的本质及其狭隘性。资本主义的自由竞争的原则,在这里得到了相应的体现。首先,孙中山心目中的"真平等"不外就是"政治上的地位平等"。在他看来,"平等"的真谛完全包含在这"始初起点的地位平等"之中。这种见解的空泛性和局限性是不难洞察的,因为,没有必要的社会经济条件的保证,一般的"政治上的地位平等"只是一句动听的空话。正如列宁

---

[1] 《孙中山选集》下卷,696 页,北京,人民出版社,1981。
[2] 孙中山的平等观念不完全局限于政治范围,他的有关论述时而涉及了社会经济领域——"无有贵贱之差,贫富之别"。
[3] 《孙中山选集》下卷,694 页,北京,人民出版社,1981。

所指出的:"民主共和国……那里没有平等,也不可能有平等;生产资料、货币和资本的所有制妨碍着人们享受这种平等。"①同时,认为一切人都有可能在"始初起点的地位平等"的前提下充分发展个人的"聪明才力"的见解则是一种臆想。在阶级对立的社会里,只有统治阶级才可能凭借握有社会生产资料和其他特权而去"造就高的地位",广大劳动群众却因缺乏必要的条件(例如,享受教育权等)而不能发挥"天赋的聪明才力",甚至不能保证自己的职业。其次,孙中山在论述"真平等"和"假平等"时,把人们彼此之间的"聪明才力"的差异看作是不变的。并且,认为由此产生的"地位"的不同并无损于"平等"的真谛。这种观念具有明显的缺陷:第一,孙中山片面地强调了人们"聪明才力"的天赋性质,而未曾把它和人们的社会存在联系起来,而且,也没有认识到人压迫人的现象的消灭将会使得人们之间的上述差异逐步缩小。在共产主义的理性王国中,人们都能得到充分的发展,不存在人们之间的知识上的悬殊状况,因为脑力劳动和体力劳动的差别业已消除。第二,孙中山担心强调"平等"会造成"不管各人的天赋聪明才力"和"地位"而"把他们压下去"也是没有根据的。事实上,人们之间的"聪明才力"和"地位"的差异的消除绝不能够采取"压平"的手段;反之,是以社会全体成员的"聪明才智"的充分提升与焕发为前提。所以,脑力劳动和体力劳动的差别消失的主要途径在于把体力劳动者的科学文化水平提高起来。总之,孙中山的上述观念中两个缺陷是相互联系的——仅只着眼"政治地位上的平等",必然会对人们之间的"聪明才力"和"地位"的差异采取完全承认的态度。"真平等"乃是孙中山的"平等观"的中心内容,"假平等"则是它的补充说明。

应当指出,十月社会主义革命曾经在"平等"课题上给孙中山以一定的启示。他曾这样写道:"俄国革命的结果,不但是把统治阶级打到平等,并且把社会上所有资本的阶级,也是一齐打到平等。"②孙中山似乎朦胧地从社会主义革命中窥见了无产阶级的"社会的、经济的平等之要求"。只是孙中

---

① 《列宁全集》第29卷,321页,北京,人民出版社,1963。
② 《孙中山选集》下卷,697页,北京,人民出版社,1981。

山未能就这个问题予以进一步的阐发,虽然他对这种现象表示赞许。

与"平等观"一样,"自由观"也是民权主义的重要理论组成部分。因为反对封建压迫和争取自由乃是人民群众权利攸关的政治课题,加以"自由"也是民主主义的基本范畴之一。关于"自由"的论述,贯串于孙中山的理论活动始终。

孙中山所理解的"自由"具有三种显然不同的含义:其一,是指一个民族和国家的"自由",即独立自主。这种观念属于民族主义的范围:"民族主义是提倡国家自由的。"①其二,泛指社会政治生活中的"自由"原则,即国民在"共和制度"下所应享有的诸如集会、结社、言论、信仰等项自由。其三,则是作为极端自由化和无政府主义倾向的同义语。如同孙中山所指出的:"简而言之,在一个团体中能够活动,来往自如,便是自由。我们有一种固有名词,是和自由相仿佛,就是放荡不羁……和散沙一样,各个有很大的自由。"②

孙中山把争取民族的自由当作自己革命活动的主要内容之一,这个课题在民族主义思想中得到了应有的阐发。而在民权主义体系中,人民争取自由的课题则被加以充分论述。他曾在清朝政府的暴政下热切地企望着自由:"天赋自由,萦想已夙,祈悠久之幸福,扫前途之障碍。"③"中华民国之建设,专为拥护亿兆国民之自由权利。"④在崭新的共和国中,人民"均有平等自由之权"⑤。后来,孙中山又在他的著述中重申了争取"自由"的信念:"人民受不了那专制的痛苦。所以要发生革命,拼命去争自由。"⑥1924年制定的国民党政纲中则明文规定:"确定人民集会、结社、言论、出版、居住、信仰之完全自由权。"⑦显然,孙中山对争取自由权利的阐述有着积极的意义。作为民主主义政纲的重要口号,"自由"是与封建专制针锋相对的。不过,这里所

---

① 胡汉民编:《总理全集》第1集,116页,上海,民智书局,1930。
② 胡汉民编:《总理全集》第1集,103~104页,上海,民智书局,1930。
③ 孙中山的这种观念和卢梭颇为类似。《民约论》中的第一句话就是"人生来是自由的"。(《民约论》,第1章)
④ 《中山外集》,2页,上海,中央图书局,1927。
⑤ 胡汉民编:《总理全集》第2集,146页,上海,民智书局,1930。
⑥ 胡汉民编:《总理全集》第1集,837~838页,上海,民智书局,1930。
⑦ 胡汉民编:《总理全集》第1集,838页,上海,民智书局,1930。

宣称的"自由"正如"平等"一样,仍然只是一般法律意义的条款,没有社会经济各方面的保证,因而是空泛的、不能真正实现的。列宁曾对资产阶级民主主义的自由概念给予了恰如其分的评价:"承认集会自由,这比起封建制度、中世纪制度、农奴制来,当然是一个大进步……但是,你们的自由只是纸上的自由,而不是事实上的自由……举行集会是需要集会场所的,而高楼大厦却是私有财产。"①

孙中山对"自由"的第三种含义的论述具有特殊的意味。首先,孙中山提出了一个前提:不同于中世纪的欧洲,中国人民在旧制度下仍然具有不少的自由。在他看来,中国"人民对皇帝只有一个关系,就是纳粮……政府只要人民纳粮,便不去理会他们别的事,其余都是听别人自生自灭。由此可见中国人民并没有直接受过很大的专制痛苦"②。"中国人向来很自由"、"自由太多",这种观念由是产生出来。其次,孙中山谴责了由于"自由太多"、人们"只知道争个人的平等自由"所导致的消极后果——造成了许多革命团体迅速趋于"烟消雾散",国家沦为"外国帝国主义的掠夺对象"。再次,孙中山认为必须摒弃"个人的自由",强调组织性和纪律性。他批判了"只为个人争自由平等,不为团体争自由平等;只有个人的行动,没有团体的行动"的错误倾向,并且指出"大家要希望革命成功,便要先牺牲了个人的自由"。③孙中山特别对革命党人、军人和官员重申必须牺牲自由,因为"一党之中人人争自由、争平等,则举世无能存之者"④。只有"党员能够牺牲自由,然后全党方能自由"⑤。孙中山在这种意义上确认了俄国革命胜利的一个原因,即是"列宁组织了一个革命党,主张要革命党有自由,不要革命党员有自由"⑥。至于作为"国民之公仆"的"军人与官吏",也当"必须牺牲一己之自由平等"。⑦总之,

---

① 《列宁全集》第 29 集,317 页,北京,人民出版社,1963。
② 胡汉民编:《总理全集》第 1 集,107 页,上海,民智书局,1930。
③ 《总理遗教·演讲》,323 页,中国国民党中央党部宣传委员会编印。
④ 胡汉民编:《总理全集》第 3 集,239 页,上海,民智书局,1930。
⑤ 胡汉民编:《总理全集》第 2 集,373 页,上海,民智书局,1930。
⑥ 《总理遗教·演讲》,323 页,中国国民党中央党部宣传委员会编印。
⑦ 胡汉民编:《总理全集》第 3 集,239 页,上海,民智书局,1930。

自由是"专为人民说法"的。

　　孙中山的上述观点是有积极意义的。极端自由化和无政府主义倾向曾经成为革命民主派组织的大敌,完全是消弭革命队伍战斗力的腐蚀剂。[①]在长期的实践活动中,孙中山十分痛切地感到了这种严重的威胁。因此,孙中山极力强调革命队伍的组织性和纪律性乃是完全必要的。作为战斗的组织,革命政党、军队和政权机构的每个成员应当把服从组织和遵守纪律当作自己的基本义务。同盟会在辛亥革命高潮中的涣散瓦解,促使孙中山把这个问题提到革命成败攸关的高度来考察。十分清楚,孙中山在这里表述的观念包含了长期革命斗争的深切教训。但是,缺陷也是不容忽视的。首先,孙中山的上述观点的前提——认为中世纪的欧洲人民因为"受着专制的痛苦"而要"拼命去争自由",中国人民却因"向来很自由"而"不注意理会,连这个名词也不管了"——不符合客观实际,甚至与孙中山的一系列号召争取自由的理念相矛盾。孙中山所描述为只在"纳粮"一点上与皇帝、官府发生关系的中国农民,实际上大多数却是没有自由的、缺乏独立人格的农奴;而正是社会政治生活中的封建压迫,才迫使革命民主派高呼起曾经响彻在18世纪法国资产阶级革命运动中的"自由"口号。孙中山在这里又偏重于从形式上考察了"自由"问题,只看到了中世纪欧洲"大者称王,小者称侯,都是很专制"的社会政治状况,却把具有某些特点(如中央集权、农民在形式上似乎具有独立人格与土地自由买卖等等)的中国封建社会,归结为"向来很自由"和没有"很大的专制痛苦"。其次,孙中山虽然批判了极端自由化和无政府主义倾向,但其深度是很有限的。他多半只是痛切地、凭借直观地感受到这种不良倾向的消极后果,而未能正确地、深入地探究它的本质和社会根源。孙中山没有看到人民群众的涣散乃至成为"一盘散沙"的状况正是剥削制度所造成的恶果,这种令人忧虑的情形并非由于"自由过多";恰恰相反,人民群众因为没有自由而不能很好地组织起来。同样,孙中山对革命民主派成员的"放荡不羁"的理解也是粗浅的。问题的关键也不在

[①] 陈天华曾在他的《绝命书》中写道:"近来青年误解自由,以不服从规则,违抗尊长为能,以爱国自饰,而先牺牲一切私德。此之结果,不堪设想。"

于"自由太多",而是资产阶级、小资产阶级的本性起着决定的作用。再次,孙中山对于组织性和纪律性的论述也包含着不当与偏颇:第一,孙中山比较片面地强调了个人对组织的服从,但却未能指出这种服从应是建立在民主的、自觉的基础上。这种缺陷必然会在实践中造成消极后果,中华革命党的组织原则就存在着这种偏向。第二,孙中山把组织性、纪律性同自由对立起来的观点也是不正确的。因为,二者还有着统一的一面。强调服从组织和遵守纪律,并不意味着牺牲个人"自由"。自由和纪律乃是"一个统一体的两个矛盾着的侧面,它们是矛盾的,又是统一的,我们不应当片面地强调某一个侧面而否定另一个侧面"①。归根结底,自由在哲理意义上是对必然性的认识。

  对于孙中山的"自由观"的分析表明:他在论及"国民"的"政治自由"的课题时持有明确的观念,虽然这种"自由"带有明显的局限性。当他进一步考察这个课题的其他方面,如"个人的自由"和"政党的自由"的关系、"个人的行动"和组织与纪律的关系等等,就产生了一系列模糊的、不确切的见解。虽然孙中山反对极端自由化和无政府主义倾向,却未阐明它的本质和根源,不能科学地表述自由同组织性、纪律性的实际关系,难以为革命政党制定和实施正确的组织原则。

---

① 《毛泽东选集》第5卷,368页,北京,人民出版社,1977。

第四章 第四节

第四节
关于政体的构想

关于国家政体的构建在民权主义中占有重要的地位,它们组成了"政治革命"纲领与方案的具体内容。

列宁指出:"民主是一种国家形式,一种国家形态。"①首先,这是一个国体问题。其次,也是一个政体问题。政体,泛指国家政权的组织形式。国体固然决定国家的根本性质,但没有适当形式的政体,缺乏相应的国家管理形式,国家的根本性质显然难以充分体现。所以,每一个阶级都有相应反映自身具体社会位置的理想的政体,以便卓有成效地实现阶级的统治权。孙中山对于政体的设计和阐述是围绕着"民主政治"原则进行的,在最大限度上从属于民权主义所规定的国体的性质。还在他的初期革命活动中,政体业已成为其所关注的课题,然而,进一步的发挥则有待于辛亥革命以后。民权主义的发展过程大致可以划分为两个阶段,有关政体的设计也就必然有着相应的反映。但必须充分估计到不同阶段中的政体观念的继承性,孙中山在政体课题上的探索基本上未能逾越出"代议政治"、"共和政治"的藩篱。

"革命程序论"、"政党和政党政治论"、"权能区分论"、"地方自治论"、"全民政治论"和"五权宪法论",乃是组成民权主义中有关政体部分的序列。"革命程序论"表述了民主革命——民主建政的基本过程和阶段。"政党

---

① 《列宁选集》第3卷,257页,北京,人民出版社,1959。

和政党政治论"阐明了"共和政治"和"代议政体"的基本原则之一。"权能区分论"乃是"完满地"实现民主政治的主要准则——人民有"权",政府有"能"。"地方自治论"和"全民政治论"则是体现"主权在民"精神的具体实施方案。"五权宪法论"主要是建立在分权原则基础上的理想政府结构的蓝图。这种顺序的排列大体反映出内容的有机联系和完整性,虽然上述论点的某些部分在严格意义上并不属于政体范围,只是由于和政体问题密切相关,所以才被纳入。关于政体的各个部分,将大致按照各个部分内在逻辑序列加以论述。

一、"革命程序论"构成了《革命方略》的一般内容

以革命手段推翻封建专制制度和逐步地建立"民主政治",乃是资产阶级民主革命的基本内容之一。孙中山的独具特色的论述在于把这个过程分为三个时期——军政、训政和宪政时期,显示出民主革命的程序。从1905—1924年间,孙中山20年来一直未曾中辍过关于革命程序的论述,因此,这种观念有其鲜明的历史轨迹。早在同盟会制定的《革命方略》中,业已将革命程序分为"军法之治"、"约法之治"和"宪法之治"三个阶段。"军法之治",系以军法为依据,是革命的"军政府督率国民扫除旧污之时代"——一方面,将"政治之害"和"满洲势力"予以扫除;另一方面,也进行某些诸如"实行教育"、"修道路"、"设警察卫生之制"、"兴士农工商实业之利"之类的建设工作。"约法之治",系以约法为依据,是革命的"军政府授地方自治权于人民而自总揽国事之时代"——它的主要标志是产生"人民选举"的"地方议会"和"地方行政官"。"宪法之治",系以宪法为依据,是革命的"军政府解除权柄,宪法上国家机关分掌国事之时代"。[①] 三个阶段联结为循序渐进的过程。第一、第二阶段的时间长度分别定为三年和六年。在辛亥革命后"艰难顿挫"的时期,痛感到革命程序遭到阻断、背弃的孙中山在《中华革命党总章》中重申了这个课题:"本党进行秩序分作三时期:一、军政时期。此时

---

① 胡汉民编:《总理全集》第1集,289~290页,上海,民智书局,1930。

期为积极武力扫除一切障碍而奠定民国基础。二、训政时期,此期以文明法理督率国民建设地方自治。三、宪政时期。此期俟地方自治完备之后,乃由国民选举代表组织宪法委员会创制宪法。宪法颁布之日,即为革命成功之时期。"[1]除去某些差异——名称略有区别以及"军政"和"训政"时期全部施政活动不是由"军政府"主持而"悉归本党负完全责任"外,"军政"、"训政"和"宪政"三个时期仍是"军法"、"约法"和"宪法"之治的承袭。1920年制定的《中国国民党总章》再次论述了这个重要课题,并将革命程序归纳为"军政"和"宪政"两个时期,内容实则并无变化,因为这里所谓的"军政时期"包含了《中华革命党总章》中的"军政"和"训政"阶段的主要内容。[2]在《建国方略》和《中国革命史》等著述中,孙中山又以"破坏"、"过渡"和"建设完成"三个时期阐发了革命程序的课题。《国民政府建国大纲》则是最终论述革命程序的一个重要文献,孙中山在这里依然把革命程序划为三个时期——"军政"、"训政"和"宪政"时期。"军政时期"的主要内容为革命政府"一面要用兵力扫除国内之障碍,一面宣传主义以开化全国之人心而促进国家的统一"。始自"一省完全底定之日"的"训政时期"的主要内容为政治和经济建设:实现"地方自治"、"开发富源"等等。"宪政时期"的主要内容如下:从省的范围来说,"宪政时期"始自"全数之县皆达完全自治"的时刻,人民得以通过"国民代表会选举省长";对于中央政权说来,则是在"全国有半数省份达至宪政开始时期,则开国民大会,决定宪法而颁布之",然后全体国民"依宪法行全国大选举","民选之政府"则为全国最高政权机构。孙中山在这里所作的表述基本上仍为先前观念的继续,不过也增添了新因素。一方面,孙中山后期的一些新观念得到了反映,如强调"军政时期"必须积极宣传"革命主义",就显然是从《革命成功全赖宣传主义》等演讲中引申出的实际结论。另一方面,20世纪20年代的国内形势的某些特点也在"革命程序论"中留下了印记。例如,把省份作为"训政"和"宪政"时期的主要实施单位,就是从当时各省社会政治形势的不平衡状况中引申出的论断。

---

[1] 邹鲁:《中国国民党史稿》,139页,商务印书馆,1944。
[2] 邹鲁:《中国国民党史稿》,309~310页,商务印书馆,1944。

孙文学说
构建近代中国的理论先导

孙中山认为"革命程序论"为中国革命所必需。"军政时期"的必要性是显而易见的——"盖不经军政时代,反革命之势力无由扫荡"。同样,"宪政"阶段的必要性也是毋庸赘言的,因为这正是民主革命所要达到的终极目的。论证"训政时期"的必要性是孙中山的主要任务,他认为"训政时期"所以"为专制入共和"之"必需"的主要原因,在于"由军政时期一蹴而至宪政时期"将会导致严重的消极后果——"第一流弊在旧污未由涤荡,新治未由进行。第二流弊在粉饰旧污,以为新治。第三流弊,由发扬旧污,压抑新治。更端言之,即第一民治不能实现,第二假民治之名行专制之实,第三则并民治之名而去之也。"①所以如此,是因为长期生活于旧制度中的中国人民对于"民主政治"是陌生的,为使人们适应新的社会政治制度,必须给予一定的训练:"中国奴制已行了数千年之久,所以民国虽然有了九年,一般人民还不晓得自己去站那主人的地位。我们现在没有别法,只好用些强迫手段,逼着他来作主人,教他练习练习。"②他更强调指出:"共和国皇帝就是人民,以五千年被压作奴隶的人民,一旦抬他做皇帝定然是不会做的,所以我们革命党人应当来教训他,如伊尹训太甲一样。"③这种认识迫使孙中山认真考虑了"由革命一跃而几共和宪政者,其道由何"的问题,并提出了"创一过渡时期为之补救"的结论。其次,孙中山认为革命既是"非常之破坏",也是"非常之建设",二者"相辅为用",而不可顾此失彼或有所偏废。在他看来,"必须非常之建设,乃足以使人之耳目一新,与民更始"④。"非常之建设"、"用革命手段去建设",正是"训政时期"的主要内容。只有在"训政时期"中完成了"革命之建设",才能避免不能"实现民治"的弊害。

孙中山的"革命程序论"是一种复杂的政治架构。它在当时的历史条件下具有一定的积极意义:一方面,它在某种程度上反映了民主革命运动的一般规律。民主革命运动从发轫到完成的进程,大体分为两个阶段:推翻作

---

① 胡汉民编:《总理全集》第 1 集,924 页,上海,民智书局,1930。
② 《总理遗教·演讲》,39 页,中国国民党中央党部宣传委员会编印。
③ 《总理遗教·演讲》,39 页,中国国民党中央党部宣传委员会编印。
④ 胡汉民编:《总理全集》第 1 集,497 页,上海,民智书局,1930。

为民主革命对象的反动政权,实现"民主政治"。两个时期相互连接,而其内涵又有所侧重。革命程序的划分,将有助于革命民主派在革命运动的不同发展阶段中把握首要任务。例如,关于"军政时期"的活动内容的规定体现了革命党人在该阶段的中心工作。其中,包含着对于反革命势力实行专政的内容。民主革命的敌人长期横行,甚至在"民国"的幌子下攫取政权的事实,使得孙中山多次重申"不经军政时代,反革命之势力无由扫荡"。同时,他又着重阐明了"训政时期"的"以党建国"的原则,即是革命政党应当成为这个阶段的政治生活的核心力量,掌握全部国家事务。①《中华民国临时约法》不再成为"训政"阶段的依据——这是"约法"在辛亥革命果实被窃夺后丧失了权威的必然反映。孙中山的上述主张,对于革命运动的巩固和深化有着积极作用。

"革命程序论"也包含着不容忽视的消极方面。首先,孙中山表现出对人民群众的力量和智慧缺乏充分的估计。当然,他曾经反驳了从保皇派到古德诺之流蔑视和仇视人民群众的谬论,并且提出了"国民革命"的口号。但是,民主主义理念的局限性终究使他不可能对人民群众的作用作出恰如其分的评价。孙中山未能把人民群众的愚昧落后方面归结为旧制度的恶果,也不理解人民群众在变革客观世界的过程中将会迅速改造主观世界,更未认识到挣脱了旧制度枷锁的人民群众将在较短的时间内学会管理国家事务,因而就没有把民主建政放置在直接地、充分地发动群众的基础之上:相信人民既能粉碎旧政权,也能创造新的政治制度。却把革命进程划作三个阶段,并且在"军政时期"和"宪政时期"之间制订了"训政时期",似乎人民群众必得由革命党人"强迫着"、"像伊尹训太甲"般地教诲一番,才能适应于"民主政治"。其次,"革命程序论"未能确切地反映出各个阶段中的主要任务,却过分强调了某些次要的活动,例如,"训政阶段"未把继续肃清反革命势力和广泛发动、组织群众作为重要任务,反而认为"地方自治"的实施,才是避免"国事操于武人政客"的关键。"革命程序论"的缺陷不可避免地在

---

① 《总理遗教·演讲》,130~131 页,中国国民党中央党部宣传委员会编印。

政治实践中造成不良后果。革命党人在辛亥革命时期对群众自发奋起所采取的压抑态度就与"革命程序论"的消极因素有着关系。

应当指出,孙中山在自己的晚年放弃了"革命程序论"。正如毛泽东所指出的:"军政、训政、宪政三个时期的划分,原是孙中山先生说的。但孙中山在逝世前的《北上宣言》里就没有讲三个时期了,那里讲到中国要立即召开国民会议。"①只是,非时的逝世使他不能充分地阐发提出的新主张。

二、"政党和政党政治论"是政体方案的重要课题

"政党和政党政治论"的基本内容是对西方资产阶级政治学说的转述,孙中山并未在这里增添很多"属于自己"的成分。

在有关政党的诸问题上,孙中山大都作了必要的论述。还在1912年,孙中山曾经这样表述了自己对于政党产生的观念:国家之所以成立,"盖不外乎国民之合成心力","惟是国民合成心力之作用,非必能使国民人人皆直接发动之者。同此圆顶方趾,其知识能力不能一一相等论者众矣!是故有优秀特出者焉,有寻常一般者焉,而优秀特出者视寻常一般者常为少数。虽在共和立宪国,其直接发动其合成心力之作用,而实际左右其统治权力者,亦常优秀特出之少数国民。在法律上,则由此少数优秀特出者组织为议会与政府,以代表全部之国民。在事实上,则由此少数优秀特出者集合为政党,以领导全部之国民。"②孙中山充分估计了政党在现代社会政治生活中的作用,认为政党不同于一般社会团体,它扮演着"政治之中心势力"和"议会或政府之脑海者"的角色,是"代议政体"的重要有机构成部分。所以如此,第一,政党为"民主政治"赖以实施的手段,"民国之政治若普问于国民之可否?岂不是行极繁之手续?故欲简而捷必赖政党。今与二三政党商量妥协,而国之政治即举。"③第二,政党是"代议政体"的基石之一。孙中山认为"立法机关乃人民之代表",而"欲有完全国家,必先有完全议院,必先有完全政

---

① 《毛泽东选集》,578页,北京,人民出版社,1966。
② 《总理遗教·宣言》,18~19页,中国国民党中央党部宣传委员会编印。
③ 《总理遗教·演讲》,561页,中国国民党中央党部宣传委员会编印。

党"。①第三,政党是"共和政体"的优点和特点——"政争"的根据,"政争为绝好之事也。须知政争也,非争势力乃争公道。"正是在这个意义上,"国家必有政党,政治始得进步"。②在另外一些著述中,孙中山又反复强调了政党的巨大意义:"若无政党则民权不能发达,不能维持国家,亦不能谋人民之幸福,民受其毒,国受其害。是故无政党之国,国家有腐败民权有失败之患。"要之,"中华民国以人民为本位,而人民之凭借在政党。"③孙中山还从政党的产生和存在的必要性中逻辑地引申出它的一般任务:"一、所以养成多数者政治上之知识,而使人民有对于政治之兴味。二、组织政党内阁,执行其政策。三、监督或左右政府,以使政治不溢乎正规。"④此外,孙中山又对此作了两点补充——"政党可以代表民意"⑤,"政党之目的,凡国事均欲在政治上解决"⑥。

孙中山对于政党的论述体现了民主主义的基本政治理念,成为封建专制主义的对立物。在有关政党产生的问题上,孙中山意识到政党的形成是政治生活的客观需要——"国民"需要"少数优秀特出者"的"领导",以便"直接发动其合成心力之作用"和"左右其统治权力";也观察到政党的某些特点——例如,政党是由少数优秀特出的国民所组成的政治核心力量,它与全体国民相较只能算作少数;在政党的意义和任务的问题上,孙中山还一般地阐述了资产阶级的政治学说,充分估计了政党在近代民主政治中的地位,大致列举了政党的主要活动方面。这些主张与见解,对于当时的社会政治思想领域有着不容忽视的启蒙作用。但是,缺陷也明显存在。正如孙中山所持的许多政治概念一样,政党的内涵在很大程度上被抽去了阶级的内容。在孙中山的论述中,政党似乎没有阶级属性。反之,却是笼统地作为"全部之国民"的"代表"以"管理众人的事"(这是孙中山对政治所下的定义)。

---

① 《总理遗教·演讲》,469 页,中国国民党中央党部宣传委员会编印。
② 《总理遗教·演讲》,28~29 页,中国国民党中央党部宣传委员会编印。
③ 《总理遗教·演讲》,28 页,中国国民党中央党部宣传委员会编印。
④ 胡汉民编:《总理全集》第 3 集,251 页,上海,民智书局,1930。
⑤ 《总理遗教·宣言》,23 页,中国国民党中央党部宣传委员会编印。
⑥ 胡汉民编:《总理全集》第 3 集,251 页,上海,民智书局,1930。

孙文学说
构建近代中国的理论先导

孙中山毕生参与了阶级斗争的实践,却未能使之在有关政党的阐释中得到应有的反映。

"政党政治"是孙中山从对于政党的论述中所引申出来的实际结论,它被孙中山描绘为"共和政治"的正规范本。他把"政党政治"视作"民主立宪"的主要内容之一:"政党政治……在国民主权之国,则未有不赖之为惟一之常规者。"①同时,还进一步规划了"政党政治"的实施方案。鉴于英美是"世界上最完全的政党之国",孙中山企图把两党制——英美的"政党政治"的形式和原则用于中国。他认为两党制较之多党制更为优越:"一国政党之兴,只宜两大党对峙,不宜小群分立。"②这里,有两点必须加以说明注意:其一,孙中山把政党和革命党区分开来,对它们的性质和作用规定了不同的界说。③政党的活动是公开的,它存在于"代议政体"实现之后,而其作用则是"促政治之进行",完成"民主建政"。革命党的活动是秘密的,它存在于"共和制度"诞生之前,而其作用在于领导革命运动,为粉碎旧制度和建立共和国而斗争。其二,在区分政党和革命党的前提下,孙中山把社会政治生活划分为"以党治国"和"政党政治"阶段。"以党治国"的主张是孙中山在他的后期活动中所提出的,其时,孙中山业已认识到"民国"只是徒有虚名,革命应当"从头做起",正如同盟会曾经领导人民推翻了清帝国一样,革命党人在今天要为粉碎"反革命势力"的统治而战斗。因此,不同于"政党政治"的原则,这个阶段所实行的"以党治国"的基本内容乃是"一切军国庶政,均由本党负完全责任"④,还要求"全国人民都遵守本党的党义"⑤。正是严峻的现实,促成了这种变化。

显而易见,"政党政治"的论点表明了孙中山对西方资产阶级民主制度的首肯。事实上,"政党政治论"在很大程度上是对资本主义国家社会政治

---

① 《总理遗教·宣言》,19页,中国国民党中央党部宣传委员会编印。
② 《总理遗教·宣言》,21页,中国国民党中央党部宣传委员会编印。
③ 孙中山曾经写道:"同盟会虽成立于七年以前,基础虽非常巩固,而从事政党之生涯,乃转在他党之后。"(《总理遗教·演讲》,68页,中国国民党中央党部宣传委员会编印)
④ 邹鲁:《中国国民党史稿》,336页,商务印书馆,1944。
⑤ 胡汉民编:《总理全集》第2集,342页,上海,民智书局,1930。

学说和制度的引进。所以,孙中山所作的论述——无论是关于政党的作用,或是对于两党制和多党制的评价——未能深切触及问题的实质和关键,而这个课题在中国社会政治生活中又缺乏现实性。不过,对孙中山区分政党和革命党、"政党政治"和"以党治国"的观念是有着积极意义的:一方面,这种见解把"政党政治"纳入一定的社会范围和历史阶段,因而比较符合客观实际;另一方面,为革命斗争阶段所需要的革命党的统一的、强有力的领导提供了理论根据。

"政党和政党政治论"在旧民主主义革命阶段发生过启蒙作用,使得人民扩展了有关"民主政治"的眼界。但它在民国时期缺乏实际意义,因为革命民主派未能也不可能为政党和"政党政治"的存在创造实现的条件。而在新民主主义革命取得胜利后,这种主张又成为有待更新的观念。

三、"权能区分论"是政体建构中的创造性主张

在相当长的时期中,孙中山对于资产阶级民主政治表示出单纯的仿效态度。随着帝国主义国家政治领域中的非民主趋向日益增强,孙中山的观察和认识也在发展着,他越来越对西方政治制度的"完满无缺"产生了怀疑。"文明的"欧美社会政治生活中的重重矛盾呈现在他的面前,其中,特别是政府和人民之间的矛盾以及由此形成的消极后果吸引了他的目光,并且推动了他的变革的意愿。①

孙中山曾把这个课题概括如下:"现在讲民权的国家,最怕的是得到了一个万能政府,人民没有办法去节制它。最好的是得到一个万能政府,完全归人民使用……第一说是人民怕不能管理的万能政府,第二说是为人民谋幸福的万能政府。"②亟待解决的关键在于把现实的"第一说"变为理想的

---

① 孙中山曾经这样写道:"这个权能区分的道理,以前欧美的学者都没有发明过。"(胡汉民编:《总理全集》第 1 集,163 页,上海,民智书局,1930)不过,洛克把政府和人民的关系视作一种委托。而美国政治学家荷尔在《民众政府》中则指出:"人民如果希望公共事务管理得有效率,他们不应自己去做,而应请有较高知识、技巧经验与准备的政治家去做,而自己对他们的工作保留判断权。"与权能区分的观念相较,颇有一定的类似的意味。

② 《孙中山选集》下卷,729~730 页,北京,人民出版社,1981。

孙文学说
构建近代中国的理论先导

"第二说",对"要怎么样才能够把政府成为万能呢?变成了万能政府要怎么样才听人民的话呢"的问题,力求作出完满的答案。

为了解决上述问题,孙中山提出了"权能区分"的理论。这种观念发端于辛亥革命后,孙中山在1918年就曾把共和国大体比做"公司",认为"人人都是股东",而"大总统、各部总长、国务员等,就是一切办事人员,都是我股东的公仆"。①稍后,孙中山又在重申"主权属于国民之全体,是四万万人即今之皇帝也"的同时,指出"国中之百官,上而总统,下而巡差,皆人民之公仆也"。在1922年发表的《中华民国建设之基础》这篇文章中,孙中山比较完满地表述了"权能区分论"的基本原则——"政治主权在于人民,或直接以行使之,或间接以行使之。其在间接行使之时,为人民之代表者或受人民之委托者,只尽其能,不窃其权。予夺之自由仍在人民。"最后,孙中山又在晚年所作关于民权主义的演讲中比较详尽地阐述了"权能区分论"。

应当承认,作为希图"济代议政治之穷"而探求的结果,"权能区分论"的积极意义在于它所贯串的民主主义精神,"主权属于人民"的观念在这里被提到首要地位。孙中山十分强调了人民应当握有"权力"的论点,而"权力"则是"政权"、"主权"或统治的权力的同义语。"主权在民"的口号多次为孙中山所重申,"人民真有直接管理政府之权"和"政府的动作随时受人民指挥"则被奉为人民与政府之间的关系的准则,但是"权能区分论"的内在缺陷使它难以达成所提出的任务。

首先,因为"权能区分论"所由产生的社会政治生活中的矛盾未曾被孙中山深刻理解。他在长期革命活动中逐渐认识到西方国家社会政治生活中存在着矛盾,而人民同政府的对立更具有尖锐性,但是,孙中山未能透过现象洞察事物的本质:既未把人民同政府的矛盾理解为资产阶级民主政治的狭隘性和虚伪性的必然表现,也没有把克服这种矛盾与根本变革资产阶级共和政治联系起来,却把矛盾成因主要归咎于"权"和"能"的处置不当,并引申出下列两点论断——其一,人民同政府之间的矛盾及其消极后果的依

---

① 《总理遗教》第1集,565页,中国国民党中央党部宣传委员会编印。

据在于"民权发达了以后,人民便有反抗政府的态度,无论如何良善,皆不满意"①。其二,另一个重要成因则是"有能"的、"万能"的政府(如俾斯麦政府)大抵"是不主张民权的",甚至"本来要反对民权的"。②上述论断显然是不科学的。首先,孙中山不仅对于人民的民主权利有所曲解,还对人民群众利用现存社会政治制度的某些环节以制约和反对资产阶级政府的专断给以错误的评价。而在关于第二个成因的说明中,他又把政府的"有能"、"万能"和它的"独裁"性质联系起来。孙中山窥察到了西方国家政治生活中的矛盾现象——人民不支持政府,并力求以各种手段抵制;政府则为使自身成为"有能"机构,乃采取了赤裸裸的"反对民权"的方式。但是,却作出了不当的阐释。这种缺陷,在最大限度上决定了"权能区分论"的实质,并且局限了它的意义。

其次,孙中山从上述的错误前提中逻辑地得出了解决矛盾的原则——"权与能要分别的道理"。他认为正常的现代社会政治生活应当是和谐的,即是人民信任政府和政府卓有效能地工作。为了达到这种理想境地,必须既把权力"完全交到人民的手内,要人民有充分的权力可以直接管理国事"③;又要将治权"完全交到政府机关手内,要政府有很大的力量,管理全国事务"④。这个方案显然是缺乏实际意义的,"权能区分"的规划几乎没有反映人民同政府的矛盾实质——广大劳动群众和资产阶级政府之间的阶级利益的冲突,而只着眼于某些表面的现象,所以不能解决任何具有实质性的问题。正如孙中山晚年所指出:西方的所谓"民权制度","往往为资产阶级所专有,适成为压迫平民之工具。"希冀"人民有充分的政权",是完全不可想象的。同时,政府的"有能"或"充分的治权"也不可能建立在人民支持的基础之上,而只能以"不主张民权"作为前提。孙中山所论及的俾斯麦政府就是鲜明的例证,这里的"有能"不过是"专权"的同义语。人民同政府的

---

① 胡汉民编:《总理全集》第 1 集,161~162 页,上海,民智书局,1930。
② 《孙中山选集》下卷,730 页,北京,人民出版社,1981。
③ 胡汉民编:《总理全集》第 1 集,191 页,上海,民智书局,1930。
④ 胡汉民编:《总理全集》第 1 集,191 页,上海,民智书局,1930。

矛盾的真正解决，只能是以资本主义制度的否定为首要条件。

再次，"权能区分论"也展示出民主主义革命家对待人民群众的偏见。为什么"权"与"能"必须"区分"而不能统一呢？孙中山的回答是这样的：在"民权政治"制度下，固然是应当"人民做主"、"人民有充分的政权"。然而，人民群众"当然不能都是先知先觉的人，多数的人也不是后知后觉的人，大多数都是不知不觉的人"。在他看来，属于"不知不觉"类型的群众的"聪明才力是更次的，凡事虽有人指教他，他也不能知"[①]。因此，他们不可能直接管理国家事务，只能"把国家的大事，付托给有本领的人"，即"利用有本领的人去管理政府"。为了更清楚地说明这种情况，孙中山又作了一个不当的历史比拟——"譬如诸葛亮是很有才学的，很有能干的……阿斗是很庸愚的，没有一点能干……诸葛亮是有能没有权的，阿斗是有权没有能的。阿斗虽然没有能，但是把什么政事都付托到诸葛亮去做，诸葛亮很有能，所以在西蜀能够成立很好的政府。"[②]而"四万万人都是像阿斗"，"先知先觉的人"则类似诸葛亮。孙中山的这种见解是有悖实际的。第一，他低估了人民群众的智慧和力量。尽管孙中山曾表示过"现在的人民知识大开，已经很觉悟了，便要把治人和治于人的两个阶级，彻底来打破的"[③]观念，但是，主要的偏颇仍是对人民群众的低估，即把广大群众归入"不知不觉"的类型中去，认为他们只是能够"做最简单的事"的"乐成者"，如同必须诸葛亮扶助的阿斗一样。这里，问题的关键不在于人民群众是否落后愚昧，而是应当如何理解和判断这种状况。孙中山的观念所以不符合客观实际，主要是因为他把人民群众精神面貌中的消极方面归纳为"天生"的、自然的，却未能确认主要是腐朽政权统治的后果，更没有认识到他们在粉碎旧制度和建立新制度的斗争中必将迅速提高自己的觉悟。真正的英雄并非什么少数的"先知先觉"，而是为数众多的群众，人民能够自己解放自己，虽然政党和领袖的作用不可低估。第二，孙中山从低估人民的错误观念中引申出群众不可能直接管理国家

---

① 《孙中山选集》下卷，731页，北京，人民出版社，1981。
② 《孙中山选集》下卷，734页，北京，人民出版社，1981。
③ 《总理遗教·演讲》，61页，中国国民党中央党部宣传委员会编印。

事务的实际结论。既然人民群众大多数都是"不知不觉"、"只能做最简单的事",那么当然不能直接管理国家事务,而只能把重大的、复杂的国家事务付托给"有本领、忠心为国家做事"的"专门家",并且"还要不限制他们的行动,事事由他们自己去做,然后国家才可以进步……不然,事事都是要自己去做,或是请了专门家,一举一动都要牵制他们,不许他们自由行动,国家还是难望进步"①。孙中山虽然申明"专门家"仍是"人民公仆",但上述论点实际上在人民群众和国务活动家、国家的管理者中间划出一条难以逾越的鸿沟,否认民众管理国事的可能性,而把国务活动委之于少数"先知先觉"的专门家。实际生活反驳了这种见解,人民群众完全能够胜任管理国务。关键在于充分发扬民主,在于人民真正当家做主。

"权能区分论"内含着"主权在民"的民主主义精神,这是应当肯定的。但是,对于资产阶级共和制度来说,它既未反映出矛盾的本质,也无从解决人民同政府之间的不和谐现象的根源;而对于人民民主的社会政治制度说来,又是题中应有之意——因为,这里并不存在着人民同政府的对抗性矛盾的基础。"主权在民"的原则应是:人民是国家的主人,直接或间接参与国务活动;政府则以人民意志为依归,并由于得到人民的支持而表现出高度的效能。

四、"地方自治"是实施"民治"的主要手段

孙中山非常重视"地方自治"的方案,把它看作是实施"民治"的主要手段。还在19世纪末叶,孙中山就曾认为应当"以人群自治为政治之极则"②。同盟会制定的《革命方略》明确地规定:军政府在"约法之治"的时期"以地方自治权,归之其地之人民"。在辛亥革命后的日子里,孙中山继续宣扬这一课题,甚至在自己的后期政治活动中,还曾准备写作专门论述地方自治的《地方政府》一书。③

---

① 胡汉民编:《总理全集》第1集,172~173页,上海,民智书局,1930。
② 《总理遗教·谈话》,1页,中国国民党中央党部宣传委员会编印。
③ 胡汉民编:《总理全集》第4集,22页,上海,民智书局,1930。

地方自治是资产阶级政治学说的重要组成部分，为共和国中"地方政府"赖以建立的原则。孙中山对地方自治内容的论述，大体本于西方国家的理论和实践。"将地方的事情，让本地自己去治，政府毫不干涉"①——这就是地方自治的基本内容。地方自治的实施范围宜以县作基层单位，"地方自治当以县为充分之区域"②。地方自治的活动领域大致如下：清查户口、确定地价、修筑道路、垦殖荒地、振兴水利、举办实业、设置学校、开办银行和保险事业等等。③在他看来，地方自治对于"民主政治"有着极为重要的积极意义——"地方自治者，国之础石也，础不坚，则国不固。"④美国的政治局面在独立战争后得以"蒸蒸日上"，"全恃地方自治之发达也"。⑤仿效美国而"改建共和"的其他美洲国家所以"政治不如美国而变乱常见者"，则"全系乎地方自治之基础不巩固也"。为了充分表述地方自治的意义和作用，孙中山更进一步地从三个方面加以阐发。首先，地方自治是宪政的基础。在他看来，地方自治的实施可以广泛吸引人们参与政治活动，从而促进他们对于国家事务的关切和熟悉。孙中山认为"事之最切于人民者"莫过于"一县以内之事"，而一旦"人民有县自治以为凭借，则进而参与国事，可以绰绰然有余裕。与分子构成团体之学理，乃不相违。苟不若是，则人民失其参与国事之根据"。⑥其次，实施地方自治得以迅速"移官治为民治"。孙中山认为"不以县作为自治单位"，则"中央及省仍保其官治状态，专制旧制，何由打破"。⑦官治是违背民主原则而必须"打破"的，因为它意味着把"政治之权付之官僚"。在"官僚而贤而能"的情况下，人民虽然"一时亦受其赐"，但颇类"婴儿之仰乳"；在"官僚而愚且不肖"的情况下，则"人民躬被其祸……为鱼肉之于刀俎而已"。⑧与此相反，"民治"意味着"民权在于人民"。无论主权行使是

---

① 胡汉民编：《总理全集》第 2 集，299 页，上海，民智书局，1930。
② 胡汉民编：《总理全集》第 1 集，859 页，上海，民智书局，1930。
③ 胡汉民编：《总理全集》第 1 集，864 页，上海，民智书局，1930。
④ 《总理遗教·演讲》，161 页，中国国民党中央党部宣传委员会编印。
⑤ 胡汉民编：《总理全集》第 1 集，498 页，上海，民智书局，1930。
⑥ 胡汉民编：《总理全集》第 1 集，924 页，上海，民智书局，1930。
⑦ 胡汉民编：《总理全集》第 1 集，924 页，上海，民智书局，1930。
⑧ 胡汉民编：《总理全集》第 1 集，1027 页，上海，民智书局，1930。

"直接的"抑或"间接的",而"予夺之自由仍在人民"。"官治"必须要为"民治"所更代,地方自治则是这种民主变革的主要手段。再次,地方自治还是实现孙中山所倡导的"均权主义"的重要组成部分。他曾经先后主张过"联邦制"或"单一制",最后才把"均权主义"作为处理中央政权和地方政权之间的相互关系和活动范围的理想准则:"中央有中央当然之权……军事、外交、交通、币制、关税是也。地方有地方当然之权……自治范围内是也。"①所谓地方自治,即是把自治范围的权限归于地方机构。关于地方自治的论述,可以视为对权能区分论的积极补充。

在当时的历史条件下,孙中山一贯倡导的"地方自治论"有着相当的进步意义。第一,尽管"地方自治"仍然为资产阶级民主政治的组成部分,但是,这种把某些属于地方范围的事务划归地方机构管理的方案也可能吸引了比较多的人们——主要还是资产阶级和小资产阶级知识分子的成员——参与社会活动。因而,多少减轻了中央政权的"官治"的祸害。第二,"地方自治论"比较恰当地解决了中央和地方的关系。孙中山尖锐地驳斥了当时流行的"联省自治"的谬论,指出它的实质在于"分裂中国,使小军阀各占一省,自谋利益,以与挟持中央政权之大军阀相安于无事而已"②。同时,他也反对"联邦制"主张——"中国的各省,在历史上向来都是统一的,不是分裂的,不是不能统属的……美国之所以富强……是由于各邦联合后的进化所造成的一个统一国家。"③事实上,以地方自治为其主要内容的"均权主义"则是具有民主主义精神和比较适合国情的。第三,孙中山把地方自治与"国民革命"的胜利联系起来。他没有孤立地考察地方自治,确信"真正的自治,必待中国全体独立之后,始能有成。全体尚未获得自由,而欲一部分先能获得自由,岂可能耶"④。

当然,"地方自治论"也存在着缺陷。归根结底,地方自治乃是政体问题,它在最大限度上取决于国体,而不可能决定政权的性质。孙中山却夸大了

---

① 《总理遗教·谈话》,121 页,中国国民党中央党部宣传委员会编印。
② 《总理遗教·宣言》,74 页,中国国民党中央党部宣传委员会编印。
③ 胡汉民编:《总理全集》第 1 集,140 页,上海,民智书局,1930。
④ 胡汉民编:《总理全集》第 2 集,43 页,上海,民智书局,1930。

地方自治的作用,认为它是变"官治"为"民治"的主要手段,甚至成为共和国的"础石",显然是不符合实际的,并且会给实践活动带来"舍本逐末"——"舍"反对帝国主义和封建主义之"本"和"逐"政体方案之"末"——的消极后果。此外,孙中山在论述地方自治课题的著作中比较忽略了发动和组织群众的内容。

五、"全民政治论":人民"直接管理政府"

"全民政治论"乃是孙中山后期政治思想的主要组成部分。

还在1916年的时候,孙中山就在一次演讲中开始提出了"全民政治论"的主张。1919年后,这个课题得到了充分的阐发。大致说来,"全民政治论"的基本内容可以表述如下:"要人民能够直接管理政府,便要人民能够实行这四个民权"——选举、罢免、创制和复决权。"人民能够实行四个民权,才叫做全民政治。"①正是在"直接管理政府"的意义上,"全民政治"也被称作"直接民权"。"四个民权"是"全民政治论"的核心。"直接民权的第一个"是选举权,它的内容为实行"普选"而废除"以资产为标准之阶级选举",同时,"一切重要官吏要人民有权选举"。②虽然在何种官吏须为直接选举的问题上存在着意见参差,但孙中山始终认为本县、市的官员和议员以及全国性的"国民大会"的代表须经人民直接选出。③其次,是与选举权相互补充的罢免权。为了克服"民权政治的机器不完全"的缺陷,即"选举出来的人,究竟贤与不肖,便没有别的权去管他"④,并解决由此产生的消极现象,即"人民只有一个发动力,没有两个发动力,只能够把民权推出去,不能够把民权拉回来"⑤。因此,如同"公司之董事"由"股东选任,亦可由股东废除",人民"对于官吏有选举之权,亦须有罢免之权"。这样,人民便"对于政府之中的一切官

---

① 胡汉民编:《总理全集》第1集,194页,上海,民智书局,1930。
② 《总理遗教·演讲》,45页,中国国民党中央党部宣传委员会编印。
③ 孙中山对于大总统的产生方式曾持有不同意见,时而主张"人民投票",时而又认为可由国民大会选举。
④ 胡汉民编:《总理全集》第1集,180页,上海,民智书局,1930。
⑤ 胡汉民编:《总理全集》第1集,179页,上海,民智书局,1930。

吏，一面可以放出去，一面可以调回来，来往都可以从人民的自由"①。孙中山未曾明确规定人民实施罢免权的范围，但是地方官吏和人民直接选举产生的政府官员或议员等则肯定包括在内。只有补充了罢免权，选举权才能真正贯彻"主权在民"原则。再次，是以立法权为中心内容的创制权："人民制定法律的权，叫做创制权。"②"大家看到一种法律，以为是很有利于人民的，便要有一种权自己决定出来，交到政府去执行。"③创制权和一般立法权的区别在于立法过程不经议会，而径由提议人起草议案，在征得一定数目的附议人同意后交付全体选民投票表决，获得通过后即成为法律。孙中山认为使用创制权必须严肃而郑重，"至少需有全体人民十分之一之发起，过半数之赞成。假使无理取闹，断不能得此"④。最后，则为针对法律的废除和修订而言的复决权——"大家看到了从前的旧法律以为是很不利于人民的，便要有一种权自己去修改，修改好了之后，便要政府执行修改的新法律，废止以前的旧法律。关于这种权，叫做复决权。"⑤孙中山还对复决权的内容作了补充："立法院若是立了好法律，在立法院中的大多数议员中通不过，人民可以用公意赞成来通过……叫做复决权。因为这个法律是立法院立的，不过是要人民加以复决，这个法律才是能够通过罢了。"⑥以上"四权"，孙中山认为"不宜以广漠之省境实行之，故当以县为单位"⑦。"直接民权"实行的对象具有全国性质时，人民还可把罢免、创制和复决等权"委托于国民大会之代表以行之"。这里，"直接民权"又具有了"间接"的性质。正是在这个意义上，孙中山多次把"全民政治"和"地方自治"联系起来，因为它们具有大体一致的实施范围。

孙中山对于"全民政治论"的倡导不是偶然的。一方面，他在自己的后期

---

① 胡汉民编：《总理全集》第1集，104页，上海，民智书局，1930。
② 胡汉民编：《总理全集》第4集，208页，上海，民智书局，1930。
③ 胡汉民编：《总理全集》第1集，194页，上海，民智书局，1930。
④ 胡汉民编：《总理全集》第2集，169页，上海，民智书局，1930。
⑤ 胡汉民编：《总理全集》第1集，194页，上海，民智书局，1930。
⑥ 胡汉民编：《总理全集》第1集，847页，上海，民智书局，1930。
⑦ 《总理遗教·演讲》，179页，中国国民党中央党部宣传委员会编印。

政治活动中开始察知了西方国家的"代议政治"的虚伪性和流弊,因而改变了先前曾对资产阶级民主政治的单纯的倾慕态度,以一定程度的批判性见解触及了资产阶级政治制度的溃疡。在他看来,"据国家机关"的官吏往往"其始借人民选举以获取其资格,其继则悍然违背人民的意思以行事,而人民亦莫之如何"。①对于"现代的代议士"的情况也不看好,不少成员"都变成了'猪仔议员',有钱就卖身,分赃贪利,为全国人民所不齿"。此外,"阶级选举"也易"为少数所操纵"。现代的"代议制度已成民权之弩末","各国实行这种代议政体,都免不了流弊。不过传到中国,流弊更是不堪问了"。②为了弥补"代议制度"、"间接民权"的缺陷,孙中山进行了探求。另一方面,由于资本主义国家中无产阶级的壮大,宪法不得不在某种程度上予以反映,加以许多资产阶级的国家机构已发展为庞大的军事官僚集团,屡陷空谈的议会日益丧失了欺骗人民的作用。因此,资产阶级政治家们再次唱起了卢梭的原则,耍弄着诸如"公民投票"之类的伎俩,希图以某种改良措施来达到蒙蔽人民耳目和稳定现存社会政治制度的目的。这样,在西方——主要是瑞士和美国——响起了"全民政治"、"直接民权"的声浪。③于是出现了一个颇有意味的现象:作为西方国家"民主政治"补葺举措的"全民政治",却被孙中山真诚地视为"行主权在民之实"的新政治方案。在他看来,必须采纳这种方案,"虽吾人今既易专制而成代议政体,然何可固步自封,落于人后。故今后国民当振奋全神……俾更进而底于直接民权之域";而只要"把国家的政治作为一个全民政治",就会"真正以人民为主,造成一个驾乎万国之上的国家"。④

"全民政治论"在当时的社会条件下具有一定积极意义,《中国国民党第一次全国代表大会宣言》指出:"国民党之民权主义,于间接民权之外,复行

---

① 胡汉民编:《总理全集》第1集,1028页,上海,民智书局,1930。
② 胡汉民编:《总理全集》第1集,1028页,上海,民智书局,1930。
③ 关于这个问题,参见威尔确斯的《全民政治论》和赫勒斯的《地方政府》一书中的第11、26两章。
④ 《总理遗教·演讲》,178~179页,中国国民党中央党部宣传委员会编印。

直接民权……既以济代议政治之穷,亦以矫选举制度之弊。"① "代议政治"和"全民政治"相结合,"间接民权"和"直接民权"相结合,是革命民主派在坚持民主主义的前提下所提出的实际政治举措,显示了孙中山和他的同志们忠于"主权在民"的原则。十分清楚,绝对不能把孙中山的"全民政治论"同西方国家的"直接民权"的理论和实践相提并论。二者既处于不同的社会条件,也体现出相异的政治趋向。孙中山所倡导的"全民政治论"乃是"地主阶级的军阀官僚的统治"的对立物,包含着对于"现代的代议制度"实行的"济穷"和"矫弊";反之,西方国家中的"直接民权"的理论和实践则是资产阶级民主政治没落的产物,它的作用主要在于以新形式掩饰矛盾,以便达到维护现存社会秩序的目的。因之,"全民政治论"也包含着难以避免的缺陷。第一,"主权在民"的原则在资产阶级共和国是不可能真正实现的,广大群众即使是在"最文明"的西方国家中仍然处于基本无权的境地。因此,孙中山在"全民政治论"中离开国体而单纯致力于政体的探究,并且认为"直接民权"方案的实施将会造成"驾乎万国之上"的、"真正以人民为主"的民主国家,就不能不流于形式主义的泛论,难免舍本逐末。事实上,任何政体的变革——无论它是多么"理想"和"完善"——都不可能导致现存的社会制度的本质的更新,只有彻底消除了剥削制度,才为"民主政治"创造了基本前提。第二,孙中山在"全民政治论"中批评了"现行代议政体",并以"直接民权"作为"矫弊"和"济穷"的手段,但是,他的目光始终未能脱出资产阶级议会制度的窠臼。正是这种情况,在最大限度上决定了"全民政治论"的实质和作用的局限性。

六、五权宪法是国家"构成法"和人民权利"保障书"

宪法是孙中山极为重视的政治课题。在他看来,这是"宪法之治"、"宪政时期"的基本依据,是理想的"民主政治"的首要标志,是"治国的根本大法","全国共同遵守的大法",甚至归为"三民五权之原则"。

---

① 《孙中山选集》下卷,525页,北京,人民出版社,1981。

孙中山认为宪法的内容和意义包括两个主要方面——"国家之构成法"和"人民权利之保障书"。①宪法既是国家机构的基本组织准则,也是保障人民权利的根本法规。在"五权宪法"的方案中,孙中山着重于国家机构组织原则与构架的圆满解决;至于人民权利的保障问题,则主要归属分权主义的制衡原则。两者之间,则是相互为用的。

为完成这项复杂的任务,孙中山认为在制定理想的方案时,必须既有借鉴,也要独创,以便圆满而又适合国情地构建国家机构。早在1906年民主革命浪潮汹涌高涨的日子里,孙中山就已经初步提出了"五权宪法"的基本思想:"将来中华民国的宪法要创一种新主义,叫做五权分立。"即是除立法、司法和行政三权外,再加上"考选权"和"纠察权"。他认为这种"五权分立"的原则,是"各国至今所未有的政治学说"②。后来,他又在一系列著述中阐发了上述见解,特别是在题为《五权宪法》的演讲中,全面地表述了他对这个课题所持的观念。他认为"五权宪法"是一种"破天荒的政体",不但"为各国制度上所未有,便是学说上也不多见"。作为"救三权鼎立之弊"的方案,"五权宪法"有别于欧美资产阶级国家的宪法,因为"有文宪法是美国最好,无文宪法是英国最好",但"英是不能学的,美是不必学的"。"英是不能学的"原因在于:第一,英国"虽然是立宪的鼻祖,但是从来没有成文的宪法",仅只是"不成文"的、"活动"的宪法而已。第二,英国"不成文宪法"的"三权分立"原则是"从六七百年前由渐而生",可"界限还没有清楚",而到了现在"则不是三权分立,实在是一权政治"。③"三权界限更分得清楚"的、"成文"的美国宪法"是不必学"的原因则在于:第一,由于"百余年间,美国文明日益进步,土地财产,也是增加",所以"当时的宪法,现在已经是不适用的"。④第二,美国宪法"不完备的地方还是很多,而且流弊也很不少"——首先,存在着"黠者得乘时取势,以售其欺"的缺陷,无论是选举和委任官吏"皆有很

---

① 胡汉民编:《总理全集》第1集,1053页,上海,民智书局,1930。
② 《孙中山全集》第1卷,320页,北京,中华书局,1981。
③ 《总理遗教·演讲》,62页,中国国民党中央党部宣传委员会编印。
④ 《总理遗教·演讲》,8页,中国国民党中央党部宣传委员会编印。

大的流弊"。其次，美国宪法中的纠察权实际未能独立——"美国的纠察权归议员掌握，往往擅用此权挟制行政机关，使它不得不俯首听命，因此常常成为议员专制。"①

"五权宪法"与欧美国家的宪法和"三权分立"原则有着差异，但它们的歧别是非本质的：就其实质而言，前者乃自后者演化而来。孙中山曾经写道："我所说的五权也非我杜撰的，就是将三权再分弹劾及考试两权。"②因为"现在我们主张五权，本来即是现时所说的三权。不过三权是把考试权附在行政部分，弹劾权附在立法部分"③。不仅如此，在三权基础上的进一步分立的理论也有先例。孙中山作过如下援引："美国哥伦比亚之希斯洛尝主张加以弹劾权，而为四权分立。"④另一位美国学者巴直氏则在他的《自由与政府》一书中声称"中国的弹劾权是自由与政府间的一种最善良的调和方法"⑤。著名的"中国通"丁韪良"亦谓美国如用考试方法，选举流弊当可减少"⑥。其次，由于孙中山认为"将外国的规制和本国原有的规制，融合起来，较为完善"，因此，他在制定"五权宪法"的方案的过程中袭用了古代中国社会政治制度中的考试和监察机构的职能。他认为传统的考试制度"最为平允"，"无论贫民贵族，一经考试合格，即可做官"。英、法等国将其改良，便成为一种"美制"。因此，有必要"设立独立之机关，专掌考试权，大小官吏必须考试，定了他的资格，无论那官吏是选举的，抑或由任委的，必须合格之人，方得有效。这法可以除却盲从滥选，及任用私人的流弊"⑦。同样，古老的监察制度也是可资借鉴的——"像满清的御史、唐朝的谏议大夫，都是很好的监察制度。"⑧鉴于过去"主持风宪"的御史台大抵成为"君主的奴隶"，因此执掌监察权的机构"定要独立"。这样就形成了"五权分立"的原则，而以此

---

① 《总理遗教·演讲》，9页，中国国民党中央党部宣传委员会编印。
② 《总理遗教·演讲》，36页，中国国民党中央党部宣传委员会编印。
③ 《总理遗教·演讲》，36页，中国国民党中央党部宣传委员会编印。
④ 《总理遗教·演讲》，157页，中国国民党中央党部宣传委员会编印。
⑤ 《总理遗教·演讲》，63页，中国国民党中央党部宣传委员会编印。
⑥ 《总理遗教·演讲》，187页，中国国民党中央党部宣传委员会编印。
⑦ 《总理遗教·演讲》，9页，中国国民党中央党部宣传委员会编印。
⑧ 胡汉民编：《总理全集》第1集，197页，上海，民智书局，1930。

为据所设置的国家机构则由五个主要部分——行政院、立法院、司法院、考试院和监察院组成。"五权宪法"实质上仍是以分权主义为依据,并以"三权分立"的欧美宪法作为范本,对于古代中国政治制度的个别环节的承袭,则为"五权宪法"披上了传统色彩的衣衫。

孙中山把"自由"和"权力"的"平衡"作为"五权分立"、"五权宪法"的基础。他认为"政治里头有两个力量,一个是自由的力量,一个是维持秩序的力量……好比物理学里头有离心力和向心力一样"。如果"离心力过大,物体便到处飞散,没有归宿。向心力过大,物体便越缩越小,拥挤不堪。总要两力平衡,物体才能保持平常的状态。政治里头的自由太多,便成了无政府。束缚太过,便成了专制"①。"分权"原则所以合于"民主政治"的理想,就在于它使得"机关分立……相待而行,不致流于专制";同时,"分立之中,仍有联属,不致孤立,无伤于统一"。这里,进一步显示出"五权宪法"和以"三权分立"为依据的欧美资产阶级共和国的宪法的共性。

"五权宪法"是孙中山企图超越"三权分立"宪法而构想的政体方案的尝试,它表明了资产阶级的宪政日益没落,同时,也反映了企图补葺西方国家宪法缺陷的孙中山忠实于民主主义的真谛。因此,"五权宪法"的积极方面既在于它充分体现了资产阶级的"分权"学说,利于破除封建专制主义的暴虐统治;②也由于它包含着对于欧美的"三权分立"的宪法的某种扬弃,显示了孙中山探求理想宪法的成果。但是,"五权宪法"的论述也有着不足与缺陷:首先,孙中山对于宪法的全部观念未能逾越出资产阶级政治学说的范畴,他虽然批判了"三权分立"的西方国家宪法,却未能洞察其弊端的实质所在。毫无疑问,孙中山的"五权分立"只不过是"分权主义"的演变而已。企图以一种貌似理想的"分权主义"代替另一种弊端丛生的"分权主义",并借

---

① 《总理遗教·演讲》,59 页,中国国民党中央党部宣传委员会编印。
② "分权"学说无疑是近代政治思想史中的重要组成部分,并曾起过积极的作用。17 世纪英国资产阶级革命高潮时期,代表农民和小资产阶级利益的"平等派"领袖李尔本就曾主张立法权和行政权的分立。法国启蒙思想家孟德斯鸠认真考察了英国革命后的社会政治制度,在《论法的精神》中系统地阐述了"三权分立"的原则。显然,"分权"学说对资产阶级民主制度取代封建专制制度发生过重要的促进作用。

以根本解决政治领域中的"自由"和"权力"的平衡问题,是不可能实现的空想,也是舍本逐末的尝试。资产阶级政治学说绝对不会彻底解决资产阶级的政治实践中的矛盾。为了消除资产阶级"宪政"、"宪法"的弊端,必须由更高层次的社会制度取代资本主义社会制度。其次,"五权宪法"的理论根据——"分权主义"对于真正的"民主政治"的实现并无决定作用。一切国家权力都是统治阶级意志的体现,而统治阶级的意志在本质上是统一的。企图把国家权力加以"分立"和协调,从而保持政治领域中的平衡的原则,在相当程度上是资产阶级政治学者们所制造的"理论"——把国家机构的必要的某种分工提升到"分权主义"的高度,以便遮掩国家权力的鲜明阶级属性。马克思曾经这样剖析过"分权主义",他认为这种被"崇拜为神圣而绝无错误的原则"实质上"只不过是把普遍的产业分工原则运用到国家机构上而已"。再次,孙中山在"三权"之外附加的两权也无补于事。例如,他主张把考试权独立出来并对它寄予很大的期望。其实,这种认为通过考试才能正确选拔干部的观点正是列宁所批驳过的"偏见":"似乎只有所谓'上层阶级',只有富人或者受过富有阶级教育的人,才能管理国家。"[①]考试权独立为"五权"之一,并无裨益于真正的宪政的实现。对于监察权的独立,也可做出同样的评价。被孙中山称作"破天荒"的五权宪法,不过是资产阶级政治学说的"分权主义"和西方国家现行的"三权分立"的宪法的演化和补充,并移植了古代中国的部分官制,它所独具的特点并不具有本质变革的意义。

封建主义与人民大众的对立乃是近代中国社会的基本矛盾之一,它的存在和日趋尖锐化构成了社会政治生活中民权主义发生和发展的基础。

作为不懈的民主主义战士,孙中山为了粉碎封建暴政和建立共和国而献出了毕生的精力。在旧民主主义革命时期,他所倡导的民权主义逾越了农民阶级的皇权主义范畴,摒弃了维新派的改良主义,从而,以"带有建立共和制度要求的完整的民主主义"赋予近代中国民主革命以崭新的形态。

[①]《列宁全集》第26卷,383页,北京,人民出版社,1963。

在新民主主义革命阶段,他又以革命精神重新阐释了民权主义,进一步发扬了民主主义原则,使得民权主义与中国共产党制定的民主革命纲领的相应部分在基本上取得大体共识。

如同历史上的一切思想和方案一样,作为革命民主派的"政治革命"旗帜的民权主义也有其历史的、阶级的局限性。然而,民权主义——反映了社会政治生活中的基本矛盾,表达了人民群众渴望共和、平等、民主和自由的诉求,符合社会政治的发展趋势——无疑在当时的社会条件下起着极其重大的积极战斗作用。

第五章
CHAPTER FIVE

民生主义思想

民生主义乃是孙中山继民族主义、民权主义后提出的"社会革命"纲领,它成为三民主义体系中鲜明显示其所属阶级特性和所处时代特点的部分。

在帝国主义和封建主义的统治下,近代中国社会经济领域中交织着复杂而又尖锐的矛盾。首先,帝国主义的侵略不断地分解着封建主义的传统生产方式,并把中国卷入世界市场的漩涡,从而在客观上为资本主义发展提供了某些便利条件。但是,西方国家侵略中国的根本目的"决不是要把封建的中国变成资本主义的中国……和这相反,它们是要把中国变成它们的半殖民地和殖民地"①。因此,帝国主义的侵略严重地压抑了中国资本主义的发展。它们的榨取和掠夺,更加剧了中国社会的经济危机。其次,封建主义也是阻挠中国社会经济沿着资本主义轨道发展的另一个主要障碍。专制政权本身就是民族资本主义发展的桎梏,而它所维护的封建土地所有制更是中国贫困落后的根源之一。帝国主义的侵略和封建主义的统治,阻塞了中国近代社会经济发展的通道。

---

① 《毛泽东选集》,622页,北京,人民出版社,1966。

孙文学说
构建近代中国的理论先导

这样，社会经济的课题就不能不强烈地吸引了近代中国一切先进阶级、政党和人士的目光。消除社会经济发展的障碍，使得国家臻于富强——成为以变革为己任的志士们梦寐以求的目标，构成几乎一切具有进步作用的社会思潮和运动的主要内容之一。孙中山所倡导的民生主义，则是近代中国社会在旧民主主义革命时期所产生的多种经济纲领中的一个最重要的、最先进的方案。

意味深长的是：民生主义自身似乎存在着矛盾。它涂饰着"主观社会主义"——某些"民粹主义"的色彩，但实质上却是最大限度地有利于资本主义发展的经济纲领。

在整个旧民主主义革命时期，先进阶级、政党和人士在解决社会经济问题方面做了很多尝试。他们提出了经济纲领并且付诸实践，在社会生活中产生了积极的作用。

此起彼伏的近代中国农民抗争和农民战争，都直接或间接地涉及了社会经济课题。太平天国农民运动把斗争矛头指向封建主义经济制度，并且提出了较为完整的社会经济纲领。洪秀全在《原道醒世训》中阐述了经济平等思想："天下多男人，尽是兄弟之辈；天下多女人，尽是姐妹之群。何得存此疆彼界之私，何得起尔吞我并之念。"①稍后，在上述观念的基础上提出了废除封建土地所有制的平分土地原则，并以农业社会主义思想的丝缕编织出了一幅乌托邦图景——"凡分田，照人口，不论男妇……凡天下田，天下人同耕，此处不足，则迁彼处，彼处不足，则迁此处。凡天下田，丰荒相通，此处荒则移彼丰处，以赈此荒处，彼处荒则移此丰处，以赈彼荒处。务使……有田同耕，有饭同食，有衣同穿，有钱同使，无处不均匀，无人不饱暖也。"②显然，就其违背历史进程的农业社会主义思想而言，"它的性质是反动的、落后的、倒退的"③。资本主义化是当时中国社会发展的唯一通道，平均主义显然背离了这种经济趋

---

① 洪秀全：《原道醒世训》，见《太平天国》(一)，92页，上海人民出版社，1957。
② 《天朝田亩制度》，见《太平天国》(一)，31页，上海人民出版社，1957。
③ 《毛泽东选集》，1312页，北京，人民出版社，1966。

势。但是，从废除封建土地所有制方面来说，纲领却是体现了朴素的民主主义精神，并且"是在资产阶级民主主义发展方向上最需要的、经济上进步的"①。作为基本仍是单纯农民战争的产物，《天朝田亩制度》乃是与狭小落后的生产方式相联系的农民阶级思想的高度概括。这场波澜壮阔的农民战争又毕竟是发生在19世纪50年代，它不可避免地烙有时代印记。在太平天国后期的重要领袖洪仁玕——曾在香港任伦敦布道会的传教士——所著的《资政新篇》中，仿效西方国家以促使中国逐步资本主义化的观念得到比较鲜明的表述。②他称赞彼得大帝效法欧洲和日本的"欧化"，认为中国也应当学习外国的"技艺精巧"和"邦法深宏"，并且提出了包括"兴器皿技术"、"兴宝藏"、"兴车马之利"、"兴银行"、"兴市镇公司"和"兴邮亭"等内容的发展工商业的主张。③上述见解大体也得到了洪秀全的同意，但却终究未能产生较大的社会影响和获得实际效果。如果《天朝田亩制度》不能实现的主要原因在于它的空想的、倒退的性质，那么《资政新篇》终为具文则是由于它缺乏相应的社会基础。归根结底，农民自身不可能突破农业社会主义的藩篱而提出或接受较为自觉的资本主义化经济纲领。这不仅是由于小生产局限了他们的眼界，还因为资本主义化的实现意味着对他们理想的"天国"的否定。农民阶级为摆脱压榨和贫困而进行的斗争冲击了现存的社会秩序，却未能完成时代所提出的社会经济的"革故鼎新"任务。历史的要求与这种要求的不可能实现，乃是农民战争悲剧性的实质和关键所在。

维新派把社会经济课题的解决作为"变革"事业的主要内容。他们希冀中国资本主义化，对帝国主义的侵略和封建主义的压榨是不满的。西方列强的殖民掠夺给予他们以极大震动，康有为在民族危机空前严重的时刻悲痛地嗟叹："土地、铁路、轮船、商务、银行，唯敌之命，听客取求，无亡之名而有亡之实

---

① 《列宁全集》第18卷，351页，北京，人民出版社，1959。

② 洪仁玕在太平天国领袖中是比较特殊的。与他有过接触的容闳指出："盖干王居外久，见闻稍广，故较各王略悉外情，即较洪秀全之见识亦略高一筹。凡欧洲各大强国所以富强之故，亦能知其秘钥所在。"（容闳：《西学东渐记》，67页，新世纪出版社，2011）

③ 洪仁玕：《资政新篇》，见《太平天国》（二），523~541页，上海人民出版社，1957。

也。"①薛福成则为列强经济侵略所造成的恶果而扼腕:"洋商所赢之利,当不下三千万,以十年计之则三万万。此皆中国之利,有往而无来者也。无怪乎近日民穷财尽,有岌岌不可终日之势也。"②马建忠也作了同样的论断:"数十年吸中国之膏血,官商贫富,无不仰屋而叹。"③郑观应十分重视"商战"的应对,更是尖锐地指斥了侵略者的罪行:"挟全力以俱东,争开口岸,勒定条约,设领事以资保护,屯兵舶以壮声威。或勒免关卡厘税,或侵占小民生计,取求无厌,要挟多端,必遂其欲而后止。"④清朝政府的社会经济政策和措施也引起了他们的温和批评,因为执政者的这种"不自振作"带来了严重的消极后果。但是,维新派大抵不敢认真触动资本主义化的主要障碍——帝国主义和封建主义统治的社会秩序,反而,却幻想在现存政权下实行某些社会改良就可致国家于富强。他们确信只要政府对于工商业者"力为保护,先讲种植制造,次讲贩运销售……使中国所需于外洋者,皆能自制,外国所需于中国者,皆可运售,而又重订税则,厘正捐章,务将进口之税大增,出口之税大减,则漏卮可以渐塞,膏血可以收回"⑤。他们几乎把封建土地制度视作神圣不可侵犯的,保皇派在土地问题上所表现的顽固保守性曾在1905—1907年间发生的革命民主派和保皇派的空前规模的论战中充分展示出来。他们坚决反对革命民主派关于"社会革命"——"土地国有"的主张。《新民丛报》中攻击民生主义的论点"要有四端":"社会革命终不可以现于实际,而现矣,亦非十数百年之内所能改,一也;行土地国有于政治革命时,同于掠夺,二也;利用下等社会必无所成,而徒荼毒一方,三也;并行之后,无资产之下等社会握权,秩序不得恢复,而外力侵入,国遂永沦,四也。"⑥一般说来,维新派比较倾向于"普鲁士式的道路",期望"资本主义化"过程是在"逐渐用资产阶级剥削手段代替农奴制剥削手段的

---

① 康有为:《统筹全局折》,见《戊戌政变记》第1卷,上海,广智书局,1930。
② 薛福成:《筹洋刍议》,《商政》,见《庸盦全集十种》,1888。
③ 马建忠:《论洋货入内地免厘》,见《适可斋纪言纪行》,上海,著易堂,1898。
④ 郑观应:《盛世危言》第3卷,《商务》(三),图书集成局,1898。
⑤ 郑观应:《盛世危言》第3卷,《商务》(三),图书集成局,1898。
⑥ 保皇党人诋毁民生主义的"四端",是朱执信在《论社会革命当与政治革命并行》一文中就对方观点所作的概括。梁启超的《杂答某报》(《新民丛报》第14号),则是这种观点的代表作。

大地主经济占主导地位"①的情况下实现。维新派在社会经济问题上所持的观念表明了他们是"温和"的"实际主义者",只是瞩望未来时,谭嗣同才这样写道:"然无论百年千年,地球教化极盛之时,终须达到均贫富地步,始足为地球之一法。"②以救世主自况的康有为则描绘了"天下为公,无有阶级,一切平等"的遥远的"大同之世",并且指出"欲致大同,必去人之私产而后可,凡农工商之业皆归之公,举天下之田地皆为公有,人无得私有而买卖之"。③这种乌托邦模式并不具有什么现实意义,它在很大程度上只是他们为了不让自己看见当前从事的斗争的狭隘内容,以便"把自己的热情保持在伟大历史悲剧的高度上"。

孙中山所倡导的民生主义乃是前者的继承和发展,并且广泛地从西方借取了思想素材,从而使民生主义具有崭新的内容和形式。孙中山肯定农民战争中所产生的土地纲领,并把洪秀全视为民生主义的先驱——"民生主义即贫富均等,不能以富者压制贫者。但民生主义在前数十年已有人行之者,其人为何?即洪秀全是。"④他根据自己的需要因袭了某些朴素的经济平等观念,而又抛却了农民的绝对平均主义,突破了小生产者的狭隘眼界。孙中山接受了维新派把中国的富强和资本主义化联系起来的思想,但又摒弃了维护封建土地制度的错误主张。西方国家的社会经济思想给予民生主义以很大影响,成为它的主要渊源。孙中山熟悉和称道古典政治经济学著作,认为"英国斯密亚丹氏出,始著经济学极有条理"⑤。"资产阶级土地国有论者"亨利·乔治的学说在19世纪末叶颇为流行,孙中山将它理解为社会主义,并且,在很大程

---

① 《列宁全集》第13卷,219页,北京,人民出版社,1959。
② 《谭嗣同全集》,444~445页,北京,中华书局,1956。
③ 康有为:《大同书》,240页,北京,中华书局,1935。
④ 胡汉民编:《总理全集》第2集,241~242页,上海,民智书局,1930。
⑤ 胡汉民编:《总理全集》第2集,107页,上海,民智书局,1930。

孙文学说

构建近代中国的理论先导

度上把"单一税"主张摄入"土地国有"——"平均地权"的方案。①空想社会主义者的理论和实践，曾在孙中山的有关著作中留下印记。②此外，中国古代经济制度（如"井田制"等）也在孙中山的社会经济思想中得到反映，为民生主义涂饰了传统的古老色彩。③

孙中山在旧民主主义革命时期所倡导的民生主义显然以"土地"和"资本"课题为中心内容，正如他自己所概括的："民生主义……不外土地与资本问题。"一般说来，民生主义大致可以分为两个方面表述：在土地问题上，采取"核定地价"、"照价纳税"、"照价收买"和"涨价归公"的手段和步骤，实施"土地国有"——"平均地权"的方案，从而达到预防资本主义的"祸患"、"解决农民自身问题"和造福社会的目的；在资本问题上，迅速实现工业化，使得中国能够像"英国、美国一样富足"。④即于"节制资本"的同时，着力发展"国家社会主义"——"集产社会主义"的原则，希图借以免除资本主义垄断导致的"经济阶级压迫之痛苦"和提高工业化速度。非常明显，尽管民生主义被涂饰以浓郁的"主观社会主义"色彩，但是，它在实质上却是最大限度地发展资本主义的社会经济纲领。作为"社会革命"的旗帜，民生主义在当时的历史条件下产生过积极作用：首先，它是旧民主主义革命阶段中最为先进和完整的中国近代

---

① "土地国有"的主张是18世纪资产阶级经济学家们首先提出的。在李嘉图去世后，这种思想在他的弟子——穆勒、谢尔伯里叶的著述中得到更广泛的传播。亨利·乔治因袭了这种观点，认为人人应享有同等生存权，人人也应享有同等土地权，主张征收等于地租额的土地税，把土地所有者的不合理收益转交社会。在他看来，"土地国有"对于资本与劳动双方都有裨益，并使二者结成反对土地占有者的同盟。这种思想和方案实质上是为资产阶级效劳的。孙中山给予了亨利·乔治的学说以不当的评价："其阐发地税法之理由，尤为精确……深合于社会主义之主张。"（胡汉民编：《总理全集》第2集，110页，上海，民智书局，1930）

② 孙中山曾经这样肯定过欧文与傅立叶的活动："英社会主义者阿浑者，深痛工人之痛苦，遂出己资，创设一极大之工厂，优待工人，为社会主义实行试验场……同时有佛利耳者，法之社会主义家也，亦曾开社会主义之工厂，以受现社会习惯之影响，均未能达其苦心孤诣之希望。"（胡汉民编：《总理全集》第2集，108~109页，上海，民智书局，1930）

③ 据冯自由忆述，孙中山于1899~1900年间在日本曾与梁启超等谈论中国社会问题和土地问题，从"三代之井田"到"洪秀全之公仓"，全在援引之列。孙中山这样认为："像周朝所行之井田制度，汉朝王莽所行的井田方法，宋朝王安石所行的新法，都是民生主义的事实。"（胡汉民编：《总理全集》第2集，352页，上海，民智书局，1930）

④ 虽然孙中山谴责过西方国家的垄断和"贫富悬隔"的社会状况，但却承认英国和美国的"富足"。

化纲领；其次，它还包含着关怀劳动人民生活状况和社会福利的内容；再次，对于资本主义社会经济溃疡的批判和由此产生的"对社会主义的同情"①也在社会政治生活中有着启蒙意义。然而，民生主义存在着不容忽视的缺陷：主要是"土地国有"、"平均地权"未能与农民群众挣脱封建桎梏和获得土地密切联系起来。在他看来，防止垄断和把"地租转交国家"才是"土地国有"、"平均地权"的主旨。"吾人所以主张以土地为国有者，其主要之目的全在宅地"②，朱执信在《土地国有与财政》中表达的这种观念，充分显示了民生主义中有关土地问题的侧重点及其局限性。这是可以理解的。"涨价归公"使得他们的目光集中于城镇及其郊区的土地，着眼于工矿、交通和城市建设用地而非广大的"耕地"。但是，严峻的现实不容忽视："地主阶级这样残酷的剥削和压迫所造成的农民极端的穷苦和落后，就是中国社会几千年在经济上和社会生活上停滞不前的基本原因。"③农民解放、"耕者有其田"不能不成为民主革命的中心课题。没有广大农民的奋起和斗争，革命的目标——包括"社会革命"的方案——是不可能实现的。

历史进程急剧地发展着，中国民主革命在五四运动后完成了它的阶段更替——从旧民主主义革命转变为新民主主义革命。新民主主义革命"虽然在一方面是替资本主义扫清道路，但在另一方面又是替社会主义创造前提"，它"是为了终结殖民地、半殖民地、半封建社会和建立社会主义之间的一个过渡的阶段"④。这样，民生主义就面临着重要的转折点——经过扬弃而上升到一个新的、反映历史特点的阶段。在中国共产党和国际无产阶级的帮助下，孙中山推进了民生主义思想的发展，赋予它以新的内容。总括说来，这个阶段的民生主义可以大致表述如下：在土地问题上，"耕者有其田"的口号成为"平均地权"的重要内涵；在资本问题上，"节制资本"的原则成为纲领的重要组成部分。毛泽东在《新民主主义论》一文中曾对以革命精神重新阐释过的民生主

---

① 《列宁全集》第 18 卷，154 页，北京，人民出版社，1959。
② 朱执信：《土地国有与财政》，载《民报》，第 15 号，74~75 页。
③ 《毛泽东选集》，619 页，北京，人民出版社，1966。
④ 《毛泽东选集》，642 页，北京，人民出版社，1966。

义给予很高的评价:"中国的经济,一定要走节制资本和'平均地权'的路,决不能是少数人所得而私,决不能让少数资本家少数地主'操纵国民生计',决不能建立欧美式的资本主义社会,也决不能还是旧的半封建社会。"[1]民生主义在当时的历史条件下产生过积极作用,但却仍然缺乏彻底的土地革命纲领;一定程度的改良主义和主观社会主义因素,则与纲领的积极部分相糅杂。显然,民生主义未曾脱出民主主义的范畴。民生主义与科学社会主义具有本质的差别,不容混淆,它所含有的主观社会主义因素,并未改变其基本属性。虽然孙中山真诚地推崇社会主义,积极主张工业化和共同富裕,同时,还结合中国实际上作了有意义的探索。

　　孙中山及革命民主派的"社会革命"旗帜——就是民生主义的确切评价。

---

[1]《毛泽东选集》,672页,北京,人民出版社,1966。

第一节
旧民主主义革命时期的民生主义

近代中国社会经济生活乃是民生主义赖以产生的现实土壤,西方资本主义国家的社会经济思潮和状况则是给予民生主义以深刻影响的外在因素。作为革命民主派的社会经济纲领,民生主义烙有时代的鲜明印记。

当孙中山探求和熔铸自己的经济纲领时,呈现在他面前的社会经济领域充满着矛盾和变化。土地问题——无疑是首要课题之一。鸦片战争以前,封建主义土地所有制构成了清帝国的主要社会经济基础。还在清初,民田占有情况已经由于兼并而日趋两极化。地主握有大量土地,广大农民则缺少土地或没有土地:"有田者什一,无田者什九。"①鸦片战争前夜,占有数千亩土地的地主业已为数不少,例如,大官僚琦善就曾拥有 252 顷土地。②与地主阶级"每岁所入盈千万石,陈陈相因,粟有红朽者"的状况成为鲜明对照的,则是"农民终岁勤苦,迨至秋成,一夫之力……其耕地少者,所获不过二三十石,而富商巨贾收其半。农夫八口之家,俯仰何以给哉"!帝国主义侵入中国后,虽然封建时代自给自足的经济在分解着,但是,"封建剥削制度的根基——地主阶级对农民的剥削,不但依旧保持着,而且同买办资本和高利贷资本的剥削结合在一起,在中国社会经济生活中仍占着显然的优势。"③

---

① 邱家穗:《丁役议》,见《经世文编》第 30 卷,北京,中华书局,1992。
② 李扬华:《公余手存》,见《鸦片战争》第 1 册,223 页,上海人民出版社,1955。
③ 《毛泽东选集》,624 页,北京,人民出版社,1966。

孙文学说
构建近代中国的理论先导

连绵不断的农民抗争——特别是太平天国运动沉重打击了地主阶级，使得土地占有两极化状况多少有所和缓，但在19世纪70年代和80年代又出现了土地集中趋势，军阀、官僚、商人、高利贷者纷纷攫取土地。1888年，直隶武清县的土地关系清楚地显示出农村经济的这种动向——占田10万亩者有1—2户，占田1万亩者为总户数的10%，自耕农约占70%上下，佃农则占30%左右。①占田万亩以上的大地主在全国范围内为数不少，例如，官至道台的张建勋和张汝梅分别在直隶和江苏占田万亩以上，而李鸿章兄弟则据有土地60万亩。与土地兼并过程相联系的是封建剥削的加剧，地主阶级通过提高正税和押租、增加地租折价、改分租为定租和额外浮收等巧取豪夺方式贪婪地榨取农民，如吴江县震泽乡"田每亩得二十粟已庆大有，其代价不过六七元，除去肥料人工，所余几何？乃收租竟至五六元，少亦五元。是以冬期农民只可罗掘以应，不足，则卖妻鬻子以偿"②。在孙中山的故乡——广东香山县翠亨村，情况也是如此。鸦片战争后，土地集中的趋势加剧。做过广州洋行买办和靠贩卖华工起家的陆、杨两姓地主，竟在这个小村落中占有650亩左右的土地。地租剥削苛重，从"主七佃三"到对分租都有。当地还盛行叫作"期价银"的货币地租。高利贷的榨取也极残酷。③加以帝国主义的掠夺和清朝政府的敲索，农村经济日趋崩溃。素称"以农立国"的中国开始从国外进口粮食，并且在数量上逐年增加。"有退无进"——张之洞的论断触及了社会经济生活中的可悲趋向。其次，资本问题是当时国内社会经济生活中的另一重要课题。还在鸦片战争以前，中国社会中已经出现了资本主义萌芽。帝国主义以坚船利炮敲开了闭关自守的清帝国大门，传统的生产方式加速了分解过程，从而为资本主义的发展创造了某些有利条件。19世纪70年代初期，与西方国家接触较早和较多的广东省出现了最早的民族资本主义近代工业。迄于90年代，则已有了约100多间工厂。中日战争以后，由于洋务派的破产和清朝政府的某些让步举措，加以帝国主义的"资本输出总要

---

① 李文治：《中国近代农业史资料》第1辑，193页，科学出版社，1956。
② 李文治：《中国近代农业史资料》第1辑，287页，科学出版社，1956。
③ 黄彦、李伯新：《孙中山的家庭出身和早期事迹》，载《广州文史资料》第25辑，277页。

影响到输入资本的国家的资本主义发展,大大促进了那里的资本主义发展"①,于是,中国资本主义进入初步发展阶段。张之洞在他的一封奏折中勾勒了这种动向的轮廓:"数年以来,江浙湖北等省陆续添设纺纱缫丝烘茧各厂约三十家,此外机造之货,沪苏江宁等处有购机制造洋酒洋蜡火柴碾米自来火者,江西亦有用西法养蚕缫丝之请,陕西现已集股开设机器纺织局……四川已购机创设煤油,并议立洋蜡公司,山西亦集股兴办煤铁,开设商务公司。至于广东海邦,十年以前,即有土丝洋纸等机器制造之货,近年新增必更不少。天津烟台更可类推。湖北湖南两省已均有购机造火柴及榨棉油者。湖北现已考得机器制茶、机器造塞门德土之法,正在督饬税务公司劝谕华商兴办。湖南诸省现已设立宝善公司,集有多股,筹议各种机器制造土货之法,规模颇盛。似此各省气象日新,必且愈推愈广。"②不过,民族资本发展过程并非顺畅无阻的,在帝国主义和封建主义的"百计阻抑"下,它只能是有限的、曲折的和畸形的。

正当中国似乎"走上了西方的道路"时,资本主义世界却在向着它的最高阶段即帝国主义阶段过渡。这个演变过程在"经济方面的基本现象就是资本主义的自由竞争为资本主义的垄断所代替……生产和资本集中达到了很高的程度,以至产生了并且还在产生着卡特尔、辛迪加和托拉斯等垄断组织,以及同这些垄断组织融合起来的十来个支配着亿万资金的银行的银行资本"③。和生产与资本集中、大垄断组织出现相联系,则是无产阶级贫困化。马克思曾经指出:资本主义的发展必然在社会的一端集中了巨额财富,使得剥削阶级过着穷奢极欲的生活;而在社会的另一端则形成了贫困,使得无产阶级过着十分穷苦的生活。这种严重的状况,不能不给予向西方学习的先进中国人士以深刻的印象。

显然,正是19世纪末叶国内社会经济生活和资本主义世界社会经济状况决定了民生主义的基本内容和特色,前者要求孙中山把土地与资本作为

---

① 《列宁全集》第22卷,235页,北京,人民出版社,1959。
② 《张文襄公奏稿》第29卷,9页,刊本,新城王氏,1928。
③ 《列宁全集》第22卷,258页,北京,人民出版社,1959。

孙文学说
构建近代中国的理论先导

经济纲领中的中心课题,后者则促使孙中山的民生主义染上"主观社会主义"。事实上,孙中山制定社会经济纲领过程中所遵循的主要原则正是:"以最小限度之贫困与奴役现象,以达到最高限度之生产。"

土地问题在民生主义中占有特殊重要的地位。还在孙中山的早期著述中,土地问题业已为他所瞩目。1890年左右,孙中山在《致郑藻如书》中已经提出"兴农桑之利"。不过,他当时所关注的仍是"地尽其利"[①]。在《上李鸿章书》中,他还是表述了同样的主张。对于土地制度的变革,几乎完全没有触及。在他初访欧洲后,鉴于"国家富强,民权发达"的西方国家"犹未能登斯民于极乐之土"和"犹有社会革命运动"[②],于是,复在民族、民权主义之外"采取民生主义"。1899年,孙中山在日本同梁启超谈论土地问题时指出:农民苦于沉重的地租,如果实行"土地国有"后,"必能耕者而后授以田,直纳若干之租于国,而无复有一层地主从中朘削之,则农民可以大苏"。稍后,他又在同章太炎的谈话中重申了类似的观点:"夫不稼者不得有尺寸耕土,故贡彻不设,不劳收受而田自均。"可见,孙中山在当时已经主张经由土地国有途径而使耕者有其田。不过,这种观念还未得到充分阐发。待到1903年初,兴中会在越南建立分会时的入会誓词中已经规定了"平均地权"条文。当年秋天,孙中山到檀香山整顿被保皇派破坏的革命组织,在希炉建立"中华革命军"时,也把"平均地权"列入入会誓词。在1904年手订的《致公堂新章要义》中,孙中山首次把"平均地权"作为与"驱除鞑虏"、"建立民国"并列的纲领内容。[③]同盟会制定的《革命方略》中的《军政府宣言》则比较完整地表述了"平均地权"的内涵——"文明之福祉,国民平等以享之。当改良社会经济组织,核定天下地价。其现有之地价仍属原主所有,其革命后社会改良进步之增价,则归于国家,为国民所共享。肇造社会的国家,俾家给人足,四海之内无一夫不获其所。敢有垄断以制国民之生命者,与众弃之。"[④]在他看

[①] 孙中山认为:"所谓地尽其利者,在农政有官,农政有学,耕耨有器。"(胡汉民编:《总理全集》第3集,13页,上海,民智书局,1930)

[②] 《孙中山选集》上卷,172页,北京,人民出版社,1981。

[③] 冯自由:《中华民国开国前革命史》上卷,141页,上海,中国文化服务社,1946。

[④] 《孙中山选集》上卷,69页,北京,人民出版社,1981。

来，民生主义所以成为"革命之经纶"、"治国之大本"，乃是由于20世纪不得不为"民生主义之擅场时代也"①，而"平均地权即解决社会问题之第一步方法"②。

应当指出，仅是初步的考察就会看出"平均地权"——"土地国有"的具体内容在很大程度上乃是亨利·乔治的"单一税"方案和约翰·穆勒等的土地国有论的融合物。③这是合乎逻辑的。自认为"极端的社会党"的孙中山就曾把"单一税"视为"社会主义之精髓"。大致说来，孙中山的土地纲领的理论可以表述如下：首先，把"核定天下地价"作为"平均地权"的"第一步"④，即是"令人民自己报告地价"。这种办法不会产生"以多报少或过抬地价之弊"，因为"地主报价欲昂，则纳税不得不重。纳税欲轻，则报价不得不贱。两者相权，遂不得不出之于平"。其次，则是合理与公平的"照价收税"。"地之不同，不只三等，以南京之地较上海黄浦滩之地，其价相去，不知几何。但分三等，必不能得其平。不如照价征税，贵地收税多，贱地收税少……则无此病。"⑤再次，即为"照价收买"。这种手段包括了双重意义：其一，意味着国家

---

① 《孙中山选集》上卷，71页，北京，人民出版社，1981。

② 冯自由：《革命逸史》第2集，149页，上海，商务印书馆，1945—1947。

③ 还在1906年，孙中山在一次演说中就曾指出：他所倡导的民生主义中的土地方案是对亨利·乔治和约翰·穆勒的观点"斟酌去取"和"概括以言"。事实正是如此。亨利·乔治在《进步与贫困》一书中表达了下列思想：越是"物质的进步表现得最完全的地方"，人们"所见到的贫困状态同时也最深"。所以如此，乃是因为社会物质进步的利益为地租所吞没："因为土地的价值日往上升，所以才发现殷富和不足之间的鸿沟。"因此，必须以租税的方式征收等于地租额的土地税，而废除其他赋税，从而实现所谓"社会主义"。约翰·穆勒在《经济学原理》一书中抨击了地主阶级的不劳而获，主张把全国土地予以估价，土地的现有价值仍归地主所有，增加的价值则以赋税形式交给国家。马克思主义的创始人曾经这样评论了亨利·乔治和约翰·穆勒的学说——恩格斯在《美国工人运动》一书中，对于前者如此断言：社会主义者所要求的，是社会生产的整个制度的革命，亨利·乔治所主张的，则是丝毫不动目前社会的生产方式。马克思进一步指出：亨利·乔治这整套的理论不过是打算借社会主义作幌子来保持资本主义的统治。同时，马克思在《哲学的贫困》中则把约翰·穆勒的观点视为"工业资本家对地主怀抱的仇恨底率直的表现"。显然，略加考察就可以看到孙中山的土地纲领同亨利·乔治和约翰·穆勒的学说的密切关系。历史现象确实是非常错综复杂的，亨利·乔治的小资产阶级社会改良主义却被中国的资产阶级革命民主派当作社会主义来解决民主革命的任务。关于约翰·穆勒的主张，孙中山的解读也是不完全确切的。

④ 《总理遗教·演讲》，49页，中国国民党中央党部宣传委员会编印。应当指出，民生主义中核定地价的主张大体上借取自约翰·穆勒的学说。孙中山在这点上有别于亨利·乔治：前者认为只应征收土地自然增殖的部分，后者则主张凡是地租都要作为地价税归公。

⑤ 《总理遗教·演讲》，14页，中国国民党中央党部宣传委员会编印。

实施土地征收权；其二，则是对于地主希图逃减税额而少报地价的一种制裁。最后，就是"土地涨价归公"。"地主有地，价值一千元，可定价为一千或多至二千。就算那地将来交通发达，涨价至一万，地主应得两千，已属有益无损。赢利八千当归国家，这与国计民生，皆有大益。"①孙中山认为"土地涨价归公"的方法是有着重大积极意义的。一方面，它可以抑制地主"不劳心，不劳力，无思无维，而享其利"。因为"社会之进步发达"乃是地价增长的原因，而"社会之进步发达"则是"众人之劳力致之"，这样，"百数十之地主享其成"则成为"天下不平之事"。②另一方面，它会导致"社会发达"和"公家愈富"。"土地涨价归公"在上述四点中占有最重要的地位，成为"土地国有"的要义所在。③正如列宁所指出的："地价是资本主义化的地租。使'增加的'土地'价值'成为'人民财产'，也就是说把地租即土地所有权交给国家，或者说使土地国有化。"④因此，也就不难在这种意义上理解孙中山的诠释："平均地权"，不是把土地"从实分配"；"土地国有"，也非将土地"尽归国有"。

孙中山十分重视"土地国有"——"平均地权"的重大意义，把它视为民生主义的核心和建成"社会的国家"的关键所在。首先，孙中山把"土地国有"方案当作防止"垄断"的重要手段。资本主义国家社会经济的溃疡使他震惊——一方面，"所有生产厚利，皆为大资本垄断，于是托拉斯一出，几乎有左右全世界之势力……兼并多数人民之资财，而成一己之富矣！"⑤甚至，"其地主之权直与国家相埒……富者富可敌国"。另一方面，"人民的贫苦，甚于前代也不止数千倍。并且富者极少，贫者极多"⑥。孙中山谴责了这种"贻祸全国，甚于天灾"的"垄断"和由此形成的贫富两极化，并把"欧美不能

---

① 胡汉民编：《总理全集》第 2 集，87 页，上海，民智书局，1930。
② 胡汉民编：《总理全集》第 1 集，861 页，上海，民智书局，1930。
③ 新市地的收归"国有"亦为"土地国有"的内涵。孙中山在规划北方大港时曾经指出："今欲所计划之地，现时毫无价值可言。假令于此选地二三百万米，置诸国有，以为建筑将来都市之用，而 40 年后……吾敢信地价所涨以足偿建筑资金矣。"（胡汉民编：《总理全集》第 1 集，555~556 页，上海，民智书局，1930）不过，这种主张并不在"土地国有"方案中占据重要地位。
④ 《列宁全集》第 18 卷，155~156 页，北京，人民出版社，1959。
⑤ 胡汉民编：《总理全集》第 2 集，117 页，上海，民智书局，1930。
⑥ 胡汉民编：《总理全集》第 2 集，75~76 页，上海，民智书局，1930。

解决社会问题"的根本原因归之于"没有解决土地问题"。①既然土地涨价为私人获得乃是形成"贫富悬殊"状况的主要根源,因此"防患于未然"的最重要手段就是"土地国有"。他还认为,恰恰是中国的落后使得平均地权易于实施:"若吾国即未以机器施于地,作生财之力尚恃人功,而不尽操于业主之手,故贫富之悬隔,不似欧美……则我之措施可较彼为易也。"其次,孙中山认为"土地国有"纲领的实施会给社会全体成员带来福利:"中国行了社会革命之后,私人永远不用纳税,但收地租一项,已成地球上最富的国。"②广大群众的全部赋税负担将要减除,国家将获致庞大数量的地租——这就是孙中山对"土地国有"积极意义的估计。再次,孙中山的土地纲领也在一定程度上反映了农民群众的愿望。改善农民的处境,乃是"土地国有"的不容忽视的主旨之一。农民群众备受地主压榨的严酷现实是孙中山切身感触到的,他在对宫崎寅藏论及"平均地权"的重要成因时曾经自述:"吾受幼时境遇之刺激,深感到实际上及学理上有大讲求此问题之必要。吾若非生而为贫困之农家子,则或忽视此重大问题亦未可知。"③事实正是如此,孙中山把农民困境的改变与"土地国有"联系起来:"今之耕者,率贡其所获之半于租主而未有已,农之所以困也。土地国有后……无复有一层地主从中朘削之,则农民可以大苏。"④1912年,孙中山在北京与袁世凯交换政见时再次涉及农民问题:"中国以农立国,倘不于农民自身求彻底解决,则革新非易。欲求解决农民自身问题,非耕者有其田不可。"⑤只是,孙中山的这种观念始终未曾见于纲领性文件和重要著作。然而,革命民主派的某些成员却对土地问题作出了更为激进的论断。胡汉民在著名的《民报六大主义》一文中指出:"土地国有"必使"地主强权将绝迹于支那大陆"⑥。光复会的一些领导人物的见解也是值得重视的。章太炎把"分配土地"和"使耕者不为佃奴"⑦作为政治

---

① 胡汉民编:《总理全集》第2集,67页,上海,民智书局,1930。
② 胡汉民编:《总理全集》第2集,78页,上海,民智书局,1930。
③ 宫崎寅藏:《孙逸仙传》,载《建国月刊》第3卷,第4期。
④ 这段引文见于梁启超《杂答某报》,是梁启超与孙中山谈论土地问题的忆述。
⑤ 凤岗及门弟子编:《三水梁燕孙先生年谱》上卷,123页,上海,1939。
⑥ 胡汉民:《民报六大主义》,载《民报》,第3号。
⑦ 章太炎:《五无论》,见《章氏丛书》,《别录》,3页,上海古书流通处,1924。

革命的必要前提。陶成章等制订的《革命协会章程》中规定:"要把田地均作大家公有的财产,也不准富豪霸占"①。刘光汉则在《悲佃篇》作了更进一步的阐发:"然以多数之佃民,屈于田主一人之下,佃民之衣食,系于田畴,而田畴予夺之权,又操之于地主。乃选举期届,佃人欲保其田,势必曲意逢迎,签以田主应其举,则是有田之户,不啻世袭之议员,而无田之人,虽有选举之名,实则失选举自由之柄。……似公而实偏,因富而致贵,此其所以与公理相妨也。故豪富之田,不可不借,然欲借豪富之田,又必自农人革命始。夫今之田主,均大盗也……民受其厄,与暴君同。今也夺其所有,以共之于民,使人人之田,均有定额,此则仁术之至大者也。"②这些论点的内容和出发点是复杂的,但重视农民与土地问题则是共同倾向。

与土地纲领相联系,资本乃是民生主义的另一重要课题。还在孙中山的政治活动的最初时刻,发展资本主义业已成为这个热衷于社会变革的青年的理想。他在《上李鸿章书》中所提出的四点要旨——"人能尽其材"、"地能尽其利"、"物能尽其用"和"货能畅其流"——的实质,不过是促进中国社会近代化的改良性质的方案。稍后,孙中山把这个课题与民主革命联系起来。他的目光关切地注视着社会经济生活的新趋向,并把资本主义的发展视为历史的必然。他认为"发展中国工业"乃是"无论如何必须进行"③的事业,因为"中国亦将自行投入实业漩涡中,盖实业主义为中国所必需,文明进步,必赖乎此,非人力所能阻遏。故实业主义行于我国也必矣"④。应当指出,孙中山不同于民粹派类型的小资产阶级"社会主义者",他没有在近代文明前表示恐惧和伤感,而是——如同列宁所指出——"承认生活所强迫他承认的东西"。他批评了那种"宁肯停滞而不要资本主义发展"的观点,认为"文明不利于贫民,不如复古"的见解是"矫枉过正"的偏颇之论,确信"文明进步是自然所致,不能逃避的"。在旧民主主义革命高涨的时刻,孙中山对未来

---

① 作为朴素的纲领,这种土地方案在革命党组织中是罕见的。
② 韦裔:《悲佃篇》,载《民报》,第15号。
③ 胡汉民编:《总理全集》第1集,698页,上海,民智书局,1930。
④ 胡汉民编:《总理全集》第1集,674页,上海,民智书局,1930。

共和国的社会经济状况作了这样的描绘——"全国即可开放对外贸易,铁路即可修建,天然资源即可开发,人民即可日渐富裕。"①而在捍卫共和的"顿挫"的日子里,孙中山在极难有所作为的情况下,还为中国社会经济的发展编制了一幅规模宏大的蓝图——《实业计划》。要求进行铁路、港口、水陆运输、电力、石油、钢铁、机械、建筑、纺织、粮食加工等部门的大规模建设,同时还要兴修水利、造林、开荒、改良种子等等。其次,在关于工业化的途径问题上,孙中山的主张具有鲜明的特色,即是"节制资本"和"国家社会主义"("集产社会主义")。节制资本的观念是孙中山在旧民主主义革命的后期提出的,虽然先前已经有过某种程度的表述。这个原则的主要内涵在于限定私人资本的经营范围——"中国实业之开发应分两路进行……(一)个人企业,(二)国家经营是也。凡夫事物之可以委诸个人或其较国家经营为适宜者,应任个人为之……至其不能委诸个人及有独占性质者,应有国家经营之。"②"国家社会主义"的原则在很大程度上是对"节制资本"的重大补充,它的基本内容乃是"国家一切大实业,如铁路、电气、水道等事务,皆归国有,不使一私人独享其利"③。孙中山认为"英美初未用此政策,弊害今已大见",所以,必须仿效德国——"德国后起,思患预防,全国铁道,皆为国有。"

孙中山认为自己所倡导的中国近代化纲领具有重大的积极意义。首先,这种方案能够避免"文明的恶果",即是"防资本家垄断之流弊"。在他看来,垄断组织、托拉斯乃是可怕的灾患:"一国之需要皆取给于数托拉斯,一国之民生权遂为数托拉斯所握。"④这种情况,必将导致"少数人把持文明幸福",并且,使"社会上实受无形之压迫"。"节制资本"和"国家社会主义"原则的实施,则会使得"社会不受经济阶级压迫之苦痛,而随自然必至之趋势,以为适宜之进步"⑤。其次,孙中山把"国家社会主义"作为迅速摆脱"不发达"状态和实现"实业主义"的有力手段。他在《兴发实业为救贫之良药》

---

① 《孙中山选集》上卷,62页,北京,人民出版社,1981。
② 胡汉民编:《总理全集》第1集,552页,上海,民智书局,1930。
③ 胡汉民编:《总理全集》第2集,127~128页,上海,民智书局,1930。
④ 胡汉民编:《总理全集》第2集,136页,上海,民智书局,1930。
⑤ 胡汉民编:《总理全集》第2集,128页,上海,民智书局,1930。

一文中写道:"其弊如铁路煤矿,则少数富豪投资,全社会受其制裁。价格之高下,不得不听其垄断,不能推广,难以发达……今中华煤矿,蕴藏之富,甲于全球……如能合全国之资力,分头开采,并多筑铁路,以便转运,能如是则民富矣!"①孙中山反对私人占有的垄断组织,但却认为"人民公有"的托拉斯能够"节省浪费"和"产出最廉价商品"。②再次,对于无产者利益的关怀、保护也成为"节制资本"和实行"国家社会主义"的原因。在他看来,"世界一切之产物,莫不为工人之血汗所构成。如工人者,不特为发达资本之功臣,亦即人类世界之功臣也。以世界人类之功臣,而受强有力者之虐待蹂躏,我人以为不平,况有功于资本家而反受资本家之戕贼乎!"③

孙中山在旧民主主义革命时期所倡导的民生主义具有积极的社会意义。首先,民生主义是自觉地促进中国近代化的进步的经济纲领。尽管孙中山在"平均地权"和"国家社会主义"方案上涂饰了主观社会主义色彩,但它们在实质上却是最大限度地发展资本主义的规划。"平均地权"的矛头指向地主阶级对于土地的垄断和由此产生的绝对地租,为资本主义的发展提供有利的条件。马克思曾把土地国有化看作是"资产阶级最彻底的措施"。列宁更作了进一步阐述:"在资本主义存在的条件下……绝对地租却可以消灭,例如在土地国有化的时候,在土地转为国有的时候就可以消灭。这种转化就是摧毁私有者的垄断,在农业中比较彻底和完全地实行自由竞争。"④同样,"节制资本"和"国家社会主义"的原则也并不导致社会主义,恰恰相反,它们也是意味着最大限度地发展资本主义。孙中山在这里所设想的经济图景可以分为两个方面:其一,私人资本得以在一定范围内发展;其二,巨大的、具有独占性的企业则由国家经营。后者尽管有异于前者,但在根本性质上却同样属于资本主义范畴。归根结底,"国家资本主义"、"企业国有"的性质取决于社会基本生产关系和国家的性质。在当时的历史条件下,社会经

---

① 《总理遗教·演讲》,第1页,中国国民党中央党部宣传委员会编印。
② 胡汉民编:《总理全集》第1集,697页,上海,民智书局,1930。
③ 胡汉民编:《总理全集》第2集,115~116页,上海,民智书局,1930。
④ 《列宁全集》第21卷,48页,北京,人民出版社,1959。

济生活中的进步趋势乃是资本主义的发展,至于革命民主派所为之奋斗的共和国,"本质上都是资本主义的机器,资本家的国家,理想的总资本家"。所以,"国家资本主义"就不可能具有社会主义的性质。事实上,资本主义国有化也是资产阶级经济学的一种方案,它表明资本主义社会中的生产力与生产关系的矛盾日益尖锐化,以致统治阶级的代表人物也不得不承认生产的社会性,从而采取阶级利益所能容许的某些经济变革。孙中山的"国家社会主义"的实际意义——如同"土地国有"的主张一样——不在于它所包含的"主观愿望",而在于它的促进资本主义发展的客观效果,即是"它也显示着生产力突破生产关系,它在使社会本身掌握一切生产力的道路上前进了新的一步。"同时,也为真正解决这个问题即社会主义的未来创造着条件。

其次,民生主义在一定程度上反映了农民群众摆脱封建压榨和获取土地的意愿,并且还包含着对于人民生活状况的关怀。"土地国有"比较集中地反映了农民的要求,虽然反映的程度是比较微弱的。但是,它包含着免除"地主从中朘削"和使"农民可以大苏"的内容,也存在着某种程度的对"平均"原则的崇尚——"万物无不为平均而设……欧美今日不平均,他日必有大冲突,必趋齐于平均。"关心人民生活状况的精神则贯串在民生主义的有关诸课题中——其一,"平均地权"的实现将使"私人永远不用纳税",仅"收地租一项"即可以使中国成为"地球上最富的"国家;其二,在关心全体社会成员福利的同时,孙中山还把同情的目光倾注于无产者。要使他们"得其劳力所获之全部"①,是孙中山在考察有关资本的问题时所得出的重要结论之一。

再次,民生主义中还包含着对两个剥削阶级——地主阶级和资产阶级——的贪婪榨取行径的某种程度的谴责。在他看来,"农之所以困"的原因在于"率贡其所获之半于租主而未有已",而由于"社会之进步发达"所造成的"土地涨价"为地主所攫取,更是极不合理的社会现象。同样,"工人劳动终身"却处于"赡养尚不能敷"的境地是由于"所生之利,尽为资本家所享有"。②至于当代资本主义国家的社会经济生活中的"垄断"更"陷社会于竞争悲苦

---

① 显然,这种主张不可能在剥削制度存在的条件下实现。
② 胡汉民编:《总理全集》第2集,117页,上海,民智书局,1930。

之境",成为"贻祸全国,胜于天灾"的罪恶渊薮。与此相应,孙中山对于西方的社会主义表示了"同情"。这些观念具有启蒙的意义,它们在当时的社会政治思想领域中起着积极作用。

然而,民生主义终究有其历史的、阶级的局限性。首先,这个社会经济纲领中的土地部分没有充分包含着农民彻底摆脱封建桎梏和"耕者有其田"的重大内容。这种缺陷不仅表现在"土地国有"方案主要着眼于"防止垄断"和"土地涨价归公",而且还表现在它的实现途径方面——孙中山曾经宣称在"土地资本收归国有之时"不必进行"激烈恐吓,迫之退让",并且申明民生主义决非以暴力手段"夺富人之田为己有"或"推倒富豪,如世俗所传抢富济贫之说"[1];而是采取不以"农人革命"为基础的、具有温和的社会变革色彩的国家"收买"的政策[2],逐步解决民主革命中的首要课题。显然,土地方案中的这种缺陷,使它既不能科学地概括民主革命的主要任务——反对封建主义,更缺乏真正实现的基础。其次,民生主义中的主观社会主义因素也具有消极的作用。孙中山把民生主义称为"社会主义",并且认为"土地国有"和"国家社会主义"即是实现"社会革命"——社会主义革命的主要手段。固然,这种颇为独特的社会现象是可以理解的。历史的辩证法在于:当年轻的中国资产阶级踏上历史舞台并且企图以西方国家为楷模来改造社会的时候,资本主义制度的溃疡已经清楚暴露;资本主义发展到最高阶段,而曾经参与过资产阶级民主革命的"第四等级"已成为现代资本主义的掘墓人。这样,仍然处于"向上发展"阶段的中国资产阶级革命民主派在解决历史所提出的现实任务——反对中世纪的经济关系和发展资本主义的过程中,却形成了自己的主观社会主义。当然,这种主观社会主义的消极作用也是应当指出的:第一,幻想由于"中国的落后"而利于"预防资本主义"的思想乃是主观的臆测。所谓"中国的工业尚未发展,资本主义尚未抬头,一般大众服从而守法,因此这个国家可以轻易的塑造成任何形状"的观念,是有

---

[1] 孙中山始终持有这种观念,甚至后期活动中也没有大变化。
[2] 关于这点,朱执信在《土地国有与财政》一文中制定了两种方法:"先给国债券而后偿还";"划定价值后有增价悉之归官,然后随时依价收买"。(《民报》,第15—16号)

悖实际的。离开了先进的、现代化的生产力的发展，是不会有科学社会主义的存在。主观社会主义妨碍了人们判明历史的必然性，正确认识资本主义的历史地位和意义，因而，使得革命民主派的社会经济纲领减弱了反映现实和当前任务的具体性、鲜明性、科学性。第二，力求使"社会革命"与"政治革命"得以"毕其功于一役"的观念也是不可取的，"这种观点，混淆革命的步骤，降低对于当前任务的努力。"①

综上所述，孙中山在旧民主主义革命时期所倡导的民生主义的核心乃是土地与资本。从这两个具有重大意义的课题出发，他制定了实质上是尽速发展资本主义的方案。毋庸置疑，"人类始终只提出自己能够解决的任务"②。孙中山"承认了生活迫使他承认的东西"，站在进步的立场上尝试解决社会经济生活所提出的历史任务——资本主义化。然而，他的经济纲领的特色在于多处又被涂饰以主观社会主义的色彩。"夫吾人之所以持民生主义者，非反对资本，反对资本家耳"——孙中山在这里以"独特的少女般的天真"显示了他的社会革命的纲领的实质和特色，并把现实主义同浪漫主义结合起来。正如列宁所指出的："中国社会关系的辩证法就在于：中国的民主主义者真挚地同情欧洲的社会主义，把它改造成为反动的理论，并根据这种'防止'资本主义的反动理论制定纯粹资本主义的、十足资本主义的土地纲领！"③显然，这就是民生主义的实质和复杂性所在。因之，科学评价的关键在于洞察时代特点和民生主义的基本内涵，不宜让目光停留于形式，更无须夸大某些主观因素。

---

① 《毛泽东选集》，678 页，北京，人民出版社，1966。
② 《马克思恩格斯选集》第 2 卷，83 页，北京，人民出版社，1957。
③ 《列宁全集》第 18 卷，155 页，北京，人民出版社，1959。

第二节
民生主义的新阶段

孙中山在旧民主主义革命时期提出了民生主义纲领,并为其付诸实现而进行了不懈的斗争。但是,民生主义的目标始终未能达到——从纲领的实际意义上来说,没有能够消除封建主义桎梏和最大限度地促进资本主义发展;从纲领的主观意图说来,"预防"资本主义和建成"社会的国家"难免流于空想。所以如此,主要原因在于民主革命的基本任务未能完成,中国近代化的通道仍然为帝国主义和封建主义所阻塞。在旧民主主义革命失败的日子里,中国社会经济生活呈现出十分混乱的、萧索的景象:贫困、落后的状况一如往昔,而人民群众的处境堪称"水深火热"。如果说民族主义和民权主义得到了一定程度的实现,那么,民生主义就连这种短暂的、微弱的慰藉也未曾带给它的倡导者。

在以五四运动为标志的革命转型的年代中,孙中山面临着把民生主义提升到新高度的历史任务。旧民主主义革命的实践业已显示了民生主义的缺陷,新民主主义革命阶段向人们提出了新的历史任务。作为革命民主派的社会经济纲领,民生主义如果停滞不前就会削弱自己的生命力。在中国共产党和国际无产阶级的帮助下,孙中山积极地发展了民生主义,以革命精神重新加以阐释,使它能够反映历史的特点。孙中山在20年代所倡导的民生主义乃是旧民主主义革命时期的民生主义的继承和发展——二者虽然存在共同之处,但又具有重要意义的差别。

十分明显,有关土地课题中增加了新的内容。尽管"核定地价"、"照价纳税"、"照价收买"和"涨价归公"具体方案仍然保留,而"思患于预防"的观念也未完全消弭,但是,孙中山终究把自己的目光更多地投向广阔的农村,并把农民解放和获得土地的问题作为"平均地权"的中心。孙中山正式提出了"耕者有其田"的口号,并且赋予了前所未有的新内容:"中国现在虽然是没有大地主,但是一般农民,有九成都是没有田的,他们所耕的田,大都是属于地主的。有田的人自己多不耕种。照道理讲来,农民应当说是为自己耕田,耕出来的农产品,要归自己所有。现在的农民,都不是耕自己的田,都是替地主来耕田,所生产的农产品,大半是被地主夺去了。这是一个很重大的问题,我们应该马上用政治和法律来解决,如果不能够解决这个问题,民生问题便无从解决。"①在另一次题为《耕者要有其田》的演讲中,孙中山更把这个课题的解决与"以俄为师"联系起来——"现在俄国改良农业政治之后,便推翻一般大地主,把全国的土地都分到一般农民,让耕者有其田。耕者有了田,只对国家纳税,另外便没有地主来收租钱。这是一种最公平的办法。我们现在仿效俄国这种公平办法,也要耕者有其田,才算是彻底的革命。"②孙中山未曾对实现"耕者有其田"的方案进行详尽的阐释,不过,它的具体而直接的目标"就是要农民得到自己劳苦的结果,要这种劳苦的结果,不会别人夺去"③。实施途径和方法则是由国家授田给无地或少地的农民——"农民之缺乏田地沦为佃户者,国家当给以土地,资其耕作。"④同时,还辅以由国家租田给农民耕种的方式——"土地应由国家收买……国家所得土地应均为农庄,长期贷诸移民,而经始之资本、种子、器具、屋宇应由国家供给,依实在所费本钱,现款取偿,或分年摊还。"⑤此外,还补充以其他手段,例如"农民之缺乏资本至于高利借贷以负债终身者,国家为之筹设调剂

---

① 胡汉民编:《总理全集》第 1 集,252 页,上海,民智书局,1930。
② 胡汉民编:《总理全集》第 2 集,498 页,上海,民智书局,1930。
③ 《总理遗教·演讲》,441~442 页,中国国民党中央党部宣传委员会编印。
④ 胡汉民编:《总理全集》第 2 集,48 页,上海,民智书局,1930。
⑤ 胡汉民编:《总理全集》第 1 集,560~561 页,上海,民智书局,1930。

机关,如农民银行等,供其匮乏"①。应当指出,上述三种办法中以授田方式为主,租田形式只是适用于边远地区移民的范围,对于农民的其他帮助则仅具有补充的性质。至于国家授予农民田地的主要来源有三:第一,经由"照价收买"的方式集中于国家手中。第二,没收地主未能照章纳税的土地——"对于地主……可以照价去抽税。如果地主不纳税,便可以把他的田地拿来充公,令耕者有其田。"②第三,作为对前两点的补充,则是国家通过"填地"而获取部分土地(估计由此可得 800 万亩左右)。

孙中山认为上述纲领的实现具有重大积极意义。首先,得以消除地主阶级残酷剥削农民的不合理现象。在他看来,中国农民所受的封建主义剥削是十分严重的:"从前俄国大地主所有的土地都是几百万方米,甚至几千万方米,那些大地主对于许多农奴自然不能精神贯注……待遇农奴自然也很宽大。我们这些小地主总是孳孳为利,收起租来,一升一勺,一文一毫,都是要计算,随时随地都是要刻薄。"③分配情况是"很不公平"的——"十分之六归地主,农民自己所得到的不过十分之四。"④孙中山确信如果不能"解决这个问题,民生问题便无从解决"。其次,封建剥削的消除将会提高劳动者的生产积极性,促进社会生产力的发展。在现存的不合理的土地制度下,由于"多数生产都是归于地主……所以农民便不高兴去耕田,许多田地便渐生荒芜不能生产了"。"平均地权"的实施将使"耕田所得的粮食完全归到农民","农民一定是更高兴去耕田的……都高兴去耕田,便可以多得生产"。⑤

显而易见,以"耕者有其田"口号为其鲜明标志的"平均地权"主张具有积极意义。与孙中山在旧民主主义革命时期所倡导的土地纲领相比较,它在两个方面有着重大的发展——原先体现的反封建倾向较为强烈和鲜明起来。农民阶级摆脱封建桎梏和要求土地的愿望,得到了进一步的反映。谴责土地所有制的不合理,鞭挞地主阶级的"不劳而食"的罪恶,同情和支持农

---

① 胡汉民编:《总理全集》第 2 集,4 页,上海,民智书局,1930。
② 《总理遗教·演讲》,41 页,中国国民党中央党部宣传委员会编印。
③ 《总理遗教·演讲》,439 页,中国国民党中央党部宣传委员会编印。
④ 胡汉民编:《总理全集》第 1 集,252 页,上海,民智书局,1930。
⑤ 胡汉民编:《总理全集》第 1 集,252~253 页,上海,民智书局,1930。

民群众的要求和斗争,把"耕者有其田"的口号作为民生主义的中心内容之一,这些使得"平均地权"的方案具有与前不同的形态。毛泽东在《新民主主义论》中对此给予了很高的评价:"这个共和国将采取某种必要的方法,没收地主的土地,分配给无地和少地的农民,实行中山先生'耕者有其田'的口号,扫除农村中的封建关系,把土地变为农民的私产。农村的富农经济,也是容许其存在的。这就是'平均地权'的方针,这个方针的正确的口号,就是'耕者有其田'。"[1]然而,孙中山在这个阶段所倡导的土地纲领仍然存在着不容忽视的缺陷,"平均地权"主张还不是彻底的土地革命纲领。首先,孙中山虽然也斥责和反对封建土地所有制和地主阶级,指出了它对社会经济发展的阻抑作用,但是,却没有把地主阶级视为民主革命的主要对象,认识到它"是帝国主义统治中国的主要的社会基础,是用封建制度剥削和压迫农民的阶级,是在政治上、经济上、文化上阻碍中国社会前进而没有丝毫进步作用的阶级"[2]。因而,未能把反封建斗争提到应有的高度。其次,与上述缺陷相联系,孙中山在实现"平均地权"的途径上依旧沿袭了过去提出的具有社会改良色彩的方案。即不把"耕者有其田"的纲领与土地革命联结起来,并以后者作为前者实现的基础;反之,却仍然企图经过国家采取"政治和法律"的手段——"核定地价"、"照价纳税"、"照价收买"等措施去解决这个课题。孙中山的下列论述充分体现了他的这种观点:"讲到解决土地问题,平均地权,一般地主自然害怕……但是照我们国民党的办法,现在的地主还是很可以安心的。这种办法是什么呢?就是政府照地价收税和照地价收买。"[3]显而易见,不把反封建和"耕者有其田"主张的实现放置在农村大变动——土地革命的基础上是难以想象的。因为封建主义在历史上源远流长,并且在社会生活各个领域中盘根错节,地主阶级在农村的统治,更是强固。再次,孙中山对于农民力量估计不足,甚至颇为担忧他们是否能够克服地主阶级的反抗——"如果我们没有准备,就仿效俄国的激进办法,把所有的田地,

---

[1] 《毛泽东选集》,671页,人民出版社,1966。
[2] 《毛泽东选集》,633页,人民出版社,1966。
[3] 胡汉民编:《总理全集》第1集,138页,上海,民智书局,1930。

孙文学说
构建近代中国的理论先导

马上拿来充公，分给农民，那些小地主一定是起来反抗的。就是我们的革命，一时成功，将来那些小地主，还免不了再来……马上就要耕者有其田，把地主的田都拿来交到农民，受地的农民，固然是可以得利益，失地的地主，便要受损失。但是受损失的地主，现都是稍为明白事体的人，对于国家大事，都很有觉悟，而一般农民全无觉悟。如果地主和农民发生冲突，农民便不能抵抗。"①这里，鲜明地显示了民主主义者在对待群众问题上的局限性。不能充分认识群众的智慧和力量，不相信他们是历史的真正创造者，从而也就不敢放手发动人民投入革命斗争。历史证明，分到土地的亿万农民奋起保卫革命果实，积极拥护人民政权，就会充分显示民主革命主力军的巨大作用。

在民生主义的另一基本课题——资本方面，孙中山所持的观点也较前有着重要的进展。如果"节制资本"和同步发展"国家资本"的思想在旧民主主义革命阶段仍然处于萌蘖状态，那么现在就已成为社会经济纲领中具有重要意义的方针。孙中山认为中国社会经济发展的进程不能重蹈欧美资本主义国家的老路，因为"大资本归私人所有，便受资本的害，大多数人民，都是很痛苦"②。必须实施"节制资本"的原则——"凡本国人及外国人之企业，或有独占的性质，或规模过大为私人之力所不能办者，如银行、铁道、航路之属，由国家经营管理之，使私有资本制度不能操纵国民之生计。"③同时，鉴于"要解决民生问题而仅仅依靠节制资本的方法是不够的"，因而，必须要以"发达国家资本"来解决"生产不足"的缺陷："我们的国家一定要发达资本，振兴实业……第一是交通事业，像铁路运河，都要兴大规模的建筑。第二是矿产，中国矿产极其丰富，货藏于地，实在可惜，一定是要开辟的。第三是工业，中国的工业，非要赶快振兴不可。"④孙中山确信"节制资本"和"发达国家资本"将会给社会带来福利——既可避免私人资本操纵国计民生

---

① 胡汉民编：《总理全集》第2集，498~499页，上海，民智书局，1930。
② 胡汉民编：《总理全集》第1集，245页，上海，民智书局，1930。
③ 胡汉民编：《总理全集》第2集，47~48页，上海，民智书局，1930。
④ 胡汉民编：《总理全集》第1集，242页，上海，民智书局，1930。

的弊病，又能迅速地促进社会经济的发展。

　　孙中山所制定的"节制资本"和"发达国家资本"的原则具有积极的社会意义。"节制资本"原则对于当时中国社会经济发展是绝对必需的——一方面，以五四运动为起点的新民主主义革命具有终结半殖民地半封建社会和导致社会主义社会的过渡性质，它不应当也不可能再步欧美资本主义的老路和覆辙。"非资本主义"的前途乃是唯一的康庄大道，这是不依人们意志为转移的历史的必然。另一方面，由于中国的现代工业在国民经济中的比重还很微弱，"为了对付帝国主义的压迫，为了使落后的经济地位提高一步，中国必须利用一切于国计民生有利而不是有害的城乡资本主义因素。"①私人资本可以存在和发展，但又必须加以限制，这是历史发展趋势的要求，孙中山倡导"节制资本"的原则正是在一定程度上反映了这种规律。"发达国家资本"的主张则是对于"节制资本"原则的积极的补充——一方面，具有"独占的性质"或"为私人之力所不能办"的企业既然不容许私人资本涉足，那就必须"发达国家资本"，以便在最重要的产业部门中实施近代化。另一方面，国家资本的发展将会使得社会经济生活中出现限制私人资本的强大因素，显然，对于"使私有资本制度不能操纵国民之生计"有着重要的意义。不过，孙中山的上述主张仍然存在着缺陷。首先，他未能明确理解无产阶级领导的人民政权在社会经济纲领中的决定性意义。尽管历史进程已经使人民共和国的方案取代了资产阶级共和国的方案，而《中国国民党第一次全国代表大会宣言》也承认"国民党之民权主义，则为一般平民所共有，非少数人所得而私"。但是，孙中山在国体问题上始终不曾认识到无产阶级领导权的决定性意义。这一缺陷反映在社会经济纲领中，就使得实行"节制资本"和"发达国家资本"的国家的性质缺乏明确的界说。然而，正是国家的性质在最大限度上决定了"节制资本"和"发达国家资本"的性质和现实性。其次，主观社会主义色彩依旧存在。孙中山甚至认为自己有关资本课题的主张具有共产主义性质——"实业由国家经营，所得的利益由大家共享……

---

① 《毛泽东选集》，1484页，北京，人民出版社，1966。

我们要解决中国的社会问题……就是要全国人民都可以安乐，都不致受财富不均的痛苦，要不受这种痛苦的意思，就是要共产。所以我们不能说民生主义与共产主义不同。"[①]显而易见，把两种本质不同的事物混为一谈难免会在理论和实践中带来消极后果。

　　孙中山以革命精神所阐释的民生主义依然具有局限性，在很多方面还沿袭了先前的观念。但是，它所包含的新元素毕竟在一定程度上反映了历史的发展和时代的特点，因而在当时的社会条件下发挥了进步的作用。

---

　　① 胡汉民编：《总理全集》第 1 集，245 页，上海，民智书局，1930。

第三节
民生主义的几个重要问题

民生主义中存在着一系列具有一般理论性质或涉及特定课题的论点,对它们作出阐明有助于进一步剖析孙中山的社会经济思想。

孙中山在经济学的一些重要理论问题或范畴上广泛地发表过意见,不过,由于认为"经济学之概说,千端万绪,分类周详,要不外乎生产分配二事"①。因而,生产要素论和分配论就成为他的中心议题。

孙中山在有关生产要素问题上重复了资产阶级庸俗经济学派的"三要素论"——"生产之要素有三:(一)土地。(二)人口。(三)资本。土地为人类所依附而存者也,故无土地无人类……仅有土地而无人工资本,则物产仍不能成。土地、人口、资本之同为生产要素,又缺一面不可也。"②这种观点包含着正确的成分:"人口"、"人工"当然是生产的主要因素之一,而作为劳动资料的土地也是生产的必要因素。但是,资本却不是生产的要素。孙中山的错误观念导源于他对资本这个历史范畴缺乏科学的理解,在他看来,"资本原非专指金钱而言,机器土地莫不皆是,就今日世界现状观之,其资本生产最巨者,莫如铁道"③。显而易见,孙中山的目光停留在资本的物质外壳,而未能洞察它的本质,即把资本视作特定的社会关系,虽然他也意识到资本必

---

① 胡汉民编:《总理全集》第 2 集,106 页,上海,民智书局,1930。
② 胡汉民编:《总理全集》第 2 集,106~107 页,上海,民智书局,1930。
③ 胡汉民编:《总理全集》第 2 集,118 页,上海,民智书局,1930。

须流动。①与此相关,资本在他的观念中也绝不是一个历史范畴:既有开端,亦有终结。孙中山作出了这种错误论断——"鲁滨逊之漂流海岛……斧与粮,供其生产之费用,其作用与资本同。谓之为资本,固未尝不可也。"②他对资本的起源也只能给以含糊的论述:"尝言资本之来源,多由于文明祖传,以供吾人今日之生产,欲究其始,则未易知。"③正是由于孙中山对于资本的理解局限于它的物质外壳,并未认识到它是一种社会关系和一个历史范畴,所以把诸如机器装备之类的生产工具与资本混为一谈,从而把资本错误地列入生产三要素之中。

在有关分配论的课题上,孙中山并未从生产三要素的主张中引申出为土地和资本占有者攫取劳动成果进行辩护的分配原则。他不同意某些资产阶级经济学者所倡导的分配论,例如,"按斯密亚丹经济学生产之分配,地主占一部分,资本家占一部分,工人占一部分,遂谓其深合于经济学之原理。殊不知此全额之生产,皆为工人血汗所成。地主与资本家坐享其全额三分之二之利,而工人所享三分之一之利,又析于多数之工人,则每一工人所得,较资本家所得者,其相去不亦远乎!宜乎富者愈富,贫者愈贫,阶级愈趋愈远。平民生计,遂尽为资本家所夺矣!"④在他看来,这是"不公平"的、"非正义"的,而最"公允"的分配原则应当是"人工宜得多数生产之余利,地主资本家则按其土地资本生产之应得之利息可矣"⑤。也就是"以土地人工资本所生之物,按土地人工资本之分量,配成比例"⑥。所以如此,主要根据在于:一方面,劳动者乃是社会物质财富的真正创造者。孙中山称赞工人为"人类世界之功臣",因为"世界一切之产物,莫不为工人血汗所构成"。⑦甚

---

① 孙中山曾经这样写道:"其人工造成之物产,消费之余,以之补助发达物产,无在不为资本……不以之为生产事业,似与废物无异,则不得谓为资本矣!"(胡汉民编:《总理全集》第 2 集,106 页,上海,民智书局,1930)
② 胡汉民编:《总理全集》第 2 集,107 页,上海,民智书局,1930。
③ 胡汉民编:《总理全集》第 2 集,107 页,上海,民智书局,1930。
④ 胡汉民编:《总理全集》第 2 集,108 页,上海,民智书局,1930。
⑤ 胡汉民编:《总理全集》第 2 集,114 页,上海,民智书局,1930。
⑥ 胡汉民编:《总理全集》第 2 集,107 页,上海,民智书局,1930。
⑦ 胡汉民编:《总理全集》第 2 集,115~116 页,上海,民智书局,1930。

至,"人工"、"劳力"还成为"资本"的"母亲"。"是以万能者,人工也。"另一方面,有产者利用土地和资本的占有以"垄断利源"是不合理的。孙中山认为"土地公有,实为精确不磨之论。人类发生以前,土地已自然存在,人类消亡后,土地必长此存留。可见土地实为社会所有,人于其间又焉得而私之耶"①。同样,"资本家以机器为资本,垄断利源"的状况应当改变。这里,孙中山把马克思"谓资本亦为人造,亦应属于公有"的学说视作"为多数工人谋其生存之幸福"与"为社会大多数谋利益者"。②

显然,孙中山对亚当·斯密分配论的批判具有一定的积极意义。他在这个课题上的阐述,表现了对剥削阶级的某种憎恶,显示了对劳动人民利益的关怀,甚至达到了劳动人民反抗资本压迫具有必然性和正义性的论断:"大资本家擅经济界之特权,牛马农工,奴隶负贩。专制既甚,反抗必力。伏流潜势,有一发而不可抑者。盖资本家之专制与政府之专制,一也。政府有推翻之日,资本家亦有推翻之日。"这种把资本主义矛盾归结为"分配不均"的观点虽缺乏严格的科学性,却充分体现了孙中山的社会经济观点中的民主主义倾向。同时,也为民生主义同社会主义成为"好朋友"提供了共通之处。但是,民生主义的局限性也是不容忽视的。孙中山所制定的"最公允"的分配原则并未脱出"三要素"论的窠臼,他只是主张把土地、人口和资本适当地"配成比例"以作为分配的根据。这种状况表明孙中山仍然在一定范围内承认土地和资本的私人占有的客观存在,并且在自己提出的分配原则中反映了上述占有情形对分配的影响。

在马克思主义与政治经济学中的另一个十分重要的范畴——剩余价值的有关问题上,孙中山作出了模糊的乃至错误的论述。他不同意马克思的剩余价值学说,认为他的"资本家的盈余价值,都是从工人的劳动中剥夺来的"观点是不正确的,因为,这意味着"把一切生产的功劳,完全归之于工人的劳动,而忽略社会上其他有用分子的劳动"。③在他看来,"所有工业生产

---

① 胡汉民编:《总理全集》第 2 集,110 页,上海,民智书局,1930。
② 胡汉民编:《总理全集》第 2 集,217 页,上海,民智书局,1930。
③ 胡汉民编:《总理全集》第 2 集,111 页,上海,民智书局,1930。

的盈余价值,不光是工厂内工人劳动的结果,凡是社会上各种有用有能力的分子,无论是直接间接,在生产方面或者在消费方面,都有多少贡献。"①孙中山更以纺织厂为例,指出"盈余价值"的创造者应包括植棉的农学家、肥料和器械的制造家以及消费布匹的群众。

十分明显,孙中山的"盈余价值"观念是不精当的。他未能把剩余价值科学地理解为雇佣工人的劳动所创造的、而被资本家无偿榨取的超过劳动力价值的价值。当然,一个资本主义企业的产品价值大于该厂工人所创造的剩余价值,这是因为前者由以下两个部分组成:其一,乃是工人在生产过程中所创造的剩余价值;其二,已消耗的生产资料(加工的原料和耗用的燃料等)和厂房、机器与工具折旧的价值。应当指出,上述两个组成部分是有分别的。前者是在生产过程中新增殖的价值,因为,作为特殊商品的劳动力能够创造出超过自身价值的新价值,提供了为资本家以利润形式攫取的剩余价值。后者固然为生产过程所必需,但却并不改变自身的数量,而只是按其消耗数量和折旧程度将价值转移到新产品中去。与此相应,资本家的企业投资也分为可变资本和不变资本两个部分。孙中山的失误在于他对于马克思的剩余价值学说的误解,既把资本主义商品生产的社会性与剩余价值学说相混淆,又把资本主义商品生产的社会性与剩余价值的创造源泉——雇佣劳动混为一谈,因而也就把企业中产品所包括的转移的价值和增殖的价值等量齐观。至于消费者则是与剩余价值无关,他们处于生产过程之外。

孙中山在剩余价值论方面所持的不正确的观点,对他理解资本主义制度的实质带来了消极后果。因为,剩余价值学说对于认识和剖析资本主义具有重大意义,关系到资本的本质、资本剥削的特点、资本主义生产的目的、资本的积累、资本主义的再生产等问题,成为解读资本的流通与运作及资本主义制度内涵的主要钥匙。无论是民主主义还是主观社会主义,都不可能正确理解剩余价值。恩格斯曾指出:马克思在理论贡献的主要成果之一即为剩余价值论。这桩兼具理论与实际意义的重大课题,只有科学社会

---

① 胡汉民编:《总理全集》第 1 集,217 页,上海,民智书局,1930。

主义才能解决。

至于外资问题,乃是孙中山的社会经济纲领中的重要内容之一。它不仅具有观念的意义,而且关乎实际政策的制定。

孙中山对于外资问题的关注是合乎逻辑的现象。他曾经明确指出:"今日谋中国之发达,不患自然力之不足,人力之不足,所缺者资本而已。"然而,西方资本主义国家工业化过程中的积累资本的方式显然不可能适用于中国。这种状况迫使孙中山探求解决资本问题的途径,外资利用成为孙中山的经济理论与实践经常涉及的课题。

孙中山一贯主张"举西人之文明而尽有之",认为"可以西方已辟之路线而行之",不过,不是完全重蹈"旧路径"。在他看来,学习西方的障碍是很严重的:"盖中国之孤立自大,由来已久……故不能取人之长,以补己之短……虽然闭关自守之局,为外力所打破者,已六七十年,而思想则犹是闭关时代荒岛孤人之思想。故尚不能利用外资,利用外才,以图中国之富强也。"孙中山反对"闭关自守,深绝固拒"的态度,并且揭露了清政府将淞沪铁路"买而拆卸之,弃其铁轨车头于孤岛"的荒诞悖谬事实。他以讽喻的笔触批判了"荒岛孤人之思想":"其所需要皆一人为之,不独自耕而食,自织而衣,亦必自炊而后得食,自缝而后得衣。其劳苦繁难,不可思议,然其人亦习惯自然,而不知在社会互助之便利,人类交通之广益也。"孙中山对封建主义的愚昧落后、妄自尊大和故步自封是深恶痛绝的,因为这种行为无异于倒行逆施。

孙中山认为中国利用外资是必要的和可能的,必须变"闭关主义"为"开放主义"。所以是必要的,主要由于下列两种情况所决定:其一,贫困落后的中国难以迅速地集中大量资金投入发展社会经济的各项事业中去。以铁路修建为例,孙中山这样写道:"一年筹一千万亦需六十年,始达六万万之数,而已精疲力竭,一切流通资本,悉归之于铁路建筑之上,金融机关必须停止;则铁路造成之日,即为国家灭亡之时。"[①]其二,中国落后的生产技术不能为工业化提供必需的装备,而"排外资,则我自造一切生产之机器矣!然

[①] 《总理遗教·演讲》,423页,中国国民党中央党部宣传委员会编印。

自造之,亦当需机器乃能造机器,此机器之母必当购之外国矣!以其高利之金钱而购此机器,不如以低利而借此机器之为愈也"①。其三,缺乏技术和管理人才。"我无人才","我无良好方法",所以,应当"利用外国人才"和"良好方法"。其四,中国资本家是弱小的,但又要预防他们发展为垄断"国民生计",因而,需要利用外资。要之,"欲使外国之资本主义以造成中国之社会主义"。所以是可能的,是因为利用外资将会给输入国和输出国共同带来利益——"中国实业之发达,固不仅中国一国之利也,而世界必同沾其利。"②中国利用外资就会给资本主义国家的"剩余"资本和物资开拓了输出场所,使得"各国公司工厂,皆有利益"。而"各国之资本家,即如米店钱铺,惟恐我不借他之款"③。

为了宣扬上述主张,孙中山不得不同反对的意见进行争论。在他看来,不能把利用外资一律视为"鸩毒":"以为中国今兴筑铁路,必借外国资本,而外国必乘机以侵略中国,瓜分中国"的意见实为"大误"。④恰恰相反,"瓜分之说,列国倡之有年,而未遽实行者"的原因在于"各国在中国利益不忍破弃于一旦"。所以,"今使彼输入中国有六万万之大资本,用于兴筑铁路之上,彼欲得此资本之安全,则有投鼠忌器之思,而不甘破坏和平。"⑤同时,孙中山也反对弱国不宜借用外资的主张。认为"日本以外资外法数十年一跃而为强国矣!暹罗则更弱……今居然成为亚洲完全独立国矣!是知虽弱国借外资亦无害"⑥。孙中山把问题的关键归之于是否"善"于利用外资,善则"有百利而无一害",例如,外债的某些弊端——如"回扣"之类——是完全可以避免的:"若知识高远透切,则知外资非独金钱,能借非独官场,当无信乎回扣之弊也……人人欢迎外资,则必能要求政府立公平之法律以保护之,则官

---

① 胡汉民编:《总理全集》第1集,293页,上海,民智书局,1930。
② 胡汉民编:《总理全集》第1集,521页,上海,民智书局,1930。
③ 胡汉民编:《总理全集》第2集,86页,上海,民智书局,1930。
④ 《总理遗教·演讲》,485页,中国国民党中央党部宣传委员会编印。
⑤ 《总理遗教·演讲》,486页,中国国民党中央党部宣传委员会编印。
⑥ 胡汉民编:《总理全集》第3集,293页,上海,民智书局,1930。

场不能垄断回扣矣！"①

应当指出,对孙中山在外资问题上的主张必须进行具体分析。他对利用外资的见解有其积极的一面。不应当笼统地反对引进外资,重要的是如何引进外资。孙中山对于帝国主义的经济侵略,并非没有认识——特别是在他的后期活动中更是如此。还在20世纪初期,他就在《致鲁赛尔函》中明确指出:"他们不至于笨到这般地步,实行商业的自杀来帮助中国拥有自己的工业威力而成为独立的国家……他们的利益首先在于使中国永远成为工业落后的牺牲品,这也是十分明白和容易理解的。"他列举了帝国主义的掠夺手段——"洋货的入侵"、"银行的纸币进入市场、汇兑的折扣、存款的转借"、"进出口货物的运费"与"特权营业"等等,并且指出侵略者经由这些方式"每年从中国榨取的财富不下十二万万元"。②同时,孙中山也把帝国主义的经济侵略和政治侵略联系起来,阐明二者是相互为用的。如大量的舶来品之得以低税运入,就是由于"不平等条约"作祟。因此,为使"本国的工业自然发达",就必须实行"保护政策";而为了实行"保护政策",就必须"从政治上着手"——"打破一切不平等条约"。③事实上,孙中山曾经一再申明"主权万不可授之于人"是利用外资的基本前提。对于帝国主义利用借贷而提出的损害中国权益的附加条件(例如"置兵保路"、"财政监督"等),他也表示坚决反对:"倘银行团以不得监督而不允借款,则中国政府便在国内自筹款项。"④"一、不失主权;二、不用抵押;三、利息甚轻"——即为孙中山在辛亥革命后的困难时日中所坚持的借贷原则。这里,民族资产阶级与买办资产阶级之间的分野是十分鲜明的。孙中山的有关主张和见解,无疑有着借鉴意义。

但是,孙中山在外资问题上的观念也表明了他对帝国主义的认识模糊并抱有一定程度的幻想。他主张利用外资的一些理由和依据也是不够充分

---

① 胡汉民编:《总理全集》第3集,294页,上海,民智书局,1930。
② 胡汉民编:《总理全集》第1集,30页,上海,民智书局,1930。
③ 胡汉民编:《总理全集》第1集,281页,上海,民智书局,1930。
④ 《总理遗教·谈话》,6页,中国国民党中央党部宣传委员会编印。

的,严峻的现实已经作出了与之相反的论断。自从 19 世纪末叶以来,帝国主义力求把中国变为资本输出的市场。列宁曾经指出:"帝国主义的趋向之一,即形成为'食利国'或放债国的趋向愈来愈明显了。"①在 1895 年签订的《马关条约》中,日本侵略者迫使中国政府同意了"得到中国通商口岸城邑,任便各项工艺制造"的条款。财政寡头们采用了各种方式输出资本以榨取大量的人民膏血,攫取了一系列特权。全部中国近代经济史表明:帝国主义对华资本输出乃是中国社会经济落后的根源之一。例如,1894—1937 年间,投入中国的外资总额约 17.4 亿美元,但帝国主义却在同一时期内通过投资利润和借贷本息的形式掠夺了 34.4 亿美元。②中国社会是贫困和落后的,但利用外资无异"饮鸩止渴"和"与虎谋皮"。中国社会经济的发展、"实业的发达"是不合于帝国主义侵华目的和利益的,因而期待以外资发展社会经济往往只能是空想。在附有特权或高额利润的情况下,"各国之资本家"确是"惟恐我不借他之款"。但属于平等互利性质的借贷,却难以在帝国主义同旧中国的经济关系中哪怕是找到一桩。中国资本主义的曲折发展过程表明:一般来说,外资不是积极的动因;恰恰相反,中国资本主义的所谓"黄金时代"正是帝国主义忙于彼此厮杀而在客观上放松了对华经济侵略的时刻。显而易见,孙中山在外资问题上的主张缺乏现实意义。问题的关键不在于外资能否利用,也不完全在于是否善于趋利避害。毫无疑问,根本的问题在于中国能否真正摆脱半殖民地半封建社会状态。只有在民族独立和民主建政的前提下,才真正有可能利用外资和引进技术装备、人才等。

现实生活毕竟教育了孙中山,正如毛泽东所指出:"在孙中山的一生中,曾经无数次地向资本主义国家呼吁过援助,结果一切落空,反而遭到了无情的打击。"③在第一次国共合作时期,孙中山对于外资问题所持的观念有了一定程度的变化。当 1924 年北上过长崎时,他就中国财政问题给予日本

---

① 《列宁全集》第 22 卷,293 页,北京,人民出版社,1959。
② 吴承明:《帝国主义在旧中国的投资》,6 页,北京,人民出版社,1956。
③ 《毛泽东选集》,1479 页,北京,人民出版社,1966。

记者的回答即是"中国当有办法,不必借外债"①。

近代中国社会经济生活中交织着复杂尖锐的矛盾,它们在孙中山所倡导的民生主义中得到了反映。

作为革命民主主义战士,孙中山曾把祖国的繁荣富强和人民生活的幸福美好视为毕生奋斗的主要目标。在旧民主主义革命时期,他的民生主义在一定程度上摒弃了农民阶级社会经济纲领中的平均主义和维新派的"普鲁士式道路"的倾向,而为中国近代化制定了一条与民主革命政治路线相应的、得以迅速发展的道路,规划了气魄宏大的建设蓝图,表现出振兴民族的热望。在新民主主义革命时期,他把民生主义提升到新的高度。"耕者有其田"成为土地纲领的中心口号。"节制资本"和"发达国家资本"则构成工业化课题的基本内核。由于民生主义反映了历史进程的特点,使自身获得了新的生命力。如同历史上的许多进步思想一样,植根于近代中国社会土壤的革命民主派的社会经济纲领也烙有历史的和阶级的局限性的印记。然而,作为社会经济发展趋向的反映,凝聚广大人民渴望摆脱贫困落后的意愿,民生主义在近代中国不愧为具有划时代意义的经济纲领。

---

① 《孙中山选集》下卷,892页,北京,人民出版社,1981。

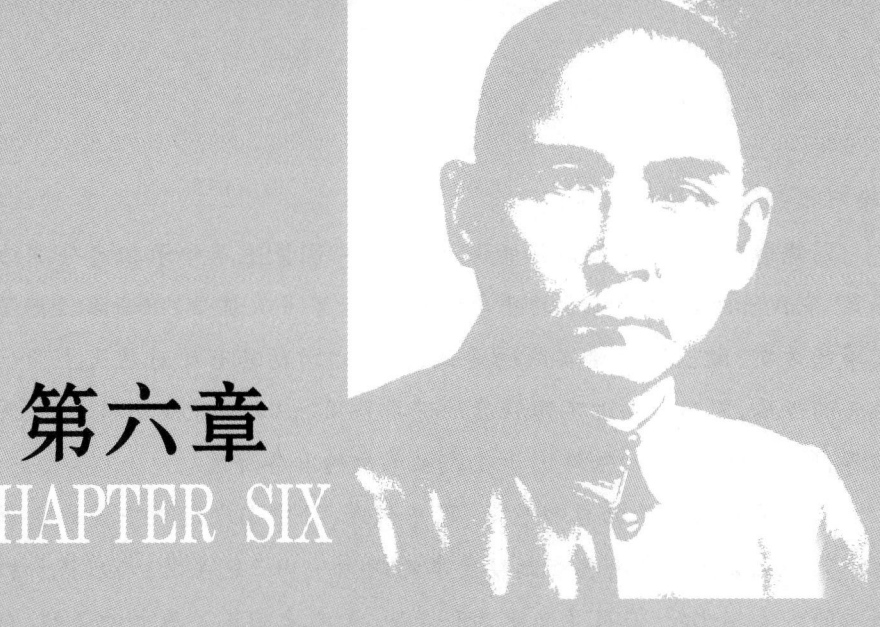

第六章
CHAPTER SIX

新三民主义与三大政策

"帝国主义侵略中国,反对中国独立,反对中国发展资本主义的历史,就是中国近代史。"①从鸦片战争开始,帝国主义与封建主义相结合,使得中国逐步从封建末世沦为半殖民地半封建社会:对外缺乏独立,对内没有民主,积贫积弱。中国人民面临的首要任务就是"实行反对帝国主义和封建势力,为了建立一个独立的民主主义的社会而斗争"②。近代中国任何进步的、革命的阶级、政党和人士都必须承担这桩历史的使命,而一切真正的社会变革则定要以争取独立、民主和富强为其主要内涵。

马克思在论述欧洲19世纪中叶的革命运动时强调了思想启蒙的重大作用:"它在破除一切对过去事物的迷信以前,是不能开始实现自身任务的。"③这种观点具有普遍的意义:社会思想变革往往成为社会政治、经济变革的先导。近代中国社会生活就呈现出这种状况,而在新兴的资产阶级的活动中显得更为清晰:前所未有的形势和任务迫切要求相应的思想、纲领和方案,为

---

① 《毛泽东选集》,673页,北京,人民出版社,1966。
② 《毛泽东选集》,660页,北京,人民出版社,1966。
③ 《马克思恩格斯全集》第8卷,124页,北京,人民出版社,1961。

孙文学说
构建近代中国的理论先导

"除旧布新"提供精神准备。

围绕着独立、民主和富强的课题,近代中国民主革命承担者分别给予了答案。农民阶级提出了朴素的斗争纲领,进行了多次抗争。维新派传播了社会变革的方案,做出了付诸实践的尝试,他们的活动具有反对殖民主义和封建主义的性质,因而产生过不同程度的进步作用。但又由于缺乏科学的、圆满的回答,所以他们的活动依然囿于在民主革命的准备阶段。

作为革命民主派的卓越政治、思想代表,孙中山在近代中国民主革命过程中第一次提出了带有共和制度要求的纲领——三民主义。与农民阶级和维新派的方案相比较,三民主义更为科学地、圆满地回答了历史的课题,自觉地顺应了中国社会的发展——近代化趋势,把民主革命推进到正规阶段。毫无疑问,伟大的辛亥革命就是以三民主义为其指导思想的主流。孙中山在旧民主主义革命时期所倡导的三民主义,无疑是在当时历史条件下比较进步和科学的民主主义政纲。它的重要历史地位和积极作用,是不可低估的事实。但是,随着历史行程的发展,中国和世界在20世纪初期发生了巨大的变化:十月社会主义革命开拓了人类历史的新纪元;五四运动和中国共产党的成立,标志着新民主主义革命阶段取代了旧民主主义革命阶段。因此,旧三民主义必须与时俱进,有所扬弃,以反映新时期的历史特点。这样,三民主义才能持续其生命力,发挥积极的战斗作用,无愧为先进的思潮。孙中山接受了中国共产党和国际无产阶级的帮助,使自己的理论获得深刻的变化,促进了第一次国共合作的实现,推动了北伐战争的开展。正是在这种意义上,毛泽东指出:"孙中山先生之所以伟大,不但因为他领导了伟大的辛亥革命(虽然是旧时期的民主革命),而且因为他能够'适乎世界之潮流,合乎人群之需要',提出了联俄、联共、扶助农工三大革命政策,对三民主义作了新的解释,树立了三大政策的新三民主义。"①

新三民主义是旧三民主义的承传和发展。联俄、联共、扶助农工的三大政策则是新三民主义的灵魂。《中国国民党第一次全国代表大会宣言》集中反映

---
① 《毛泽东选集》,627~628页,北京,人民出版社,1966。

了孙中山思想的演进,体现了中国共产党和国际无产阶级的积极影响。

　　新三民主义与三大政策顺应了历史潮流和反映了时代特点,成为孙中山思想和活动的高峰。

孙文学说
■ 构建近代中国的理论先导

第一节
新三民主义的民族主义

孙中山在旧民主主义革命时期提出了民族主义纲领，并进行了艰苦的斗争。他在这方面的理论和实践活动产生过积极的意义：辛亥革命的中心口号就是"反满"；避免被列强瓜分、共管则是题中应有之义。参加这场全国范围的革命运动的各个阶级和阶层主要是在民族主义的旗帜下取得最大程度的共识和一致，由是汇合为一股冲毁清帝国的洪流。

然而，多次艰苦斗争的结果表明：与其说民族主义的中心任务在一定意义上——反对满洲贵族"宰制于上"得以实现，不如说民族主义的根本任务在更为深远的意义上——反对帝国主义的瓜分、共管未曾完成。事实上，旧民主主义革命未能取得真正胜利，半殖民地半封建社会秩序没有得到根本改变，民族问题的解决——对外摆脱帝国主义的侵凌、对内实现各民族间的"平等共处"是不能实现的。在所谓民国的时期，中国的民族问题呈现为一幅异常惨淡的图景：帝国主义列强依然像大山压在中国人民头上，残酷地榨取广大群众的血汗；地主阶级的军阀官僚统治与地主阶级和大资产阶级的联盟专政，则是媚外卖国，对内实施大汉族主义的反动民族压迫政策。

孙中山面临着新的历史任务：必须促使民族主义在自身的扬弃中上升到新的高度。不仅是严酷的现实要求他重新检视自己的民族主义理论和实践，更重要的还是历史行程进入了一个新时代。近代中国社会的变化是如此急剧，以至曾经在历史上起过积极作用的民族主义面临着现实的考验。

对于孙中山和他的忠实战友说来，以革命精神重新解释民族主义具有重要意义。在中国共产党和国际无产阶级的帮助下，孙中山发展了旧民主主义革命阶段所提出的民族主义，使它反映了新的历史特点，重新获得了生命力。当然，这是孙中山忠实于民主主义的结果。

民族主义的深刻的变化过程，发轫于旧民主主义革命遭到顿挫并引发反思的年月。十月社会主义革命和五四运动——在政治意义上它是一场空前的彻底反帝运动——促成了一系列新因素的出现，而1924年召开的中国国民党第一次全国代表大会的"宣言"则是转变基本完成的标志。新民主主义革命时期的民族主义乃是旧民主主义革命时期民族主义的继承和发展，二者之间既有因袭也有区别。

明确的反帝主张显然是民族主义发展新阶段的首要优长与特色。孙中山在1920年曾对民族主义的理论和实践作过初步审视和检验，认为"当初同盟会还只明白民族主义，拼命去作……其实民族主义也未完成"①。所以如此，是由于现在"清室虽不能压制我们，但各国还是要压制的"②。稍后，孙中山进一步指出了中国人民备遭侵凌的境况："脱离了满洲人的奴隶，还要作外国人的奴隶。"③为了摆脱这种不堪忍受的状况，孙中山号召革命党人仍要不懈地"提倡民族主义"，"在民族主义上作工夫"。④这里，孙中山在否定先前一度持有的民族主义"已因清廷退位而实现"的狭隘观念的同时，也把过去融合到"反满"课题中的避免瓜分、共管厄运的观念，发展为将反对列强侵略的任务提到独立的地位，得出"勿谓满清已倒，种族革命已告成功，民族主义即可束诸高阁"⑤的结论。至此，他已经区分了国内民族问题与反对帝国主义问题的联系与差别。孙中山日益认识到帝国主义才是中华民族的大敌，越发理解到民族解放运动必须以反帝为首要内容。

在多次的演讲中，孙中山把自己的祖国称作"半独立国"、"殖民地"或

---

① 《总理遗教·演讲》，35页，中国国民党中央党部宣传委员会编印。
② 《总理遗教·演讲》，38页，中国国民党中央党部宣传委员会编印。
③ 胡汉民编：《总理全集》第2集，416页，上海，民智书局，1930。
④ 《总理遗教·演讲》，44页，中国国民党中央党部宣传委员会编印。
⑤ 《总理遗教·演讲》，224~225页，中国国民党中央党部宣传委员会编印。

"次殖民地"。"次殖民地"的概念缺乏严格的科学内涵,但却表现了孙中山的强烈民族感。在他看来,"现在做各国人的奴隶所受的痛苦,比以前更甚。"①帝国主义对中国进行了多方面的侵略,凭借着"自然力"和"人为力"威胁着中华民族的生存。"自然力"是指人口形成的压迫:帝国主义列强人口增殖率甚高,中国人口数字增长缓慢,甚至停滞或减少。②人口众多的民族就有可能去征服或同化人口较少的民族。正如汉族曾经同化过人数不多的满族、蒙古族一样,帝国主义列强也将"用多数来征服少数,一定要并吞中国"③。"人为力"则包括"政治力"和"经济力",而"这两种力关系于民族兴亡,比较天然力还要大"。④帝国主义的"政治力"意味着它们对中国实行"军事侵略"和"外交侵略",甚至直接扼杀中国革命运动。孙中山认为辛亥革命以来的中国人民的斗争往往为反革命军阀"所阻止",但军阀所以有这种力量,主要是"因为军阀背后有帝国主义援助"。⑤稍后,他更明确指出帝国主义列强"尝助反对我者以扑灭吾党"⑥。孙中山开始改变了过去认为中国革命事业可以获得列强支持和援助的失误,得出了一条对于殖民地附属国的民族解放运动具有重大意义的结论:"帝国主义……就是用政治力量去侵略别国的主义。"⑦帝国主义还实行"经济力"侵略,这种"压迫"较之"政治的压迫,还要厉害"。⑧孙中山把帝国主义的经济侵略方式归纳为下列几种:"洋货的侵入"、"外国银行的纸币侵入市场、汇兑的折扣、存款的转借"、"进出口货物的运费"、"租界与割地中的赋税"、"地租和地价"、"特权营业"、"投机事业和其他种种剥削"。⑨在他看来,帝国主义正是经由以上种种手段控

---

① 《孙中山选集》下卷,637 页,北京,人民出版社,1981。
② 孙中山在这里所持的中国人口数字主要是根据美国驻华公使柔克义所估计的数字——3 亿。这是不符合近代中国人口的实际数字和人口发展趋势的。
③ 《孙中山选集》下卷,601 页,北京,人民出版社,1981。
④ 《孙中山选集》下卷,602 页,北京,人民出版社,1981。
⑤ 《总理遗教·演讲》,141~142 页,中国国民党中央党部宣传委员会编印。
⑥ 邓泽如:《中国国民党二十年史迹》,305 页,上海,正中书局,1948。
⑦ 胡汉民编:《总理全集》第 1 集,45 页,上海,民智书局,1930。
⑧ 胡汉民编:《总理全集》第 1 集,20 页,上海,民智书局,1930。
⑨ 《孙中山选集》下卷,607~615 页,北京,人民出版社,1981。

制了中国经济命脉,贪婪地榨取着中国人民的血汗,每年"夺去十二万万的金钱"[①]。地大物博的中国,就这样沦为"民穷财尽"。孙中山还把帝国主义列强的政治侵略和经济侵略联系起来考察,指出二者乃是"相互为用"和"彼此补充"。例如,帝国主义输出棉纺织品和直接在华开设纺织厂的经济侵略行为也是一个"政治问题",因为帝国主义之所以能够采取扼杀中国棉纺织业的手段,是由于"不平等条约的束缚"——这是二者的"相互为用"。同时,帝国主义在侵略中国的过程中,"到了经济力有时而穷,不能达到目的的时候,便用政治来压迫"[②]——这是二者的"彼此补充"。显而易见,与"自然力"的不无偏颇的论述相比较,"人为力"的剖析具有更为深刻的社会内容,表明孙中山对帝国主义的认识有了长足的进步。尽管孙中山还未能洞察帝国主义的本质和属性,但他从政治和经济方面剖析了帝国主义的侵略活动,揭露了殖民掠夺的罪恶,就必然会对民族解放事业发生重大积极作用。

在帝国主义时代,资本主义已经"变为各民族的最大压迫者"。只有把斗争的主要矛头指向帝国主义,殖民地附属国的民族解放运动才会循着正确的轨道发展。孙中山重新解释过的民族主义,正是在对外方面发生了鲜明的变化:反对帝国主义,被规定为首要任务。《中国国民党第一次全国代表大会宣言》对此作了比较全面的概括,指出"辛亥以后,满人之宰制政策,已为国民运动所推翻,而列强之帝国主义则包围如故,瓜分之说,变为共管……其结果足使中国民族失其独立与自由则一也"。因此,"民族主义,其目的在使中国民族得自由独立于世界";而"民族解放之斗争,对于多数之民众,其目标皆不外反帝国主义而已"。[③]民族主义纲领必然体现为实际政策,"废除不平等条约"、革除"侵略中国主权"的一切现象的要求相应提出。这样,民族解放运动的首要任务就得到更为客观的反映和表述。毛泽东曾经对此给予了高度评价:"孙中山和我们具有各不相同的宇宙观,从不同的阶级立场出发去观察和处理问题,但在20世纪20年代,在怎样和帝国主义作斗争的

---

① 《孙中山选集》下卷,642页,北京,人民出版社,1981。
② 《孙中山选集》下卷,833页,北京,人民出版社,1981。
③ 《孙中山选集》下卷,525页,北京,人民出版社,1981。

问题上，却和我们达到了这样一个基本上一致的结论。"①

民族主义的另一基本课题乃是国内多民族之间关系的解决的原则，它也达到了前所未有的高度，虽然，这个发展过程经历了不断的扬弃。还在1920年，孙中山在一次演讲中否定了先前所持有的"五族共和"的观念，认为"这五族的名词很不切当，我们国内何止五族呢……应该把我们中国所有各民族融成一个中华民族"②。翌年，孙中山又进一步阐发了"民族融合"的见解："必要满、蒙、回、藏都同化于我们汉族，成一个大民族主义的国家。"③应当指出，这种以汉族为中心而"融合"、"同化"其他少数民族的主张乃是孙中山把一般的、抽象的"五族共和"具体化的结果，这种探索和尝试虽不意味着趋近于正确的解决，但却便于自身的扬弃。同时，对于孙中山上述主张不能采取简单的历史类比。在世界近代史上曾经出现过形形色色的实质上推行民族压迫的"融合"、"同化"的理论和实践——例如沙俄的"俄罗斯化"、匈牙利的"马扎尔化"和德意志的"日耳曼化"等等。显而易见，这些"同化主义"和孙中山的"融合"、"同化"主张是不同的。因为，孙中山的纲领中并未否认国内各个民族间的平等：既没有剥夺少数民族的权利，也没有赋予汉族以特殊权益。正如他所指出的："汉族当牺牲其血统，与夫自尊自大之名称，而与满、蒙、回、藏之人民，相见以诚，合为一炉而冶之。"④同时，孙中山这种主张还具有对于遭受帝国主义侵凌的少数民族给予帮助的含义。在他看来，这些少数民族"没有自卫的能力"⑤，所以，应当经由民族的"融合"、"同化"以"提撕振拔"。在这个问题上，孙中山把美国和瑞士作为楷模，认为"美利坚的新民族，便是合英、荷、法、德、俄几国的人同化到美国所成的名词，因为那些国家的人到了美利坚之后，都合一炉而冶之，成了一个民族，所以才有今日光辉灿烂的美国……这样的民族主义，才是积极的民族主

---

① 《毛泽东选集》，1477页，北京，人民出版社，1966。
② 《总理遗教·演讲》，38页，中国国民党中央党部宣传委员会编印。
③ 《总理遗教·演讲》，42页，中国国民党中央党部宣传委员会编印。
④ 《国父遗著未刊本——三民主义》，6页，上海，民智书局，1924。
⑤ 胡汉民编：《总理全集》第2集，204页，上海，民智书局，1930。

义"①。瑞士经历了大体类似的过程,因而"早成了独立民族主义的国家"②。应当指出,他在这里未能充分关注到美国存在的种族歧视。不过,孙中山的这种观念是可以理解的,美国和瑞士曾是在资本主义所能容许的最大限度的民主主义原则上解决民族同化和共处的典型。列宁曾经指出:"资本主义同化民族的这一过程包含着极大的历史进步作用。"③例如,"美国的民族界限的磨灭具有进步性",因为这种"融合"除去消极因素外,"还有资本主义所具有的世界历史意义的打破民族壁垒、消除民族差别、使各民族同化的趋势"。④同样,瑞士则是"把民族斗争减到最小限度,从根本上消除它"⑤的国家。正是在这种意义上,孙中山以美国和瑞士为范本所制定的民族同化政策也就包含着民主主义因素。但是,孙中山的这种主张终归是不够精当的。首先,一定程度上的大汉族主义倾向贯串着民族"融合"、"同化"的政策。孙中山忽视了少数民族在中国社会生活中的作用,甚至作出"中国是一个民族造成一个国家"⑥的夸大汉族地位和意义的论断。因此,在上述观念基础上形成的民族"融合"、"同化"政策难免在实际上是以汉族为中心,没有完全反映国内各个少数民族的社会经济、政治和文化特点,未能充分尊重历史上形成的多民族的事实,不仅不能圆满解决国内民族问题,反而会在政治上造成消极的影响。其次,孙中山效法美国和瑞士的主张忽略了具体的历史条件:一方面,近代中国社会根本不存在资本主义化的通途,所以"资本主义同化过程"根本不具备先决条件。另一方面,具体社会条件也不相同。美利坚民族大同化过程是在大规模移民基础上进行的,共居于新大陆的各个民族移民自然地融合为一个新民族。反之,中国境内各民族则已在绵长的历史过程中形成比较稳固的共同体,它们各自具有独特的社会经济、政治和文化生活,彼此之间往往还存在剥削阶级统治所造成的许多严

---

① 《总理遗教·演讲》,42页,中国国民党中央党部宣传委员会编印。
② 《总理遗教·演讲》,43页,中国国民党中央党部宣传委员会编印。
③ 《列宁全集》第20卷,12页,北京,人民出版社,1958。
④ 《列宁全集》第20卷,11页,北京,人民出版社,1958。
⑤ 《斯大林全集》第2卷,307~308页,北京,人民出版社,1953。
⑥ 《孙中山选集》下卷,590页,北京,人民出版社,1981。

重隔膜。因此,缺乏"同化"的必要条件。显然,孙中山在这里所作的历史类比和仿效是不尽妥当的。

孙中山对国内民族问题的探究并未停止,终于在他的晚年达到了新的高度。《中国国民党第一次全国代表大会宣言》提出了"民族自决"的原则,代替了先前民族"融合"、"同化"的主张。"民族自决"原则的基本内容如下:"承认中国境内各民族之自决权,于反对帝国主义及军阀之革命获得胜利后,当组织自由统一的(各民族自由联合的)中华民国。"①由于这个课题在当时议事日程上仍未居于当务之急的地位,所以孙中山未曾作出较为详尽的阐发。但它终究是一个重大意义的发展,在很大程度上表明孙中山接受了中国共产党的相关主张的影响。

民族主义新阶段仍然具有局限性,但它作为一面战斗的旗帜,不愧为殖民地附属国民族民主革命中民族主义进步性的高度表现。

---

① 《孙中山选集》下卷,526 页,北京,人民出版社,1981。

第二节
新三民主义的民权主义

　　孙中山在旧民主主义革命时期高举政治革命的旗帜，提出了反对封建暴政、建立共和国的政纲，并且进行了不懈的战斗。民权主义的理论和实践在当时的历史条件下产生过重大的革命作用，1911年爆发的全国规模的革命运动结束了沿袭数千年的封建君主制度。然而，与其宣称民权主义在一定意义上得以实现，推翻了封建君主制度和建立了"民国"；毋宁确认民权主义在更为深远的意义上未能贯彻——封建暴政的社会基础不曾扫除，共和国只是虚有其表，国体没有根本性的变化，人民仍旧处于贫困、无权的境地。在辛亥革命后的动荡年月里，惨淡的政治图景对于民权主义无异成为尖锐的讽刺。作为帝国主义和地主阶级、大资产阶级的政治代表，军阀、官僚和政客们攫取了政权，虽然"城头变幻大王旗"经常发生，但人民依然没有政治权利，照旧处于被奴役的境地。孙中山和他的战友们虽曾掀起过多次捍卫共和制度的斗争，却不能改变旧民主主义革命濒临终结的趋势。

　　孙中山面临着把民权主义提升到反映现实新高度的历史任务。不仅是因为资产阶级共和国方案的破产迫使孙中山重新检视民权主义，还由于新民主主义革命阶段的到来，向他倡导的政纲提出了一系列的要求。民权主义必须在自身的扬弃中求得发展，停滞和僵化将会使它沦为不合时宜的思想。在中国共产党和国际无产阶级的帮助下，孙中山以革命精神重新阐释了民权主义。显然，这是孙中山忠实于民主主义的逻辑的结果。

孙文学说
■ 构建近代中国的理论先导

大致说来,民权主义新阶段的发展过程可以上溯到两次护法运动的失败,俄国十月社会主义革命和五四运动成为转折点,《中国国民党第一次全国代表大会宣言》的有关阐发标志着思想跃进的完成。以革命精神阐释过的民权主义,是旧民主主义革命时期民权主义的继承和发展,二者既有着相同之处,也存在着不可忽视的差别。

进一步批判封建暴政,仍是民权主义发展新阶段的内容之一。首先,孙中山历史地考察与论证了封建暴政灭亡和民主制度胜利的必然性。他把社会政治制度的变迁分为四个阶段——"洪荒时代"、"神权时代"、"君权时代"和"民权时代"。"洪荒时代"已是遥远的往昔,"人们的集合"是"天然的"而非"人为的"。稍后,文明的发展扩大了人们从事各种活动的领域,群众开始推举出自己的领导者,由于"和天争不是和兽争可以用力气的,于是发生神权"。随着人与人争的阶段代替了人与天争的时期,于是"君权时代"到来。最后,由于"科学一天发达一天,人类的聪明也一天进步一天,于是生出了一个大觉悟",即是"知道君主专制是无道,人民应该反抗,反抗就是革命"。这样,"民权时代"就取代了"君权时代"。孙中山的上述观点包含着两重积极意义:一方面,贯串着社会进化的思想,把社会政治制度视作一个发展进程,确认"民权时代"的必然性;另一方面,含有历史主义因素,把民权问题纳入一定的历史范畴,作为人类社会政治生活的高级发展阶段。不同于卢梭的带有形而上学意味的"天赋人权"观念,孙中山认为"民权之萌芽,虽在二千年以前的希腊、罗马时代,但是确立不移,只有一百五十年"[1]。有别于18世纪法国启蒙主义思想家把中世纪视为毫无意义的"人类愚昧"的产物,孙中山认为封建政治制度曾经产生过积极作用——"从前人类的知识未开,赖有圣君贤相去引导,在那个时候,君权是很有用的。"[2]只是随着人类文明的发展,"君权"方才成为"无道"的、"难以忍受"的暴政。其次,孙中山在揭露军阀、官僚和政客的反动本质时,意识到了他们与帝国主义相互勾结的关系——"军阀本身与人民利害相反,不足以自存。故凡为军阀者,莫

---

[1]《孙中山选集》下卷,663页,北京,人民出版社,1981。
[2]《孙中山选集》下卷,668页,北京,人民出版社,1981。

不与列强之帝国主义发生关系。"例如,"所谓民国政府,已为军阀所控制,军阀即利用之,结欢于列强,以求自固。而列强亦利用之……攫取利权,各占势力范围。"①十分明显,孙中山的论述有着重大意义,关于封建军阀和帝国主义朋比为奸的观念,反映了半殖民地半封建社会的重要政治特点。

对于资产阶级共和国采取某种程度的批判态度,从新生的苏维埃国家获得启示——这是民权主义新阶段的重要特色。经历了长期的观察和实践后,孙中山开始窥见西方"民主政治"、"代议政体"的局限性和虚伪性。他以批判的目光对资产阶级共和国方案作了新的评价:"考察欧美的民权事实,他们所谓的先进的国家,像美国、法国革命革过了一百多年,人民到底得了多少民权呢?照主张民权的人看,他们所得的民权,还是很少。"②在他看来,两种因素造成了这种情况:其一,西方资产阶级还未曾在民权实施方面做出完善的规划,因而妨害了民权的实现——"外国对于民权的根本办法,没有解决……欧美的民权政治,至今还是没有办法。"③例如,美国的人民"只得到一种有限制的选举权",而"女子在一二十年前,还是没有这种普通选举权"。孙中山觉察到一系列对于评价资产阶级民主制度具有严重意义的消极事实,但又在很大程度上把它们片面地、表面地归咎于"实施问题"未能妥善解决的产物,而没有借以深察资产阶级共和国的实质,即这样的国家里是不可能真正实现"主权在民"的原则。其二,西方国家的现行"代议政体"弊害丛生,孙中山认为"现代的代议士都变成了'猪仔议员',有钱就卖身,分赃贪利,为全国人民所不齿"。所以把"代议政体"视为人类和国家"永安之计,那是不足信"。《中国国民党第一次全国代表大会宣言》曾就这点作了概括的表述:"近世各国所谓民权制度,往往为资产阶级所专有,适成为压迫平民之工具。"④在上述的认识基础上,孙中山得出了一个具有重大意义的论断:"我们所主张的民权,是和欧美的民权不同。我们拿欧美以往的

---

① 《孙中山选集》下卷,552页,北京,人民出版社,1981。
② 《孙中山选集》下卷,707页,北京,人民出版社,1981。
③ 《孙中山选集》下卷,727页,北京,人民出版社,1981。
④ 《孙中山选集》下卷,526页,北京,人民出版社,1981。

历史作材料,不是要学欧美,步他们的后尘。"①与这种对西方国家制度所采取的某种程度的批判态度相联系,孙中山把苏维埃国家政治制度视为当代的一种先进政治方案。"以俄为师"的革命原则,在这里也得到了体现。还在20年代初期,孙中山就在致苏俄外交部的信函中表露出了解苏维埃制度的热望。②稍后,孙中山对于苏维埃国家制度作出了审慎的评价,指出"各国到了代议政体,就算是止境"的观念业已陈旧,因为,"近来俄国新发明一种政体……这种'人民独裁'政体……我们得到的材料很少,不能判断其究竟,惟想这种'人民独裁'的政体,当然比较代议政体改良得多"。③

积极制定旨在免除资产阶级"代议政体"流弊的各种政治方案,构成了这个阶段的民权主义的另一重要内容。孙中山从严峻的现实中得出了下述结论:"各国实行代议政治,都免不了流弊,不过传到中国,流弊更是不堪闻问罢了。大家对于这种政体,如果不去闻问,不想挽救……国家前途是很危险的。"④首先,他力求制定能够充分体现"为一般平民所共有,非少数人所得而私"的民权主义原则的政治方案,理想的共和国应是这样的:人民"享有一切自由与权利",反动派则"不得享有此等自由与权利"。其次,由"全体平民"组织"代表全体平民之利益"的"政府"。再次,为了使得人民真正居于国家的主人翁地位,乃于"间接民权之外,复行直接民权",即人民"不但有选举权,且兼有创制、复决、罢官诸权"。此外,"民权运动之方式"采取"五权分立为原则",即"立法、司法、行政、考试、监察五权分立"。⑤与此相应,孙中山还规划了一系列旨在"济代议政治之穷"和"矫选举制度之弊"的具体措施。例如,实行"普通选举制,废除以资产为标准之阶级选举"等等。孙中山在这里倡导的 "惟求所以适合于现代中国革命需要"的共和国方案,较之"为资产阶级所专有"的"近世各国民权制度"有着不容忽视的进展。尽管他的目光仍未脱出资产阶级民主制度的窠臼,却也在一定程度上减少了西方

---

① 《孙中山选集》下卷,727页,北京,人民出版社,1981。
② 《孙中山选集》上卷,434页,北京,人民出版社,1981。
③ 《孙中山选集》下卷,722页,北京,人民出版社,1981。
④ 《孙中山选集》下卷,722页,北京,人民出版社,1981。
⑤ 《孙中山选集》下卷,526页,北京,人民出版社,1981。

共和制度的狭隘性,体现了激进的革命民主主义精神。毛泽东对于"为一般平民所共有,非少数人所得而私"的民主主义原则,曾经给以很高的评价。①

以革命精神阐释过的民权主义,曾在当时的历史条件下产生过积极作用。但是,它终究包含着民主主义固有的局限。首先,孙中山在后期活动中虽然日益认识到工人阶级和农民阶级在民主革命中的重大意义,并且提出了"扶助农工"和与中国无产阶级的政党——中国共产党建立合作关系的光辉口号,却未能理解到20世纪20年代中国革命运动所导向的共和国只能是新民主主义性质的,它必须以无产阶级为领导和以工农联盟为基础。反之,他对资产阶级和小资产阶级在"人民共和国"中的地位和作用则作了过高估计。毛泽东曾经指出:"在帝国主义时代,小资产阶级和民族资产阶级不可能领导任何真正的革命到胜利,原因就在此。"②现代中国革命运动"无论就其斗争阵线(统一战线)来说,就其国家组成来说,均不能忽视无产阶级、农民阶级和其他小资产阶级的地位……中国现阶段的革命所要造成的民主共和国,一定要是一个工人、农民和其他小资产阶级在其中占一定地位起一定作用的民主共和国……这种共和国的彻底完成,只有在无产阶级领导之下才有可能"③。孙中山在解决国体问题时未能充分反映当代中国国情和革命运动的特点,无从制定出正确的方案。其次,孙中山尽管已经确认了资产阶级"代议政体"的溃疡,并力求设计一种圆满的政体,从而建立"超乎欧美之上"的政权形式;但他在政体问题上所作的一切努力,并不能够改变资产阶级共和国的实质。所以如此,乃是由于孙中山在考察资产阶级民主制度的弊病时主要着眼于政体的缺陷,未能把政体与国体密切联系起来。离开国体问题致力于政体的探究,难免在相当程度上流于形式主义的泛论。企图以政体的某种变革作为实现民主政治的"一劳永逸之计",则会陷于空

---

① 毛泽东在《论人民民主专政》一文中写道:"除了谁领导谁这一个问题以外,当做一般的政治纲领来说,这里所说的民权主义,是和我们所说的人民民主主义或新民主主义相符合的。只许为一般平民所共有,不许为资产阶级所私有的国家制度,如果加上工人阶级的领导,就是人民民主专政的国家制度了。"(《毛泽东选集》,1482页,北京,人民出版社,1966。)

② 《毛泽东选集》,784页,北京,人民出版社,1966。

③ 《毛泽东选集》,644页,北京,人民出版社,1966。

想。事实上,资产阶级共和国的性质使得"主权在民"的原则不可能圆满实现,因而,孙中山也就不能给自己所提出的课题予以科学的论断和真正的解决。再次,孙中山在政体方面的探索始终未能脱出资产阶级"议会政体"的范围。他没有对"议会"体制、"分权"原则等资产阶级民主的主要构成部分采取深入分析的科学态度,而只是希冀矫济它们的"弊"、"穷"。要之,民权主义发展过程的新阶段仍然缺乏"彻底实现人民权力"的重要内容。①

---

① 《毛泽东选集》,681页,北京,人民出版社,1966。

第六章　第三节

第三节
新三民主义的民生主义

　　孙中山在旧民主主义革命时期提出了民生主义纲领，并为付诸实现而进行了相应的努力。但是民生主义的目标始终未能达到——从纲领的实际意义上说来，没有能够消除帝国主义和封建主义桎梏并最大限度地促进经济与社会的发展；从纲领的主观意图说来，"预防"资本主义和建成"社会的国家"更是无从实现。所以如此，主要原因在于民主革命的基本任务未能完成，中国社会健康发展的通道仍然为帝国主义和封建主义所阻抑。在旧民主主义革命降弧的日子里，中国社会经济生活呈现出混乱、萧索的景象：贫困、落后的状况甚于往昔，人民群众的处境堪称"水深火热"。如果说民族主义和民权主义的实现流于形式，那么，民生主义就连这种短暂而空幻的慰藉也未曾带给人民群众。

　　在革命转变的年代中，孙中山面临着把民生主义提升到新高度的历史任务。先前的革命实践业已显示了民生主义的缺陷，新民主主义革命阶段向人们提出了新的历史任务。作为革命民主派的社会经济纲领，民生主义如果停滞不前，就会消弱自己的生命力。在中国共产党和国际无产阶级的帮助下，孙中山积极推进民生主义，以革命精神重新加以阐释，使它能够反映历史的特点。孙中山在20世纪20年代所倡导的民生主义，乃是旧民主主义革命时期的民生主义的继承和发展。

　　十分明显，有关土地课题中增加了新的内容。尽管"核定地价"、"照价纳税"、"照价收买"和"涨价归公"等具体方案依然保留，而"思患于预防"的观念也未完全消除，但是，孙中山终究把自己的目光更多地投向广阔的农村，并把农民解放和获得土地的问题作为"平均地权"的中心。孙中山正式提出了"耕者有其田"的口号，同时赋予了前所未有的内容："耕者有其田，那才算是我们对于农民问题的最终结果……中国现在虽然是没有大地主，但是一般农民，有九成都是没有田的，他们所耕的田，大都是属于地主的。有田的人自己多不耕种。照道理讲来，农民应当说是为自己耕田，耕出来的农产品，要归自己所有。现在的农民，都不是耕自己的田，都是替地主来耕田，所生产的农产品，大半是被地主夺去了。这是一个很重大的问题，我们应该马上用政治和法律来解决，如果不能够解决这个问题，民生问题便无从解决。"①在另一次题为《耕者要有其田》的演讲中，孙中山更把这个课题的解决与"以俄为师"联系起来——"现在俄国改良农业政治之后，便推翻一般大地主，把全国的土地都分到一般农民，让耕者有其田。耕者有了田，只对国家纳税，另外便没有地主来收租钱。这是一种最公平的方法。我们现在仿效俄国这种公平方法，也要耕者有其田，才算是彻底的革命。"②孙中山未曾对实现"耕者有其田"的方案进行详尽的阐释，不过，它的具体而直接的目标"就是要农民得到自己劳苦的结果，要这种劳苦的结果，不会别人夺去"③。实施途径和方法则是国家授田给无地或少地的农民——"农民之缺乏田地沦为佃户者，国家当给以土地，资其耕作。"④同时，还辅以国家租田给农民耕种贷资的方式——"土地应由国家收买……国家所得土地应均为农庄，长期贷诸移民，而经始之资本、种子、器具、屋宇应由国家供给，依实在所费本钱，现款取偿，或分年摊还。"⑤此外，还辅以其他手段，例如，"农民之缺乏资本至于高利借贷以负债终身者，国家为之筹设调剂机关，如农民

---

① 胡汉民编：《总理全集》第1集，252页，上海，民智书局，1930。
② 胡汉民编：《总理全集》第2集，498页，上海，民智书局，1930。
③ 《总理遗教·演讲》，441~442页，中国国民党中央党部宣传委员会编印。
④ 胡汉民编：《总理全集》第2集，4页，上海，民智书局，1930。
⑤ 胡汉民编：《总理全集》第1集，560~561页，上海，民智书局，1930。

银行等,供其匮乏。"①应当指出,上述三种办法中以授田方式为主,租田形式则只适用于边远地区移民的范围,对于农民的其他帮助仅仅具有补充的性质。至于国家授予农民田地的主要来源有三:第一,经由"照价收买"的方式集中于国家手中。第二,没收地主未能照章纳税的土地——"如果地主不纳税,便可以把他的田地拿来充公,令耕者有其田。"②第三,作为对前两点的补充,则是国家通过"填地"而获取部分土地。

孙中山认为上述纲领的实现具有重大的积极意义。首先,得以消除地主阶级残酷剥削农民的不合理现象。在他看来,中国农民所受的封建主义剥削是十分严重的:"从前俄国大地主所有的土地都是几百万方米,甚至几千万方米,那些大地主对于许多农奴自然不能精神贯注……我们这些小地主总是孳孳为利,收起租来,一升一勺,一文一毫,都是要计算,随时随地都是要刻薄。"③分配情况更是"很不公平"——"十分之六归地主,农民自己所得到的不过十分之四。"④其次,封建剥削的消除将会提高劳动者的生产积极性,促进社会生产力的发展。在现存的土地制度下,由于"多数生产都是归于地主……所以农民便不高兴去耕田,许多田地便渐生荒芜不能生产了"。"平均地权"的实施将使"耕田所得的粮食完全归到农民",因而,"农民一定是更高兴去耕田的……都高兴去耕田,便可以多得生产"。⑤

十分明显,以"耕者有其田"口号为其鲜明标志的"平均地权"主张具有积极意义。与孙中山在旧民主主义革命时期所倡导的土地纲领相比较,它在两个方面有着重大的发展——原有的反封建倾向更为强烈和鲜明化;农民阶级摆脱封建桎梏和要求土地的愿望,则得到了进一步的反映。谴责土地所有制的不合理,鞭挞地主阶级的"不劳而食"的罪恶,同情和支持农民群众的要求和斗争,把"耕者有其田"的口号作为民生主义的中心内容之一,这些,使得"平均地权"的方案具有与前不同的内容与形态。毛泽东在

---

① 胡汉民编:《总理全集》第2集,48页,上海,民智书局,1930。
② 《总理遗教·演讲》,41页,中国国民党中央党部宣传委员会编印。
③ 《总理遗教·演讲》,439页,中国国民党中央党部宣传委员会编印。
④ 胡汉民编:《总理全集》第1集,252页,上海,民智书局,1930。
⑤ 胡汉民编:《总理全集》第1集,252~253页,上海,民智书局,1930。

孙文学说
构建近代中国的理论先导

《新民主主义论》中对此给予了很高的评价:"这个共和国将采取某种必要的方法,没收地主的土地,分配给无地和少地的农民,实行中山先生'耕者有其田'的口号,扫除农村中的封建关系,把土地变为农民的私产。农村中的富农经济,也是容许其存在的。这就是'平均地权'的方针,这个方针的正确口号,就是'耕者有其田'。"① 然而,"平均地权"主张还不是彻底的土地革命纲领。首先,孙中山虽然也斥责和反对封建土地所有制和地主阶级,指出了它对社会经济发展的桎梏作用,但是,却没有把地主阶级视为民主革命的主要对象,没有认识到它"是帝国主义统治中国的主要的社会基础,是用封建制度剥削和压迫农民的阶级,是在政治上、经济上、文化上阻碍中国社会前进而没有丝毫进步作用的阶级"②。因而,也就未能把反封建斗争提到应有的高度。其次,与上述缺陷相联系,孙中山在实现"平均地权"的途径上依旧沿袭了过去提出的社会改革方案,没有把"耕者有其田"的纲领与土地革命联结起来,并以后者作为前者的基础;反之,仍然企图经过国家采取"政治和法律"的手段——"核定地价"、"照价纳税"、"照价收买"等举措来解决这个问题。孙中山的下列论述充分显示了他的这种观点:"讲到解决土地问题,平均地权……就是政府照地价收税和照地价收买。"③ 显而易见,不把反对封建土地所有制和"耕者有其田"主张的实现放置在农村大变动——农民革命的基础上是难以想象的。再次,孙中山对作为民主革命主力军的农民力量估计不足,甚至担忧他们是否能够克服地主阶级的反抗——"如果我们没有准备……马上就要耕者有其田,把地主的田都拿来交到农民,受地的农民,固然是可以得到利益,失地的地主便要受损失……如果地主和农民发生冲突,农民便不能抵抗。"④ 这里,鲜明地显示了民主主义者对待群众运动认识的不足。不能充分认识群众的智慧和力量,也就不可能放手发动人民投入革命斗争。事实证明,一旦解放了蕴藏于亿万农民中的力量,就能实

---

① 《毛泽东选集》,671页,北京,人民出版社,1966。
② 《毛泽东选集》,633页,北京,人民出版社,1966。
③ 胡汉民编:《总理全集》第1集,138页,上海,民智书局,1930。
④ 胡汉民编:《总理全集》第2集,498~499页,上海,民智书局,1930。

现"耕者有其田",并积极推动民主革命的发展。

在民生主义的另一基本课题——资本方面,孙中山所持的观点也有重要的进展。如果"节制资本"和发展"国家资本"的思想在旧民主主义革命阶段未能充分阐发,那么,现在就已成为社会经济纲领中一项具有重要意义的原则。孙中山认为中国社会经济发展进程不能重复欧美资本主义国家的老路,因为"大资本归私人所有,便受资本的害,大多数人民,都是很痛苦"①。必须实施"节制资本"——"凡本国人及外国人之企业,或有独占的性质,或规模过大为私人之力所不能办者,如银行、铁道、航路之属,由国家经营管理之,使私有资本制度不能操纵国民之生计。"②同时,鉴于"要解决民生问题而仅仅依靠节制资本的方法是不够的",因而,必须要以"发达国家资本"来解决"生产不足"的缺陷:"我们的国家一定要发达资本,振兴实业……第一是交通事业,像铁路运河,都要兴大规模的建筑。第二是矿产,中国矿产极其丰富,货藏于地,实在可惜,一定是要开辟的。第三是工业,中国的工业,非要赶快振兴不可。"③孙中山确信"节制资本"和"发达国家资本"将会给整个社会带来福利——既可避免私人资本操纵国计民生的弊病,又能迅速地促进社会经济的发展。孙中山所制定的"节制资本"和"发达国家资本"原则具有积极意义。"节制资本"的原则对于当时的中国社会经济发展是必需的:一方面,新民主主义革命具有终结半殖民地半封建社会和导致社会主义社会的过渡性质,它不应当也不可能再步欧美资本主义的老路和覆辙。"非资本主义"的前途乃是惟一的康庄大道,这是不依人们意志为转移的历史的必然。另一方面,由于中国的现代工业在国民经济中的比重还十分微弱,"为了对付帝国主义的压迫,为了使落后的经济地位提高一步,中国必须利用一切于国计民生有利而不是有害的城乡资本主义因素。"④私人资本可以存在和发展,但又必须加以限制,孙中山倡导"节制资本"的

---

① 胡汉民编:《总理全集》第1集,245页,上海,民智书局,1930。
② 胡汉民编:《总理全集》第2集,47~48页,上海,民智书局,1930。
③ 胡汉民编:《总理全集》第1集,242页,上海,民智书局,1930。
④ 《毛泽东选集》,1484页,北京,人民出版社,1966。

原则,正是在一定程度上反映了这种规律。"发达国家资本"的主张则是对于"节制资本"原则的积极的补充——具有"独占的性质"或"为私人之力所不能办"的企业既然不容许私人资本涉足,那就必须"发达国家资本",以便在最重要的产业部门中实施近代化;同时,国家资本的发展将会使得社会经济生活中出现节制私人资本的强大经济因素,这对于"使私有资本制度不能操纵国民之生计",无疑有着重大的意义。不过,孙中山的上述主张仍然存在着缺陷。首先,他未能明确理解无产阶级领导的人民政权在社会经济纲领中的关键性意义。尽管历史进程已经使人民共和国的方案取代了资产阶级共和国的方案,而《中国国民党第一次全国代表大会宣言》也承认"国民党之民权主义,则为一般平民所共有,非少数人所得而私"。但是,孙中山在国体问题上始终不曾认识到无产阶级领导权的决定性意义。这一缺陷反映在社会经济纲领中,就使得实行"节制资本"和"发达国家资本"的国家的性质缺乏明确的界说。然而,正是国家的性质决定了"节制资本"和"发达国家资本"的性质和现实性。其次,主观社会主义色彩依旧存在。孙中山认为自己有关资本问题的主张,具有共产主义的性质——"实业由国家经营,所得的利益由大家共享……就是要共产。所以我们不能说民生主义与共产主义不同。"[1]显而易见,把两种本质不同的事物混为一谈会在理论上带来消极后果。

　　孙中山以革命精神所阐释的民生主义依然具有局限性,在很多方面还是沿袭了先前的观念。但是,它所包含的新内容毕竟在一定程度上反映了历史的发展和时代的特点,因而,在当时的社会条件下产生着进步的作用。

---

[1] 胡汉民编:《总理全集》第1集,245页,上海,民智书局,1930。

第四节
三大政策的形成及其重大意义

应当指出,三民主义的新阶段是与孙中山制定的三大政策——"联俄"、"联共"、"扶助农工"统一而须臾不可分离的。新三民主义是三大政策的理论依据,三大政策是新三民主义的战略和策略的延伸。在一定意义上,前者是原则和纲领,后者是途径、方法和手段。三大政策对于新三民主义具有极为重大的意义,以至成为它的革命的灵魂。所以如此,乃是因为原则和纲领确定后,必须找到克敌制胜的强大物质力量,以便实现奋斗的目标。为了完成民族民主革命运动的任务,一定要建立广泛的民族民主统一战线。而只有"认清这个革命的动力问题,才能正确地解决中国革命的基本策略问题"①。"联俄"、"联共"、"扶助农工"的三大政策,基本上解决了中国反帝反封建的民族民主统一战线——包括国内外两个方面——的力量配置问题。三民主义的新阶段和三大政策相结合,使得三民主义成为完整的民族民主革命运动纲领。正是这样,毛泽东才反复指出:"在新的国际国内条件下,离开三大政策的三民主义,就不是革命的三民主义。"

作为三民主义新阶段的主要标志,三大政策的提出有其历史必然性。十月社会主义革命开拓了人类历史的新纪元,年轻的苏维埃国家成为推动包括民族解放运动在内的世界革命的杠杆。列宁发出了强有力的召唤:全世

---

① 《毛泽东选集》,632页,北京,人民出版社,1966。

界无产阶级与被压迫民族联合起来！而作为马克思列宁主义与中国工人运动相结合的产物，中国共产党在它踏上历史舞台的最初活动中就表明自己不愧为中国革命的舵手。正是在中国共产党的领导下，革命运动日益显示其重大的作用。这些具有重要意义的时代特点，迫切要求孙中山和他所领导的革命民主派在自己的斗争纲领中予以反映。同时，中国共产党提出了建立革命统一战线的正确方针，并为此进行了不懈的工作；列宁领导的苏维埃国家则把帮助中国的民族解放运动作为国际主义义务，给予道义上、物质上的积极支持。毫无疑问，中国共产党和国际无产阶级的上述活动对孙中山制定三大政策具有重大影响。至于工农群众曾经参与了旧民主主义革命，并在革命新阶段显示出重大积极作用。此外，三大政策的形成还是孙中山忠实于爱国主义和民主主义的结果。"联俄"、"联共"、"扶助农工"口号的提出，表明孙中山及时与正确地回答了历史进程所提出的重大课题。他的英明决策体现了远见卓识和雄才大略。

"联俄"、联合社会主义国家和一切被压迫民族和人民——对于中国民族民主革命运动具有重大的积极意义。当然，一个国家革命运动的兴起、发展和胜利主要取决于内部诸因素，但是，"在帝国主义存在的时代，任何国家的真正的人民革命，如果没有国际革命力量在各种不同方式上的援助，要取得自己的胜利是不可能的。胜利了，要巩固，也是不可能的。"①孙中山在他的长期斗争生涯中曾经不辞劳瘁地寻求国际支持：他期望日本政府能够"助中国革新，以救东亚危局"；希冀美国总统"主持公道……达到护法之目的"。但是，多次向世界许多国家呼吁的结果完全落空，他从那"文明的"、"富庶的"西方没有找到热盼的"拉裴德"，得到的却只是冷漠、嘲讽和反对。孙中山的这种遭遇是完全可以理解的，期待帝国主义支持中国革命运动无异于与虎谋皮。孙中山后来深切认识到这样一条真理："我国革命，向为各国所不乐闻，故尝助反对我者以扑灭吾党，故资本国家，断无表同情于吾党。"十月社会主义革命给孙中山带来了"大希望"。苏维埃国家还在其诞生

---

① 《毛泽东选集》，1478 页，北京，人民出版社，1966。

初期的艰苦岁月中就已显示了它是殖民地附属国民族解放运动的忠诚支持者。在著名的《和平宣言》中,苏维埃国家宣布帝俄、临时政府对外所缔结的"不平等条约"、"密约"一律"立即作废"。1919年7月,苏俄外交人民委员会首次对华宣言,表示无代价地放弃帝俄攫取的一切在华权益,并"渴望中国人民和俄国农民工人及红军相提携,为自由而战"①。1920年9月,苏俄外交人民委员会再次宣言,重申了第一次对华宣言的主旨,并提出了苏中两国会谈的八项意见。②与此同时,苏维埃国家和共产国际的代表也与孙中山直接进行多次会谈。加之,中国共产党一再强调指出:中国的反帝国主义的运动一定要并入全世界被压迫的民族革命潮流中,再与世界无产阶级革命运动联合起来,"才能迅速地打倒共同的压迫者——国际资本帝国主义"③。因之,孙中山迅速地把目光转向年轻的苏维埃国家。早在1918年初,在广州领导护法运动的孙中山就曾经指出:俄国革命的胜利将给中国革命带来积极的影响,革命党人应当密切注意同苏俄接壤的西北地区。④1918年夏,孙中山致电列宁和苏维埃政府:"中国革命党对贵国革命党所进行的艰苦斗争,表示十分钦佩,并愿中俄两党团结,共同战斗。"⑤稍后,孙中山与被他称为"革命的圣人"的列宁"函电往还"地讨论过东方各国的革命运动问题。⑥尽管反动的北京政府力图阻隔中国人民同苏维埃国家的联系,但广州的孙中山在接到齐契林的函件后兴奋地写下了《致俄罗斯苏维埃社会主义共和国外交部信》,表示将不顾反革命势力的阻挠,"希望与您及莫斯科的其他友人获得私人的接触。我非常注意你们的事业,特别是你们苏维埃的组织,你们军队和教育的组织"⑦。在桂林与共产国际代表马林会晤后,孙中山又在1923

---

① 《新青年》第7卷,第6号。
② 由于诸多原因,再次宣言未能及时实现。
③ 中国共产党的坚定立场和主张,影响了孙中山的决策。
④ 邵元冲在《广州护法日志》中记述:"孙公告何君,谓此后我国形势,应注重于西北。若俄国现在之革命政府能稳固,则我可于彼期大发展也。"(《建国月刊》第12卷,第6期,9页)
⑤ 叶尔马舍夫:《孙逸仙》(中译本未刊稿)第3部分,第7章,莫斯科,1964。
⑥ 何香凝在《对孙中山先生的片断回忆》中指出:"1919年左右孙中山先生在上海就屡次与列宁有函电往还,讨论东方革命问题。"(《人民日报》1956年11月29日)
⑦ 《孙中山选集》上卷,434页,北京,人民出版社,1981。

年初同苏俄代表越飞会谈,并发表了《孙文—越飞联合宣言》。这个具有历史意义的文件,第一次以平等互助的精神规划了中苏两国和人民间的关系。以后,孙中山与苏维埃国家的联系日益密切。广东革命根据地获得了社会主义国家在精神上、物质上的援助,这种支持成为国民革命运动迅速发展的因素之一。正是在实际斗争中,孙中山日益认识到把中国民族民主革命运动与国际无产阶级的斗争联系起来的迫切必要性,从而,将"联俄"提到具有基本国策性质的高度。在他看来,苏维埃国家才是殖民地附属国人民的真正盟友,被压迫民族在反对帝国主义的斗争中必须与社会主义国家结成联盟。因为,工农专政的国家"反对帝国主义和资本主义,为世界人类打不平",列宁"敢说世界上多数的民族十二万万五千万人,为少数的民族二万万五千万人所压迫……并且还提倡被压迫的民族去自决,为世界上被压迫的民族打不平。列强之所以要攻击列宁,是要为他们自己求安全"。[①]在他的《致苏联遗书》中,最终完整地表达了"联俄"的观点:"你们是自由的共和国大联合之首领。此自由的共和国大联合,是不朽的列宁遗与被压迫民族的世界之真遗产。帝国主义下的难民,将藉此以保卫其自由,从以古代奴役战争偏私为基础之国际制度中谋解放……故我已嘱咐国民党进行民族革命运动之工作,俾中国可免帝国主义加诸中国的半殖民地状况之羁绊。为达到此项目的起见,我已命国民党长此继续与你们提携。我深信,你们政府亦必继续前此予我国之援助。"[②]

"联俄"、联合社会主义国家的主张,对于中国民族解放运动具有重大的历史意义。十分明显,十月社会主义革命在落后的东方各族人民和先进的西方人民之间建立了联系,使他们组成反对帝国主义的共同阵营,因而在社会主义的西方和被奴役的东方之间架起了一座桥梁,"建成了一条从西方无产者经过俄国革命到东方被压迫民族的新的反对世界帝国主义的革命战线"。在这种新时代的条件下,中国人民在争取民族解放的斗争中必须做出明确的抉择:"不是倒向帝国主义一边,就是倒向社会主义一边,绝无例

[①]《孙中山选集》下卷,631页,北京,人民出版社,1981。
[②]《孙中山选集》下卷,922页,北京,人民出版社,1981。

外。骑墙是不行的,第三条道路是没有的。"①倒向帝国主义一边,意味着长期束缚于殖民主义枷锁;倒向社会主义一边,则为民族解放运动的胜利创造了重要的条件。正如毛泽东指出:"孙中山和他所代表的苦难的中国人民,一齐被'西方的影响'所激怒,下决心'联俄联共',和帝国主义及其走狗奋斗和拼命,当然不是偶然的。"②

联合世界上一切被压迫民族和人民,这种主张和"联俄"相互补充地形成了"联合国际革命力量"的完整内涵,从而比较圆满地反映了中国的民族解放运动和国际革命力量相互支援的关系。孙中山早年即曾持有的把亚洲人民的民族解放运动联系起来考察的观点,得到了重大的发展。在列宁的光辉学说照耀下,孙中山意识到了"此后世界人类要分为两方面去决斗,一方面是十二万万五千万人,一方面是二万万五千万人"③。在他看来,十二万万五千万人构成了被压迫民族阵营,具有共同的命运;二万万五千万人构成压迫民族的阵营,成为被压迫民族的大敌。因此,被压迫民族在对帝国主义的斗争中,必须"联络一致,共同动作,互相扶持"④。这样,才能做到"全世界受帝国主义所压迫的人民都来解放"。同时,孙中山虽然把世界各个民族分为被压迫民族和压迫民族"两方面",但是,他也看到了这"两方面"之间的联合——"将来白人主张公理的,黄人主张公理的,一定是联合起来;白人主张强权的,和黄人主张强权的,也一定是联合起来。有了这两种大联合,便免不了一场大战。"⑤孙中山认识到被压迫民族和压迫民族中都存在着两种不同的群体,压迫民族中"主张公理"的人们必然成为被压迫民族中的"主张公理"的人们的盟友。毛泽东在论及"国际援助"对中国革命的重大积极

---

① 《毛泽东选集》,1477~1478页,北京,人民出版社,1966。
② 《毛泽东选集》,1519页,北京,人民出版社,1966。
③ 孙中山的这种观点显然受了列宁的深刻影响。列宁在《民族和殖民地问题委员会的报告》中指出:"目前帝国主义阶段的特点就是全世界已经划分为两部分,一部分是人数众多的被压迫民族,另一部分是拥有巨量财富和雄厚军事力量的少数压迫民族。世界人口的大多数,有10亿以上,都是被压迫民族。他们的总数大约是12.5亿。我们把全世界总人口算作17.5亿,他们就占世界人口的70%。"(《列宁全集》第31卷,210页,北京,人民出版社,1963)
④ 胡汉民编:《总理全集》第2集,395页,上海,民智书局,1930。
⑤ 《孙中山选集》下卷,598页,北京,人民出版社,1981。

孙文学说
构建近代中国的理论先导

意义时,高度评价了孙中山的上述主张:"孙中山临终时讲的那句必须联合国际革命力量的话,早已反映了这一种经验。"①

"联共"是三大政策中的中心环节。

在经历了长期的、"艰难顿挫"的革命征程后,孙中山在20世纪20年代初期接近了中国共产党,并把这支刚刚诞生的无产阶级先锋队引为同志和战友,无疑是意义重大的决策。其时,旧民主主义革命时期已经终结。在反动势力的代表袁世凯及其继承者攫夺了辛亥革命果实后,孙中山坚持捍卫共和制度的斗争,但"二次革命"、中华革命党的反袁斗争和护法运动都未能取得真正胜利。旧秩序在"假共和"形式下恢复,中国社会的半殖民地半封建性质没有根本改变。无产阶级——通过它的先锋队中国共产党领导的新民主主义革命则已发轫,并在阶级搏斗的最初回合中显示出蓬勃的生命力和崭新的面貌。处在历史进程的重要转折时刻,孙中山和他所领导的中国国民党必须经受严峻的考验,对先前的活动加以扬弃,才能开拓新的革命局面。而联共——同新民主主义革命的伟大舵手结成盟友,对孙中山和他所领导的中国国民党的继续前进具有关键的意义。

毫无疑问,寻求同盟者始终是孙中山政治生涯中的主要课题。在旧中国,革命与反革命的阶级力量对比不利于资产阶级革命民主派。帝国主义和封建主义的统治相当强固,革命党人则因其社会基础孱弱而痛感缺乏可资凭借的物质力量。因此,孙中山在踏上革命道路后时刻寻求着盟友。早在兴中会时期,他曾试图同戊戌政变后流亡国外的维新派合作,但未取得任何积极成果,反而上了保皇分子的大当。在相当长的时期内,孙中山颇为重视结纳会党,甚至加入洪门组织,以便借用秘密结社的力量。稍后,孙中山逐渐抛弃了"秀才不能造反"的观念,把争取留学生作为对海外侨胞的工作重点。从日本青山军事学校的创办到欧洲革命团体的组成,显示了他的活动的实绩。为了组织全国性的革命政党,孙中山嘱托廖仲恺等"物色有志学生,结为团体,以任国事"②。他还同他的战友们总结了武装反清斗争的经验

---

① 《毛泽东选集》,1479页,北京,人民出版社,1966。
② 何香凝:《我的回忆》,13页,北京,中国青年出版社,1964。

教训,认为会党往往"一哄而起"又"一哄而散",对这种具有宗法色彩的团体"不可专恃",起义的"成事"必须"取得新军"①。正是由于孙中山重视寻求同盟者并且结成广泛的反清统一战线,他才有可能领导了全国范围的、划时代的辛亥革命运动。而盟友的各种局限,则成为这场革命的悲剧性结局的重要因素之一。在民国成立后,挂着各色招牌的政党应运而生。孙中山创建的同盟会与统一共和党等组合为国民党,但改组过程意味着演变蜕化:官僚、政客、军阀和投机分子混入了党内,原有的革命素质逐渐消失。孙中山在后来捍卫共和国的斗争中继续寻求盟友,为了进行护法运动,甚至借用了西南军阀的地盘。结果,却是无所作为和迭遭排斥。结盟的得失关系着革命事业的成败,他在寻求盟友的过程中积累了深刻的经验教训。当然,消极状况的形成在很大程度上是由于客观条件的限制:中国无产阶级那时还未作为自觉的政治力量登上历史舞台,它的先锋队中国共产党尚未建立。

  孙中山同国际无产阶级此前的联系与友谊,对于国共合作的实现具有重大意义:提供了思想准备,创造了有利条件。但是,促成孙中山的联共决策的主要原因还是中国共产党。旧民主主义革命的全过程昭示给中国人民一条严酷的真理:农民战争、资产阶级维新运动或资产阶级民主革命运动都不能救中国;为了使祖国臻于独立、民主和富强,必须开拓新的道路,进行新的斗争。新生的中国共产党承担了历史的使命,表明自身不愧为新民主主义革命的盟主。它首次提出了反帝反封建的政纲,制定了相应的战略和策略,传播了革命思想,发动了工农群众运动。在同武装到牙齿的敌人搏斗中,共产党人表现出艰苦奋战、一往无前的英雄气概和献身精神。他们是伟大的爱国志士,他们是光荣的革命先锋。正是这样,孙中山这位经历过长期斗争的、闻名当世的革命家才理所当然地把诞生不久的、队伍尚小的中国共产党引为同志和战友,确信"在斗争中他能依靠他们的明确的思想和无畏的勇气",经常"劝告国民党中悲观和疲塌的人,要他们以共产党为榜样,像共产党人一样地为革命辛勤工作,不怕牺牲"。②他在回答宋庆龄提出

---

① 邹鲁:《中国国民党史稿》第4篇,1352页,商务印书馆,1944。
② 《宋庆龄选集》,117页,北京,人民出版社,1966。

的"为什么需要共产党人加入国民党"的问题时指出："国民党正在堕落中死亡,因此要救活它,就需要新血液。"①

对于孙中山来说,联共乃是他一生探索救国拯民真理的必然结果。始终忠实于爱国主义和民主主义的真正革命家,且能与时俱进,就一定会同中国共产党并肩携手,结成革命统一战线。正是在极其困难的境况下结识的诤友给予他以最大的帮助和支持,促成了他的思想的深刻变化,提高了他的斗争水平,使他得以在晚年再次为人民革命事业作出巨大的贡献。

"扶助农工"——同样是三民主义新阶段的重要有机组成部分。在整个旧民主主义革命时期,孙中山和他的战友们虽然也提出过"国民革命"、"平民革命"的口号,但是,始终未能真正认清工农群众在民族民主革命运动中的地位和作用。因而,在实践中也就难以充分发动、组织和依靠工农群众。事实上,农民是中国民族解放运动的主力军——"最大的革命民主派"。"没有农民这支军队,就没有而且也不可能有声势浩大的民族运动。所谓民族问题实质上是农民问题,正是指这一点说的。"②至于无产阶级,则是中国民族民主革命运动的领导阶级——"彻底的革命民主派"。在近代中国社会中,它是最先进的、最革命的阶级。这个阶级在五四运动后自觉地登上了历史舞台,充分地表现出它是新民主主义革命的真正舵手。工农群众运动在革命新阶段的蓬勃发展,无疑给孙中山留下了深刻印象。在中国共产党和国际无产阶级的帮助下,孙中山对于工农群众的作用和意义的认识日益深化。他逐步认识到农民阶级和广大社会下层群众的英勇反帝斗争,才是中国免遭瓜分豆剖厄运的主要原因:"及遇义和团之变,中国人竟用肉体和外国相斗,外国虽用长枪大炮打败了中国,但是见得中国的民气还不可侮,以为……用武力瓜分了中国,以后还不容易管理中国,所以现在便改变了方针。"③而在考察当前的革命运动时,更进一步指出:"农民是我国人之中的最大多数,如果农民不来参加革命,就是我们革命没有基础。"④同样,孙中

---

① 《宋庆龄选集》,118 页,北京,人民出版社,1966。
② 《斯大林全集》第 7 卷,61 页,北京,人民出版社,1958。
③ 胡汉民编:《总理全集》第 2 集,537 页,上海,民智书局,1930。
④ 胡汉民编:《总理全集》第 3 集,496 页,上海,民智书局,1930。

山十分称赞工人阶级的组织力量：由于广州沙面的工人"有很坚固的团体"，以至"遇到外国人发生苛例，便全体罢工，要求列强来取消。列强因为看见工人有很坚固的团体，所以不敢再压迫"。①孙中山认识到："有了团体"的工人，"要废除中外不平等的条约，便可以作全国的指导，作国民的先锋，在最前的阵线上去奋斗"。②《中国国民党第一次全国代表大会宣言》明确指出："国民革命之运动，必恃全国农夫、工人之参加，然后可以决胜。"而"质言之，即为农夫、工人而奋斗，亦即农夫、工人为自身而奋斗也"。孙中山不仅在认识上有所进步，而且在实践中采取了切实的步骤。正是在这种意义上，他认为国家权力必须为"一般平民所共有"，不允许为"少数人所得而私"。改组后的国民党中央执委会设立了工人部和农民部，孙中山积极支持工农群众运动的开展。

十分明显，"扶助农工"的主张对孙中山从事的民族民主革命具有重要的意义。在近代中国社会中，帝国主义与封建主义宛如两座压在人民头上的大山。为了粉碎殖民主义的枷锁和中世纪的镣铐，必须充分解放蕴藏于广大人民群众——首先是工人阶级和农民阶级中的巨大力量。因此，"唤起民众"就成为任何革命的阶级、政党和人士的首要任务，同时，也是真革命与假革命、反革命之间的主要分水岭。事实是"中国有百分之八十的人口是农民，这是小学生的常识，因此农民问题，就成了中国革命的基本问题，农民的力量，是中国革命的主要力量。农民之外，中国人口中第二部分就是工人。中国有产业工人数百万，有手工业工人和农业工人数千万。没有各种工业工人，中国就不能生活，因为他们是工业经济的生产者。没有近代工业工人阶级，革命就不能胜利，因为他们是中国革命的领导者，他们最富于革命性"。所以，"革命的三民主义，新三民主义，或真三民主义，必须是农工政策的三民主义。"反之，"不要农工政策，不真心实意地扶助农工，不实行《总理遗嘱》上的'唤起民众'，那就是准备革命失败，也就是准备自己失败。"③

---

① 胡汉民编：《总理全集》第 2 集，510~511 页，上海，民智书局，1930。
② 胡汉民编：《总理全集》第 2 集，48 页，上海，民智书局，1930。
③ 《毛泽东选集》，685 页，北京，人民出版社，1966。

孙文学说
构建近代中国的理论先导

　　三大政策对于中国民族民主革命运动具有重大意义，完全有理由把三大政策视为孙中山革命活动新阶段的主要标志。毛泽东明确指出："这种新时期的革命的三民主义、新三民主义或真三民主义，是联俄、联共、扶助农工三大政策的三民主义。没有三大政策，或三大政策缺一，在新时期中，就都是伪三民主义，或半三民主义。"

　　但是，三大政策也存在着局限性。首先，孙中山虽然提出了"联共"、"扶助农工"的积极主张，然而，这种具有进步意义的口号仍未能科学地反映新民主主义革命的领导权问题。在五四运动后，中国的民族民主革命运动的领导者已经不是资产阶级。自觉地踏上政治舞台的无产阶级成为当之无愧的革命运动的领导者，它通过自己的政党——中国共产党实现着这种领导权。又由于"中国没有单独代表农民的政党，民族资产阶级的政党没有坚决的土地纲领，因此，只有制定和执行了坚决的土地纲领、为农民利益而认真奋斗、因而获得最广大农民群众作为自己伟大同盟军的中国共产党，成了农民和一切革命民主派的领导者"[①]。所以，中国的新民主主义革命运动的领导者只能是中国共产党。"联共"的口号，显然未能确切反映这个历史特点。显然，由于中国共产党既是无产阶级的先锋队，又是作为革命运动主力军的农民阶级的领导者，所以，只有中国共产党才能充分发动和组织广大工农群众，领导他们从胜利走向胜利。资产阶级、小资产阶级的政党，是不能胜任的。孙中山的"扶助农工"的主张，不可能真正解决这个革命成败攸关的问题："孙中山主张'唤起民众'或'扶助农工'。谁去'唤起'和'扶助'呢？孙中山的意思是说小资产阶级和民族资产阶级。但这在事实上是办不到的……在帝国主义时代，小资产阶级和民族资产阶级不可能领导任何真正的革命到胜利，原因就在此。"[②]其次，孙中山提出了联合社会主义国家和全世界被压迫民族"共同奋斗"的积极主张，并且赞同中国共产党所倡导的"中国革命是世界革命的一部分"这一正确命题。但是，"那时这一理论的意义还没

---

① 《毛泽东选集》，1076 页，北京，人民出版社，1966。
② 《毛泽东选集》，1484 页，北京，人民出版社，1966。

有发挥,以致人们还只是模糊地认识这个问题。"①孙中山的情况亦复如此,他未能深刻地、确切地理解这种历史特点,即是,"属于资产阶级和资本主义范畴"的"世界革命"在1917年十月社会主义革命后业已终结。"从此以后,开始了第二种世界革命,即无产阶级的社会主义的世界革命。这种革命,以资本主义国家的无产阶级为主力军,以殖民地半殖民地的被压迫民族为同盟军。不管被压迫民族中间参加革命的阶级、党派或个人,是何种阶级、党派或个人,又不管他们意识到这一点与否,他们主观上了解了这一点与否,只要他们反对帝国主义,他们的革命,就成了无产阶级社会主义世界革命的一部分。"②尽管情况是复杂的,而其发展趋势也有歧异,但明确地认识这个问题具有重大意义,它将有助于革命者理解当前斗争的性质和制定相应的战略和策略。只有把中国的新民主主义革命视作无产阶级社会主义世界革命的一部分,才能深刻地懂得这种革命之所以"不为帝国主义所容许,而为帝国主义所反对。但是它却为社会主义所容许,而为社会主义的国家和社会主义的国际无产阶级所援助"③。

孙中山的三大政策虽然有着局限性,但无损它的重大积极意义。无可置辩,三大政策的提出"是孙中山先生的大功劳"④。近代中国社会处于剧变状态,政治、思想领域内的新旧交替现象纷然杂陈。许多理论或观念刚刚进入历史舞台,就又被迅速推到幕后。孙中山能够在近三分之一世纪中始终站在民主主义思潮的前列,紧紧扣着时代的脉搏,不仅在旧民主主义革命时期充当了启蒙者与开拓者,而且在新民主主义革命阶段仍能无愧为时代潮流的指导者。显然,这是与他勇于开拓、不断奋进的精神分不开的。

当然,外铄的作用对近代中国社会的演进是不可忽视的,特别是在世界日益成为一个统一整体的近代,而孙中山又是向全世界寻求真理的杰出代表人物。但是,任何一种思想总是社会存在的反映,植根于现实的土壤中,

---

① 《毛泽东选集》,662页,北京,人民出版社,1966。
② 《毛泽东选集》,664页,北京,人民出版社,1966。
③ 《毛泽东选集》,661页,北京,人民出版社,1966。
④ 《毛泽东选集》,686页,北京,人民出版社,1966。

并由此获得它的生命力。孙中山的思想发展历程是与近代中国社会紧密相连的,是对半殖民地半封建社会亟待解决的主要课题的回答。孙中山首先是中华民族的伟大的儿子,"欧洲式教育"、向西方吸取先进思想的经历和作为改变不了这种隶属关系。

第七章
CHAPTER SEVEN

三民主义的理论——哲学基础

作为民主革命先行者和近代化前驱,孙中山为了指导中国革命与近代化运动,曾经辛勤地探求和熔铸着理论武器。他热切地向西方的新学——包括近代自然科学与社会政治经济学说学习,认真地吸收中国古典哲学的优良成分,并且不懈地总结革命实践,从而在长期的战斗生涯中逐渐形成了自己的哲学思想。孙中山的哲学思想乃是资产阶级革命民主派的社会政治、经济观点的理论基础,在它上面构建着他的民主主义政纲——三民主义。

西方近代自然科学对于孙中山哲学思想的形成具有重大的意义,以至成为这一哲学思想——特别是它的自然观的内涵与基石。这种情况是完全可以理解的:首先,孙中山早在少年时代就摆脱了制艺帖括,"游学海外,于泰西之语言文字,政治礼俗,与夫天算地舆之学,格物化学之理,皆略有所窥"①。因而,他的自然科学修养就超越了许多同时代的先进人士。孙中山相当熟悉当

---

① 孙中山在《上李鸿章书》中的这段自述是完全符合事实的。他在大学时代就已经对于自然科学的主要学科——物理、化学和生物学等有所接触,后来,这种学习也未中断,例如孙中山在1896—1897年间旅居伦敦时,他就曾充分利用了当地的优良学习条件,"不懈地工作,阅读关于政治、外交、法律、军事、海军的书籍,矿产与矿业、农业、畜牧、工程、政治经济等类也占据了他的注意,而且细心和忍耐地阅读"。(参见罗香林《国父之大学时代》、康德黎《孙中山与新中国》)

代自然科学的重要成果,达尔文主义、拉马克学说、原子论和星云形成说都成为他借以建立哲学思想的论据和素材。其次,当时自然科学本身的发展也提供了极其有利的条件,如同恩格斯所指出的:19世纪的"经验自然科学获得了巨大的发展和极其辉煌的成果,甚至不仅有可能完全克服18世纪机械论的片面性,而且自然科学本身,也由于证实了自然界本身中所存在的各个研究部门(力学、物理学、化学、生物学等等)之间的联系,而从经验科学变成了理论科学,并且由于把所得到的成果加以概括,又转化成唯物主义的自然认识体系"。因而,也就便于孙中山直接以自然科学的某些重要论断对宇宙、人类社会与思维作出哲学的阐释。

中国古典哲学中的唯物主义传统曾为孙中山所继承,并被填充以新的内容。例如,在哲学的基本问题方面,孙中山把物质与精神的关系理解为传统的"体"与"用"的关系——以物质为"体",而以精神为"用";并把"太极"这个古老的概念赋予近代自然科学所提供的物质含义,以之作为宇宙万物的本源。同样,王船山所阐发的"行先知后"的唯物主义的见解,也给予孙中山的卓越的认识论以积极的影响。应当指出,孙中山的哲学思想固然与中国古典哲学有着承袭关系,但其关系的内涵却与同代的许多哲学家(如康有为和谭嗣同)有着不容忽视的区别,前者只是以古老的概念和哲学术语作为崭新内容的形式,而后者则主要是以近代的片断科学知识——包括哲学范畴去比附、验证与充实传统的哲学观念。

由于孙中山是毕生参与革命斗争的战士,因而,沸腾的社会生活在他的世界观中留下了深刻而鲜明的印记,对于革命实践的理论概括则成为他熔铸哲学思想的重要方式和手段。《孙文学说》就主要是在总结与概括长期革命斗争——特别是辛亥革命斗争经验的基础上写成的,人们可以清晰地看到哲理中间所显示的革命先行者艰苦跋涉的履痕。革命实践乃是孙中山哲学思想的主要源泉之一,而这正是以"改造世界"为己任的思想家的特色。

普列汉诺夫曾经写道:"时间在它的基本论点上安置了各式各样的上层建筑物,它使一个时代的唯物论较之另一时代的唯物论带上完全不同的面貌。"①这是完全符合实际的论断。不同的社会生活的土壤会生长同样葱郁但却形态相异的思想嘉木,生活和战斗在近代中国社会的孙中山正是循着独特的途径形成了自己的哲学思想。两个重要而鲜明的特点赋予孙中山哲学思想以独特的面貌:其一,是近代自然科学的许多重大成果以其原本形态作为主要素材而被直接地移充于孙中山的世界观——特别是自然观,例如,康德的星云形成说和达尔文的进化论就未经充分思辨地用作对于地球、有机界和人类形成过程的哲学的阐释。其二,对于革命实践的理论概括,成为孙中山哲学思想——特别是认识论的重要源泉。无限丰富的革命实践不断地提供大量素材,并且迫切地要求革命指导者给予理论的概括;而作为革命活动家的思想巨擘则不能不经常地倾听实践的呼声,并以自己的理论活动完成实际生活所提出的任务。孙中山曾经为此付出了艰巨劳动,他的认识论的中心思想——"知行学说"就主要是对于革命实践概括的结果。正是如此,维新派哲学家们的世界观中的薄弱环节即认识论却成为孙中山哲学思想中颇为坚实的部分。大致说来,进化发展的普遍观念、以近代自然科学为基础的自然观、唯物主义的认识论以及二元论的社会历史观——构成了孙中山哲学思想的基本内涵。

　　孙中山的哲学思想乃是先进战士持之战斗的理论武器,大体具有唯物主义的性质;但是,落后的半殖民地半封建社会以及生存于其中的资产阶级、小资产阶级则是孙中山哲学思想所赖以产生的历史条件和阶级基础,所以也就不可避免地糅合着唯心主义因素和带有粗糙倾向。然而,作为近代中国先进的、启蒙主义思潮的一个组成部分,孙中山的哲学思想在那个动荡的时代里无疑发生过革命的战斗作用。

　　正如三民主义思想体系开拓了近代中国社会思潮的新纪元,孙中山的世界观也标志了中国哲学史中的一个新时期:维新派哲学家的世界观如果堪称是中国古典哲学的终结,孙中山的哲学思想则不愧为——虽然它在很多方面仍具雏形的意味——中国近代资产阶级哲学的开端。

---

① 普列汉诺夫:《论一元论历史观之发展》,11页,北京,人民出版社,1953。

孙文学说
构建近代中国的理论先导

第一节
进化发展的普遍观念

进化发展的普遍观念构成了孙中山哲学思想中理论、方法论的基本内容，坚持进化发展的普遍观念则显示孙中山哲学思想中理论、方法论的基本特色。中国近代先进思潮的共同特点——进化发展观念，在孙中山的世界观中鲜明地表现出来。

不同于中国封建时代儒家学派所崇奉的"天不变，道亦不变"的僵化观念，区别于西方资产阶级持有的形而上学的论点——把事物的变化仅仅归结为位置的移动、循环或单纯的数量的增减，又有异于维新派哲学家所宣扬的披着"公羊三世"外衣的渐进思想，孙中山在观察、认识和阐释世界的过程中贯串了具有明确科学依据的进化发展观念。在他看来，宇宙处于不断变化发展的状态，成为一个持续的自然历史过程；自然界和人类社会都在进行着永恒的代谢、更替，不断地由简单的、低级的阶段上升到复杂的、高级的阶段。

孙中山认为世界的发生和发展过程可以分为"物质进化之时期"、"物种进化之时期"和"人类进化之时期"三个阶段。他把这三个阶段的内容简略地表述如下："推到地球没有结成石头之前……普通都说……是一种流质，更在流质之先，是一种气体。所以照进化哲学的道理讲，地球本来是气体……日久凝结成液体，再由液体固结成石头……讲地球的来源，便由此可以推究到人类的来源，地质学家考得人类初生在 200 万年之内，人类初生以后距今20万年,才生文化。20万年以前,人和禽兽没有什么大分别,所以哲学家说人是由动物进化而成,不是偶然造成的。人类庶物由20万年以来,逐渐进化才成今日的世界。"①这里,孙中山是以西方自然科学的一些论断为依据,在自然界中贯串了发展进化的普遍概念,把地球、有机界和人类完全看作是在时间的长流中形成和演进的事物。②

　　同样,人类社会这种更为高级的事物运动形式也被孙中山理解为一个自然历史过程。首先,孙中山把人类社会视作是宇宙发展到一定的历史阶段才出现的特定现象,它属于世界发展过程中的第三阶段——"人类进化之时期"。其次,孙中山确认人类社会是在不间断地进展,他以政治和意识形态的变迁作为准则,为人类社会勾画出一幅发展过程中诸阶段的更替轮廓:"民权之萌芽,虽在2000年以前的罗马、希腊时代,但是确立不摇,只有150年。前此乃是君权时代,君权以前便是神权时代,而神权以前,便是洪荒时代。"③在他看来,人类社会并非停滞不动,也不是所谓"分久必合,合久必分"或"一治一乱"的简单循环过程,而是由低级阶段走向高级阶段的前进运动。人类社会在自身的发展过程中不仅有着纯粹的量变,而且还有着"洪荒时代"——"神权时代"——"君权时代"——"民权时代"这些具有质差的不同社会形态的更替。

　　事物的进化发展乃是绝对的,而它的静止状态则只有相对的意义——这是孙中山所持的一个朴素的卓越见解。他这样写道:"在神权时代,非用神权不可;在君权时代,非用君权不可。"因为,神权和君权对于产生它的那个时代是"有用"的。显然,孙中山认识到这样一个客观真理,即是事物对于它所借以产生的社会历史条件乃是合乎逻辑的现象,因而它们在一定阶段内呈现为稳定状态。但是,随着时间的推移,"神权"和"君权"逐渐丧失了它

---

　　① 《孙中山选集》下卷,662～663页,北京,人民出版社,1981。
　　② 孙中山在《孙文学说》中十分赞扬达尔文的进化论,指出:"自达尔文之书出后,则进化之学,一旦豁然开朗,大放光明,而世界思想为之一变。"他还推崇古代希腊持有朴素的辩证法观念的毕达哥拉斯和德谟克利特,认为"他们已有见及天地万物当有进化而成者,无如继述无人,至苏格拉底、柏拉图二氏之学兴后,则进化之说反因之而晦"。
　　③ 《孙中山选集》下卷,663页,北京,人民出版社,1981。

的"有用"的性质而变为"过去的陈迹",在新的客观条件——"文明很进步,人类的知识很发达,发生了大觉悟"的基础上,出现了"民权时代"。①这样,相对的稳定状态就为绝对的运动规律所打破。

孙中山批判了把社会生活中的现象看作是"自古已然"或是"一成不变"的观点,认为这是不符合客观实际的论断。他反对卢梭把民权的观念视作"天赋",并且着重指出:"民权不是天生出来的,是时势潮流所造就出来的。"②孙中山认为政治形式也都具有短暂的、不能永驻的性质,它们共有着发生、发展和衰亡的必然命运,"君权"在历史的进程中代替了"神权",但它同样在历史的进程中又为"民权"所更迭。

孙中山坚信进化发展的规律乃是绝对的、不可抗拒的客观存在,任何停止或扭转历史车轮的企图终归是徒劳的。他曾强调指出:尽管历史进程中经常发生逆转现象,但进化发展则永远是它的基本轨道,社会历史正像长江大河的水流,它的"方向或者有许多曲折,向北流或向南流的,但是流到最后,一定是向东的"③。革命斗争是"顺应世界之潮流"的事业,即使革命力量目前还很弱小,并且在前进的路途上也难以避免"艰难顿挫",然而革命事业最终一定会获得胜利;反之,反动派的力量目前也许还很庞大,并且可能在与革命力量作斗争中取得一些胜利,但是,由于他们所维护的东西日益成为"过去的陈迹",所以失败的结局终久不可避免。孙中山明确断言:"世界的潮流……现在流到了民权,便没有方法可以反抗……就是有很大的力量像袁世凯,很蛮悍的军队像张勋,都是终归失败。"④孙中山以进化发展的观念作为理论依据,对革命事业的前途作出了自信和乐观的论断。

应当指出:人类的认识也被孙中山视为一个发展过程——"人类……由无知识而进于有知识,脱离旧观念,发生新观念,脱离旧思想,发生新思想。"⑤在他看来,人类对于周围事物的认识乃是逐步由简陋而趋于完善。古

---

① 《孙中山选集》下卷,668 页,北京,人民出版社,1981。
② 《孙中山选集》下卷,668 页,北京,人民出版社,1981。
③ 《孙中山选集》下卷,674 页,北京,人民出版社,1981。
④ 《孙中山选集》下卷,674 页,北京,人民出版社,1981。
⑤ 《孙中山选集》下卷,437 页,北京,人民出版社,1981。

代的人们对于很多现象不能给予解释,但"科学昌明"的今天却能够对于古代的人们的疑问作出正确阐述;不过,即使对于现代的人们而言,宇宙间的许多现象仍然是"不可思议者",因为事物是无限丰富与变化的。与此同时,孙中山也指出了认识必须伴随着事物的变化而不断发展,否则认识就会在新事物面前"渐即于老朽颓唐,灵明日锢"①。总之,知识的"范围"是无涯的,而外在世界又在不断运动和发展着,人类的认识即使今天已远远超越了古代,但其过程却永远没有终结。

进化发展的观念几乎是近代中国先进哲学思想的共同特色,但是在孙中山的世界观中却表现出独具的面貌。与维新派思想家的世界观相比较,孙中山所持的进化发展观念的特点就清晰地显示出来:首先,孙中山的进化发展观念是对于自然科学和社会历史进行朴素概括的结果,它由于拥有比较明确的科学论据而摒弃了神秘的外衣和奇异的色彩(这种外衣与色彩却笼罩着康有为等所持的进化观念)。孙中山服膺"证明自然界历史发展"的达尔文主义,认为进化论的出现是人类思想领域中的重大变革,以至"各种学术均依归于进化"。他也赞同被恩格斯誉为使得"认为自然界在时间上没有任何历史的那种观念,第一次被动摇了"的康德的"星云形成说"②,认为它正确地阐述了宇宙发生的过程。显而易见,这些科学硕果成为孙中山的进化发展观念的基石。其次,如果说维新派思想家在他们的进化观念中所强调的主要是量变的渐进,而没有或只是朦胧地窥察到质变的飞跃;那么,孙中山却在承认量变的同时,也着重阐明了异质阶段的交接。③毋庸置疑,这种差别在很大程度上取决于维新派和革命民主派所奉行的政治路线。维新派以"通三统"、"张三世"的论点作为"变更成法"的理论基础,孙中山却把自己的进化发展观念作为革命的思想依据。

---

① 《中山全书》,卷3,219页。
② 《马克思恩格斯全集》第20卷,62页,北京,人民出版社,1971。
③ 应当指出,孙中山是反对庸俗进化论的。在与保皇派论战时,孙中山曾经指出:"推彼之语,必当先经立宪君主而后立宪民主,乃合进化之次序也。而不知天下之事,其为破天荒者则然也,若世间已有其事,且行之已收大效者,则我可以取法而为后来居上也。"不过,孙中山的这种观念并未概括、提升到哲学意义的高度。

进化发展的普遍观念是孙中山哲学思想中的优秀组成部分，因为，"一般说来，马克思以前的唯物论都有这个弱点，便是几乎完全没有任何进化观念。"①

---

① 普列汉诺夫：《唯物论史论丛》，9页，北京，人民出版社，1953。

第二节
以近代自然科学为基础的自然观

恩格斯曾经写道:"全部哲学,特别是近代哲学的重大的基本问题,是思维和存在的关系问题。"①这个最高问题乃是各种派别哲学家的主要分水岭:断言物质是第一性的、基源的哲学家们组成唯物主义阵营,认为精神扮演着创世主角色的哲学家们则形成唯心主义阵营。孙中山在哲学的最高问题上给予了基本正确的回答,并在一系列重要问题上采取了唯物主义的理念。

与唯心主义和僧侣主义的许多观念相反,孙中山在自己的哲学思想中采取了唯物主义的自然观。他把世界看成是物质的,并且把宇宙的发生及其实质大略表述如下:"太极动而生电子,电子凝而成元素,元素合而成物质,物质聚而成地球。"②在他看来,作为万物的基源,"太极"这个古老的概念等同于近代自然科学发展所提供的关于"以太"的概念,而"以太"则是"弥漫六合"的、没有固定形态的物质,正是它构成了宇宙的本体。这样,尽管上述论断在自然科学的意义上并不确切③,孙中山还是在世界的本质问

---

① 《马克思恩格斯全集》第21卷,315页,北京,人民出版社,1965。
② 《孙中山选集》上卷,141页,北京,人民出版社,1981。
③ 孙中山把"以太"视为产生"电子"的原始物质,是因袭了19世纪的旧说。到了20世纪初期,随着爱因斯坦的狭义相对论的提出,加以物理学家劳厄的证明,"以太"说已经破产。

题上采取了唯物主义的解释。①

对于有机界和人类的形成问题,孙中山也作了唯物主义的阐述。他认为有机界和人类乃是物质长期发展的产物,它们出现于宇宙发展过程中的第二阶段和第三阶段(即他所谓的"物种进化之时期"和"人类进化之时期")。只是在地球形成之后并具备了某些条件,才出现了简单的生命现象,而人类则是简单原始的生物长期进化的结果。有机物与无机物之间,并没有不可逾越的鸿沟:"前者之化学有有机体与无机体之分,今则已无界限之可别,因化学之技术,已能使无机体变为有机体矣!"关于生命现象的基础问题,孙中山依据19世纪的细胞学说作出回答:"造成人类及动植物者,乃生物之元子为之也,生物之元子,学者多译之为细胞,而作者今特创名之曰生元,盖取生命元始之意也。"②在他看来,"生元"是构成一切生物的物质基础,是复杂的生命现象的本源。正如无机界一样,有机界乃至人类生命现象的基础也是物质。

孙中山在《军人精神教育》的演讲中考察了物质与精神的关系。首先,孙中山把宇宙间诸现象归结为物质与精神两个基本范畴:"六合之内,一切现象,厘然毕陈,种类至为繁伙……然总括宇宙现象,要不外物质与精神二者。"③接着,孙中山指出物质与精神之间的关系:"精神虽为物质之对,然实相辅为用。考从前科学未发达时代,往往以精神与物质为绝对分离,而不知二者,本合为一。在中国学者亦恒言有体有用,何谓体,即物质,何谓用,即精神。譬如人之一身,五官百骸,皆为体,属于物质;其能言语动作者,即

---

① 把太极解释为宇宙的本源,乃是中国古典哲学中的传统观念。但是,关于这个词汇却存在着歧异乃至对立的理解。宋代哲学家邵雍曾对太极作了彻头彻尾的主观唯心主义的阐述,他在《渔樵问答》中写道:"天地生于太极,太极就是吾心。太极所生之万化万事,即吾心之万化万事也。"朱熹则把太极等同于"理",奉为客观唯心主义的最高范畴。反之,明代哲学家王廷相则在《太极辩》中对它作了朴素的、唯物主义的阐释:"太极,求其实,即天地未判之前,元始浑沌清虚之气也。"孙中山在具体地论述地球形成时写道:"推到地球没有结成石头之前,普通都说是一种流质。更在流质之前,是一种气体。"参证这种论述,可以确知孙中山对太极——以太的解释是唯物主义的。

② 《孙中山选集》上卷,110页,北京,人民出版社,1981。

③ 《孙中山全集》第6卷,12页,北京,中华书局,1985。

为用,由人之精神为之。二者相辅,不可分离。若猝然丧失精神,官骸虽具,不能言语,不能动作,用既失,而体亦即成为死物矣。由是观之,世界上仅有物质之体而无精神之用者,必非人类。"[①]这段论述有着两点重要内容:第一,孙中山辩证地处理了物质与精神之间的相互关系。一方面,精神是物质之对,二者乃是具有本质差别的两个范畴;另一方面,二者却又"相辅为用",并非互不相关或彼此对立的两个范畴。这样,孙中山就在物质与精神之间的相互关系问题上作出了正确的论断,并且在这个问题上一般地反对了庸俗唯物主义和二元主义的谬误。因为粗俗地混淆和抹杀物质与精神的差别,必然会堕落为被恩格斯斥作"唯物主义小贩"的庸俗唯物主义者;而把物质与精神理解为截然割裂的、彼此对立的实体,则会导致二元主义的错误倾向。第二,孙中山认为精神乃是人类独具的现象之一,而人类则是世界发展过程中第三阶段("人类进化之时期")的产物;同时,世界上能够存在并且已经存在着"仅有物质之体而无精神之用者",虽然它们"必非人类";此外,人类精神现象的依据——"体",则是"属于物质"的"五官百骸"。这样,孙中山实际上达到了下列结论:精神现象是历史发展到一定阶段的产物,物质可以无需精神而独立存在,而精神则必须以人类的机体作为物质基础;物质是"体",精神则是"体"之"用"。这种结论否定了把精神奉为创世主的唯心主义观点,而贯串了唯物主义精神:把物质看作是第一性的、基源的,精神是第二性的、派生的,后者是前者在一定发展阶段的产物。

然而,在孙中山所持的唯物主义的见解中也包含着一些模糊的、不够精当的观念。这些消极因素主要表现在对于物质与精神范畴的理解和对于二者之间关系的论断缺乏思辨性则是导因。

孙中山没有能够完全正确地把握物质这一哲学范畴。尽管孙中山企图对于物质作出哲学意义的概括,但是,他对于物质概念的理解并未超越出牛顿所开拓的物理学阶段的有关物质的阐释。在他看来,作为哲学范畴的物质概念与自然科学关于物质构造的学说并无本质差异,所谓物质,则不

[①]《孙中山全集》第 6 卷,12 页,北京,中华书局,1985。

外是"水"、"风"、"动植"、"武器"等等具体的物体。孙中山始终未能把关于物质构造的概念和关于物体的理解提升为哲学意义的物质界说，从而，也就不能清楚地认识"物质是标志客观实在的哲学范畴，这种客观实在是人感觉到的，它不依赖于我们的感觉而存在，为我们的感觉所复写、摄影、反映"[1]。显然，缺乏明确的唯物主义的物质概念，就不可能摒绝唯心主义的渗透和羼入，也就不可避免地在哲学基本问题的答案上涂刷一抹晦暗不明的色彩。

同样，孙中山也没有十分确切地理解精神这一哲学基本范畴。"第知凡非物质者，则为精神可矣"[2]——这就是孙中山为精神所规定的空泛的定义。孙中山没有充分理解精神、思维乃是人类社会发展的产物，即高度发展的物质——大脑所独具的反映外界事物的机能和属性。因之，他在解释精神现象时显得困惑，以至用低级的生物形态来解释人类特有的高级物质形态属性，把精神现象的基础归结为"生元"："生元之为物也，乃有知觉灵明者也，乃有动作思维者也，乃有主意计划者也。"[3]但是，"生元"本身仍然笼罩在奇异的迷雾里，以至孙中山不得不承认自己对于"生元"缺乏了解："生元者，何物也？曰：其为物也，精矣微矣神矣妙矣，不可思议者矣。"[4]甚至，把"生元"与孟子所谓的"良知"比附，牵强地宣称："孟子所谓良知良能者非他，即生元之知生元之能而已。"[5]孙中山就是这样给"生元"披上了一袭带有神秘色彩的外衣，而把构成人体的每个细胞都赋以"知觉灵明"、"动作思维"和"主意计划"的机能及属性。孙中山的这种论点表现出"新活力论"——"物活论"的消极影响，承认在单细胞产生的同时就具有了思维能

---

[1] 《列宁全集》第14卷，128页，北京，人民出版社，1957。
[2] 《孙中山全集》第6卷，12页，北京，中华书局，1985。
[3] 《孙中山选集》上卷，110页，北京，人民出版社，1981。
[4] 《孙中山选集》上卷，110页，北京，人民出版社，1981。
[5] 《孙中山选集》上卷，110页，北京，人民出版社，1981。

力。当时,这种庸俗唯物主义的伪科学理论在欧洲颇为流行。①

既然孙中山对于物质和精神两个基本哲学范畴的理解不够确切,因而在论述物质与精神之间的关系——特别是估计精神的作用时难免背离了唯物主义原则,把精神这个能动的方面加以"抽象地发展了"②。这种情况在孙中山的哲学著作中屡见不鲜,精神的作用被提到独立的、甚至第一性的地位。孙中山曾经这样写道:"牛之力量大于童子,人皆知之,而童子能以一绳引牛,东则东,西则西,牛乃不能奋其一角一蹄以与童子抗,且甘心俯首以惟命是听者,是则何耶? 童子有精神,牛无精神。"③显然,精神因素在这里被片面地渲染了。事实是人类之所以能够积极地适应与改造自然(包括役使动物),是因为劳动把人类提高于动物的状态之上,使得他们具有灵巧的双手和智慧的大脑,产生了语言和思维,并且能够以集体的力量展开广泛的实践活动,而不是单纯地具备了精神的结果。同样,孙中山认为人若"猝然丧其精神",即使"官骸虽具",但因不能言语动作,以致"体亦为死物矣"。但是,精神的丧失乃是它的物质依据——"官骸"损坏的结果,而不是精神的丧失使得官骸变成"死物",孙中山这种颠倒因果的论点,表明他未能深刻把握精神对于物质的依属关系。此外,孙中山还曾发表过"全无物质亦不能表现精神"④的论点,这种见解含有把精神作为主体,而把物质视作精神表现的唯心主义倾向。在《孙文学说》的序言中,孙中山甚至作出了极度夸张精神作用的唯心主义论断:"吾心信其可行,则移山填海之难,终有成功之日;吾心信其不可行,则反掌折枝之易,亦无收效之期也。心之为用大矣哉! 夫心者也,万事之本源也。"⑤作为"愈挫愈奋"的革命家,孙中山在此把精神的作

---

① 孙中山的这种糅杂着唯心主义、神秘主义因素的"生元"学说,是接受了德国病理学家微耳和的影响。微耳和认为细胞是生命的唯一形式和最小单位,人体是由细胞的砖石造成的建筑物。这种论点是对细胞学说的歪曲,为之输入了形而上学的唯心主义因素。19世纪后期以来,微耳和学说颇为流行。孙中山未能洞察微耳和学派的反科学性质,甚至在《孙文学说》中还赞扬他和他的"生元有知"的学说。

② 《马克思恩格斯全集》第3卷,3页,北京,人民出版社,1960。

③ 《孙中山全集》第6卷,14页,北京,中华书局,1985。

④ 《孙中山全集》第6卷,12页,北京,中华书局,1985。

⑤ 《孙中山选集》上卷,105页,北京,人民出版社,1981。

用推至万能的高度。尽管他是为了鼓舞斗志,但却有悖于科学的准则。

孙中山的上述观念与他的唯物主义见解处于矛盾的状态,它们构成了孙中山的世界观中的消极部分。这一事实,又一次论证了列宁的断语:"任何自然科学,任何唯物主义,如果没有充分可靠的哲学论据,是无法对资产阶级思想的侵袭和资产阶级世界观的复辟坚持斗争的。"[①]

应当指出,中国近代先进思想的理论基础大抵采取了唯物主义或接近于唯物主义的基本观念,作为这一观念的基本特征,则是在自然观中对于西方自然科学的吸收和接受。孙中山的贡献在于把这种吸收和接受提升到一个新的高度,将虽然未经充分概括的、但比较系统明确的自然科学成果直接移作自然观的组成部分。这就使得孙中山的哲学——特别是自然观获得了崭新的形态,不仅超越了中国古典哲学的阶段,而且脱出了维新派思想家的水准。由于康有为及其门徒们在熔铸自己哲学思想的过程中,经常把片断的、朦胧的自然科学知识生硬比附、勉强塞入传统的古老概念和学说,因而,使得这一哲学思想的某些部分闪烁着模糊神秘的色彩。

中国近代先进哲学思想往往存在着夸大精神的作用和意义的倾向,这个特点是有其社会历史根源的:一方面,帝国主义与封建主义的统治造成了广大人民群众的沉寐精神状态,因而唤起和促成他们的觉醒就成为先进人士必然关注的重要启蒙课题;另一方面,这种哲学思想的阶级基础的特性——中国资产阶级的软弱性——也在相当程度上形成了上述特点。当这些民主革命先行者和志士们进行变革现实的斗争时,由于自身的孱弱以及缺乏与广大人民群众(主要是农民阶级)的密切联系,往往痛感没有足资凭借的强大社会力量,便自然而然地倾向于夸张精神、心灵和意识——主观因素的作用。康有为的"电——知"即是这样,谭嗣同的"以太——心力"更是如此,孙中山的"生元"也具有类似的意义,它们夸大主观因素的作用。不过,孙中山在这里毕竟使得主观唯心成分减少到资产阶级近代哲学的特性所能容许的限度。所以,如果说康有为和谭嗣同经由"电——知"和"以

[①]《列宁全集》第33卷,204页,北京,人民出版社,1957。

太——心力"而走入唯心主义的迷宫，那么，孙中山的"生元"观念和夸大精神作用的论断则只是使得他的哲学思想丧失了彻底的一元论性质，从而在一定程度上表现出"二元论"和唯心主义的倾向。

第三节

唯物主义的认识论

唯物主义的认识论是孙中山哲学思想中最为卓越的组成部分,也是他对于中国哲学史所作的杰出贡献。孙中山所持的认识论基本内容包含在"知难行易"(或称"行易知难")的学说中,它的特色在于把"行"——实践提到首要的地位,并且强调"真知"——理性认识获得的困难与必要。孙中山在认识论中着重概括了长期革命斗争的经验,并为他后期的思想演进准备了理论基础。

孙中山的认识论立足于两个论点之上。

首先,客观存在被视作第一性的,而认识则被视作第二性的;前者是被反映者,后者则是反映者。孙中山明确指出:"宇宙的道理,都是先有事实,然后才发生言论,而不是先有言论,然后才发生事实。比方陆军的战术学,现在已经成了有系统的学问……是本于古人战斗的事实,逐渐进步而来。"[1]确立这样一个符合客观实际的前提显然具有重大意义,唯物主义哲学——如同列宁所指出的——就是要把这个"人类的'素朴的'信念作为自己的认识论的基础"[2]。

其次,孙中山对哲学基本问题的第二个方面——关于世界及其规律的可知性问题给予肯定的回答。在他看来,宇宙间的一切纷纭复杂的现象都

---

[1] 《孙中山选集》下卷,671~672页,北京,人民出版社,1981。
[2] 《列宁全集》第14卷,61页,北京,人民出版社,1957。

能够为人们所认识,因为人类的认识能力是无限的。孙中山固然承认"智之范围甚广,宇宙之范围皆为智之范围"①,但却明确地指出,即使是"理至幽微,事至奥妙"的现象,都能够"有法以晓喻之,有器以窥测之"。世界上根本不存在不可认识的事物,而只有着"尚非人类今日知识所能穷"②的未被认识的事物。这样,孙中山就与唯心主义和不可知论划清了界限,并把认识论放置于唯物主义的基础之上。

孙中山在自己的认识论中把"行"——实践提到首要的地位,并且极力强调了它的意义和作用。他认为"行"——实践具有广泛的可能性("行易"),它是人类认识乃至人类进化的重要手段。孙中山这样写道:"且人类之进步,皆发轫于不知而行者也,此自然之理则……故人类之进化,以不知而行者为必要之门径也。夫习练也,试验也,探索也,冒险也,之四事者,乃文明之动机也。生徒之习练也,即行其所不知以达其欲能也;科学家之试验也,即行其所不知以致其所知也;探索家之探索也,即行其所不知以求其发见也;伟人杰士之冒险也,即行其所不知以建其功业也。由是观之,行其所不知者,于人类则促进文明,于国家则图致富强,是故不知而行者,不独为人类所皆能,亦为人类所当行。"③从认识论的角度考察,孙中山的上述见解包含着两点重要内容:第一,"行先知后"。孙中山认为人们在"知"——认识事物之前,可能而且已经在"行"——实践,不知而行不仅是广泛存在的客观事实,还是人类认识和进化难以避免的"门径"。第二,"行以致知"。孙中山认为人们在"行"——实践的过程中可以获取关于外界的知识——"知";"行"——实践乃是由"不知"而"致其知"的途径和手段,即"能实行便能知"。实践在先,认识在后,由实践产生认识,这就是孙中山的上述论断中的精华所在。

孙中山在《军人精神教育》的演讲中,对于"知"、"行"问题,特别是"知"的源泉问题作了进一步的考察:"约言之,厥有三种:(1)由于天生者;(2)由

---

① 《孙中山全集》第6卷,17页,北京,中华书局,1985。
② 《孙中山选集》上卷,109页,北京,人民出版社,1981。
③ 《孙中山选集》上卷,162页,北京,人民出版社,1981。

于力学者;(3)由于经验者。"①应当指出,孙中山在这里所指出的第一个"知"的源泉即"由于天生者",并非是意味着人类具有"先验的理性"或"天赋观念",而在很大程度上是泛指人类的天禀资质——"凡人之聪明,惟各因其得天之厚薄不同,稍生差别。"②因为孙中山还曾一再论证过人们是"不能生而知之"的,必须"学而后知"。此外,孙中山也没有过分夸大天禀资质对于认识的作用,他在同一演讲中指出:"甲乙二人,甲聪明而不好学,乙聪明虽不如甲,而好学过之,其结果,乙之所得,必多于甲。"③不过,孙中山在这里把人们的天禀资质与认识源泉混淆并列,却不能不在"知"的来源问题上抹刷了一笔"先验的"唯心主义色彩。然而,孙中山所谓的主要认识源泉只能够归结为"力学"和"经验":"力学"能够"集合多数人之聪明,以为聪明",不仅可以"取法现在",而且可以"尚友古人",这是间接经验;"经验"则意味着"所历之事日多,知识遂已增长",这是直接经验。这样,孙中山就在自己的认识论中作出了把"行"(实践)视为主体通达客体和反映客体的桥梁,是"知"(认识)的主要源泉和基础的唯物主义论断,在一定程度上摈斥了主张在认识领域中"返求诸己"或到"绝对观念"和"先验理性"里去探求真理的各色唯心主义观点。

在论述了"知"、"行"关系之后,孙中山又对"知"进行了深入的考察。他认为人们从实践中所获得的"知"有着"真"、"伪"之分,并非所有的"知"都是"真知"或"科学的知","舍科学而外之所谓知识者,多非真知识也。"④例如,古代人们所持的"天圆而地方"、"天动而地静"以及"俗呼养子曰螟蛉,盖有取于蜾蠃变螟蛉之义"⑤的概念就是错误的;反之,近代自然科学所提供的有关宇宙和蜾蠃以螟蛉作为自己幼虫的食料的认识则是正确的。这是因为前者有悖于客观实际,因而经不起"科学按之,以考其实"的检验;后者符合客观实际,因而是符合事实的真理。由是,孙中山就正确地阐明了真理

---

① 《孙中山全集》第 6 卷,17 页,北京,中华书局,1985。
② 《孙中山全集》第 6 卷,17 页,北京,中华书局,1985。
③ 《孙中山全集》第 6 卷,17 页,北京,中华书局,1985。
④ 《孙中山选集》上卷,146 页,北京,人民出版社,1981。
⑤ 《孙中山选集》上卷,146 页,北京,人民出版社,1981。

论的主要问题，作出以实践作为检验认识的主要标准的唯物主义论断："学理有真的假的，要经过实验才晓得对与不对，如像科学上发明一种学理，究竟是对与不对，一定要作成事实，能够实行，才可以说是真理。"正是这样，孙中山着重地强调了获得"真知"的困难，并以很多实例力求论证这点；同时，孙中山也指出虚假的知识是无意义的，只有"真知"才能够对人们的活动产生积极作用。

孙中山认为人类的认识是不能停滞的，因为人类的认识所反映的外在世界永远处于运动、发展和变化的状态："吾人之在世界，其知识要随事物之增加而同时进步，否则渐即于老朽颓唐，灵明日锢。"[①]孙中山的这个论点有力地驳斥了把人类思想体系理解为最终地、完全地认识世界的虚妄，而把人类的认识看作是一个不断发展的持续过程，它的每个停顿都意味着可能落后于客观实际。显然，孙中山所持有的这种具有辩证因素的见解有着重大的实际意义，因为它为人们必须适应事变进程而不断更新观念提供了理论依据。孙中山的实践活动充分体现了上述观念，他本人就是"适乎世界之潮流，合乎人群之需要"的不断进步的典范。他在晚年发展了旧三民主义政纲，而使自己的思想和实践进入新的阶段。

孙中山所以强调"真知"的意义和作用，而且认为人们必须使得自己的认识适应着事变进程的推移向前发展，首先是由于作为一个伟大的革命指导者，他不能不力求取得正确的革命理论以指导斗争实践。正是这种情况，使得孙中山在很大程度上为认识与实践的关系作出辩证的论断。实际上，孙中山业已理解到二者之间的关系不仅在于认识导源于实践，而且还在于认识指导实践："行其所不知以致其知"——这是认识与实践关系的一个方面；"因已知而更进于行"——这是认识与实践关系的另一方面。孙中山用"以行而求知，因知以进行"[②]两句简练的语言概括了认识与实践之间的辩证关系。

显然，孙中山在认识论中所提出的唯物主义观点乃是对于中国哲学史

[①]《孙中山全集》第6卷，17页，北京，中华书局，1985。
[②]《孙中山选集》上卷，145页，北京，人民出版社，1981。

的重要贡献。作为王阳明主观唯心主义认识论的反对者，孙中山继承和发展了王船山等的卓越见解。①孙中山不仅把"行"——实践作为认识论的首要之点，还把它理解为"真正现实的活动"和真正"感性的活动"（如实验与习练）。这样，就否定了中国古典哲学中抹煞实践在认识过程中的作用或把实践理解为对于封建道德履践的唯心主义观点。此外，朴素的真理论和对于"知"、"行"之间关系所持的辩证观点也是中国哲学史中的精粹。唯物主义的认识论无疑是孙中山哲学思想的特点和优点。

但是，孙中山的认识论也不可避免地存在着消极部分。首先，孙中山固然强调了"行"——实践在"知"——认识中的巨大作用和意义，然而，他对于"行"——实践的理解却是比较片面和狭隘的。孙中山把认识的源泉——实践归结为"力学"和"历事"，而其具体内容则主要是指"习练"、"实验"、"探索"、"冒险"和"研究"等科学活动。虽然人们的政治斗争实践和生产斗争实践也曾为孙中山所论及（例如，他曾经指出人们可以在民权的实践中熟悉民主政治），但是，他一般地未能对于人们社会实践的丰富内容和巨大意义给予应有的评价，特别是对于人们的基本实践活动——生产斗争和阶级斗争缺乏恰如其分的估计。因此，孙中山在基本上仍是"离开人的社会性，离开人的历史发展，去观察认识问题，因此不能了解认识对社会实践的依赖关系，即认识对生产和阶级斗争的依赖关系"②。正是这样，所以，孙中山作为一个终生投身于斗争实践的革命家，却始终未能在认识论的领域中充分了解"'革命的'、'实践批判的'活动的意义"③。孙中山在实践问题的理解方面所表现的错误倾向，几乎是马克思主义哲学出现前的一切唯物主义认识论共有的缺陷。

---

① 如同太极的概念一样，"知"、"行"及其关系问题也是中国古典哲学中的重要争端。唯心主义——客观唯心主义或主观唯心主义的论点是："理"是先验的万物的本源（朱熹："未有天地之先，毕竟也只是理，有此理便有天地"）；以"知"为基源，而将"行""合一"进去（王阳明："知是行之始，行是知之成"、"心外无理"）。反之，唯物主义哲学家们——从王充到王船山一直主张"行先知后"（王充："不学不问，不能知也。"王船山："行可兼知，知不可兼行。"）。显然，孙中山是继承和发展了唯物主义者在知行问题上的观点。

② 《毛泽东选集》，271页，北京，人民出版社，1966。

③ 《马克思恩格斯全集》第3卷，3页，北京，人民出版社，1960。

由于孙中山忽略了认识对于生产斗争与阶级斗争的依赖关系,而单纯地强调了科学思维活动的作用,从而导致孙中山把生产斗争和阶级斗争的直接参加者——广大人民群众仅视作是"林林总总"的"实行家",不懂得正是他们的社会实践才是"知"——认识的无限丰富的源泉,却把个别先进人士看作是不同于"群氓"的"先知先觉",过高地估计他们的活动对于认识的意义。如此偏颇的见解必然会导致在"群氓"与"先知先觉"之间划出一条鸿沟,把认识的功能归属于少数的"先知先觉"者,而把"群氓"视为少数"先知先觉"的竭力"乐成者"。不仅如此,这种错误的观点既然把人们分成"先知先觉"和"群氓"两种,因而必然会逻辑地引申出"知者不必自行,行者不必自知"的论断,形成与"知"、"行"之间辩证关系相矛盾的割裂二者的观念。

孙中山虽然强调了"真知"——理性认识的重要意义,却始终未能使得自己的某些认识超越出感性的范围而形成完整的理论系统。例如,他在"知难行易"学说的论述中列举了很多实例(所谓"十事为例"),作了反复的阐发,但还是没有把认识过程提升为规律性的辩证法。这个缺陷的存在表明孙中山虽然认清了"真知"和关于事物的片面的、表面的或假象的认识的区别,却没有理解和把握认识的深化过程的途径和关键。当然,孙中山对于这个课题也简要地作了概括:"对于一件事,须用观察和实验的方法,过细去研究,研究屡次不错,始认定为知识。"①可是,他始终未能深切理解"真知"——理性认识既要以具体的感性认识为基础,又要加以"去粗取精、去伪存真、由此及彼、由表及里的改造制作工夫",以便"造成概念和理论的系统"。②从而,得以更深刻、更全面和更准确地反映客观存在。对于认识深化过程的比较粗疏的理解,乃是孙中山的认识论中的主要缺陷之一。③

以"行先知后"为其前提的"知难行易"学说乃是孙中山对于实践——首先是革命斗争实践进行概括的结果,它在认识论的意义上反映了人们获取

---

① 《孙中山全集》第6卷,22页,北京,中华书局,1985。
② 《毛泽东选集》,280页,北京,人民出版社,1966。
③ 孙中山也曾论及认识深化的问题,他在《民权主义》的演讲中指出:"考察的方法有两种:一种是观察,即科学;一种是用判断,即哲学。"而在《孙文学说》中则曾写道:"从知识而构成意象,从意象而生出条理。"

真知的困难——"知难",并且表明了人类实践的广泛可能性——"行易"。显而易见,孙中山的这种观念充分反映了他和他的战友们在探求真理过程中所感受到的艰难,同时,也表露了革命民主派所持以指导实践的理论的薄弱。但它在社会生活领域中则产生着这样的作用:反对人们在革命低潮时期采取因循苟且的实践态度,驳斥为这种无所作为的态度作辩护的"知易行难"的论点。所以,"知难行易"的观念有其合理的、积极的方面。不过,"行"——实践也并非简易和顺利的过程:没有理论指导的实践是盲目的实践,它会使得人们陷于"黑夜徘徊"的境地;即使人们的实践得到了理论的指导,在实际活动的过程中也难以避免曲折和顿挫,因为理论本身需要实践的不断补充与修正,而人们在依据正确理论进行活动时也会经常在结合实际方面发生误差。在这个意义上,传统的"知之非艰,行之维艰"的论点也包含了一定的真理。事实上,"知"、"行"是一个辩证的过程。"知难行易"和"知易行难"各自反映了人们认识过程中的一个方面,但也都具有片面性。只有辩证唯物主义,才能够完满解决认识论中的这一重要课题。

第四节
社会历史观点——"民生史观"

列宁在《卡尔·马克思》一文中这样写道:"第一,以往一切历史理论,至多是考察了人们历史活动的思想动机,而没有考察产生这些动机的原因,没有发现社会关系体系发展的客观规律性,没有看出物质生产发展程度是这种关系的根源;第二,过去的历史理论恰恰没有说明人民群众的活动,只有历史唯物主义才第一次使我们能以自然历史的精确性去考察群众生活的社会条件以及这些条件的变更。"①列宁在这里所揭示的历史唯物主义形成以前的历史哲学的缺陷,在孙中山的社会历史观点——"民生史观"中也不可避免。孙中山在他的社会历史观点中作出了一些唯物主义的论断,然而,唯心主义观念和二元主义倾向同时并存,而且较之在自然观中表现得更为明显。正如毛泽东所指出的:"所谓民生史观,实质上是二元论或唯心论。"②

什么是社会历史发展的决定性因素,是孙中山在一系列著述中努力探求的主要课题。在他看来,"历史的重心是民生","民生是社会一切活动中的原动力","民生为社会进化的重心"。孙中山认为:决定社会历史面貌及其进程的首要因素,归根结底,即是人们的"生存"问题、"求生存"问题。正是以这一观念为核心,形成了他的社会历史观点——"民生史观"。

---

① 《列宁全集》第 21 卷,38 页,北京,人民出版社,1959。
② 《毛泽东选集》,681 页,北京,人民出版社,1966。

"民生史观"显示了孙中山对于社会生活问题的重视和关怀,也表明他在一定程度上摆脱了曾在西方广泛流行的唯心主义历史哲学的影响。孙中山在这里摒弃了企图到"杰出人物"或"绝对观念"那里去探求历史重心和原动力的唯心主义见解,按照自己的独特方式把社会历史归结为人们的"生活"问题。显然,这种观点带有朴素的唯物主义精神。孙中山正是由此出发对某些社会现象作出接近实际的论断,并在一些观点上驳斥了西方社会学和历史学的相关非科学著述。

在考察中国近代史的时候,孙中山得出这样一个结论:"实际则物质文明与心性文明相待,而后能进步。中国近代物质文明不进步,因之心性文明之进步,亦为之稽迟。"[①]孙中山把近代中国"心性文明"的缓慢进展归结为"物质文明"落后的结果,实际上就是把"物质文明"视为社会精神领域趋向的重要原因。这种观念包含了唯物主义因素,直观地反映了社会历史领域中的重要客观规律,它具有积极的实践意义——促使人们去关注和变革极其落后的社会物质文明和人民生活状况。

既然社会历史的重心乃是"民生问题","物质文明"在社会生活中起着重大作用,那么,社会历史就不会是某种"绝对观念"的体现,也不可能是任凭"杰出人物"恣意搓捏的泥巴。以这种观念作为前提,孙中山进一步指出社会历史确是按照必然的规律演进,正如河水循着河床流转一样。他曾多次指出,"世界潮流的趋势"恰像"长江黄河的水流",尽管在奔腾过程中会经历曲折迂回,但终归会趋向东方。任何人都不能全凭主观意愿去根本改变"潮流的趋势",因为没有凌驾于这种"潮流的趋势"之上的物质力量。孙中山的这种见解对于他的革命实践具有重大的意义——一方面,成为制定纲领和方案的依据。他所以要倡导民权主义,就是因为"世界的潮流流到了民权的时代"。另一方面,这也成为他和他的战友们的革命信心和乐观精神的理论根据:只要所从事的事业"适乎世界之潮流,合乎人群之需要",胜利终究是会取得的。

[①]《孙中山选集》上卷,126页,北京,人民出版社,1981。

不同于维新派人士所持的历史哲学观点,孙中山在评价历史人物时也曾表述过具有唯物主义因素的见解。他在考察世界近代史时指出:"夫华、拿二人之于美法革命,皆非原动者。美之十三州既发难抗英而后,乃延华盛顿出为之指挥;法则革命起后,乃拔拿破仑于偏裨之间,苟使二人易地而处,想亦皆然。是故华、拿之异趣,不关乎个人之贤否,而在其全国之风尚也。"①孙中山在这里对华盛顿、拿破仑所作的历史评价,表明了"伟人杰士"乃是客观形势的产物。与上述观念相联系,孙中山尽管认为群众大抵是被动的力量——"实行家"、"乐成者"等等,但却没有完全无视群众的作用。后来,在实际斗争中进一步理解了人民群众的作用和意义。他在晚年所作的一系列演讲中,反复指出发动广大群众参与革命斗争的必要性,并把中国人口的最大多数——农民的奋起视作"革命成功的起点"②。"唤起民众",则成为孙中山的临终遗言。这是孙中山的社会历史观点不同于蔑视人民群众的唯心史观的鲜明标志。

一般来说,孙中山是一个比较重视群众作用的民主主义思想家。这些具有唯物主义成分的观念,对于一整代革命民主派的革命实践曾产生过积极意义。孙中山和他的同志们在革命活动初期就致力于"唤起民众",摈弃了那种指望依靠圣君贤相变革现状的幻想。1911年爆发的革命运动得以一举摧毁清朝的统治,主要是革命党人长期艰苦奋战和人民群众奋起斗争的结果。孙中山晚年所面临的急剧发展的革命形势,也与他日益重视组织和动员群众的观念即"扶助农工"的政策有着联系。

从人民的立场和具有唯物主义因素的一些观点出发,孙中山对于当时流行的资产阶级社会学的两个流派作了批判。他鄙弃马尔萨斯的"人口论",认为所谓物产按算术级数增加、人口按几何级数增加的"人口论"是反科学的;同时,还着重指出这种谬论在社会生活中的戕害作用。他认为,人们如果"中了马尔萨斯的毒",人口增长率就会遭到阻抑,从而,削弱了决定

---

① 《孙中山选集》上卷,15页,北京,人民出版社,1981。
② 宋庆龄:《为新中国奋斗》,6页,北京,人民出版社,1952。

孙文学说
构建近代中国的理论先导

一个民族强弱的人口因素。①孙中山也批判了社会达尔文主义,认为"物竞天择,适者生存"的规律仅仅适应于比较低级的世界发展阶段——"物种进化之时期",而不能以之解释世界发展过程中更为高级复杂的阶段——"人类进化之时期"的各种社会现象。他在《孙文学说》中曾经写道:"乃至达尔文氏发明物种进化之物竞天择原则后,而学者多以为仁义道德皆属虚无,而争竞生存乃为实际,几欲以物种之原则,而施之于人类之进化,而不知此为人类已过之阶段,而人类今日之进化已超出物种原则之上也。"②对于这类观点的批判,显示了孙中山的社会历史观点的进步性质。

孙中山的社会历史观点固然包含着一些具有唯物主义因素的、进步的理念和论断,但是,历史的和阶级的局限性毕竟在其中留下了深刻的印记,形成了与朴素的、比较符合客观实际的观点相对立的错误见解。"民生史观"基本内容的主要缺陷在于孙中山撇开了人的社会性,撇开了社会历史的发展而抽象地去理解所谓社会—民生问题。

首先,孙中山所理解的社会—民生问题缺乏具体的特定社会内容,因而,这种社会—民生问题就成为浮泛于具体的社会经济形态之上的、不能反映特定客观实际的抽象概念。因为,人类社会在其自身发展过程中经历了不同的社会经济形态,而每一社会经济形态都有着特定的生产方式和上层建筑,所以,也就存在着不同性质的社会—民生问题。封建社会的社会—民生问题有别于奴隶社会的社会—民生问题,资本主义社会的社会—民生问题又不同于封建社会的社会—民生问题。可见,如果抛开一定的社会经济形态,一般地指出社会—民生问题是社会历史的"重心"和"原动力",实际上不可能客观地阐明社会—民生问题的实质。一般寓于特殊,抽象寓于具体;不存在没有特殊的一般,也没有抛离具体的抽象。正如马克思所指出的:如果不把物质生产置于它的特殊形式下进行考察,那么"一切就会仍旧是空谈"③。

---

① 《孙中山选集》下卷,599~600页,北京,人民出版社,1981。
② 《孙中山选集》上卷,142页,北京,人民出版社,1981。
③ 马克思:《剩余价值学说史》第1卷,306页,北京,人民出版社,1957。

其次，孙中山所提出的社会—民生问题离开了社会阶级关系，因而，在客观上就产生了把人类的生存问题和一般生物的生存问题等量齐观的倾向。但是，除去就单纯的生理学意义而言，民生——人类的生存问题与生物的生存问题有着本质的不同。自从脱离了动物状态之后，人们就使用着劳动工具积极地改造自然以谋求生存。在劳动生产过程中，人们发生不依主观意志为转移的生产关系，而在阶级社会中，人们则由于他们在生产关系中所处地位的不同而形成不同的社会集团——阶级。从原始社会解体到社会主义建成的历史时期，一些阶级处于剥削的、压迫的地位，另一些阶级则处于被剥削的、被压迫的地位，剥削阶级和被剥削阶级之间的利益是矛盾的、对立的，对立阶级之间往往进行着尖锐的斗争，这才是社会—民生问题的基本内容和实质。也只有把握住这种社会—民生问题的基本内容和实质，才能科学地分析社会—民生问题，并找到正确地解决社会—民生问题的钥匙。"民生史观"的这种缺陷，使它不可能历史地、具体地反映中国社会—民生问题的实质所在。

对于社会历史"重心"这一关键性问题的空泛理解，必然引导孙中山在考察社会发展动力、国家、政治等等重要问题时作出唯心主义的论断。应当指出，缺乏阶级分析观点乃是"民生史观"的主要缺陷。虽然孙中山在长期革命活动中注意到阶级存在和对立这种严重的社会现状，地主阶级和农民阶级、资产阶级和无产阶级间的利益冲突也曾为孙中山的一些著述所论及；但是，孙中山甚至在他晚年的理论活动中都始终没有认识到阶级斗争是人类社会历史发展一定阶段的主要动力之一，反而把阶级斗争看作是"社会当进化的时候，所发生的一种病症"。孙中山虽然在19世纪末叶就已开始了解马克思和恩格斯以及他们的活动，并且称赞过马克思主义"研究透彻"和"理由充足"。但由于孙中山把阶级斗争错误地当做社会生活的病态，所以没有认同阶级斗争是历史发展主要动力之一的历史唯物主义观点。在他看来，"民生就是社会一切活动中的原动力"，而从这个缺乏具体内容和社会阶级含义的概念出发，又引申出"社会之所以有进化，是由于社会上大多数的经济利益相调和，不是由于社会上大多数的经济利益有冲突。

社会上大多数的经济利益相调和,就是为大多数谋利益,大多数有利益,社会才有进化。社会上大多数的经济利益之所以要调和的原因,就是因为要解决人类的生存问题"[①]的论断。对于存在着剥削阶级和阶级对立的历史阶段,这种见解显然失之偏颇和有悖实际。所以如此,首先是反映了资产阶级软弱性的一面,不能发动、组织和率领广大群众——首先是农民进行坚决的革命斗争,而是幻想通过"调和"的顺畅途径实现社会的变革。可见,乌托邦正是"弱者的哲学"。而从理论认知的角度来看,孙中山在这方面的缺陷则是:片面强调了人们力求解决"生存问题"的共同意愿,而没有理解分裂成为不同阶级和集团的人们是循着完全不同的途径去解决"生存问题"的事实。这样,孙中山就不可能真正懂得相互对立的阶级利益往往是不可调和的,只有通过阶级斗争的手段才可以打开历史发展的通道,扫除衰朽社会力量的桎梏。所以,孙中山虽然毕生参与了激烈的阶级斗争,并在重大政治活动中摒弃妥协主义路线,还曾强调过"革命之破坏"的必要性,但却始终未能在理论上摆脱阶级调和的唯心史观。这就不可避免地给他的政治实践带来某些消极的影响,赋予孙中山的言行以某些妥协的色彩。甚至在他晚年的革命活动中,虽曾勇于提出新的政治纲领和采取一系列的坚定的革命措施,但从资产阶级民主革命的范畴而论,也仍然缺乏彻底性。当然,把阶级斗争和革命的暴力绝对化也是偏颇之论。

既然孙中山把社会历史的"重心"、"原动力"归结为抽象的民生问题,并且认为阶级斗争是社会生活的病态。那么,人、国家和政治诸范畴、概念也就必然被抽去了社会阶级内容。在他看来,人并非是社会的和隶属于一定阶级的成员,而是抽象的"心之积也",即是自身精神的体现。这样,离开了人的社会性、阶级性的观点,使得他不能不把以阶级斗争活动为其内涵的许多社会现象,理解为没有社会阶级内容的事物。所以,孙中山虽然对国家的暴力性质有着直观的理解,指出"国家是用武力造成的",但在具体考察作为阶级斗争不可调和的产物和主要是一个阶级镇压另一个阶级的工具的

[①] 《孙中山选集》下卷,779 页,北京,人民出版社,1981。

国家时，却下了一个撇开社会阶级性质的界说："人之积也。"并且，把国家的要素理解为土地、人口等。而在论述作为阶级利益和阶级关系的反映的政治时，他也把它视为"属于人群心理之现象"，还以"管理众人的事"为其定义，没有触及问题的实质。孙中山把"民国"、"民治"、"议会政治"、"全民政治"等范围的概念赋予了"全民的"色彩，相信它们在本质上并不具有狭隘的阶级属性和利益的局限。

孙中山虽曾对杰出人物在历史上的作用作出了某些接近唯物主义的阐释，然而，他的社会历史观点又往往把一些历史事件片面地归结为个人造成的，实际上表述了"英雄造时势"的唯心主义观点。他曾夸大卢梭对欧洲资产阶级民主革命的作用，以为"因有他的民权思想，便发生法国革命"[1]。在这里，他完全忽略了18世纪法国社会经济的发展与旧制度的矛盾。同样，日本的明治维新运动也被孙中山归结为"不过数志士为其原动力耳"[2]。19世纪德国的统一及其强盛，则为孙中山视作"全由俾斯麦一手造成"[3]。在分析近代中国的太平天国农民运动失败的原因时，孙中山没有触及这场农民战争悲剧结局的深刻社会阶级根源，而认作是"因为当时洪秀全、杨秀清争皇帝做，所以太平天国的洪秀全、杨秀清、韦昌辉、石达开那四部分的基本军队，都完全消灭，太平天国的势力便因此大衰"。推究太平天国势力之所以衰弱的原因，根本上是因为杨秀清想做皇帝的"一念之差"[4]。对于五四运动的发生，孙中山也只强调"推源其始，不过由于出版界之一二觉悟者，从事提倡，遂至舆论大放异彩，学潮弥漫"[5]。孙中山对于这些历史事件和历史人物的理解，是与他所表述的一些具有唯物主义因素的论点相矛盾的。这种情况，具体地反映了孙中山的社会历史观点的二元论或唯心论的内涵。

与夸大杰出人物的作用的观点相联系，孙中山始终未能真正了解人民群众在社会历史发展中的决定性作用：既是物质财富的创造者，又是精神财

---

[1] 《孙中山选集》下卷，671页，北京，人民出版社，1981。
[2] 《孙中山选集》上卷，66页，北京，人民出版社，1981。
[3] 《孙中山选集》下卷，718页，北京，人民出版社，1981。
[4] 《孙中山选集》下卷，676页，北京，人民出版社，1981。
[5] 孙中山充分肯定了五四运动，但对其发生的原因则未深究。

富的创造者,同时,还是任何真正进步的、革命的政治运动的主要力量。孙中山把人们按其"智能"作了如下划分:"第一种人叫做先知先觉,这种人有绝顶的聪明,凡见一件事,便能够想出许多道理,听一句话,便能够做出许多事业……由于这种先知先觉的人……世界才有进步,人类才有文明……第二种人叫做后知后觉,这种人……自己不能够创造发明,只能够跟随摹仿……第三种人叫做不知不觉,这种人的聪明才力是更次的,凡事虽有人指教他,他也不能知,只能去行。"[①]他认为"先知先觉"只能是少数,但却堪称为"发明家"、"创造家",而"大多数都是不知不觉的人",仅仅是"乐成者"。孙中山虽然并不否认"实行家"的作用,但人民群众在社会历史发展中的首要的、决定性的作用显然被贬低,反之,少数"先知先觉"的作用却被夸大,人民群众被视为必需"先知先觉"扶植和引导的"群氓"。孙中山对于杰出人物和人民群众的历史作用所持的唯心主义观点,给他的政治活动带来消极的影响。例如,孙中山倡导过"权能区分论",认为人民应当"有权",但却不应当"直接管理国家事务",因为他们缺乏这种才智,只能"把国家大事付托给有本领的人"。这种主张在人民群众和国家管理者之间划了一道鸿沟,限制了人民群众直接地、积极地参与政治生活。虽然孙中山在他晚年所提出"联俄、联共、扶助农工"的三大政策中已经显示了他的社会历史观的重大变化,意识到农民在当时革命中的重大作用——"农民是我们中国人民之中的最大多数。如果农民不来参加革命,就是我们革命没有基础"[②],并且"确信公共生活若有劳工势力参加其间,其意味当益浓厚"。但是,他毕竟还未能真正了解和承认人民群众在根本意义上是历史的创造者这条真理。这点,正是资产阶级革命民主派的社会历史观点的严重缺陷。

如果承认孙中山的自然观与认识论比较清晰地显示了他的哲学思想所具有的科学基础,那么,孙中山的社会历史观点就特别鲜明地反映了他的哲学思想的阶级基础。孙中山的社会历史观点与19世纪俄罗斯的革命民主主义者有很多相似之处,它们都在一定程度上反映了自身所属阶级的特点,共

[①] 《孙中山选集》下卷,731页,北京,人民出版社,1981。
[②] 胡汉民编:《总理全集》第2集,496页,上海,民智书局,1930。

同带有显著的主观主义色彩。这种社会历史观点的进步方面在于它批判了反动社会学,强调"博爱"和"互助"精神,关怀和维护人民利益,并且包含着一些朴素的唯物主义的论断。而其消极方面则是糅合着唯心主义杂质,实质上是二元论或唯心论,因而,始终不能具体地、科学地阐明社会历史现象。可以断言,孙中山——如同许多俄罗斯民主主义者一样——也停顿于历史唯物主义的门槛之前。

中国资本主义的缓慢发展,使得无产阶级只是在五四运动的风暴中才作为自觉的政治力量登上历史舞台,马克思列宁主义也是在十月社会主义革命的炮声中才真正地传播开来,而小资产阶级则如汪洋大海般存在。这种情况,使得孙中山所持的主观主义的、洋溢着"博爱"、"互助"色彩的社会历史观点有其存在的社会条件和阶级基础。

综上所述,孙中山的哲学思想——主要是自然观和认识论——虽然具有唯物主义的性质,但是,由于时代、阶级的限制,而使其中不可避免地糅合了唯心主义杂质和二元主义倾向。这样,就造成孙中山的哲学思想内涵缺乏一致性,相异的乃至对立的观点经常并存于同一命题之中。

由于孙中山生活和战斗在暴风骤雨的年代,以至他和同时代许多先进思想家一样,缺乏充裕的条件把自己的世界观酝酿和熔铸为一个较为成熟的、完整的体系,使之更具有思辨性。孙中山的哲学思想的多种渊源及其内容与形态的某种支离、矛盾状况,表明了"指导时代潮流"的人物在当时的社会条件下如何急迫地锻造着思想武器。因为他不是书斋中的哲学家,他首先是毕生奋战的革命志士。

第八章
CHAPTER EIGHT

孙文学说的持久、普遍意义

在90年前,伟大的民主革命先行者和近代化前驱孙中山非时逝世。从那时到现在,特别是第二次世界大战和中华民族抗日战争胜利以来,中国和世界都发生了巨大的变化,人类在进步的道路上艰难跋涉并迈出了重要的步伐。然而,无论是风云变幻的动荡阶段,还是曲折顿挫的历史行程,或是以和平与发展为主题的新时期,都未能使孙中山的光辉形象有所淡化。恰恰相反,他的理论及其实践得到人们越来越广泛的理解和认同。这种广泛的理解和认同,涵盖了不同社会制度、发展层次和文化差异的国家和地区。他依然生活于现实的舞台,他的精神遗产仍在闪烁着理性和良知的光芒。

历史人物在时空两个方面具有如此的持久、普遍意义,无疑是颇为罕见和难能可贵的。这种现象既非偶合,也非后人单纯的功利主义使然。主要原因在于:孙中山毕生追求和为之奋斗的独立、民主、富强的课题,对于占世界人口大多数发展中的国家都是社会进步的诉求,而即使在发达国家内,也应是继续实现和被崇奉的准则;他从来都是把中国问题的"真解决"置于世界的范围,并从宏观视野去考察中国与世界密不可分的联系,洞察"世界潮流"的大趋势,摒弃"荒岛孤人"式的封闭,但又立足于中国的国情,"走自己的路";他从不把自己的变革活动局囿于国内,而是融汇于亚洲和世界被压迫民族以及进步人类的奋斗之中,其足迹遍及世界的主要国家,与众多国际友人保持着密切的、相辅相成的双向关系。

他是中国人民的伟大儿子,又是世界的巨人。

在21世纪中,他的思想仍然充满生命力和魅力。

第八章　第一节

第一节
体现了众多国家和地区社会演进的必然趋势

　　孙文学说之所以具有持久、普遍的意义，首要原因在于他的事业——挣脱殖民主义和封建主义双重枷锁，争取独立、民主和富强是中国以及占世界人口绝大多数的国家和地区进步发达的必由之路。尽管由于社会制度的区别、发展层次的差异和文化的不同，定会赋予这些需要解决的基本课题以不尽相同的内涵和形式，但却概莫能外，孙中山为之奋斗终生的目标和理念依然具有广泛的现实意义。

　　当孙中山踏上近代中国的政治舞台时，古老的帝国正在处于从封建"末世"沦为半封建半殖民地的"天崩解地"过程。近代中国的发端颇为意味深长，新的历史阶段的帷幕开启既非生产力的突变所导致，亦非以波澜壮阔的革命运动为契机，而是由英国发动的鸦片战争所拉动。强大的外铄作用严重地影响了中国社会的进程，使之循着独特的轨道形成过渡的、畸形的社会形态。虽然资本—帝国主义的入侵在客观上促进了传统社会经济的瓦解和近代资本主义的萌发，但更为重要的是，它以"残酷的统治"截断了中国社会正常发展的途径。外国侵略者同本国统治者逐步结成同盟，阻抑着任何真正的变革，维护了半殖民地半封建社会秩序，使得中国缺乏完整的独立和基本的民主，并陷于贫困落后的状态。严峻的现实是：只有砸碎殖民主义和封建主义的沉重镣铐，彻底改变现存社会秩序，中国才能踏上近代化的路途，民族得到拯救，社会获致发展。正如马克思在论述印度的未来命

孙文学说
构建近代中国的理论先导

运时指出的,中国人民同样未能在失掉"旧世界"的同时轻易"获得一个新世界",必须经过长期艰苦的斗争,才能收取"新的社会因素所结的果实"。

在19世纪与20世纪交替的时刻,孙中山和一切先进的中国人士所面临的首要任务,就是进行反帝反封建的民主革命,建立独立、民主和富强的新中国。孙中山和他所领导的资产阶级革命民主派,以比较完全意义的革命理论和实践,超越了单纯农民战争和维新运动;同时,又为后来的民主革命新阶段开拓了道路。他所参与和倡导的民主革命运动——从辛亥革命到国民革命——贯穿了近代中国民主革命进程的两个时期,成为中国走出中世纪、挣脱殖民主义与封建主义桎梏、开始踏上近代化的重要阶梯。他的炽烈的爱国主义、高昂的民主变革精神、执著的共和诉求和臻于富强的热望,显然具有强大的积极意义。

民族独立和解放,无可置辩地构成近代中国民主革命的首要课题。民族矛盾在半殖民地半封建的中国社会居于突出地位:帝国主义同中华民族的矛盾在多种社会矛盾中具有特别重大的意义;同时,多民族的清帝国内部还存在着满洲贵族同汉族以及其他少数民族的矛盾。两种矛盾越来越纠结在一起——外国侵略者把国内统治者作为殖民主义的社会支柱,国内统治者则把侵略者引为主要靠山,彼此依存、相互利用。近代中国社会不仅在对外意义上是备受侵凌的半殖民地,又在对内意义上是满洲贵族"宰制于上"的民族牢狱。正是在这种意义上,孙中山首先揭橥了"民族革命"的旗帜。他和他的战友们的民族主义理论和实践具有新的内容和形式:既继承了广泛流传于农民和社会下层分子中间的"民族思想",又淘汰了"笼统的排外主义"和"宗法"色彩;既接受了维新派把民族独立与社会变革密切联系起来的观念,又摒弃了政治上君主立宪的妥协倾向;当然,其中更多的是"从欧美吸收解放思想"。在清朝末期,"反满"曾是民族主义的主要内容。这不仅由于以满洲贵族为首的清朝统治者推行民族压迫政策,还因为这个政权以朽败透顶的"治绩"为侵略者的强盗行径提供了可行性,逐步成为殖民主义者的"鹰犬",堪称"洋人的朝廷"。"反满"含有强烈的现实意义,在当时起到了广泛的动员作用。挣脱殖民主义枷锁,避免"瓜分"、"共管"的厄运,争取民族独立和解放，则是民族主义的又一主要内容。尽管这个课题在当时尚未被置于应有的首位，但它无疑是民族主义的主旨。从兴中会宣言到同盟会纲领，救亡图存的主线一以贯之。事实上，"外邦逼之"与"异种残之"始终是民族主义"殆不可须臾缓"的两个主要原因。在这个时期，他的民族主义虽然还带有局限性，主要是没有提出明确的反帝口号，并将首要任务归结为"先倒满洲政府"，因而不能充分体现近代中国民族解放运动的主流。此外，这种民族主义也糅杂了某些大汉族主义、种族主义因素。但是，孙中山倡导的民族主义仍无愧为一面战斗的旗帜：反映了近代中国社会的民族矛盾，集中了群众争取民族独立和解放、摆脱国内民族压迫的意愿，概括了民族革命的任务，把民族解放运动提到了前所未有的高度。

反对"皇帝和贵族的专制政权"，建立共和制度，乃是近代中国社会发展迫待解决的另一主要课题，具有特别尖锐和重大的意义。封建专制制度不仅剥夺了人民的起码权利，而且阻碍了社会经济、政治和文化的发展。现实需要民主主义的理论和实践，它成为当时进步社会思潮和运动的主流是合乎逻辑的：只有在封建帝制的废墟上缔造的共和制度，才能成为强有力地促进中国社会发展的政治杠杆。为此，孙中山必须进行艰苦的探索，跨越皇权主义乃至君主立宪的藩篱，坚持以共和主义取代君主专制主义。孙中山和他的战友们高举"政治革命"的旗帜，民权主义实际上成为三民主义的核心。它的主要内容之一，即是对封建专制制度进行理论的和武器的批判。孙中山历数了封建专制制度的罪恶，揭露了清王朝的统治剥夺了人民的各种权利，妨碍了社会的发展。他和他的战友们认为："以千年专制之毒而不解"[①]的政治决非"自由的国民所堪受的"，必须彻底变革。因之，经由国民革命的途径推翻帝制、建立共和国，便成了民权主义的基本内容。孙中山从切身的实践中认识到：必须采取"强迫"的手段去推翻封建暴政，而不要为清廷的"改革诏旨所迷诱"和被保皇派的谰言所欺骗。至于"政治革命"的建设目标，就是创立一个"平等"的、"民治"的、"国民"的共和国。他不只一次重

---

① 《孙中山选集》上卷，71页，北京，人民出版社，1981。

申国体必须变革,并对政体作了相应的构思。这种民权主义在当时虽然还存在不足和缺陷,主要的局限性是缺乏深刻的、彻底的反封建内涵。孙中山虽把斗争的主要矛头指向封建帝制——"恶劣政府",却未能充分理解宗法封建性的土豪劣绅、不法地主阶级是"几千年专制政治的基础";而"主权在民"的原则,也难以在仿效西方的共和制度中真正体现。但是,带有共和制度诉求的民主主义纲领的提出,无疑是近代中国社会政治、思想领域中划时代的飞跃,具有深远的积极意义。在此以前,人们或者以为推翻清廷的目的在于复兴汉族帝国,或者确信君主立宪可使中国复苏,而无须否定封建君主制度。在此以后,民主主义的启蒙使得带有盲目性、局限性的自发抗争"转变为自觉的民主运动"。辛亥革命之所以导致封建帝制的终结,主要原因即在于此。

积极发展社会经济,尽速由贫弱臻于富强,显然是中国社会的又一重大课题,吸引了一切先进人士的目光。归根结底,中国的贫弱主要是由于帝国主义的侵略和封建主义的压榨。帝国主义反对中国资本主义化,只是允许殖民地或半殖民地化。封建主义特别是封建土地所有制则是妨碍中国近代化的内在桎梏,严重束缚了社会经济发展。孙中山的社会革命纲领——民生主义,具有崭新的内容和形式。民生主义摒弃了农民阶级的平均主义和维新派的保守倾向,吸收了约翰·穆勒和亨利·乔治的部分学理,受到了社会主义(包括了其中众多流派)的影响,以土地与资本问题为基本内涵,在相当程度上反映了中国的国情。土地方案的内容大体分为"核定天下地价"、"照价收税"、"照价收买"以及"涨价归公",其关键在于把因"社会进步发达"而形成的地价增殖收归国有,以免为土地所有者攫取,致成垄断。同时,使"公家愈富"、"农民大苏"和"社会发达"。资本方案的主要内容为发展社会经济,振兴实业。采取双管齐下方针——"节制资本"和"发达国家社会主义"并存,凡"不能委诸个人及有独占性质者"的产业皆归国有,以预防资本的垄断,加速社会经济的发展,保护工人免"受资本家残害"。孙中山关于实业化内涵和举措的配置方案,无疑也是颇有见地的:优先发展交通运输业,重视开发能源,强调重工业的基础作用,注重农业和轻工业的建设,以求

"农工商矿,繁然待举而不能偏废者"。他嘲笑闭关自守者为鲁滨逊式的"荒岛孤人",主张实行"开放主义";在"保持主权"的前提下,充分引进外资、技术、装备和人才。孙中山所著《实业计划》不愧为近代中国第一个较为完整宏伟的工业化方案。至于民生主义的局限性,主要在于土地纲领缺乏使农民彻底摆脱封建压榨、获取土地的内容,对"宅地"的重视超过耕地。而其主观社会主义则带有空想的因素,并混淆了革命的层次和步骤。但是,民生主义在当时显然是较为自觉和完整的近代化纲领。其土地方案将消除地主阶级对土地的垄断及由之产生的绝对地租,为资本主义发展创造了有利条件。资本方案大有裨益于"实业化","企业国有"并不意味着社会主义。孙中山不同于俄国的民粹派,在资本主义发展过程中不抱留恋过去的情绪,他始终"向前看",并以工业化的现实性、公平性和防范性赋予民生主义以某些科学社会主义的因素。事实证明,民生主义构成了辛亥革命的社会经济纲领的丰富思想内涵。

由于近代中国社会正处于剧烈的变动中,因之,反映社会生活实际的理论、纲领和方案就必须与时俱进,才能保持科学性和生命力。孙中山的后期活动面临着中国与世界的巨大变化。三民主义的内涵需有相应的发展,方能反映时代的特点。孙中山积极地迎接了新时代的到来,"适乎世界之潮流,合乎人群之需要",使自己的思想获致深刻的变化:三民主义纲领中的反帝反封建观念强化和明确起来:"民族解放之斗争,目标皆不外反帝国主义而已";进一步揭露了封建军阀、官僚、政客的反动面目,并指出他们大都"结欢于列强,以求自固"。与此同时,孙中山还制定了联俄、联共、扶助农工的三大政策。新三民主义与三大政策是不可须臾分离的,前者是原则、纲领与方案,后者主要是战略和策略,即途径、方法和手段问题。严峻的现实是:中国革命面对着相对强大的敌人,为了克敌制胜,建立广泛的民族民主统一战线是必要的。三大政策正确地解决了革命统一战线——包括国内、国际两方面——的力量组合问题,使得新三民主义成为完整的民族民主革命运动的纲领。正是这样,才能使北伐战争的风暴迅猛席卷中国,而他所倡导的国民革命,则成为辛亥革命"未竟之业"的继承和发展。

孙文学说
构建近代中国的理论先导

第二节
将中国问题的"真解决"与世界密切联系起来考察

孙文学说的持久、普遍意义,还在于他把中国与世界紧密联系起来,积极吸收外来的先进事物,但却"走自己的路"。既在共性中保持个性,又使个性丰富共性。当前,全球化、一体化的趋向使得这个课题更具尖锐意义。

当孙中山踏上社会政治舞台时,就已从宏观的视野去考察中国与世界的密切联系,在对世界潮流大趋势理解的基础上,探索中国问题的"真解决"。他之所以能够具有世界性眼光并非偶然,而是与他受的欧洲式教育分不开的。他的故乡毗邻澳门——当时中国的主要对外门户,关于外部世界的讯息,不断经由各种渠道传来,使少年孙中山就曾强烈渴望一睹镇上牧师收藏的世界地图。12岁时,他经澳门乘船前往檀香山。这次行程扩展和开拓了他的胸怀和眼界:"始见轮舟之奇,沧海之阔,自是有慕西学之心,穷天地之想。"①他先后在檀岛和香港学习十余年,较为广泛地接触和了解西方自然科学和社会政治经济学说。在当时门户刚刚被强行打开的中国社会中,地缘与人缘形成的孙中山的这种境遇是罕见的。对世界的了解,使他不再局囿于长期闭关锁国所造成的偏狭观念。"迎合世界的潮流去作"——是孙中山早已确立的重要文化取向。

十分明显,孙中山思想的形成与发展当是同吸收世界的先进文化分不开的。传统的中国封建社会由于缺乏新的社会经济基础和阶级基础,不可能

---

① 《孙中山全集》第1卷,47页,北京,中华书局,1981。

产生近代民主主义以及科学社会主义。半殖民地半封建社会尽管发生了变异，但也难以及时地、完整地形成这种先进思潮。由于缺乏相应的社会基础，外铄作用在思想领域中就成为不可缺少的。孙中山为了熔铸民主革命的政纲，既要立足于祖国大地，对传统文化加以批判地继承，更要充分向西方学习。他的三民主义的主要内容，无疑是"竭力从欧美吸收解放思想"的结果。他称誉法国18世纪资产阶级民主革命的"自由、平等、博爱"的口号，并将它的含义加以摄取。他倾心于林肯的"民有、民治、民享"的观念，并将它同三民主义基本内容等同起来。在他看来，"三民主义的口号和自由、平等、博爱三个口号"可谓一样，而"林肯所主张之民有、民治、民享，就是……民族主义、民权主义和民生主义"。至于三民主义的理论——哲学基础，也在很大程度上是对西学（特别是近代自然科学）的吸取。孙中山的自然科学素养超越了许多同时代的先进人士，堪称"天算地舆之学、格物化学之理皆略有所窥"。所以，达尔文主义、拉马克学说、原子论和星云形成说等，都成为了他的哲学思想的论据和素材。同时，从革命与建设的需要出发，孙中山也非常重视当今世界的客观实际，在社会经济、政治方面"步泰西之法"。他曾以英国、美国、法国、德国和日本作为仿效的范本，甚至认为在开放问题上可向暹罗（泰国）学习。而在他的后期活动中，孙中山越来越意识到西方社会经济、政治的弊端，发现帝国主义并未真正援助仿效者，却经常支持敌对势力"以扑灭吾党"。于是他把目光转向新生的苏维埃国家，赞扬十月社会主义革命，强调"以俄为师"去推动国民革命，使自己的理论和实践达到了前所未有的高度。

毫无疑问，开放的观念是孙中山思想体系中的主旋律之一。他总是在艰难顿挫的斗争中密切注视着世界，力求引进积极的因素和成果。但是，他从来不盲目膜拜和全盘接受外来事物，而是采取分析的态度，并使之与中国的国情和传统相结合。他多次申明在仿效"欧洲的生产方式"时"要避免其种种弊端"[①]，不要"随西方文明之旧路径而行"。他反复指出"欧美有欧美的

---

① 《孙中山全集》第1卷,273页,北京,中华书局,1981。

社会,我们有我们的社会,彼此的人情风土各不相同",因之,"我们能够照自己的社会情况,迎合世界潮流作去,社会才改良,国家才可以进步"。①否则,会给国家、民族带来"退化"和"危险"。他在晚年时期,提出"以俄为师"的口号,但对苏维埃制度并没有盲目效法和照搬。孙中山确信要吸取外国的一切长处,故步自封、抱残守缺是没有出路的。然而,必须保存中华民族固有的优良传统,振奋民族精神,摒弃民族虚无主义。

　　孙中山不止一次地阐明:中国与世界的相互关系是双向互动的。在世界潮流中涌现出的独立、民主和富强的中国,又将促进世界的和平、繁荣和幸福。他认为遭受西方列强侵凌的贫困、落后和分裂的中国,显然是亚洲乃至世界的不安定的根源之一。而中国革命和建设的胜利与成就,则对亚洲和世界都是重大的积极因素。早在20世纪的开端,他即满怀信心地预言:"一旦我们革新中国的伟大目标得以完成,不但在我们的美丽的国家将会出现新纪元的曙光,整个人类也将得以共享更为光明的前景。普遍的和平必将随中国的新生接踵而至,一个从来也梦想不到的宏伟场所,将会向文明世界的社会经济活动而敞开。"②他确信摆脱了噩梦般过去的中国将对世界承担重任,即"使地球上人类最大之幸福,由中国人保障之。最光荣之伟绩,由中国人建树之。不止维持一族一国之利益,并维持全世界全人类之利益焉"③。所以如此,是因为革新后的中国,不仅继承爱好和平的传统,更要"济弱扶倾"。孙中山坚信"中国人在本质上是一个爱好和平而不是好战的民族"④,"无侵略志","志尚和平",坚决反对"强权"和"霸道"。至于新生的共和国"之所以要水陆大军者,只为自保,而非攻人"。因为当前世界上"强权"横行,霸道跋扈,中国要保持独立和强盛,避免"受各国兵力侵略",定须"努力实行扩张军备"。在他看来,所谓"国际战争",不过是"有组织之大强盗行为耳"。以兵止兵,才是有效的抑制手段。当然,中国应当"永远保守和平的道德"。

---

　　① 《孙中山全集》第9卷,320页,北京,中华书局,1985。
　　② 《孙中山全集》第1卷,255页,北京,中华书局,1981。
　　③ 《孙中山全集》第2卷,440页,北京,中华书局,1982。
　　④ 《孙中山全集》第1卷,211页,北京,中华书局,1981。

第三节
把中国与世界人民争取正义与进步的事业融汇一体

孙文学说的持久、普遍意义,更在于他始终把自己的活动融于被压迫民族乃至世界进步人类的奋斗中。"世界大同",则是他的最高理想。今天,霸权主义与强权政治还在肆虐,捍卫国家主权和推进经济与社会的发展,仍是许多国家和地区——特别是发展中的国家和地区的艰巨任务。因之,这个课题依旧具有迫切意义。

还在孙中山组建最初的革命团体兴中会时,他就未把斗争局限于国内范围。檀香山《兴中会章程》规定:为了"抒此时艰,奠我中夏","兹特联络中外华人,创兴中会"。①如果把"中外华人"理解为国内同胞和海外侨胞,那么,在兴中会和后来的同盟会的实际活动中则有外国友人参与,其中部分人士甚至加盟入会。从具有共同命运这个基点出发,孙中山很早意识到中国革命运动与世界——特别是同处亚洲的被压迫民族的革命运动有着十分密切的关系,并把它提到相互支持的高度。菲律宾爱国志士彭西在《中华民国的缔造者孙中山》一书中写道:"对孙逸仙说来,远东各国的问题是可以在一起研究的。这些问题具有许多共同特点,因此,孙是朝鲜、中国、日本、印度、暹罗和菲律宾的青年学生的热心赞助者之一。"②事实上,孙中山在流亡国外的艰苦岁月中,曾向反对美国侵略和奴役的菲律宾爱国者伸出友谊

---

① 《孙中山全集》第 1 卷,19 页,北京,中华书局,1981。
② Mariano Ponce: *Sun Yat-Sen*: *The Founder of Republic of China*. Manila, 1965, P40.

之手,不仅积极协助他们购运械弹,甚至还准备"率兴中会中人至菲岛投阿氏军,速其成效,转余势以入支那内地,以起革命军于中原"①。对于被压迫民族的解放斗争经验,孙中山亦非常重视,他曾认真研究南非布尔人反英斗争中的"散兵战法",还把这种战术作为1903年创办于东京的革命军事学校的主要科目。这些活动表明,他已经开始"看清被压迫民族的革命运动及全世界的革命者,均有联合之必要"②。

在孙中山的后期活动中,上述重大课题得到了更为深刻、广泛的阐发和实践。他一贯认为中国人民不仅要为自己祖国的命运而斗争,还要"用此四万万人的力量为世界上的人打不平"③。他确信中国"对于世界要负一个大责任":"济弱扶倾……对于弱小民族要扶持他,对于世界的列强要抵抗他"。④他的这种观念后来更获得了长足的发展,明确宣称"此后世界人类要分为两方面去决斗,一方面是十二万万五千万人,一方面是二万万五千万人"。前者构成被压迫民族阵营,具有共同的被奴役的厄运,后者构成压迫民族的阵营,即是推行殖民主义的帝国主义。因此,被压迫民族在反对帝国主义的斗争中必须"联络一致,共同动作,相互扶持"⑤。只有这样,才能使"全世界受帝国主义所压迫的他们都来解放"。同时,孙中山也清楚地看到被压迫民族和压迫民族对立的两方面存在着另一种联合——"将来白人主张公理的,黄人主张公理的,一定是联合起来;白人主张强权的,和黄人主张强权的,也一定是联合起来。有了这两种大联合,便免不了一场大战。"⑥孙中山的这种见解十分深刻,表明他已对被压迫民族和压迫民族进行了具体分析,并采用"主张公理"和"主张强权"的准则划分阵营,从而破除了民族的狭隘界限。

"联俄",与新生的苏维埃国家共同奋斗,既是新时代所提供的可能性,

---

① 宫崎寅藏:《三十三年落花梦》,68页,上海群学社,1905。
② 《李大钊选集》,562页,北京,人民出版社,1959。
③ 《孙中山全集》第9卷,226页,北京,中华书局,1985。
④ 《孙中山全集》第9卷,253页,北京,中华书局,1985。
⑤ 胡汉民编:《总理全集》第2集,395页,上海,民智书局,1930。
⑥ 《孙中山选集》下卷,598页,北京,人民出版社,1981。

也是孙中山的政治思想和战略的重大发展。他在长期的斗争实践中曾经热切渴盼、寻求国际支持,希望获得真正的"辣裴德",但从"文明"、"富庶"的西方世界得到的反馈,却是冷漠、嘲讽和欺诈。孙中山的这种遭际是可以理解的。帝国主义决不希望出现一个强盛的中国。希冀它们援助中国的民族民主革命运动,无异于与虎谋皮。当然,这并不排除一些正直有识的国际友人对中国革命事业的同情和赞助。显而易见,帝国主义称霸的国际条件极不利于包括中国在内的殖民地附属国的革命运动。十月社会主义革命给孙中山带来了"大希望",苏维埃国家在其诞生初期尽管极为艰难,但已显示自身确是被压迫民族革命运动可以信赖的盟友。在著名的《和平宣言》和两次对华宣言中,苏维埃国家一再重申沙俄、临时政府对外签订的不平等条约、密约"立即作废",无代价地放弃沙俄夺取的在华权益,表示"渴望中国人民和俄国农民工人及红旗军相提携,为自由而战"。与此同时,苏维埃国家的代表也与孙中山开始了直接的接触。在这样的情势下,孙中山迅速把企望的目光转向苏俄。1918年初,在广州领导护法运动的孙中山就曾指出:"若俄国现在之革命政府能稳固,则我可于彼方期大发展也。"①这年夏天,孙中山致电列宁与苏维埃国家,表示对他们的事业十分"钦佩",并愿意"共同战斗"。尽管反动的北京政府竭力阻挠中国人民和苏维埃国家的联系,但孙中山在接到齐契林的信件后当即复函苏俄外交部,切盼加强接触,表示关注对方的"事业","特别是你们苏维埃的组织,你们军队和教育的组织"。②他在桂林会晤了共产国际代表马林后,1923年初又同苏俄代表越飞会谈,并发表了"联合声明"。这个具有重要意义的文件,以平等互助的精神规定了中苏两国人民间的关系。广东革命策源地获得了社会主义国家在精神上、道义上和物质上的多方支持,成为当时革命运动迅猛发展的重要因素之一。孙中山在实践斗争中越来越清楚地认识到这条真理:包括中国在内的被压迫民族解放运动,必须与国际无产阶级的斗争密切联系起来,因为只有苏维埃国家才是殖民地附属国人民的真正盟友,从而,将"联俄"提到了重

---

① 邵元冲:《广州护法日志》,《建国日刊》第12卷,第6期。
② 《孙中山选集》上卷,434页,北京,人民出版社,1981。

大战略的高度。在他看来,惟有列宁敢于"提倡被压迫的民族去自决,为世界上被压迫的民族打不平"①。孙中山在《致苏联遗书》中最终完满地表达了"联俄"的观点,确认苏联是"不朽的列宁遗与被压迫民族的世界之真遗产。帝国主义下的难民,将借此以保卫其自由,从以古代奴役战争偏私为基础之国家制度中谋解放"②。

联合世界上一切被压迫民族和人民,联合新生的苏维埃国家,构成了他"联合国际革命力量"的完整内涵,反映和体现了时代的特色和历史的趋向。对于被压迫民族和人民斗争来说,这种观念和实践无疑具有普遍意义。

孙文学说的持久、普遍意义绝非偶然的现象,他的思想内涵应是决定性因素。

在当前世界范围内,和平与发展无疑构成了两大主题。多元化的国际形势呈现为复杂多变,霸权主义、强权政治依然嚣张。同时,发展中的国家——占世界人口的绝大多数——捍卫国家主权、民主建政和推动经济与社会的进步,仍然是迫切的艰巨任务。这样,孙文学说的现实意义依然存在。他的丰富的精神遗产在某些领域和诸多方面仍具有生命力和魅力。孙中山已经成为历史人物,但他的崇高理念、观点和构想依然活在当今的时代。进一步深化和拓展孙中山研究,吸取他思想中的精华,对于中国和世界的历史进程及正义和进步的事业,都将有所裨益。

---

① 《孙中山选集》下卷,631页,北京,人民出版社,1981。
② 《孙中山选集》下卷,922页,北京,人民出版社,1981。

附 录
APPENDIX

孙中山重要活动年表

1866年（清同治五年　丙寅）诞生

11月12日（农历十月初六）出生于广东省香山（今中山）县翠亨村的一个贫苦农民家庭。父亲孙达成曾在澳门习业裁缝和充当鞋匠，后返乡佃耕土地数亩。全家住在村边一间粗陋的旧屋里，以番薯为主要食粮。

1869年（清同治八年　己巳）三岁

兄孙眉到邻乡南蓢村的地主家做长工。

1871年（清同治十年　辛未）五岁

孙眉赴檀香山，先后在菜园和农牧场充当雇工。

1872年（清同治十一年　壬申）六岁

开始参加一些农业劳动。主要是上山打柴草，或是到塘边捞"塘飘"做猪饲料。稍长，下田除草、排水和放牛。

1876年（清光绪二年　丙子）十岁

入村塾读书，课余仍参加家中的农业劳动。常与同学杨帝贺等到邻村去，观看三合会练武。喜听村内参加过太平军的老人讲述战斗故事，对太平天国农民运动产生了朦胧的仰慕。

1877 年（清光绪三年　丁丑）十一岁

继续读书，对一味背诵的陈腐传统教育感到怀疑。曾经向教师发问：读这些书一点也不懂，有什么意思？

1878 年（清光绪四年　戊寅）十二岁

春　继续读书。对一些封建陋习表示不满，反对缠足、蓄婢和赌博。

5 月 2 日（农历四月初一）　随同母亲经香港乘船赴檀香山。

6 月　到孙眉在茂宜岛茄荷蕾埠开设的商店当店员，旋入盘罗河学校补习算术等科。

1879 年（清光绪五年　己卯）十三岁

秋　入火奴鲁鲁英基督教会主办的意奥兰尼学校读书。此后，生活和学习费用多仰给于孙眉。

1881 年（清光绪七年　辛巳）十五岁

继续在意奥兰尼学校读书。喜阅华盛顿、林肯等资产阶级革命家的传记，产生了改造祖国的愿望。在校期间，仍于课余学习国学。

1882 年（清光绪八年　壬午）十六岁

7 月　在意奥兰尼学校毕业。不久，入火奴鲁鲁美基督教会设立的奥阿厚书院（高级中学）读书。

1883 年（清光绪九年　癸未）十七岁

7 月　自檀香山归国。乡居期间，除在家自修、参加一些农业劳动外，开始宣传社会变革，指摘清政府的腐败，并着手某些村政改良措施，如修路、防盗等事宜。是年秋天为破除封建迷信，与陆皓东毁损村庙的神像。

11 月　至香港，旋入英基督教会创办的拔萃书室读书。年底在香港由美公理会传教士喜嘉理行洗礼，入基督教。

1884 年（清光绪十年　甲申）十八岁

4 月　转入香港英国当局所办的中央书院（后曾更名为域多利书院、皇仁书院）学习。

秋　从香港工人反法斗争中受到鼓舞，深感华人已有"相当觉悟"。

11 月　应孙眉函召再赴檀香山。在茄荷蕾埠商店充当店员。

1885年(清光绪十一年　乙酉)十九岁

4月　自檀香山经日本回国。旋与外婆村卢慕贞结婚。

8月　赴香港域多利书院复学。对清政府在中法战争中的可耻失败感到十分愤恨,变革现实的意愿更为强烈。

1886年(清光绪十二年　丙戌)二十岁

夏　入美基督教会所办的广州博济医院附设南华医学堂(今中山大学中山医学院前身)学习。课外,经常抒发热爱祖国的情怀和革新政治的抱负。曾以洪秀全自命,并在同学中结交了与会党关系密切的郑士良等。

1887年(清光绪十三年　丁亥)二十一岁

1月　转学到香港议政局议员何启创办的西医书院。在校共五年余,勤奋学习。除正课外,广泛阅读了有关"新学"的书籍。在政治思想上受到何启等所倡导的维新思潮的影响。结识了英籍教务长康德黎博士,师生关系甚为密切。

1888年(清光绪十四年　戊子)二十二岁

3月　父孙达成病故。

8月　在西医书院第一学年的期终考试中,获全级第三名。

1889年(清光绪十五年　己丑)二十三岁

夏　在第二学年的期终考试中,名列全级之冠。

1890年(清光绪十六年　庚寅)二十四岁

夏　结束了第三学年的学习。同已退职的香山籍官吏郑藻如通信,主张仿效西方,进行社会改革。课余常常往来于广州、澳门等地,发表反清言论。与陈少白、尤列、杨鹤龄等聚谈革新抱负,表示"勿敬朝廷"。

1891年(清光绪十七年　辛卯)二十五岁

夏　在第四学年期终考试中获得全级第一名。同先后在澳、沪的维新派人士郑观应经常通信,讨论时局问题。又结识招商局职员、后来的"辅仁文社"社长杨衢云,不断交换爱国图强的见解。还曾撰文鼓吹政治改革,投寄港、沪各地报刊。

1892年(清光绪十八年　壬辰)二十六岁

春　设计新居,用孙眉汇回款项在翠亨兴建。

7月　毕业于西医书院,成绩优异,获得开业执照。秋,在澳门镜湖医院任医师。由于医术高明,态度认真,颇受群众欢迎,"声名鹊起"。

12月　在澳门开设中西药局。

1893年(清光绪十九年　癸巳)二十七岁

春　因受澳门葡籍医生排挤,转赴广州行医。在广州和香山开设东西药局,对贫苦患者施医赠药。常与陆皓东、郑士良、陈少白等聚议,筹划组织革命团体。

12月　返翠亨村,草拟上李鸿章书稿,希冀"九重之或一垂听,政府之或一奋起"。

1894年(清光绪二十年　甲午)二十八岁

1月　携上李鸿章书稿回到广州。不久,偕陆皓东赴上海。在沪期间同郑观应晤谈,并结识了另一位维新志士王韬。寻求上书李鸿章的门径,得到郑观应和盛宙怀写给盛宣怀的介绍信。

6月　抵天津,上书李鸿章,主张仿效西方国家,发展工农业生产,改革教育制度和选拔人才,使国家臻于独立和富强。未被李鸿章接见,仅获取"农学会筹款护照一纸"。旋赴北京等地,观察形势。

10月　从上海经日本抵檀香山,在华侨中宣传革命。

11月24日(农历十月二十七日)　在檀香山创建了近代中国第一个资产阶级革命民主派的团体——兴中会。拟定了《兴中会章程》,在成立会议上通过。入会誓词比较鲜明地揭示了斗争纲领:"驱除鞑虏,恢复中国,创立合众政府。"冬派人到茄荷蕾、百衣等地,发展会员,建立兴中会分会。为了准备反清武装斗争,后来还组织部分兴中会会员从事军训。

1895年(清光绪二十一年　乙未)二十九岁

1月　由檀香山经横滨抵香港,与陆皓东、郑士良、陈少白等计议扩大兴中会。

2月21日(农历正月二十七日)　在香港成立兴中会总机关,并修订了

《兴中会章程》。旋又偕同陆皓东、郑士良等到广州建立兴中会分会,积极准备武装起义。

3月　与杨衢云等在香港聚议,策划广州发难事宜。

8月下旬　制定了武装起义的方案。

10月　在广州策划了资产阶级革命民主派所发动的第一次武装斗争。起义因泄密而流产后,经澳门转香港逃亡日本。

11月中旬　在横滨建立兴中会分会。

12月中旬　断发改装。赴檀香山。

1896年(清光绪二十二年　丙申)三十岁

春　在檀香山《檀山新报》馆内设据点以联络同志,并组织兴中会会员进行军事操练和募集经费。

6~9月　从檀香山到美国,向华侨宣传革命,在旧金山设立兴中会分会。9月下旬,赴英国。

10月11日(农历九月五日)　在伦敦被清驻英使馆人员绑架。羁囚达12天,后由康德黎等营救脱险。

11月　应英国汉学家翟尔斯的请求,撰写自传。冬为揭露绑架事件的真相,开始写作《伦敦被难记》。同时,还将英国柯士宾所著《赤十字会救伤第一法》译为汉文。

1897年(清光绪二十三年　丁酉)三十一岁

1~7月　居伦敦,经常到大英博物馆的图书馆读书,认真观察英国社会的政治、经济状况,民生主义观念由此形成,三民主义思想体系得具雏形。

2月　在伦敦《双周论坛》发表《中国的现在和未来》一文,揭露清政府的封建专制主义苛政,主张对中国进行根本性的革命改造。

8~9月　经加拿大到达横滨、东京。结识了宫崎寅藏、犬养毅等日本人士,在同宫崎寅藏的谈话中,认为"人民自治为政治之极则,故于政治之精神,执共和主义"。

1898年(清光绪二十四年　戊戌)三十二岁

春　在东京进行革命活动,并赴长崎、神户和马关等地吸收华侨加入兴中会。

夏　一度移居横滨。在东京会晤菲律宾起义军代表彭西,积极支持菲律宾人民的民族解放斗争。

秋至冬　同戊戌变法失败后亡命日本的梁启超多次商谈联合反清问题,未获结果。

冬　断然拒绝清政府通过各种渠道的诱降。其时,清廷分别经由驻日公使通过日本人士、驻美公使通过孙眉、两广督署通过刘学询以高官厚禄诱劝归顺。

1899年（清光绪二十五年　己亥）三十三岁

春至夏　在东京、横滨和长崎等地进行联络和策动,准备再次在粤、湘、鄂地区发动武装起义。

6~7月　在横滨同章太炎订交。

7月　为菲律宾起义军购置大批军械,租用日轮运菲。

夏秋间　再次与梁启超等在横滨会谈联合反清问题,仍无结果。

秋　派陈少白赴香港筹办《中国日报》,该报于翌年一月出版。又命郑士良等在香港设立联络会党的机关,与广东三合会取得密切联系。冬,绘制的《支那现势地图》付印,图中对"已割之岩疆,已分之铁路"均以"着色表明",以便"览者触目惊心"。

1900年（清光绪二十六年　庚子）三十四岁

1月　为菲律宾起义军购妥第二批军械。

6月　先后过香港（未能入境）和到西贡、新加坡等地,积极策划武装起义。同时,派遣宫崎寅藏等赴广州,准备同李鸿章商谈合作问题,希图策动两广总督在华南"自主"。后因李鸿章奉诏北上,未获结果。

7月　偕宫崎寅藏等离香港赴日,寻求起义后援。

8月下旬　从日本秘密赴沪,旋返日本。

9月　由日本抵台湾。在台北建立起义指挥中心。

10月　令郑士良等在广东惠州三洲田起义。队伍曾发展至两万多人。后因弹尽援绝,起义军被迫解散。

11月中旬　返回日本,研究军事,总结惠州之役的失败教训,表示"对日本朋友和他们的援助大感失望"。

1901年(清光绪二十七年　辛丑)三十五岁

1月下旬　在横滨为被清政府刺杀的杨衢云开追悼会。

春　赞助留日的粤籍学生郑贯一、冯自由等组织广东独立协会。

6月　捐助出版费1000元给秦力山等在东京创办的《国民报》月刊。该刊为中国留学生的革命报刊的先声。

1902年(清光绪二十八年　壬寅)三十六岁

4月　自横滨到东京,参加章太炎等倡议举行的"支那亡国二百四十二周年纪念会"。由于日本政府的阻挠,纪念会被迫改为聚餐会。返横滨后,乃集众补行纪念会。

9月　应宫崎寅藏的请求,撰《三十三年落花梦·序》。

冬　自日本往香港,旋转河内,在华侨中宣传革命,建立兴中会分会。

1903年(清光绪二十九年　癸卯)三十七岁

春　化名杜嘉偌,在越南、暹罗(今泰国)等地进行革命活动。

7月下旬　返抵横滨。

8月　在东京青山练兵场附近创办革命军事学校,训练干部。入学誓词规定为:"驱除鞑虏,恢复中华,创立民国,平均地权。"

9月　会见留日学生廖仲恺、何香凝和马君武等,畅论革命救国的道理和方法,并希望他们在留学生中物色志士,"结为团体,以任国事"。撰《支那保全分割合论》一文,刊于东京出版的《江苏》杂志,批判日本政客叫嚣"保全"清朝政府和"分割"中国领土的谬论,强调"支那民族有统一之形,无分割之势"。

9月下旬　为了"扫除保皇邪说"和"规复革命机关",离日本赴檀香山。在希炉进行宣传鼓动,驳斥保皇派的反动谬论,重建革命组织,命名为"中华革命军"。

12月　由希炉返火奴鲁鲁,多次发表演说抨击保皇派。又改组《檀山新报》为革命宣传阵地,亲撰《敬告同乡书》等文,揭露康梁党徒们"假革命"、

"真保皇"的丑恶面目。

1904年（清光绪三十年　甲辰）三十八岁

1月　在檀香山加入致公堂（洪门），并接受"洪棍"（元帅）的职务。在《檀山新报》发表《驳保皇派》一文，批判保皇派宣扬的革命可招瓜分和中国当前只能实行君主立宪的谰言。

4月　赴旧金山，鼓吹反清革命。又改组《大同日报》，与保皇派展开论战。

5~9月　为美洲致公堂重订章程要义，注入民主革命的精神。稍后，偕洪门首领黄三德赴美国各地，对会众进行革命宣传，实行注册。

10月　在纽约的报刊上发表《中国问题之真解决》，指出清帝国如同"一座即将倒塌的房屋"，断言"全国革命的时机现已成熟"。

12月　抵达布鲁塞尔，同中国留比学生就革命方略等问题反复讨论，并建立了革命团体。旋赴伦敦。

1905年（清光绪三十一年　乙巳）三十九岁

春　在伦敦会晤严复。在谈话中坚持民主革命的道路，反对改革中国应从教育着手的见解。

春至夏　自英赴德、法等国，在留学生中宣传革命主张，并于柏林、巴黎组织革命团体。又到布鲁塞尔访问第二国际书记处，阐明了自己的革命主张，表示了对社会主义的诚挚同情，宣称今后将"采用欧洲的生产方式，使用机器，但要避免其种种弊端"。

7月　自法国抵日本。同黄兴、宋教仁等会晤，建议联合起来，共同战斗。黄兴表示赞同。

7月30日（农历六月二十八日）　邀约各省有志于革命的留学生和华侨七十余人，其中包括了兴中会、华兴会、光复会和科学补习所的成员，在东京召开中国同盟会筹备会议，讨论建立统一革命组织的问题。会议最后决定结成新团体，组建中国同盟会。

8月13日（农历七月十三日）　出席东京留学生举行的欢迎大会并作长篇演说，号召大家摒弃保皇派反对革命的谬论，以革命手段推翻清政府，建立民主共和国。

8月20日（农历七月二十日）　中国同盟会在东京召开正式成立大会。通过的章程中把革命纲领概括为："驱除鞑虏，恢复中华，建立民国，平均地权。"会上，被推举为总理。

9月　委派冯自由、李自重赴香港、澳门和广州联络同志，接受会员。

秋　在横滨与越南爱国志士潘佩珠会晤，就两国革命运动的相互支持等问题进行了笔谈。

10月　赴越南筹募经费。在西贡建立了同盟会分会。

11月26日（农历十月三十日）　同盟会机关报——《民报》在东京出版，撰《发刊词》，揭橥民族、民权和民生主义的旗帜，向广大群众发出民主革命的号召。

12月　建立广东募债总局，向南洋地区侨商募集革命经费。

1906年（清光绪三十二年　丙午）四十岁

2月　自西贡抵新加坡，建立同盟会分会。

3~6月　先赴欧洲，旋经南洋到日本，后再由日本往南洋，进行革命活动。

7~9月　自吉隆坡抵芙蓉，与当地华侨座谈，揭露清政府的假立宪骗局，强调立即进行民主革命的必要性。旋赴槟榔屿建立同盟会分会。后又至新加坡、西贡，再往日本。

秋至冬　与黄兴、章太炎等制定《革命方略》。《革命方略》包括《军政府宣言》、《对外宣言》等八个文件，系备各地革命党人起义时颁用。《军政府宣言》是具有纲领性的文件，阐发了同盟会的政纲。

12月　在东京举行的《民报》创刊周年庆祝大会上，发表重要演说，系统阐述三民主义思想，主张制定"五权分立"的宪法。分派同盟会会员前往苏、皖、湘、粤、赣等省，策应萍浏醴起义。

1907年（清光绪三十三年　丁未）四十一岁

1月　在东京会晤宋教仁、胡汉民等，商讨如何对待梁启超提出的休战——《民报》与《新民丛报》"不互相攻击"的要求，反对"可以许其调和"的妥协主张，表示决心把论战进行到底。

3月 从日本抵越南，在河内设置领导粤、桂、滇地区武装起义的总机关。又在河内、海防、南圻建立同盟会分会，并向旅越华侨募集起义的经费。

4月 派胡汉民赴香港，就近策应即将在广东潮、惠、钦、廉四府举行的武装起义。

5月 派黄兴、胡毅生分赴郭人漳、赵声所部，争取新军反正。

5月下旬至6月上旬 潮州黄冈起义和惠州七女湖起义爆发，不久失败。

9月1日（农历七月二十四日） 命王和顺起义于钦州王光山，钦州防城之役爆发。旋因给养困难失败，起义军退入十万大山。

9~10月 派同盟会会员赴海防、西贡、新加坡、暹罗、槟榔屿、吉隆坡等地，筹集革命经费。

12月2日（农历十月二十七日） 镇南关（今广西友谊关）之役爆发。偕黄兴等亲赴阵地参战，并为伤员包扎。革命军奋战数昼夜，被迫于9月撤离镇南关。

是年 在河内与"东京义塾"成员交往。在同越南爱国志士的笔谈中，对越南人民反殖民主义的斗争深表同情。

1908年（清光绪三十四年　戊申）四十二岁

3月 离河内，经西贡赴新加坡筹款。

3月27日（农历二月二十五日） 指示黄兴在钦州马笃山再次发难。起义部队转战月余，终因弹尽失败。

4月 派人赴仰光建立同盟会分会。年底，分会遍及缅甸各埠。

4月30日（农历四月初一） 云南河口之役爆发。电令黄兴前往督师。起义军坚持20余日，终于失败。

7月 为日人池亨吉所著《支那革命实见记》撰序，回顾了从潮州之役到河口之役的曲折斗争历程，表示不畏险阻，"折而愈劲"。

秋 在新加坡设立同盟会南洋支部，统一领导南洋各埠同盟会分会及通信处。

9~10月　在新加坡的《中兴日报》连续发表批判保皇派的文章,继续论战。

10~11月　偕胡汉民等巡视南洋各埠,整顿各地的同盟会组织和筹集军饷。

1909年(清宣统元年　己酉)四十三岁

1月　往来于新加坡及南洋各埠,积极筹募起义经费。

5~10月　由于受到日本、越南和香港当局的限制和驱逐,活动困难,遂赴欧洲,到法、比、英等国进行宣传和筹款活动。

10月　同盟会南方支部在香港成立,着手筹划在广州举行起义。

10月下旬　致函同盟会会员王子匡等,对陶成章、章太炎的攻击作出解释,并指出这种行为危及"革命前途"。

11~12月　由英国抵美国,在纽约、波士顿等地的华侨中进行宣传和募捐。

1910年(清宣统二年　庚戌)四十四岁

1~2月　由纽约经芝加哥抵旧金山。在华侨中宣传革命和募集款项,并在美国十多个城市中建立了同盟会分会。

3月　建立"美洲三藩市中国同盟会总会"(通称"美洲同盟总会"),以加强对美洲华侨革命力量的统一领导。又建议将《美洲少年》周刊改组为《少年中国晨报》,作为"总会"的机关报。迭次函电黄兴,提出再次在广东起义的计划。

4月　由旧金山到檀香山,在火奴鲁鲁华侨欢迎大会上强调发动新的武装斗争。

5月上旬　致函纽约革命党人,论及月前发生的长沙"抢米事件",指出"新军亦有附和",认为"总有利于吾党"。

6月　由檀香山秘密潜入日本,在东京与黄兴、赵声等会晤,谋设指挥机关,统一各省革命团体的行动。

7月　到达新加坡,函约各地革命党人前来商定今后革命方针。

8~10月　在槟榔屿指导整顿南洋地区同盟会组织,积极筹款,准备武装起义。

11月13日（农历十月十二日）　主持在槟榔屿召开的同盟会重要骨干和东南各省代表秘密会议，勉励大家"鼓其勇气，乘此良机，重谋大举"。会议决定集中人力和物力，做好充分准备，在广州再次举义，然后分兵湘、鄂、赣、苏，与长江流域义师会合北伐。

11月中下旬　派赵声往香港联络广州新军，并委黄兴、胡汉民、邓泽如等分赴南洋各埠筹款。

12月　由于日本和南洋的英、法、荷殖民主义者的逼迫，离槟榔屿再赴欧美各国筹款。

1911年（清宣统三年　辛亥）四十五岁

1月　委托黄兴到香港主持广州起义的筹备工作。月底，成立了统筹部，以黄兴、赵声为正、副部长，下设八课。又在广州设立秘密机关，策动新军、防营、巡警、会党和绿林发难。

1~2月　经欧洲到美洲，在美国的纽约、旧金山和加拿大的温哥华等地积极筹集经费。

3月中旬　离温哥华往美国东部，沿途在加拿大各埠演说、募捐。

4月27日（农历三月二十九日）　广州起义爆发。黄兴率"选锋"队员120余人猛扑督署，与清军激战竟日，牺牲甚重，终因实力悬殊失败。黄兴、朱执信等负伤后逃脱。英勇牺牲和慷慨就义的有喻培伦、林时爽、林觉民和方声洞等八十余人。事后，收殓烈士遗骸七十二具，合葬于黄花岗。

5月　在美国为广州起义烈士筹集善后费用，决心再举。

夏　迭函宫崎寅藏、萱野长知等，请其设法疏通日本政府准予入境。

6月　抵旧金山，促成美洲同盟会和致公堂的联合。

7月　在旧金山发起成立美洲洪门筹饷局，拟定并颁布筹饷章程。同筹饷局其他成员分赴美国各埠宣传、筹饷。迄10月上旬，共历十余城镇。

10月10日（农历八月十九日）　武昌首义，当晚新军工程第八营首先发难，迅速占领了楚望台军火库。其他各营兵士纷纷响应，合力攻打湖广督署。次日中午，武昌全城为革命军据有。武昌首义，立即得到了全国各地的积极响应。

10月12日　在美国科罗拉多州丹佛城从报上获悉武昌起义,决定"先从外交方面致力,俟此问题解决而后回国"。

10月20日　经圣路易、芝加哥等埠抵纽约。确定下一步革命斗争方案,拟由黄兴统率湖北革命军,同时,由胡汉民、朱执信等策划广东反正。又向美国朝野人士介绍中国革命的宗旨,希望得到他们的同情和支持。

10月下旬　抵伦敦。经美人咸马里介绍,与英、法、德、美四国银行团主任会谈,商讨停止对清政府借款和向革命政府提供贷款问题,未获结果。同时,又委托有关人士就此问题向英国外交大臣格雷交涉。

11月中旬　抵巴黎。会见法国内阁总理克里孟梭、外交部长毕恭和议员,争取他们同情中国革命。

11月下旬　由法国乘船回国。行前,致电集会上海讨论中央政府组成的各省代表,表示"但求早巩固国基",如推举黎元洪或袁世凯担任总统亦可,认为"此后社会当以工商实业为竞点"。

12月21日　过香港,与胡汉民、廖仲恺等晤谈,拒绝要求他留在广东的建议,坚持径赴上海、南京。因为"沪宁在前方",而"今之大患在无政府"。

12月25日　抵上海。受到黄兴等热烈欢迎。在回答中外记者提问时宣称:"予不名一钱也,所带回者革命之精神耳!革命之目的不达,无和议之可言也。"在沪期间,于寓所讨论政府组织问题时主张总统制。认为处此"非常时代",自己不愿"居于神圣赘疣",无所作为,"以误革命之大计"。

12月29日　被已经独立的奉、直、豫、鲁、晋、陕、苏、皖、赣、闽、粤、桂、湘、鄂、川、滇等十七省代表选举为首任临时大总统。

12月下旬　以临时大总统名义发布告同胞书,勉励全国人民"再接再厉,全始全终"。

12月30日　在上海召开同盟会本部临时会议,改订同盟会暂行章程,再次发表宣言,强调革命党人"当临时政府组织之际",应当结成"坚固不破之群"。驳斥了"革命军起,革命党消"的谬论,指出革命党人"必完全贯彻此三大主义而无遗"。决定赴宁就职,不顾"北方将派大军渡江"的流言。

孙文学说
构建近代中国的理论先导

1912年（中华民国元年　壬子）四十六岁

1月1日　由沪抵宁,宣誓就中华民国临时大总统职。发布《临时大总统就职宣言》和《告全国同胞书》,宣告中华民国成立。宣言规定临时政府的主要任务是:"尽扫专制之流毒,确定共和,普利民生,以达革命之宗旨。"对内方针为"民族之统一"、"领土之统一"、"军政之统一"、"内政之统一"、"财政之统一"。对外方针要求消除清朝的"辱国之举措"和"排外之心理",主张"和平主义"。

1月2日　通电各省改用阳历,并以临时大总统就职的1月1日（辛亥年十一月十三日）为民国建元的开始。

1月3日　发布各部总长、次长名单,组成内阁。各省代表会改组为临时参议院。

1月4日　电令广东代理都督陈炯明出兵北伐。指出"和议无论如何,北伐断不可废"。

1月7日　发布《告友邦书》。宣称"革命军兴"前清政府与各国所订条约、借贷和让与的权利,民国承认。

1月22日　致电伍廷芳,令其将议和的最后解决办法转告袁世凯。内容计五条:清帝退位;袁世凯宣布赞同共和;自己辞职;由参议院举袁为临时总统;袁必"誓守参议院所定之宪法,乃能接受事权"。

2月13日　向临时参议院辞临时大总统职,并荐袁世凯以自代。临时参议院旋即按照议和条件选举袁世凯为第二任临时大总统。

2月15日　谒明孝陵,并致祭文。

3月3日　南京临时政府陆续发布社会政治改革的法令:"解放"疍户、惰民、丐民、义民、剃发者及优、倡、隶、卒等,一律"平等";禁绝贩卖华工;赈济灾民;严禁官吏违法;鼓励华侨投资;保护工商业;改革教育……三个月中,共颁布了30余件有利于民主建政和发展工商业的法令。

3月3日　在同盟会本部于南京召开的会员大会上被推举为总理。这次会议宣布以"巩固中华民国,实行民生主义"为宗旨,并制订了九条政纲。

3月11日　在袁世凯于北京就任临时大总统的次日,颁布了在正式宪法产生前具有相等效能的《中华民国临时约法》。对于"约法"的制定,强调了"中华民国主权属于国民全体"的精神。

4月1日 宣告正式解除临时大总统职务。在同盟会会员举行的饯别会上,重申必须进行社会革命,"一面图国家富强,一面当防资本家垄断之流弊"。

4月 离宁赴沪。继往武汉、福州等地访问和视察,不断发表关于"社会革命"的演说。

5月15日 在广州瞻仰黄花岗七十二烈士墓,并致祭文。

5月24日 自香港抵澳门。

5月27日 赴翠亨村,留居三日后返穗。

6月22日 由广州经香港抵上海。

7月 在比利时的《人民报》上发表《中国革命的社会意义》一文,认为民族主义、民权主义"因清廷退位而付之实现",当前"应该实行经济革命"。

8月中旬 应袁世凯的邀请自沪北上。在京居留月余,与袁世凯晤谈13次。

8月25日 在国民党(由同盟会联合统一共和党等四个政团组成)于北京举行的成立大会上,发表了题为《解决民生问题》的演说。被推举为理事长,旋委宋教仁代理。

9月3日 在五族共和合进会与西北协进会讲述"五族共和"的意义。

9月 接受袁世凯任命,督办全国铁路。视察北宁、津浦北段和胶济铁路线以及阳泉煤、铁矿,多次发表关于修建铁路的谈话。

10月10日 为英文《大陆报》撰文,确认"实业主义之行于吾国必矣"。

10月14日 宣告中国铁路总公司已在上海成立。在中国社会党本部连续三日发表演说,评论社会主义学说及其派别。对社会主义表示了诚挚的同情,但未正确辨别各派社会主义的内涵和本质。

12月上旬 通电呼吁政府和全体国民奋起,反对沙俄强迫外蒙傀儡政府签订"俄蒙协约"和"商务专条"。

1913（中华民国二年　癸丑）四十七岁

1月10日　出席国民党上海交通部恳亲会，并在讲话中指出："今后立国大计，即首在排去专制时代之种种恶习。"

2月4日　致电袁世凯及北京政府，告以即将赴日访问，"以个人名义，联络两国感情"。

2月中旬至3月下旬　赴日本考察和接洽铁路贷款。先后访问了长崎、门司、下关、神户、东京等地，同各界人士进行了接触，参观了工厂和学校，并在谈话中充分阐明了中日两国"互为提携"的重要意义。此外，还同三井物产董事山本条太郎等交谈筹建"中国实业公司"事宜。

3月25日　得悉袁世凯指使刺客暗杀宋教仁后，即由长崎返抵上海。

3月27日　在黄兴寓所商讨对策时，主张"联日"、"速战"，以便先发制人，并表示愿意亲任其事。大部分与会者则希望"法律解决"。

4月　为反对非法的"善后大借款"，策划兴师讨袁。向五国银行团表示不承认借款协定，并致函欧洲各报重申此意。

5月20日　为上海国民党机关刊物《国民》月刊撰《出世辞》，承认民国成立一年多来，"吾人所抱负之希望，未达其一"。

6月中下旬　由沪赴粤，经澳门转香港。在军舰上会晤陈炯明，促其同意"四省独立，广东同时宣布"。

7月中旬　在沪发表讨袁通电，揭露袁世凯的倒行逆施，指出李烈钧于12日在江西首先发难而导发的"二次革命"，是"迫不得已以武力济法律之穷"。号召各方促袁辞职。

8月2日　鉴于东南各省讨袁斗争形势逆转，乘轮离沪，准备经闽赴粤，以广东为根据地。

8月3日　舟抵福州马尾，得知广东局势已无可为，乃决定前往日本。

9月15日　与黄兴等同遭袁世凯下令通缉。

9月　抵达日本，在萱野长知等协助下于神户居留旬余始往东京。

12月　致函邓泽如等，表示决不因"二次革命"的失败而"灰心"、"缩步"。

1914年(中华民国三年　甲寅)四十八岁

1月　　派陈其美赴大连设立秘密机关,联络东北各地的反袁力量。

2月4日　致函南洋革命党人,告以正在策划组党讨袁事宜。

4月18日　致函南洋革命党人,告以组织中华革命党的工作大体就绪。指出:"因鉴于前此之散漫不统一之病,此次立党,特主服从党魁命令,并需各具誓约。"

5月10日　在东京创刊《民国》杂志,后为中华革命党机关刊物。

5月11日　致函日本首相大隈重信,劝其支持中国革命,许以优惠条件为酬。

6月22日　在中华革命党于东京召开的第一次大会上被推选为总理。

6月　　为周应时所著《战学入门》作序,指出"欲为人道作干城,为进化除障碍,有不得不以战止战也"。

7月8日　中华革命党在东京举行成立大会。正式就任总理,并公布手书的《中华革命党总章》。当时入党者约数百人。设支部于海内外。国内支部专事讨袁斗争,国外支部着重筹款。

9月1日　发布《中华革命党宣言》,通告中华革命党正式成立。

9月20日　在东京主持关于中华革命党《革命方略》的首次讨论会。会议共开十七次。制订的《革命方略》分为六编。中华革命军的纲领凡四:"一、推翻专制政府;二、建设完全民国;三、启发人民生业;四、巩固国家主权。"

11月1日　致函邓泽如,委以南洋英、荷各属筹款事宜,并告以近日国内反袁武装斗争挫败消息。

12月30日　致函坝罗及海外各埠国民党支部,要求迅速改组为中华革命党支部。指出国民党"早已失其作用,袁氏即不迫令解散,亦已名存实亡"。

1915年(中华民国四年　乙卯)四十九岁

1月29日　批准中华革命军司令部通则。

2月11日　孙眉病逝于澳门。

3月10日　指示中华革命党党务部发表通告,揭露有关"二十一条"的交涉真相,谴责袁世凯卖国媚外和阴谋复辟,号召坚决进行反袁斗争。

3月　致函黄兴,分析"二次革命"失败的原因,希望黄兴归国参与反袁斗争,"同心一致,乘机以起"。

5月　复函北京学生,指斥袁世凯"以求僭帝位之故,甘心卖国而不辞",要求加强反袁斗争。夏末召集廖仲恺等聚议,决定组织中华革命军。密令陈其美、居正、胡汉民和于右任等,在上海、青岛、广州和陕西三原筹设中华革命军东南、东北、西南、西北军司令部。

9月3日　复函古宗尧等,揭露筹安会"盛倡帝制"的罪行。

9月　派胡汉民、邓铿等赴南洋筹款。

10月25日　与宋庆龄在东京结婚。

11月10日　复函希炉革命党人,指出袁世凯"势成骑虎","覆亡"的结局不出数月。

11月15日　委居正为中华革命军东北军总司令。居正到达青岛设筹备处。

12月17日　指示李烈钧等前往云南。李烈钧、熊克武等抵达昆明,酝酿起义讨袁。25日,唐继尧、蔡锷等宣告独立,并组织护国军讨伐袁世凯。

12月25~30日　迭电马尼拉、旧金山、火奴鲁鲁和香港等处革命党人,要求加速筹汇款项。

12月　发表讨袁宣言,痛斥袁世凯"暴行帝制"的累累罪行,表示"誓死戮此民贼,以拯吾民"。致函海外各埠洪门组织,促其改组为中华革命党支部。

1916年(中华民国五年　丙辰)五十岁

1~4月　为推进反袁斗争,迭电国内外革命党人,指示机宜,催促筹款。

4月27日　由日本启程返沪。

4月30日　归国途中经门司。致电居正,告以返沪目的在于联络"党内党外"。

5月9日　在上海发表《第二次讨袁宣言》,表示"不徒以去袁为毕事",决不允许"谋危民国者,复生于国内"。

5月23日　致电田桐、居正和朱执信，嘱其"务求与讨袁各派协同进行"，并指出"武力进行，为目前惟一方针"。

5月25日　派廖仲恺到青岛，慰问两次攻袭济南的中华革命军东北军。

5月　在沪致函黄兴，指出"中国问题实为新旧之争。换言之，则为民党与官僚派之争"。主张加强团结，发展武装。认为中华革命军东北军有"大可为之基础"，加以扩充后"不难转移大局"。

6月9日　发表《规复约法宣言》，要求"规复约法，尊重民意机关"。又致电继袁世凯为大总统的黎元洪，重申此意。

6月　迭电粤、闽、川、鲁等处的中华革命军，告以袁世凯死后的政局变化，令其"按兵勿动"，等待与黎元洪协商解决。

7月13日　出席黄兴等为北上议员举行的饯别会，在讲话中坚持"共和国体"和"主权在民"原则，希望迅速召开国会，以"解决目前之难局"。

7月25日　指示中华革命党通告国内外各支分部，要求各省革命军停止军事行动，因为"推翻专制，重造民国"的目标业已实现。

8月　由上海赴杭州、绍兴、宁波、舟山群岛访问、视察，并多次讲述有关实施民生主义和国家建设诸问题。

9月2日　复函郭标，告以目前只宜"相劝罢兵"。但是，"现在帝制余孽，潜伏北方者尚不少……隐忧未息，国人犹未得高卧也。"

9月8日　派廖仲恺、胡汉民北上入京，同黎元洪、段祺瑞商讨国事。

9月30日　在上海欢宴华侨讨袁敢死队全体队员，指出"心坚则不畏大敌"。

10月30日　到寓所探望病危的黄兴。次日，黄兴逝世。

11月1日　为悼念黄兴逝世发表通告，表彰了这位亲密忠诚战友的毕生革命业绩，并忆述了近年来的革命活动。十分惋惜地指出："虽此次讨贼，未得比肩致力，而提携奋斗，尚冀诸异日。"

1917年（中华民国六年　丁巳）五十一岁

2月20日　致函南洋革命党人，请求资助谭根开办飞行学校。

2月21日　在上海写成《社会建设》（又名《民权初步》），后编为《建国方略》之三。书中详尽地阐述了资产阶级民主制度有关会议的细则,目的在"教吾国人行民权之第一步"。

3月　致电参、众两院,反对参加欧战,以免为"利害之争"而"自驱入阱"。

4月30日　为赵公璧所著《同盟演义》作序。指出"仅去满清",决非同盟会革命活动的止境。还表彰了华侨的革命功绩,认为"同盟会之成,多赖海外华侨之力,军饷胥出焉"。

夏　口授朱执信撰成《中国存亡问题》一书。全书分为十部分,从国家与战争的关系、战争的性质、参战的利害、中国自身的地位和实力、外交得失和帝国主义对华政策诸方面,论述中国决不可参战,必须"维持严正之独立"。《中国存亡问题》以朱执信名义印行,是"因国际障碍,有所顾忌"。

6月14日　派胡汉民前往广州,同据粤的桂系军阀陈炳焜等商讨西南护法问题。

6月19日　所著《实业计划》一书的"第一计划"发表,详细阐述了开发中国实业的途径、原则和计划。

6月23日　与海军总长程璧光等商讨海军参与护法问题。

7月上旬　就张勋复辟发表"宣言",指出"此次讨逆之战,匪特为民国争生存,且为全民族反抗武力之奋斗"。同时,下令各省革命党人"出师讨逆"。

7月6日　偕廖仲恺、朱执信、章太炎和何香凝等由沪乘军舰赴穗,举起护法运动的旗帜。

7月10日　抵汕头。在当地的欢迎会上讲述护法主张,指出"要除尽假共和,方有真共和出现"。

7月17日　抵广州。在当晚的宴会上发表演说,说明护法"实真共和与假共和之争"。希望海军早日南下,迅速召开国会,并请黎元洪来粤"执行职务"。

7月21日　在广东全省学界欢迎会上发表《行之非艰,知之维艰》的演说,强调了"行"的广泛可行性及其重大意义。

8月25日　国会非常会议在广州开幕。会议通过了《国会非常会议组织大纲》、《中华民国军政府组织大纲》。决议组织军政府,以戡平叛乱和恢复《中华民国临时约法》。在9月1日第四次会议上,被选为军政府大元帅。

9月10日 就中华民国军政府海陆军大元帅职,发布受任宣言和就职宣言,决心"根除元凶,恢复约法"。

10月 通电斥责段祺瑞把持的北京政府"背叛约法",命令各军讨伐。护法战争开始。

11月18日 通电反对南北调和,坚持"恢复约法及旧国会"。

12月2日 复函谭人凤,叙述军政府的经济困窘状况。

1918年(中华民国七年 戊午)五十二岁

1月上旬 下令炮击据粤桂系军阀莫荣新(代理广东督军)。同时,揭露陈炳焜等扼制军政府的行径。

1月28日 在广州的一次宴会上指出:应当注意西北地区,"若俄国现在之革命政府能巩固,则我可于彼方期大发展也"。

2月18日 咨请国会非常会议设立大理院,以"克尽保护人民之责任,为人民谋享受法律之幸福"。

2月22日 宴请广东商界人士,阐明革命的目的是"欲使中国为世界最强之国,最富之国,又政治最良之国"。

2月中下旬 迭电刘显世、谭延闿等,力促西南各省坚持护法。

3月9日 发布《鼓励义军作战电》,希望护法各军一致讨伐"非法政府"。

3月13日 致电黄复生,指出:"义师讨逆,及将来对俄关系,不可不预注意于西北边。"

3月23日 发布《护法之役告友邦书》,申明不承认"北京非法政府违背约法与各国缔结之一切契约借款及其他责任"。

3月28日 派朱执信赴日同犬养毅等会晤。

4月 迭电陈炯明等,揭露西南军阀和政客、官僚改组军政府的非法勾当。

5月4日 因桂系军阀操纵国会、阴谋改组军政府,宣布辞大元帅职并发布通电,指出中国的大患在于"武人之争雄",认识到"南与北如一丘之貉"。

5月21日　偕朱执信等离穗赴汕。发布《辞大元帅职临行通电》和《留别粤中父老昆弟电》。

5月26日　由汕头转赴大埔县属三河坝，视察援闽粤军。

6月1日　由汕头取道台北赴日。

6月10日　到达门司并对记者发表谈话。留日期间，意识到"现日本当局仍决心助段"。旋离日赴沪。

6月25日　抵上海，居法租界内。段祺瑞阴谋引渡，未遂。

夏　致电列宁和苏维埃政府，宣称"中国革命党对贵国革命党所进行的艰苦斗争表示十分钦佩，并愿中俄两党团结共同斗争"。8月1日，列宁委托苏俄外交人民委员齐契林复函，表示感谢，希望并肩战斗。

8月30日　通告海外革命党人，准备"重订党章，以促党务之发展"。

11月18日　致电美国总统威尔逊，申明坚持护法立场，"虽北方武人援引任何强大压力（当时美国政府曾通过驻广州领事馆对南方政府施加压力，促其与北方妥协——引者），吾人为民请命，皆所不顾。"

11月29日　复童萱甫函，表示"对于时局，实无具体办法"。

12月30日　写成《孙文学说》自序。序言承认辛亥革命的失败："夫去一满洲之专制，转生出无数强盗之专制。"指出"知之非艰，行之惟艰"的学说起着"懈志"的消极作用，必须"破此心理之大敌"。是年在批复来函中论及无政府主义。指出这种学说"乃发生于最黑暗之专制国"，但"不能行于今日"。认为"对付之法，最好与他辩论明白"。

1919年（中华民国八年　己未）五十三岁

1月14日　批复蔡元培等，告以不可把秘密会党史实"混入民国史中"。因为清代会党"主旨在覆清复明，故民族主义虽甚溥及，而内部组织仍为专制，阶级甚严，于共和原理、民权主义皆概乎未有所闻"。

2月上旬　致函陈炯明，告以和议难成，并指示驻闽粤军加强整顿，充实军力。

4月5日　就日本帝国主义在汉城屠杀朝鲜人民事，向日本记者表示谴责和抗议。

4月15日 复函许道生,对拟在法国组织华工团体的计划表示赞同,并介绍其与旅法革命党人联系。

5月20日 将本年春季完稿的《孙文学说》卷一《知难行易》(后编为《建国方略》之一,题名《心理建设》)付印。全书以十事为例,阐明"知难行易"。在第八章"有志竟成"中,对过去的革命经历作了论述和总结。

5月28日 在沪发表《护法宣言》。认为"国内纷争,皆由大法不立"。所以"和平救国之法,惟有恢复国会完全自由行使职权一途"。

5月31日 复函安健,嘱其认真注意团结"边民"。因为"边民坚朴诚挚,刚毅有为,能团结其心,使为我用,则虽遇危难,皆可不变"。

6月18日 复函蔡若冰,告以著述的目标在于"纠正国民思想上之谬误,使之有所觉悟"。又在论及五四运动时指出:"此数月来全国学生之奋起,何莫非新思想鼓荡陶熔之功。"

6月中旬 在沪接见全国学生联合会代表,并给予经济支持。

6月 指派朱执信等创办的《民国日报》附刊《星期评论》在沪出版。

7月1日 批复王鼎来函:"暗杀一举……向不赞成。则在清朝时代,亦阻同志行此。"

7月中旬 致电广东政府,要求立即释放被捕的工、学界代表。

8月1日 指派朱执信、廖仲恺等创办的《建设》杂志在沪出版。撰《发刊词》,说明创办的目的是阐发"建设之主义"。

8月7日 致电广州非常国会,正式辞政务总裁职。

8月下旬至9月中旬 先后致函廖凤书、于右任、唐继尧等,告以闭门著书,期"以学识唤醒社会"和"以主义普及国民"。

9月22日 接见北方和议总代表王揖唐,表示必须恢复旧国会,否则和议"无可商量"。

10月8日 在上海青年会举行的武昌起义八周年纪念会上发表演说,认为改造中国的第一步"只有革命"。

10月10日 宣布改组中华革命党为中国国民党,公布规约三十二条,确定党的宗旨为"巩固共和,实行三民主义"。

10月18日　在上海寰球中国学生会发表演说,指出南北议和、恢复国会只是"维持现状",而"根本解决"的办法则是把官僚、军阀、政客"完完全全扫干净"。同时,说明此次五四运动具有重大意义,"于此甚短之期间,收绝伦之巨果"。

10月20日　为精武体育会出版的《精武本纪》撰序,指出"弃体育之技击"和"个人积弱"是错误的,"不知最后五分钟之决胜,常在面前五尺地短兵相接之时,为今欧战所屡见者。"

11月10日　派代表出席全国各界联合会成立大会。

1920年（中华民国九年　庚申）五十四岁

1月14日　批复杨鹤龄两次求职来函:"真革命党志在国家,必不屑于升官发财。"

1月26日　同《益世报》记者谈话,反对日本政府提出的关于日中直接交涉山东问题的通牒。

1月29日　致函海外国民党人,促请华侨捐款筹办英文杂志及印刷机关。信中还论及五四运动的意义:"在我国今日诚思想界空前之大变动"。

3月12日　所著《地方自治开始实行法》在沪发表。认为地方自治"当以实行民权、民生两主义为目的"。

4月25日　致电浙江督军卢永祥,谴责沪杭军警压迫学生。

5月1日　为《新青年》杂志劳动纪念号题"天下为公"四字。

5月16日　在上海国民党本部发表演说,认为"现在的中华民国,只有一块假招牌。以后应再有一番大革命,才能够做成一个真中华民国"。同时,再次批判了"革命军起,革命党消"的谬论,指出"无论何时,革命军起了,革命党总万不可消"。

6月3日　与唐绍仪等联合发表宣言,声讨桂系并否认被其把持的广东政府,指出他们是"假护法之名,行害民之实"。

6月11日　接见《字林西报》记者,表示反对损害中国主权的英日军事政治同盟续盟。

6月29日　致函日本陆相田中义一,谴责日本侵华政策,并指出日本政府"专以援助反动党排除民主主义为事"。

6月　派朱执信、廖仲恺赴漳州,敦促陈炯明率领粤军返粤,驱除桂系军阀。

7月26日　为谢彬所著《新疆游记》一书作序,主张"当立心做大事,不立心做大官"。

7月28日　再次与唐绍仪等联名发表宣言,坚持救国护法主张。

夏　与朱执信、廖仲恺等研究中小学教育及编纂教科书问题。

8月5日　在欢迎美国议员团会上讲话,指出中国问题"解决的关键,就是废除二十一条"。

8月23日　复函叶独醒、陈树人,告以粤军"已得潮梅,更进惠州,全粤有传檄可定之势"。

8月　为吴宗慈所著《中华民国宪法史前编》作序,认为宪法"即人民权利之保障书也"。

9月　此前,迭函唐继尧、黎萼、王文华、谭延闿、李绮庵等,促其积极讨伐桂系。

10月5日　复函宫崎寅藏,谴责日本军阀的侵华政策。

10月中下旬　迭电陈炯明,指示粤军"以速趋省城为上策"。

11月4日　在上海中国国民党本部会议上作修改章程的说明。指出帝国主义还在压制我们,三民主义仍未实现,同时,批驳了"民族主义可以不要"的错误观念。

11月8日　与上海通讯社记者谈话,要求取消"二十一条",并表示支持朝鲜独立。

11月10日　委任陈炯明为广东省长兼粤军总司令。

11月18日　在上海机器工会成立大会上讲话,指出"欲贯彻民生主义,非在官僚手中夺回民权不可"。

11月23日　致函郑占南,赞扬朱执信"为中国有数人才"。认为朱执信于九月下旬在虎门遇难,使"我党失此长城"。

11月28日　因粤军已克省城,乃离沪抵达广州。旋重组军政府,发布

《军政府建设宣言》,重申厉行自治、普及教育、发展实业、整理财政及废督裁兵。

12月12日　由广州往韶关巡视,收编民军。14日返广州。

12月15日　在关于"自由贸易"的谈话中,指出目前的"税则"和"海关"为"外商"服务,而"以遏制华商为务"。

12月30日　批复林支宇函,认为"联省只能成官治,不能达自治",主张"以分县自治为立国基础"。是年撰写《中国实业如何发展》一文,主张利用"欧美战后之机器与人才"发展中国实业。

1921年(中华民国十年　辛酉)五十五岁

1月1日　在南京临时政府成立纪念会上讲话,主张"建立正式政府"。因为"护法不过矫正北政府之非法行为","断断不能解决根本问题",所以,必须否认北京政府为"中央政府"并取代之。

1月19日　参加朱执信葬礼。

1月23日　军政府发布命令,废止治安警察条例。

1月　接受广州各界代表要求出兵讨伐桂系及收回关余(海关余款)的决议书。军政府随即通知广州各国领事,声明收回海关管理权。

2月14日　在军政府讨论收回海关管理权的政务会议上,提议组织正式政府,以利对外交涉。

3月20日　在广东教育会讲述"五权宪法"问题,认为五权分立可以"补救"三权分立的流弊,是比较完备的国家大法。

4月18日　对工人发表演说,指出民生主义应恢复工人人格及增进工界幸福。

5月5日　就任非常大总统职(国会非常会议于4月7日选出)。民国政府成立。发表就职宣言和对外宣言,阐述建设方针,"抱开放门户主义",并希望各国承认广州政府。

5月28日　命粤、赣、滇、黔各军准备讨伐桂系军阀。

6月7日　致电北京八院校被迫辞职的教职员,欢迎全体来粤。

6月27日　正式下令讨伐桂系军阀陆荣廷等。

7月上旬 两次致函廖仲恺,告以拟著《外交政策》及《十年国防计划》两书纲目。后因入桂督师,未能完成著述。

7月20日 派廖仲恺、何香凝赴梧州劳军。

7月 在广东教育会对中等以上学校教职员讲述三民主义,勉以立志救国,并称赞苏俄"社会革命成功,已成为农工兵国"。

8月28日 复苏俄外交人民委员齐契林函,向列宁表示敬意,希望同齐契林和"莫斯科的其他友人获得私人的接触"。

9月3日 欢宴讨桂凯旋回粤、准备北伐的将领,并在讲话中强调北伐和统一中国的重要意义。

9月23日 饬外交部向英国交涉,保护南洋华侨教育。

10月10日 为《实业计划》一书(后编为《建国方略》之二,并题名《物质建设》)撰序,认为"中国存亡之关键"在于是否能够发展实业。主张利用外国"宏大规模之机器,及完全组织之人工,以助长中国实业之发达"。但发展实业的权力,必须"操之在我"。

10月上中旬 接见"韩国临时政府"专使,表示支持朝鲜人民争取民族独立的斗争。稍后,又接受专使呈递的国书。

10月15日 乘军舰出巡广西,准备北伐。北伐军3万人也于是日开拔。

10月24日 抵南宁,与陈炯明会晤,反复说明北伐意义,希陈勿再阻挠。

11月8日 在梧州再次与陈炯明会谈。

11月上中旬 在梧州国民党员欢迎会上讲话,指出"革命军起,革命党消"论的危害,要求"大家要反向'革命军起,革命党成'的主义,一力去作"。

12月4日 抵桂林。旋即成立北伐军大本营。

12月10日 在桂林对滇、赣、粤军官佐发表题为《军人精神教育》的演说。指出北伐的目的是"扫除中国一切政治上社会上旧染之污,而再造一庄严华丽之新民国"。赞扬苏俄军人有主义、有目的,所以能与农工联合而造成新国家。希望"吾国之军人……具有主义及目的的决心",则"其效果必在俄国上"。

12月15日 发出布告,声讨徐世昌与日本直接交涉山东问题。坚决主张无条件收回山东一切权利,废除"二十一条"。

12月23日　在桂林军次会见了由共产党人李大钊介绍、张太雷陪同前来的共产国际代表马林。双方商谈三次,讨论了中国国民党同苏俄和中国共产党的关系问题。马林还提出了两点建议:组织一个能联合各阶层——特别是工农群众的政党;建立革命的武装核心,先创办军官学校以培养骨干。参与会晤者还有胡汉民、许崇智、陈少白、曹亚伯等。

是年　以英文写成的《实业计划》一书在纽约出版。后译为汉文印行。

1922年(中华民国十一年　壬戌)五十六岁

1月4日　在桂林广东同乡会上讲话,要求大家在思想上破旧立新,表示要"造成一最新式的共和国",而"今日惟俄国为新式的"。

1月9日　以大总统名义宣布徐世昌、梁士诒罪状并下令通缉,号召"共诛危害民国者"。

1月13日　复函北伐军滇军总司令顾品珍,促其"赶紧拔队前进"。

3月26日　在大本营召开紧急军事会议,鉴于赵恒惕拒绝北伐军过湘,决定变更原订计划,督师回粤。

4月16日　抵梧州,召开扩大军事会议,决定"出师江西",将大本营设于韶州。

4月18日　派廖仲恺到广州会晤陈炯明,劝其赴梧州商讨北伐问题。陈炯明拒不前往,并电辞本职和所兼各职。

4月21日　下令免除陈炯明广东省长、内务部长兼粤军总司令职,专任陆军部长。陈炯明当晚退居惠州。

4月23日　抵广州。旋即派员促陈炯明回穗。

4月27日　会见来华帮助召开社会主义青年团第一次全国代表大会的少共国际代表达林,就中国国民党与中国共产党联合的形式交换意见。孙中山考虑了两党联合的形式,希望采取共产党员、青年团员以个人身份加入中国国民党的方式实现合作。

5月4日　以大元帅名义声讨徐世昌,下令北伐。

5月6日　赴韶关督师。宋庆龄率红十字会员随行。旋即由大本营发布总攻击令,北伐军分三路向江西进攻。

5月20日　由韶关至南雄督师。

6月1日　自韶关返广州。次日巡视观音山,发现陈炯明部有谋叛迹象。

6月3日　反对黎元洪复任大总统职,主张由"护法政府继承法统"。接见澳门工会代表,对其反抗葡兵残杀华工的斗争表示支持。

6月6日　就徐世昌退职事发表对外宣言,警告帝国主义不要干涉中国内政、扶植北洋军阀。

6月7日　发表《工兵计划宣言》,认为解决国内问题的途径在于恢复约法,主张以工兵计划安置裁遣军队。

6月12日　举行记者招待会,希望以舆论压力迫使陈炯明退往东江地区。当时驻扎省城的陈部约2.5万人,总统府直辖的武装力量仅500人。

6月16日　在陈部叛军围攻总统府后,间道出走,避登泊于天字码头的宝璧舰,立即手拟电稿号召各军讨陈。

6月17日　转登永丰舰,亲率海军各舰炮击叛军。

6月19日　命令入赣北伐军迅速班师回粤,讨平叛逆。

7月10日　率舰队攻击车歪炮台,冲越叛军炮火封锁,进泊白鹅潭(在广州市区内)。当天,严词驳斥了英籍粤海关税务司提出舰队驶离白鹅潭和大总统离粤的无理要求,申明"此为我之领土,我可往来自由"。

8月9日　由于回师广东的北伐军失利,只得离粤经港赴沪。

8月15日　在上海发表宣言,重申为共和国而奋斗的决心。稍后,又发表了内容相似的对外宣言。

8月23日　同参加了西湖会议(中共中央在这次会议上决定同国民党采取党内合作的形式)后到上海的李大钊多次晤谈,讨论了"振兴国民党以振兴中国"的"种种问题"。同时,为李大钊主盟加入中国国民党。

8月30日　致函蒋介石,告以苏俄全权代表越飞抵华,并派"专人带函来问远东大局问题及解决方法,予已一一答之"。

9月4日　在上海召开中国国民党改组会议,与会者约有50余人。会议赞同改组国民党的主张。9月6日,指定了有共产党人在内的中国国民党章程起草委员九人。

9月18日　发表《致国民党员书》,揭露陈炯明叛乱的真相,认为自从事革命以来,"顾失败之惨酷,未有甚于此役者。"表示决不气馁,一定继续斗争。

9月　同香港《电信报》记者谈话,指出苏俄的成立,意味着"过去对中国政治独立和领土完全最大危险之一,业已消除"。

10月下旬　将北伐军更名为讨贼军。任命许崇智为东路讨贼军司令。同时,派邹鲁赴广西联络滇、桂各军讨陈。

11月5日　派张继持函赴京会见越飞,交换意见并安排同越飞的会谈。

11月15日　在上海召集会议,审议中国国民党改进案。

11月21日　致函蒋介石,再次论及与越飞联系的问题,指出:"然根本之办法,必在吾人稍有凭借,乃能有所措施。……欲得凭借,则非恢复广东不可。"

12月上旬　同约翰·白莱斯福特谈论劳工参政问题,表示赞同"改良劳工情况之运动"。

12月16~18日　再次在上海召集有国民党各省代表参加的会议,审查中国国民党改进案宣言及党纲、党章。

12月28日　函促东路讨贼军迅速回粤讨陈。

1923年(中华民国十二年　癸亥)五十七岁

1月1日　在上海发表《中国国民党宣言》,指出革命事业是"由民众发之,亦由民众成之"。并"依三民五权之原则",提出"国家建设计划"和"现所采用之政策"。

1月2日　召集会议,公布《中国国民党党纲》和《中国国民党总章》。

1月4日　通电广东人民,声讨陈炯明的罪行。

1月17日　对来访的上海各团体代表发表谈话,指出"不特要从民权民生上作工夫",还要"使中国在世界上成为一独立国家",并推倒"国内军阀"。

1月21日　以总理名义任命国民党本部各部部长。23日,又任命了21

名参议。其中,均有共产党人任职。此外,军事委员会委员、本部干事、书记及国内总支部、分部成员也都重新委任。

1月22日　会见由京南下的越飞,双方开始会谈。电委胡汉民为广东省长。滇、桂联军已于1月16日将陈炯明逐出广州。

1月26日　与苏俄代表越飞联名发表宣言——《孙文—越飞宣言》。指出"中国最要最急之问题,乃在民国的统一之成功,与完全国家的独立之获得"。宣称中国革命事业"当得俄国国民最挚热之同情,且可以俄国援助为依赖也"。苏俄确认以前所发表的放弃帝俄在华特权的声明有效,承认对外蒙无领土野心,同时,对中东路问题双方达成谅解。发表《和平统一宣言》,"拟以和平之方法,图统一之效果。"又与议员王用宾谈话,指出"人民表面上似无能力,然要知对于某问题,即得一种直觉之了解,则实力异常伟大"。

1月27日　派廖仲恺偕同越飞赴日。双方在热海会谈月余,具体商讨了中苏联合、共同反帝的问题。

1月29日　所著《中国革命史》脱稿。全文共六节,概述了三民主义的基本内容、革命方略及从兴中会成立以迄护法运动的斗争史,初步总结了历史的经验和教训。

2月15日　离沪赴粤。

2月18日　出席香港各工团宴会。赞扬工人在讨陈斗争中作出的贡献,并望继续团结救国。

2月中旬　在香港大学演说,忆述了自己革命思想产生的过程:在香港学习期间的见闻,对清廷统治下的祖国黑暗状况的不满,导致"由市政之研究进而为政治之研究",并得出关键在于建立"良好之政府"的结论。因此,西医书院毕业后放弃"医人生涯"而"从事于医国事业"。

2月21日　抵广州。当即重建大元帅府。又在广东军政人员欢迎会上讲话,表明这次返粤"不是再拿护法问题作工夫",而要刷新广东政治,从裁兵、禁赌及改良吏治着手。

2月23日　对东方通讯社记者发表谈话,说明为了促进统一,除加强"西南之团结"外,与"张、段之三角联盟,现进行亦甚顺利"。

4月2日　接见广州学生反日游行代表,勉励学生"唤醒国民精神",并指出"盖直接与北方军阀战,间接即与欺凌我国之帝国主义而战"。

5~6月　为讨伐叛军沈鸿英部和陈炯明部,先后赴清远、三水、英德、博罗、惠州、虎门等地,进行视察和劳军,并亲临东江前线指挥。

7月9日　复电上海国民党中央干部会议,揭穿曹锟制造"孙曹携手"的阴谋。

7月20日　批准中国国民党总支部、支部、分部及海外总支部、支部通则。

夏　邀请李大钊来粤商讨有关外交政策。

8月15日　在全国学生联合会第五届评议会上讲话,勉励学生为革命事业而努力。

8月16日　派"孙逸仙博士代表团"由沪赴苏考察。

8月23日　迁大本营于石龙,亲往督战。

8月26日　致函许崇智,嘱坚守博罗待援。

9月17日　在大元帅府召集会议,讨论时局和方针问题。认为黎元洪赴沪重组政府的企图不能解决时局的症结,必须继续坚持打倒北洋军阀的原则。

10月1日　在大元帅府召开会议,决定建立筹饷局。

10月8日　在大元帅府召开会议,决定下令讨伐曹锟,通缉贿选议员,并通告各国使团不得承认伪总统。

10月11日　在国民党广东支部党务会议上发表演说,认为过去革命运动的失败主要是由于未能保持"革命精神"、"缺乏组织"和忽视军队,强调今后"以党治国,应效法俄人"。

10月15日　在国民党广东支部恳亲大会上讲话,指出国民党"分子此刻过于复杂,大多数党员都是以加入本党为做官的终南捷径"。认为这种状况必须改变,"党的基础才能够巩固"。

10月19日　致电国民党上海事务所,着其密电邀请李大钊赴沪商讨国民党改组问题。

附　录

10月20日　在中国基督教青年会发表演说,认为"就宗教和科学比较起来,科学自然较优",并勉励青年"研究体育、智育、德育"和"地方自治"。

10月21日　偕苏联顾问及宋庆龄等赴虎门要塞巡视。

10月24日　函告国民党员,说明派廖仲恺、邓泽如召集国民党特别会议以"商量本党改组问题"。

10月25日　国民党改组特别会议在广州召开。委任廖仲恺、谭平山、邓泽如、陈树人等九人为临时中央执行委员,负责筹备国民党改组事宜。临时中央执行委员会于28日成立,为国民党的第一次全国代表大会的召开做了具体准备。聘苏联政府驻广州代表鲍罗廷为国民党特别顾问。

10月30日　赴石滩督战。后移行营于该地。

11月10日　听取廖仲恺关于改组工作的汇报。指出国民党存在的问题,主要是组织和训练方面的缺陷,所以,必须加强党员活动和基础训练。

11月12日　国民党临时中央执委会发表《中国国民党改组宣言》,提出:"关于党纲章程之草定,务求主义详明,政策切实,而符民众所渴望;而于组织训练之点,则务使上下互通,有指臂之用,分子淘汰,去恶留良。"同时,还公布了《中国国民党党纲草案》和《中国国民党章程草案》。党纲草案对三民主义的阐发,突出了反对帝国主义侵略、争取"民族之独立自由"的精神。

11月16日　致函入阁的犬养毅。指出"自欧战而后,世界大势已为之一变":亚洲被压迫民族已经觉醒,苏联则成为"欧洲受屈人民之救主,而强权者之大敌",甚至受屈更甚的亚洲人民也"不得不望于苏俄";未来的世界战争定是"公理与强权之战",而非"黄白之战争"或"欧亚之战争"。建议日本政府支持中国革命,承认苏联。

11月19日　亲自指挥各军奋勇抵御分四路反扑广州的陈部叛军,取得省城防卫战的胜利。

11月23日　令外交部照会北京外交团,要求拨还粤海关关余。否则,将要自行提取。

11月25日　在大本营对国民党员讲话,阐明改组国民党的重大意义,强调学习"俄国的方法、组织及训练,方有成功的希望"。

11月29日　批驳国民党右派分子邓泽如、林直勉等以国民党广东支部名义"弹劾"共产党的上书。说明国民党必须改组,"方期进步"。一定要联合苏联,因为"资本国家"已是"断无表同情于吾党。所望为同情,只有俄国及受屈之国家受屈之人民耳"。同时,还对共产党员加入国民党的问题作了解释。指派廖仲恺赴沪,与各省支部商讨改组问题。

12月5日　令外交部复照北京外交使团,驳斥他们干涉广州政府截取关余的谬论,指出这是"中国内政问题"。7日,又对《字林西报》记者重申此意,并且表示决不畏惧列强的炮舰恫吓。

12月8日　在大元帅府召开会议,决定积极筹备北伐。

12月9日　在大本营对国民党员讲话,说明"此次改组,乃以苏俄为模范,企图根本的革命成功,改用党员协同军队来奋斗"。

12月16日　接见广州各界人民召开的国民大会的代表,表示将对关余问题采取果决手段。

12月17日　发表《致美国国民电》,指责美国政府正实行"以多于他国之军舰,合力为毁吾中华民国之谋"。19日,又向美国政府提出抗议。

12月21日　对岭南大学学生发表演说,指出中国"至今还不能独立",而"实在是做各国人的奴隶",勉励学生"要做大事,不可要做大官"。

12月24日　以军政府名义发表关于关余问题的宣言,抗议列强干涉中国内政。

12月30日　对广州国民党员讲话,指出应当"注重宣传的奋斗,不要单注重兵力的奋斗"。

1924年(中华民国十三年　甲子)五十八岁

1月1日　主持颁奖大会,给陈炯明叛乱时防守观音山的卫士发授奖牌,并在讲话中宣称今年当要"扫除军阀,统一民国"。

1月3日　接见美国驻华公使舒尔曼,指责列强阻挠广州政府收回关余的正当主权行动,"实则不干涉内政其名,外交团控制中国为一殖民地则事实也"。

附　录

1月4日　在大本营召开会议,决定成立建国政府并出师北伐。

1月20日　中国国民党第一次全国代表大会在广州开幕。到会代表165人,其中,共产党员约占14%左右,李大钊被指定为会议主席团成员。以总理身份主持了代表大会。上午,致开幕词,指出国民党改组是为了要完成"两件事":"要把国民党再来组织成一个有力量有具体的政党","用政党的力量去改造国家"。下午,作《中国现状及国民党改组问题》的报告,说明这次改组是总结过去斗争的经验和教训,"从今天起,重新作过"。在提出《中国国民党全国代表大会宣言案》交付审查后,又作了关于《组织国民政府案》的说明。晚上,欢宴大会代表。在讲话中强调革命既要有主义,更要讲究方法。

1月21日　在大会上作了关于民生主义问题的说明。针对右派分子反对国民党改组和部分党员对民生主义缺乏了解的情况,重申了联俄、联共的重要意义。

1月23日　大会通过了《中国国民党第一次全国代表大会宣言》,接受了中国共产党所提出的反帝反封建政纲。在宣言通过后,作了《对于国民党宣言旨趣之说明》,指出宣言的通过是"本党成立以来破天荒的举动",强调要打倒帝国主义和国内军阀,决不"妥协调和"。同时,还要与"受帝国主义所压迫的人民"共同奋斗。

1月24日　签发复苏联驻北京代表加拉罕电,说明"本会目的,在继续辛亥革命事业,以底于完成,使中国脱除军阀与夫帝国主义之压迫,以遂其再造"。并向列宁领导的苏维埃国家致谢,表示两国人民必要并肩战斗。

1月25日　建议大会致电莫斯科,对列宁逝世表示深切哀悼。并在讲话中赞扬列宁为"革命中之圣人",重申学习列宁领导的俄国革命的精神。大会决定电唁致哀,休会三日,广泛宣传列宁的生平及其事业。

1月27日　开始系统地讲述三民主义。此后,每周一次。迄于8月24日,共十六讲(民族主义六讲,民权主义六讲,民生主义四讲)。比较全面详尽地阐明了三民主义思想体系,并在阐发民生主义时表述了社会历史观点——"民生史观"。

1月28日　大会讨论《中国国民党章程草案》时，广州代表方瑞麟提出增加"本党的党员不得加入他党"的条文。这个实质上反对共产党员加入国民党的意见，得到极少数代表的附和。李大钊在会上作了解释并发布了意见书，义正词严地说明共产党员加入国民党的必要性和重大意义。廖仲恺等支持李大钊的意见，大会否定了破坏联共政策的提案。

1月30日　大会选举中央执行委员和监察委员。执委和候补执委中有共产党人李大钊、毛泽东、林祖涵、瞿秋白和国民党左派廖仲恺等，右派分子也被选入。中央监察委员会则基本上被右派控制。在会议结束前所致闭幕词中，重申了这次大会"是重新来研究国家的现状，重新来解释三民主义，重新来改组国民党的全体"。希望代表们"分散到各地方"后，一致奋斗。

1月31日　主持召开国民党中央执、监委员首次全体会议。会议指定廖仲恺、戴季陶、谭平山三人为常务委员，确定各部部长人选，还决定派遣中央委员分赴京、沪等特别区，组织执行部以指导党务。

1月　在回答宋庆龄提出的"为什么需要共产党加入国民党"问题时指出："国民党正在堕落中死亡，因此要救活它，就需要新血液。"

2月6日　下令设立黄埔军校筹备处。指定蒋介石负责筹办。蒋介石于21日辞职返浙，乃派廖仲恺代黄埔军校筹备委员会委员长，负责建校，并开始办理招生事宜。

2月16日　复函齐契林，告以中国革命将以俄国为榜样，并盼给以"忠告"和"帮助"。

2月22日　在大元帅府召开军务会议，决定限期肃清东、北江残敌，以便北伐。

2月24日　在中国国民党举行的追悼列宁大会上任主祭，并致悼词。

3月9日　发表告国民党员书，指出"俄共产党六年成功，足为吾党借镜之资"，并宣布污蔑联共方针"实敌人破坏之策"。

3月16日　发表通告，重申党纪。要求担任军政职务的国民党员必须"严守本党主义"、"实行本党策略"，并"与民同甘苦"。

3月25日　致电墨西哥总统，要求取消苛待华侨条例。

4月4日　在广东女子师范学校创办十七周年纪念会上讲话,指出民权主义包含"要全国男女的政治地位,一律的平等"。

4月12日　完成《建国大纲》全文二十五条。把建设程序即实行三民主义的"方法与步骤"分为"军政"、"训政"和"宪政"三个时期。9月24日,发表《制订建国大纲宣言》。

4月28日　谕令停止筹备庆祝就任大总统职三周年的活动,指出这种庆典"徒饰耳目,无裨远大"。

5月1日　在广州工人代表会上讲话,希望中国工人学习俄国工人的"好榜样","做全国人的指导",做国民的前锋,在最前的阵线上去奋斗"。

5月上旬　任蒋介石为黄埔军校校长,廖仲恺为国民党代表。5日,第一批学员入学。

5月20日　移居白云山养病。

5月30日　为上海《中国晚报》作录音演说,强调要彻底革命和排除"假革命党"。

6月9日　致函加拉罕,请求在苏联退还的庚子赔款中分拨一部分充作广东大学经费。稍后,加拉罕复函赞成。

6月13日　任命廖仲恺为广东省长。

6月16日　主持黄埔陆军军官学校开学典礼,在讲话中强调接受苏联的经验,以苏联为榜样,"创造革命军,将来挽救中国的危亡"。稍后,共产党人周恩来等担任了黄埔军校政治部主任、教官职务。

6月24日　批准国民党中央农民部拟定的农民协会章程。

7月上旬　召开中央执委会,审议邓泽如、张继、谢持以监委名义提出的"纠举共产党案",驳斥了他们反对联共的主张,重申以《中国国民党第一次全国代表大会宣言》为准则。并在7日发表的《党务宣言》中强调了中国革命必须"以联合全民共同奋斗",指出对共产党员加入国民党所产生的怀疑是由于"反对派肆其挑拨"。

7月11日　建议设立的国民党中央政治委员会举行首次会议。自任主席,委员有廖仲恺、胡汉民、汪精卫等六人。

孙文学说
构建近代中国的理论先导

7月15日　下令设立军事训练委员会,加强部队的军事和政治训练。

7月28日　在国民党农民党员联欢会上,发表题为《农民大联合》的演说。希望农民"觉悟"和"联络起来",结成"团体"和组织"农团军",成为"中国第一等的主人翁"。

7月　在广州举行的广东省第一次农民大会开幕,认为"这是革命成功的起点"。

8月9日　令黄埔军校派舰赴沙角一带巡缉私运武器的外轮。

8月10日　饬令黄埔军校扣留英国汇丰银行买办陈廉伯为发动商团叛乱密运广州的大量械弹。

8月12日　接见商团代表,说明扣械理由,指出正在查究陈廉伯的阴谋。

8月16日　在中央银行开幕式上致词,希望各方支持中央银行,"使中国商场上的经济力,便不致为外国银行所操纵"。

8月19日　派代表携函到商团总所,揭露陈廉伯企图利用商团"倾覆政府"的阴谋。同时,告诫商团不要附和叛逆。

8月20日　主持国民党中央政治委员会第六次会议,通过关于"国共合作"、"国民党与世界革命运动"两个问题的草案。关于"国共合作"问题的草案驳斥了所谓联共使国民党"分裂"、"主义遂已变更"的谬论,指出"证之本党改组以后发展情形,益可以无疑"。命廖仲恺下令通缉反动商团头子陈廉伯。

8月23日　出席农民运动讲习所第一期结业礼并发表演说,指出"农民不参加来革命,就是我们革命没有基础",阐述了"耕者有其田"的主张,希望由政府采用"将田地照价抽税和照价收买的办法"加以"和平解决"。

8月24日　调兵入省并宣布广州戒严,以对付商团酝酿的叛乱。

8月28日　在大本营召开军政联席会议,讨论处理商团制造的罢市风潮,主张采取果决手段,强令开市。滇军首脑范石生等反对,力主"调停"。接见商界代表,谴责陈廉伯勾结帝国主义和直系军阀、谋组"商人政府"的罪行,要求立即开市,否则将采取强制行动。旋以大元帅府名义发布命令,责令复业。

8月31日　召开国民党中央全体会议,否认范石生等所谓的"调停"条件。当天,赴黄埔军校视察。

9月1日　为抗议英帝国主义支持商团叛乱,发表对外宣言。宣称:"今将开始一时期,为努力推翻帝国主义之干涉中国,扫除完成革命之历史的工作之最大障碍。"同日,又对英国麦克唐纳政府"干涉中国内政"提出严重抗议。

9月4日　由于江浙战争爆发,在大元帅府召开筹备北伐会议。决定湘、赣、豫军全部和滇、粤军一部参与,迁大本营于韶关。广州设留守府,以胡汉民为代理大元帅兼广东省长。任谭延闿为北伐军司令。次日,发布《讨贼宣言》,表示"刻日移师北指,与天下共讨曹吴诸贼"。

9月9日　复函蒋介石,告以"此地不能一刻再居",应"舍去一切,另谋生路",亦"即以北伐为最善"。

9月10日　发表告广东人民书,宣布政府将实行三事:北伐、广东自治和免除苛捐杂税。

9月上旬　在对外国记者谈话中指出:"帝国主义……不仅是我们走向独立自由的道路上的主要障碍,而且是我国的反革命中最强有力的因素。"

9月12日　移大本营于韶关,亲往督师。

9月18日　以中国国民党名义发布《北伐宣言》,申明北伐目的"不仅在覆灭曹吴……尤在推倒军阀所赖以生存之帝国主义"。并列举政纲六条,作为"实现三民主义之第一步"。

9月20日　在韶关举行北伐誓师典礼。各军随即分两路挺进湘、赣。令广州工团军、农民自卫军来韶训练,以备维护后方。

9月23日　巡视南雄、始兴两县间的要隘。

9月25日　下令将压迫工人的国民党广州市党部工人部长兼广州兵工厂长马超俊撤职查办。

10月3日　致函蒋介石,告以苏联运械船只宜"直来黄埔,公然起卸为妙"。

10月8日　为欢迎苏联巡洋舰抵粤撰写祝词,赞扬苏联"以推翻强暴帝国主义、解除弱小民族压迫为使命"。

10月9日　鉴于广州形势的恶化,手谕蒋介石立即在广州成立革命委员会。并函告蒋介石,指出革命委员会系"对付种种非常之事",所以,胡汉民、汪精卫不宜参与。

10月10日　革命委员会成立,自任会长。后又委任鲍罗廷为顾问。

10月11日　获悉商团于10月10日在广州屠杀纪念武昌起义游行的群众后,电复广州工代会等四十余团体,告以已令省长和粤军司令查办。

10月12日　电令胡汉民"立即宣布戒严,并将政府全权付托于革命委员会,以对付此非常之变","由之便宜行事以戡乱"。又致函蒋介石,指示"立即起义杀贼,绝无反顾";"必尽灭省中之奸兵奸商,以维护革命之地盘"。还复函范石生,促其"竭力拥护革命委员会"。

10月13日　手谕革命委员会,令胡汉民将广州商团机关一律解散缴械。同时,警卫军及湘、粤军一部连夜回师平乱。

10月14日　电令胡汉民及驻穗各军于24小时内收缴商团枪械。

10月15日　工团军、农民自卫军、黄埔学生军与粤、桂、湘等军包围西关,勒令商团缴械。商团开枪顽抗,各军分路进攻。经数小时战斗,平定了商团叛乱。

10月16日　令胡汉民将商团盘踞的大新公司占领,"不必畏惧外人干涉"。

10月17日　任命罗桂芳为粤海关监督,并派其接收粤海关。

10月27日　致电冯玉祥等,祝贺北京政变成功,表示愿意应邀北上,议定"建设大计"。

10月30日　从韶关返抵广州。

11月1日　在大元帅府召开重要会议,讨论应付北方时局的方针和办法。

11月2日　决定北上,以胡汉民为留守。

11月3日　到黄埔军校辞别,在讲话中申明北上目的在于进行革命的宣传、组织工作。

11月4日　为北上事通告军民,说明此行目的是"共筹统一建设之方略"。

11月10日　发表《北上宣言》,重申反对帝国主义和军阀的政治主张,认为实现国民革命的关键在于人民掌握武器,要求迅速"召集国民会议,以谋中国之统一与建设"。

11月上旬　以大元帅名义公布有关条例,扶助工人运动。

11月11日　致电冯玉祥,对其驱除废帝溥仪出宫的做法表示赞许。

11月12日　出席广州各界欢送会,发表演说,表示这次北上是"拿革命主义去宣传",勉励大家"同心协力"把广东建成为"革命的好策源地",主张坚持北伐。

11月13日　乘永丰舰离穗北上。船经黄埔时检阅了军校学生的演习。

11月14日　抵香港。旋即转船赴沪。

11月17日　抵上海。受到万余群众的热烈欢迎。在会见各界人士时,阐述召开国民会议和废除不平等条约的主张,同时,斥责了帝国主义干涉中国内政的行径。

11月19日　在寓所招待新闻记者,重申召开国民会议以谋求和平统一的主张。

11月21日　乘船离沪,取道日本赴天津。

11月23日　抵长崎。在船中分别接见新闻记者和中国留学生。指出帝国主义"共管中国之说"不过"是外国人做梦",坚信中国人民"有能力来解决全国一切大事",并把召开国民会议视作"第一步的方法"。

11月24日　抵神户。在船上接见记者时指出:"统一是中国全体国民的希望",只有"排除扰乱中国之外国势力",统一才能实现。

11月25日　在神户出席国民党人举行的欢迎会,重申打倒军阀和帝国主义的主张。

11月28日　应神户商业会议所的请求,作了题为《大亚洲主义》的演说,强调大亚洲主义的精神在于"为被压迫的民族来打不平",而"要完全收回我们的权利,便要行诸武力"。

11月30日　乘船离神户北上。

12月1日　过门司。在船中接见记者时再次重申废除包括"二十一条"在内的不平等条约。

12月4日　抵天津。受到两万余人的热烈欢迎。旋即往访张作霖。当晚,肝病发作。

12月18日　在病榻上接见段祺瑞的代表,怒斥段祺瑞政府所谓"外崇国信"的卖国媚外方针。当日,肝病加剧。

12月19日　指示北京国民党执行部派员分赴各省,推进全国各大城市掀起的促成国民会议运动。

12月31日　扶病入京。受到10万群众的热烈欢迎。在北京车站发表书面谈话,呼吁大家共同"救国",又发表《入京宣言》,重申书面谈话内容。是年,曾在广州致函正在访华的印度作家泰戈尔邀请他前来广东。

1925年(中华民国十四年　乙丑)五十九岁

1月上旬　延医诊治。病中仍考虑如何对待段祺所炮制的"善后会议"方案。

1月17日　复电段祺瑞,指责其包办"善后会议"的行径,并提出补救办法,要求"善后会议"兼纳"人民团体代表"和不具有"最后决定之权"。

1月26日　病势加重。入协和医院施行手术,确诊为肝癌。

1月31日　由于段祺瑞拒绝补救方法,决定国民党员拒绝参加"善后会议"。指示国民党中央执委会下达通知,以便全党抵制。

2月18日　以镭锭医治无效,自医院移居行馆。改聘中医治疗。

2月24日　口授遗嘱及家事遗嘱。以英语口述致苏联遗书。

3月10日　病势危殆。获悉东征军克复潮汕后,颇感欣慰,并指示电告胡汉民,"不可扰乱百姓"。

3月11日　在《遗嘱》及《致苏联遗书》上签字。

3月12日　上午9时30分逝世于北京,终年五十九岁。遗体于1929年葬于南京东郊紫金山。衣冠葬于北京西郊香山碧云寺。

附 录

作者主要相关著述目录

（包括撰写、主编及参与合作的成果，论文不录）

《孙中山思想研究》，中华书局 1981 年版
《孙中山论》，广东人民出版社 1986 年版
《孙中山哲学研究》，广东人民出版社 1986 年版
《孙中山：愈挫愈奋的伟大先行者》，广东人民出版社 1996 年版
《民主革命先行者——孙中山》，广东人民出版社 2005 年版
《孙中山传》，人民出版社 2011 年版
《孙中山图传》，广东教育出版社 2011 年版
《孙中山评传》，广东人民出版社 2014 年版

《孙中山全集》（共 11 卷），中华书局 1981～1986 年版
《孙中山文粹》（上、下卷），广东人民出版社 1996 年版
《孙中山年谱》，中华书局 1980 年版
《孙中山辞典》，广东人民出版社 1994 年版
《宋庆龄辞典》，广东人民出版社 1996 年版
《朱执信集》（上、下卷），中华书局 1980 年版
《纪念孙中山先生》（图录），文物出版社 1981 年版
《孙中山与宋庆龄》（图录），广东人民出版社 1997 年版
《孙中山与澳门》（图录），文物出版社 1991 年版
《澳门：孙中山的外向门户与社会舞台》（图录），澳门大学 1996 年版
《广东历史文化名人巡礼》（图录），南方日报出版社 2007 年版
《世纪三伟人》，广东人民出版社 1997 年版
《影响 20 世纪的中国三巨人说》（上、中、下册），广东经济出版社 1996

年版

《小平说:什么是社会主义》,广州出版社1997年版

《跨世纪的沉思:历史、文化、人物》(上、下卷),广州出版社2002年版

《张磊自选集》,广东人民出版社2007年版

《张磊自选集》(辛亥革命与孙中山名家论丛),中国社会科学出版社2011年版

《孙中山与近代化——纪念孙中山诞辰130周年国际学术研讨会文集》(上、下卷),人民出版社1999年版

《辛亥革命史论文选》,生活·读书·新知三联书店1981年版

《广东百科全书》,中国大百科全书出版社1995年版

《岭南文化志》,上海人民出版社1998年版

《广东省志·社会科学志》,广东人民出版社2004年版

《岭南文化百科全书》,中国大百科全书出版社2006年版

《中华民族凝聚力学》,中国社会科学出版社1999年版

《广州史话》,中国社会科学出版社2000年版

《广州通史》(四卷八册),中华书局2010年版

《广州——辛亥革命运动的策源地》,广东人民出版社2011年版

《丘逢甲研究》,广东人民出版社1986年版

《冼夫人文化与当代中国》,广东人民出版社2002年版

《丁日昌研究》,广东人民出版社1988年版

《伤逝》(电影文学剧本),原载《电影创作》1962年第10期,1981年由北京电影制片厂拍摄成电影,中国电影出版社1982年版

《孙中山传》(电影文学剧本),载于《孙中山——从剧本到影片》,中国电影出版社1991年版

《孙中山与辛亥革命》(电视纪实片剧本),载于《一位历史学家的艺术情缘》,广东人民出版社 2008 年版。(由凤凰卫视拍摄,更名为《回首辛亥》,2001 年 10 月播出)

《一位历史学家的艺术情缘》,广东人民出版社 2008 年版

引用、参考书目举要

孙中山著作

广东省社会科学院历史研究室等编:《孙中山全集》,第1~11卷,中华书局,1981~1986

《孙中山选集》,人民出版社,1981

黄彦主编:《孙文选集》(1~3卷),广东人民出版社,1996

张磊、张苹主编:《孙中山文粹》,广东人民出版社,1996

《孙中山言粹》,中国大百科全书出版社,1999

王耿雄等编:《孙中山集外集》,上海人民出版社,1990

王耿雄等编:《孙中山集外集补编》,上海人民出版社,1994

中国国民党中央委员会党史委员会编订:《国父全集》,台湾,"中央文物供应社",1973

秦孝仪主编:《国父全集》,台北,近代中国出版社,1989

黄昌谷编:《孙中山先生演说集》,上海,民智书局,1925

甘乃光编:《孙中山先生文集》,广州,孙文主义研究社,1925

《孙总理讲演集》,印本,黄埔军校政治部,1926

《孙中山演讲录》,广州,国民书局,1927

吴拯寰编:《孙中山全集》,上海,三民公司,1927

冯超编:《中山外集》,上海,中央图书局,1927

《总理关于国庆纪念的遗教》,南京,1929

《总理演讲新编》,南京,1930

《总理谈话新编》,南京,1930

胡汉民编:《总理全集》,上海,民智书局,1930(第4集为影印版)

《总理遗教·演讲》,中国国民党中央党部宣传委员会编印

《总理遗教·谈话》,中国国民党中央党部宣传委员会编印
陆达节编:《国父轶文集》,广州,中山大学,1943
黄季陆编:《总理全集》,成都,近芬书屋,1944
《国父遗著未刊本——三民主义》,民智书局,1924
陈邵甫编:《国父轶文新编》,1947
《孙中山先生手札墨迹》,影印版,上海,太平洋书店,1926
邓泽如编:《孙中山先生廿年来手札》,影印版,广州,述志公司,1927
佚名编:《总理遗墨》,影印本
谭延闿编:《总理遗墨》,第1~3辑,1928~1930年影印版
叶恭绰编:《总理遗墨》,影印版,1934
《国父墨宝》,影印版,北京,北方杂志社,1948
《国父批牍墨迹》,影印版,台北,1955

中文报刊

《万国公报》月刊,第69、70册
《江苏》,第6期
《民报》,第1~26号
《新民丛报》
《联义月刊》,第31期
《东方杂志》,第9、21卷
《世界兵学》,第6期
《国民杂志》,第1、2号
《国民》,第1卷
《民国》,第2卷
《民谊》,第6号
《民族文化》,第2卷
《革理》,第7辑
《建设》,第1、2卷

《韩国青年》,第 1 卷

《中国国民党本部通信》,第 60 期

《党务杂纪》,第 1 卷

《广东省教育会杂志》,第 1 卷

《向导周报》,第 1、4、18、19、37、48、83、85、107 期

《民信日刊》,1922～1923

《中国国民党周刊》,第 1、2、6、7、8、10、13、16、19、20、26、35、36、37、40、42 期

《建国粤军月刊》,第 1 期

《建国军事杂志》,第 1 期

《建国月刊》,第 1、2、3、5、12、14 卷

《中央党务月刊》,第 4、7、8、11、12、13、14、16 期

《三民主义半月刊》,第 5 卷

《逸经》,第 4 期

《国史馆馆刊》,第 1 卷

《濠头月刊》,第 14、15 期合刊

上海,《警钟日报》,1904

上海,《民立报》,1912～1913

上海,《天铎报》,1912

上海,《民声日报》,1912

上海,《中华民报》,1917

上海,《时报》,1912、1913、1915、1925

上海,《民国日报》,1916～1925

上海,《中华新报》,1917

上海,《申报》,1920～1925

上海,《中国晚报》,1923

广州,《民生日报》,1913

广州,《粤报》,1917

《广州快报》,1918

《广州民国日报》,1923~1924

广州,《新民国报》,1923

《广东群报》,1921

《广州七十二行商报》,1924

《现象报》,1924

《双十特刊》,广州农工旬刊社,1924

《前锋日报》,1946

《益世报》,1921

《顺天时报》,1925

《大公报》,1908

《四民报》,1921

《扫荡报》,1945

香港,《中国日报》,1907

香港,《中国新闻报》,1924

新加坡,《星洲晨报》,1910

越南堤岸,《远东日报》,1962

《人民日报》,1956~1957

《历史研究》

《近代史研究》

《孙中山研究》

《孙中山研究》论丛

《近代史资料》

《民国档案》

《辛亥革命史丛刊》

《民国春秋》

《百年潮》

《孙中山研究》(第1、2、3辑),中山大学出版社,2008

文献资料

《临时政府公报》,南京,大总统府印铸局,1912

《中华民国临时约法》,印本,南京,临时参议院,1912

《国会非常会议纪要》,印本,广州,1917~1918

《军政府公报》,广州,印本,1917~1918、1920

《陆海军大元帅大本营公报》,印本,广州,1923~1924

《中国国民党本部公报》,印本,广州,1923

《中国国民党本部特设办事处规则》,原件,中国第二历史档案馆藏

《广州公报》,印本,广州,1924

《中国国民党全国代表大会特刊》,印本,广州,1924

《中国国民党第一次全国代表大会会议事录》,印本,广州,1924

《中国国民党第一次全国代表大会决议案》,印本,广州,1924

《中国国民党第一届中央执行委员会第四十三次会议录》,油印本,广州,1924

《中国国民党第一届中央执行委员会第四十八次会议录》,油印本,广州,1924

《中国国民党第二次全国代表大会日刊》,中国国民党第二次全国代表大会秘书处,印本,1926

广东文物展览会编:《广东文物》,香港中国文化协进会,1941

政协全国委员会文史资料研究委员会编:《辛亥革命回忆录》,第1~6集,中华书局,1961~1963

政协广东省委员会文史资料研究委员会编:《广东辛亥革命史料》,广东人民出版社,1981

中国科学院哲学研究所中国哲学史组编:《中国哲学史资料选辑》,近代之部,中华书局,1959

《中华民国开国五十年文献》,第1编,第11、12册,台湾,1963~1964

杜元载编:《兴中会革命史料》,台北,近代书屋,1973

陈国权译述:《英国政府刊布中国革命蓝皮书》,上海,青蟾堂,1913

《太平天国史料》,开明书店,1950

李宗一、章伯锋主编:《北洋军阀》,资料丛刊,第1~5卷,武汉出版社,1990

中国第二历史档案馆编:《中华民国史档案资料汇编》,江苏古籍出版社,1986

中国第二历史档案馆、云南档案馆编:《护法运动》,档案出版社,1993

罗家伦、黄季陆等主编:《革命文献》,台北,中国国民党中央委员会党史史料编纂委员会,1953

荣孟源主编:《中国国民党历次代表大会及中央全会资料》,光明日报出版社,1985

广东革命历史博物馆编:《黄埔军校史料(1924~1927)》,广东人民出版社,1982

政协全国委员会文史资料研究委员会等编:《孙中山三次在广东建立政权》,中国文史出版社,1986

政协广东省文史资料研究委员会等编:《中国国民党"一大"史料专辑》,广东人民出版社,1984

广州农民运动讲习所旧址纪念馆编:《广东农民运动资料选编》,人民出版社,1986

黄彦、李伯新编:《孙中山藏档选编(辛亥革命前后)》,中华书局,1986

上海市孙中山宋庆龄文物管理委员会编:《孙中山宋庆龄文献与研究》,上海书店出版社,2009

中共中央党史研究室第一研究部译:《共产国际联共(布)与中国革命档案资料丛书》,北京图书馆出版社,1998

〔德〕郭恒钰、〔俄〕M.L.基塔连科主编,李玉贞译:《联共、共产国际与中国(1920~1925)》第1卷,台北,东大图书股份有限公司,1997

《文史资料选辑》

《广东文史资料》

《广州文史资料》

《龚自珍全集》,三联书店,1957

魏源:《海国图志》,壬寅百卷本

梁启超:《饮冰室文集》,中华书局,1926

郑观应:《盛世危言》,图书集成局,1898

中国史学会主编:《辛亥革命》(资料丛刊),上海人民出版社,1957

何启、胡礼垣:《新政真诠》,格致新报馆,1901

陈炽:《庸书》,1897年刊本

陈虬:《治平通议》,瓯雅堂,1893

张磊、段云章、马庆忠主编:《孙中山辞典》,广东人民出版社,1995

张磊、盛永华、马庆忠主编:《宋庆龄辞典》,广东人民出版社,1996

张磊、盛永华、莆润君主编:《孙中山与宋庆龄》,图录,广东人民出版社,1998

张磊、盛永华、赵文房主编:《孙中山与澳门》,图录,文物出版社,1991

张磊、盛永华、霍启昌主编:《澳门:孙中山的外向门户和社会舞台》,图录,澳门大学出版社,1996

《纪念孙中山先生》,图录,文物出版社,1981

中文论著

广东省哲学社会科学研究所历史研究室、中国社会科学院近代史研究所、中山大学历史系主编:《孙中山年谱》,中华书局,1980

陈锡祺主编:《孙中山年谱长编》,中华书局,1991

陈锡祺:《孙中山与辛亥革命论集》(增订本),第2版,中山大学出版社,1992

章开沅、林增平主编:《辛亥革命史》,人民出版社,1981

罗香林:《国父家世源流考》,重庆,商务印书馆,1945

王德昭:《国父革命思想研究》,台北,国防研究院,1968

王德昭:《从改良到革命》,中华书局,1987

尚明轩:《孙中山传》,北京出版社,1979

尚明轩:《孙中山与国民党左派研究》,人民出版社,1986

张磊:《孙中山思想研究》,中华书局,1981

张磊:《孙中山论》,广东人民出版社,1986

张磊:《孙中山评传》,广州出版社,2000

张磊、张苹:《民主革命的先行者——孙中山》,广东人民出版社,2005

张磊、张苹:《孙中山传》,人民出版社,2011

张磊、张苹:《孙中山图传》,广东教育出版社,2011

吴相湘:《孙逸仙先生传》,台北,远东图书公司,1982

罗刚:《中华民国国父实录》,台北,正中书局,1988

段云章、邱捷:《孙中山与中国近代军阀》,四川人民出版社,1989

林家有、周兴樑:《孙中山与国共第一次合作》,四川人民出版社,1989

盛永华主编:《宋庆龄年谱》(上、下册),广东人民出版社,2006

宋士堂:《孙中山、宋庆龄社会主义思想论》,红旗出版社,1994

黄彦主编:《孙中山的思想与实践》,广东人民出版社,1999

丁旭光:《孙中山与近代广东社会》,广东人民出版社,1999

周兴樑:《孙中山的伟大思想与革命实践》,广东高等教育出版社,1998

林家有:《孙中山与中国近代化道路研究》,广东教育出版社,1999

林家有:《国家建设思想研究》,广东人民出版社,2013

李玉贞:《国民党与共产国际》,人民出版社,2012

吕芳上:《革命之再起——中国国民党改组前对新思潮的回应(1914~1924)》,台北,"中央研究院"近代史研究所,1989

张宪文等:《中华民国史》(1~4卷),南京大学出版社,2005

李时岳、赵矢元:《孙中山与中国民主革命》,辽宁人民出版社,1981

胡绳武、金冲及:《从辛亥革命到五四运动》,山西人民出版社,2010

莫世祥:《护法运动史》,广西人民出版社,1991

黄修荣:《国民革命史》,重庆出版社,1992

黄明同、卢昌健:《孙中山经济思想》,社会科学文献出版社,2006

黄明同等:《孙中山的儒学情结》,社会科学文献出版社,2010

汤锐祥:《护法舰队史》,中山大学出版社,1992

汤锐祥:《孙中山与护法海军论集》,广东高等教育出版社,1993

沈渭滨:《孙中山与辛亥革命》,上海人民出版社,1993

陈金龙:《继承与超越——毛泽东与孙中山比较研究》,广东教育出版社,1998

薛君度著、杨慎之译:《黄兴与中国革命》,湖南人民出版社,1980

段云章等:《陈炯明的一生》,河南人民出版社,1989

周聿峨、陈红民:《胡汉民评传》,广东人民出版社,1989

黄健敏:《孙眉年谱》,文物出版社,2006

陈福霖、余炎光:《廖仲恺年谱》,湖南出版社,1991

胡波:《岭南文化与孙中山》,中山大学出版社,1997

余齐昭:《孙中山文史图片考释》,广东省地图出版社,1999

吴剑杰:《孙中山及其思想》,武汉大学出版社,2001

《纪念辛亥革命七十周年青年学术讨论会论文选》,中华书局,1983

中国孙中山研究学会编:《回顾与展望——国内外孙中山研究述评》,中华书局,1986

金冲及主编:《孙中山研究论文集(1949~1984)》,四川人民出版社,1986

中国孙中山研究学会编:《孙中山与他的时代》("孙中山与他的时代国际学术讨论会"文集),中华书局,1989

张磊、王杰主编:《孙中山与中国近代化》("孙中山与中国近代化国际学术讨论会"论文集),人民出版社,1999

江苏省文史资料委员会、江苏省孙中山研究会编:《孙中山与中国现代化》("孙中山与中国现代化学术讨论会"论文集),江苏省文史资料编辑部,1998

广东孙中山研究会编:《"孙中山与亚洲国际学术讨论会"论文集》,中山大学出版社,1994

《孙中山基金会丛书》(其中包括:金冲及的《孙中山和辛亥革命》、张磊的《孙中山:愈挫愈奋的伟大先行者》、黄彦的《孙中山研究和史料编纂》、邱捷的《孙中山领导的革命运动与清末民初的广东》、刘曼容的《孙中山与中国国民革命》、广东省档案馆编译的《孙中山与广东》等），广东人民出版社，1996

《中华民国建国史讨论集》，台北，中国国民党党史会，1981

《中华民国初期历史研究会论文集（1912～1927）》，台北，"中央研究院"近代史研究所，1984

罗香林：《国父之大学时代》，重庆，独立出版社，1945

罗家伦：《中山先生伦敦被难史料考订》，商务印书馆，1930

叶夏生：《国父民初革命纪略》，广州，孙总理侍卫同志社，1948

〔日〕品川仁三郎：《孙文先生东游纪念写真帖》，日本神户，日华新报社，1913

蒋中正：《孙大总统广州蒙难记》，上海，民智书局，1926

黄惠龙：《中山先生亲征录》，商务印书馆，1930

古应芬：《孙大元帅东征日记》，上海，民智书局，1926

黄昌谷：《孙中山先生北上与逝世后详情》，上海，民智书局，1926

《哀思录》，初编，1925

《孙中山轶事集》，上海，三民公司，1926

胡去非编：《总理事略》，商务印书馆，1937

《总理年谱长编稿》，中国国民党中央党史史料编纂委员会，1944

罗家伦主编、黄季陆增订：《国父年谱》（增订本），台北，1969

吴相湘：《孙逸仙先生》，台北，1970

《总理逝世八周年纪念》，广州，西南书局，1933

《国父九十诞辰纪念论文集》，台北，1955

张克林：《孙中山与列宁》，拔提书店，1984

尚明轩等编：《孙中山生平事业追忆录》，人民出版社，1986

何香凝：《回忆孙中山和廖仲恺》，中国青年出版社，1963

罗香林：《国父与欧美之友好》，台北，"中央文物供应社"，1951

陆世益编：《孙中山先生兵工政策论》，北新书局，1927

黄季陆等:《研究中山先生的史料与史学》,台北,1975

周应时:《战学入门》,东京,1914

《李大钊选集》,人民出版社,1959

《黄兴全集》,中华书局,1981

《宋庆龄选集》,人民出版社,1992

《朱执信集》,中华书局,1979

《双清文集》,人民出版社,1981

《廖仲恺集》,中华书局,1963

段云章等编:《陈炯明集》,中山大学出版社,1998

谢彬:《新疆游记》,中华书局,1923

汉公(刘成禺):《太平天国战史》,东京,祖国杂志社

白蕉:《袁世凯与中华民国》,上海,人文月刊社,1936

王芸生辑:《六十年来中国与日本》第6卷,天津,大公报社,1932

石青阳:《大英帝国之基础及其近百年来之外交政策》,北京,民生周刊社,1925

〔朝鲜〕闵石麟:《中韩外交史话》,重庆,东方出版公司,1942

《最近之五十年》,上海,申报馆,1923

吴宗慈:《中华民国宪法史》,北京,东方印刷局,1924

黄大汉编:《兴中会各同志革命工作史略》,广州,南洋华侨真相剧社,1929

革命纪念会编:《广州三月二十九革命史》,上海,民智书局,1926

曹亚伯:《武昌革命真史》,中华书局,1927

张难先:《湖北革命知之录》,商务印书馆,1946

观渡庐(伍廷芳)编:《共和关键录》,上海,著易堂书局,1912

《护国军纪事》,上海,中华新报馆,1916

莫汝非:《程璧光殉国记》,广州,1919

鲁直之等编:《陈炯明叛国史》,上海,1922

《广东扣械潮》,香港,《华字日报》,1924

《广州工人代表会反对发还商团军械通电》,原件,中国第二历史档案馆藏

李培生:《桂系据粤之由来及其经过》,广州,艺苑印刷所,1921

黄警顽编:《南洋霹雳华侨革命墨迹》,影印版,上海,文华美术图书公司,1933年

张永福:《南洋与创立民国》,中华书局,1933

陈楚楠:《晚晴园与革命史略》,新加坡,南洋报社有限公司,1940

郑东梦编:《檀山华侨》,檀香山,1929

《最新中国革命史》,美洲中国同盟会员撰述兼发行,1912

司徒美堂著、司徒丙鹤编:《祖国与华侨》,香港,《文汇报》,1956

冯自由:《革命逸史》,初集~5集,商务印书馆,1945~1947

冯自由:《中华民国开国前革命史》,上海,中国文化服务社,1946

冯自由:《华侨革命开国史》,商务印书馆,1946

冯自由:《中国革命运动二十六年组织史》,商务印书馆,1948

邹鲁:《中国国民党史稿》,增订版,商务印书馆,1944

邹鲁:《回顾录》,南京,独立出版社,1947

邓泽如编:《中国国民党二十年史迹》,上海,正中书局,1948

《中国国民党五十周年纪念特刊》,重庆,1944

黄鼎之编:《驻古巴中国国民党党务概观》,三民印务局,1936

《黄克强先生上总理书》,影印版,1933

刘揆一:《黄兴传记》,北京,京津印书局,1929

左舜生:《黄兴评传》,台湾,1968

章炳麟:《訄书》,修订版,1906

宋教仁:《我之历史》,石印本,湖南桃源,三育乙种农校,1920

中国国民党西南执行部编:《胡汉民先生遗教辑录》,1936

《吴稚晖言行录》,上海,广益书局,1929

居觉生(居正):《辛亥札记、梅川日记合刊》,台湾,1956

《张溥泉先生全集》,台湾,1951

《曾慕韩(琦)先生日记选》,台北,1971

杨虎:《革命缀言》,桂林,力报馆,1943

冯玉祥:《我的生活》,三户图书社,1944

毛思诚编:《民国十五年前之蒋介石先生》,1937

丁文江编:《梁任公先生年谱长编初稿》,油印本

凤岗及门弟子(岑学吕)编:《三水梁燕荪先生年谱》,上海,1939

谢缵泰著、江煦棠等译:《中华民国革命秘史》,载《孙中山与辛亥革命史料专辑》,广东人民出版社,1981

〔英〕康德黎、琼斯著,郑启中、陈鹤侣译:《孙逸仙与新中国》,上海,民智书局,1930

〔日〕宫崎寅藏著,黄中黄(章士钊)译录:《孙逸仙》("荡虏丛书"之一),1903

〔日〕宫崎寅藏著,金一(金天翮)节译:《三十三年落花梦》,上海群学社,1905

〔日〕宫崎寅藏著,林启彦译:《三十三年之梦》,广州,花城出版社,1981

〔日〕断水楼主人(池亨吉)著,乐嗣炳译:《中国革命实地见闻录》,上海,三民公司,1927

〔日〕冈野英太郎著,钟观诺编译:《演说学》,广州,文明书局,1923

〔美〕林百克著,徐植仁译:《孙逸仙传记》,上海,三民公司,1926

〔美〕史扶邻著,丘权政等译:《孙中山与中国革命的起源》,北京,中国社会科学出版社,1981

〔美〕史扶邻著,丘权政等译:《孙中山:勉为其难的革命家》,北京,中国华侨出版社,1996

〔美〕韦慕庭著,杨慎之译:《孙中山——壮志未酬的爱国者》,广州,中山大学出版社,1986

中文未刊资料

《孙家列祖生殁纪念部》,抄本,翠亨,孙中山故居藏

《孙中山年谱》编写组:《赴翠亨村及其邻近乡、县调查孙中山事迹的纪录》,稿本,广东省社会科学院藏

杨连逢纪录:《孙缎访问记》,稿本,翠亨孙中山故居藏

李伯新纪录:《孙锦言访问记》,稿本,翠亨孙中山故居藏

杨连合:《孙中山先生的家庭出身》,稿本,政协广东省委员会文史资料研究委员会藏

杨连合:《孙中山先生的童年生活》,稿本,政协广东省委员会文史资料研究委员会藏

张蔼蕴:《辛亥前美洲华侨革命运动纪事》,稿本,张氏后人藏

温雄飞:《辛亥年我在檀香山同盟会和〈自由新报〉工作的回忆》,稿本,政协全国委员会文史资料研究委员会藏

《唐绍仪发电留稿》,抄本,黄光普藏

《李大钊狱中自述》,原件,中国历史博物馆藏

《林百举日记》,稿本,林氏后人藏

未译为汉文的外文著作及文献

孙中山:《我的回忆》(*My Reminiscences*),英文版,伦敦,《滨海杂志》(The Strand Magazine),第43卷,第255号,1912

孙中山:《致中国人民书》,莫斯科,《时代》(Элоха),第6年,第43、44期

《日本外务省档案》,显微胶卷,北京图书馆藏

《英国自治领中之中国革命党:1896~1905年的孙逸仙和康有为》(*Chinese Revolutionaries in British Dominions: 1896~1905, Sun Yat-sen, Kang Yu-wei*),英国伦敦国家档案局藏

〔日〕萱野长知:《中华民国革命秘笈》,日文版,东京,1940

〔日〕宫崎龙介、小野川秀美编:《宫崎滔天全集》,日文版,东京,平凡社,1976

〔日〕鹈崎熊吉:《犬养毅传》,日文版,东京,1932

〔日〕泽村幸夫:《送迎孙文先生私记》,日文版,东京,《支那》,第 28 卷 8 号,1937

〔日〕笠井清:《孙文与南方熊楠——熊楠回国后的情况》,日文版,神户,《甲南大学纪要》(社会科学特集),1972

〔英〕尼尔·康德黎(Neil. Cantlie)、西弗(G. Seaver):《詹姆士·康德黎传》(Sir James Cantlie:A Romanec in Mcdicine),英文版,伦敦,1939

〔美〕麦克柯密克(F.Mc Connick):《中华民国》(The Flowery Republic),英文版,纽约,1913

〔美〕沙曼(L. Sharman):《孙逸仙的生平及其意义(评传)》(Sun Yat-sen, His Life and Its Meaning; A Critical Biography),英文版,纽约,1934

〔美〕詹森(M.B. Jansen):《日本人和孙逸仙》(The Japnese and SunYat-sen),英文版,美国,哈佛大学,1954

〔美〕艾萨克斯(H. R. Isaacs):《共产国际与中国革命文件》(Documents on the Comintem and the Chinese Revolution),英文版,伦敦,《中国季刊》(The China Quarterly),第 45 号,1971

〔美〕芒霍兰(J. K. Munholland):《法国人联系的失败:1900～1908 年的法国和孙逸仙》(The French Connection That Failed: France and Sun Yat-sen, 1900—1908),《亚洲研究杂志》(Joumal of Asian Studies),1971 年 11 月号

〔美〕伯纳尔(M.Bernal):《1907 年以前的中国社会主义》(Chinese Socialism to 1907),英文版,美国,康奈尔大学,1976

〔苏〕叶尔马舍夫(N.Ермащев):《孙逸仙》(Сун в Ят-сен),俄文版,莫斯科,1964

《中国辛亥革命论文集》(Синьхайская Революция в Китая Сборникстатей),俄文版,莫斯科,1962

后 记
POSTSCRIPT

　　岁月流逝,划时代的辛亥革命已经过了它的百年祭。

　　同时,又将逢世纪伟人——民主革命先行者与近代化前驱孙中山诞辰的150周年。

　　犹忆上个世纪50年代在北京大学历史系学习时,《孙中山思想研究》已是我的研究生毕业论文。1958年毕业后分配到孙中山的故乡,广东省社科院的历届领导都给予重视和支持。虽屡遭运动干扰,总算不绝如缕。十年内乱结束后,社会科学的春天把孙中山研究推到了新阶段。1981年秋,《孙中山思想研究》在搁置了23年后出版。由是,我的孙中山研究一发不可收。然而,当年写出第一篇关于孙中山哲学思想的论文不过20初度,于今却已年逾八旬,难免为年华虚度而感伤。不过,年青同志投入相关工作令人慰藉,从事孙中山研究已近10余年的张苹同志给予我以多方的助力,甚至承担了主要任务。

　　时逢这样的历史时期,自当在节点上竭力进行科研的奋力"冲刺"。

　　回顾和展望孙中山研究,不禁感慨系之。同时,却又忧心忡忡。我不得不略加表述,是为后记——既以自责自励,兼以就教大家。

　　伟大的民主革命先行者和近代化前驱孙中山逝世迄今已90载,中国和世界在这期间都发生了巨大变化。但是,他的光辉形象并未因时光流逝而淡化。他在炎黄子孙中间受到普遍的尊重,而且获得世界上不同社会制度和发展层次的国家、地区人们的广泛认同。这是完全可以理解的。他的理论与实践的终极目标是要挣破殖民主义和封建主义双重枷锁,使半殖民地半封建的中国臻于独立、民主和富强;"天下为公"、"世界大同"为其最高的理想,充分体现了人类企求共同进步的趋向和愿景；至于他的愈挫愈奋的坚毅精神和"鞠躬尽瘁，死而后已"的崇高品格，则是风范长存，堪为楷模。

孙中山研究成为"显学"，根本原因就在于此。

孙中山研究已有百余年的历史，而其过程则是曲折起伏的。

迄今为止，孙中山研究仍是有待深化与拓展的重大课题。兼具学术价值与现实意义的这桩研究任务，仍然需要我们的持续努力。满足于现状和停滞不前的观念，必须消除和改变。严峻的现实是：新世纪到来后的纪念活动中，竟然难以从为数甚多的成果中选出一部全面的、深刻的、科学的孙中山传记和一套完整的孙中山全集，岂不发人深省？

一

中国共产党的"十五大"报告中提出："一个世纪以来，中国人民在前进道路上经历了三次历史性的巨大变化，产生了三位站在时代前列的伟大人物：孙中山、毛泽东、邓小平。"并且确认正是孙中山"首先喊出'振兴中华'的纲领性口号，开创了完全意义上的近代民族民主革命"。

虽然，"辛亥革命未能改变旧中国的社会性质和人民的悲惨境遇，但为中国的进步打开了闸门，使反动统治秩序再也无法稳定下来。"孙中山坚持了三十余年的创建与捍卫共和的斗争，晚年更是与时俱进。他的政治生涯贯串了中国民主革命的两个时期，建树了不朽的丰功伟绩。他的活动涉及了各个社会领域，留下了鲜明的印记。孙中山研究的学术意义自是不言而喻，几乎涉及中国近代史研究的所有重大课题，具有深刻而丰厚的内涵，成为两个世纪交汇时期历史的缩影。同时，孙中山研究还具有着持久普遍的社会意义。他的思想和实践获得了广泛认同，涵盖了台湾海峡两岸，成为振兴中华、统一祖国的旗帜，并且影响到不同社会制度及发展层次的国家与地区。他一生追求并为之奋斗的独立、民主和富强的目标，仍然是当今大多数国家和地区在不同程度上面临的主要课题，对于发达国家而言，也应是继续实现和崇奉的准则。他总是把自己的活动置于世界范围，从宏观视角去认识中国问题的"真解决"，适乎世界潮流的大趋势，摒弃"荒岛孤人"式的封闭，吸取国外的先进

后 记

思想,而又立足于中国的国情——走自己的路。同时,须史不忘把中国革命运动融汇于被压迫民族和进步人类为开创新生活的奋斗。此外,孙中山的思想和实践还对发展中国家和地区尤具直接的现实意义,他的革新开放主张和经济社会发展方案,依然具有借鉴作用。

大体而言,随着人们对孙中山的思想和实践的深入、全面的理解,关于这位世纪伟人的研究也在不断发展,两方面也在互相作用:还在他活跃于历史舞台时,就已有关于他的传记和文集;当他逝世后,孙中山研究开始广泛展开,他的著述被编成各种版本的文集问世,以他为对象的研究甚至很早跨出了国界。

严格说来,真正系统、科学地研究孙中山思想和实践,显然始于新中国建立以后。在此之前,曾有数量不多的马克思主义者的相关著述。国民党方面的不少有关出版物,则多为宣传品。50年代初中期,大陆的学者们力求用科学的理论和方法论从事研究。他们把孙中山的活动置于特定的历史范畴,认真收集和整理资料,对他的三民主义、哲学思想、革命实践和主要业绩进行了研究,作出了比较科学的论断,纠正了先前论著中的不少偏颇和舛误,形成了第一次高潮。而在一度停滞后,以纪念辛亥革命50周年为契机,再次掀起研究热潮。1961年在武汉召开的辛亥革命研讨会和会后编录的论文集,显示了孙中山研究达到了新高度。值得注意的是,50年代开始崭露头角的一批孙中山研究者——他们大抵都是青年——后来已经逐渐起到骨干作用。十年内乱期间,孙中山研究遭到严重摧残,甚至成为一种罪名。随着拨乱反正、改革开放和社会主义现代化建设新阶段的到来,社会科学的春天来临,以70年代末期为发轫,孙中山研究进入空前的繁荣阶段。20年来,举行过多次研讨会,规模较大的有"孙中山与辛亥革命国际学术讨论会"、"纪念辛亥革命70周年国际学术研讨会"、"孙中山研究述评国际学术讨论会"、"纪念孙中山诞辰120周年国际学术讨论会"、"孙中山与亚洲国际学术讨论会"、"纪念辛亥革命80周年国际学术讨论会"等。1996年11月,为纪念孙中山诞辰130周年举行的"孙中山与中国近代化国际研讨会",除海峡两岸和港、澳的学者外,还有日本、韩国、越南、俄国、美国、加拿大、澳大利亚、南非和欧洲、南美洲的专家。会议进行了充分的交流，展示了丰硕的成果。新世纪初，又举行过纪念辛亥革命90周年和孙中山诞辰140周年的国际学术讨论会。在此期间，台、港、澳地区和日本、美国也多次召开了有关孙中山研究的学术讨论会。至于成果的数量和质量，堪称空前。相继出版的有《孙中山全集》《孙中山文粹》《孙中山研究丛书》（10部）、《孙中山研究论文集（1949～1984）》、《孙中山论》《孙中山传》《孙中山辞典》以及《孙中山年谱长编》等。粗略估计，专著、译著、资料汇编、图录和工具书约300余种，论文约2000余篇。研究机关和学会纷纷成立，计有中山大学、广东省社会科学院的两个孙中山研究所以及北京大学的孙中山研究中心等。孙中山研究会为数更多，分别为全国性的、地方性的和民主党派所组建，日本、美国和台、港、澳地区，亦有类似学术团体。以上所列，不过荦荦大端。在此期间，台湾的学者们也取得了丰硕的相关成果。

然而，近十余年来，孙中山研究的状况不能不引起人们的忧思。概括说来，部分成果的质量实难令人满意。重复乃至低水平重复的论文，时有所见。所以如此，原因之一是学风、文风的浮躁和急功近利的心态。孙中山研究的成果丰硕，创新的起点颇高，致使有些从业者知难而退，另觅捷径，乃至选求十分琐细和奇异的题目。先前的业绩有所减色，应当发人深省。

回顾和反思，是为了增创辉煌。不断超越的关键在于充分地认识孙中山研究的重大学术价值和现实意义，有关部门真正重视和支持这项研究，制订规划，培育和加强研究团队。研究者们则宜摒弃浮躁和急功近利的心态、学风、文风，再接再厉，奋进不已，把孙中山研究推向新阶段。

二

如同社会科学研究一样，深化和拓展孙中山研究应当首先着眼于理论、方法论的进一步完善。为了更科学地反映历史的多样性、丰富性和复杂性，必须坚持马克思主义——历史唯物主义的指导，力避僵化、偏颇、绝对化和简单化；采取改革和开放的态度，吸取新的理论、方法论的积极因素；关注学科之间的交叉和渗透,以丰富和发展指导研究的理论、方法论。

作为历史研究的理论、方法论,唯物史观无疑能够使研究者综览事物的全貌,纵观事物的过程,把握现象的本质,揭示社会发展的规律,阐明生产力与生产关系、经济基础与上层建筑之间的关系,确认个人与群体的作用。但是,还必须汲取古今中外一切有助于深刻而全面反映历史的理论、方法论中的成分。唯物史观本身即是开放和发展的,日益复杂剧变的社会需要与之相应的理论、方法论。

孙中山研究中的理论、方法论的运用存在着不足和缺陷:离开了历史条件去苛求或溢美孙中山的活动的倾向,在近年来有所发展;侧重于他的政治方面的研讨,忽略了其他方面——如经济建设理念与方案、文化思想等——的探究;关于三民主义的研究较少触及理论部分(如民族的界说、自由观、平等观、生产要素论及价值观等),对政体的构想和方案也未给予充分的重视;孤立地论述他的理论和实践,对其从属的社会阶段和凭借的历史舞台浅尝辄止;缺乏比较研究,难以清晰显示他对于先行者的扬弃和较之同代革命党人的优长;仅只把他视为"社会关系的总和",忽略了他的独特心态和性格。因之需要引入社会学的、心理学的、文化学的理论和比较方法、计算方法、计量方法、系统方法等等,以便更为准确、全面地展示他的真正形象。归根结底,历史科学不是史料的排比,只有在充分的、真实的、典型的史料的基础上进行实事求是的分析与综合,作出中肯的评价,引申出不同层次、领域的规律和论断,史学才能成为科学。至于热衷于"颠覆"、"去英雄化"、信口雌黄等做法,则与科学风马牛不相及。

三

认真探究孙中山以及与他相关的社会思潮和运动,把握它的文化取向,是深化和拓展孙中山研究的重要途径。

杰出人物总是与多种社会思潮和运动相联系,并成为一定的社会思潮和运动的代表。孙中山的政治生涯跨越了两个世纪,贯串了民主革命的不同阶

孙文学说

构建近代中国的理论先导

段,加以长期流亡域外,足迹遍及亚洲、欧洲和美洲等地,因此,与孙中山密切相关的社会思潮和运动必然是繁复的——涉及范围广泛,内涵堪称多元。

毫无疑问,孙中山与当代西方思潮的关系非常密切。他还在少年时代就已走向世界,受过欧洲式的教育,从西方充分吸取了民主主义,其机遇和作为在那个时代确是罕见和难能可贵的。必须深入研究他与"西学"的关系:接受了哪些理论,拒斥了什么观念;经由何种渠道获取,涉及了哪类学派;如何把引进思潮与时代、国情及传统文化相结合,以熔铸自己的思想体系;"西学"在他的理论中占有什么地位,起着哪些作用。孙中山与社会主义思潮关系也是十分重要的课题,他曾把民生主义与社会主义融通起来。他在青年时代就接触了社会主义,并对各种流派作过评价。应当进一步研究与之有关的问题:对科学社会主义的理解,对社会改良主义的认识,对无政府主义的态度,民生主义与民粹主义的异同,空想社会主义的影响……阐明上述有关问题,大有裨益于把握孙中山思想的实质。应当指出:向西方学习是近代中国先进人士的必然文化取向。因为半殖民地半封建社会的滞后,难以及时产生民主主义和科学社会主义,正是在这种意义上,鲁迅把这种学习、借取譬喻为普罗米修斯的窃取天火。

孙中山与传统文化——特别是长期居于官方哲学的儒家文化的关系,仍需进行深入研究。1994年1月,海峡两岸学者在杭州举行的"孙逸仙思想与儒家人文精神研讨会"和20世纪初在广州召开的"从孔子到孙中山——中华文化的传承和弘扬学术研究会",即为明证。大部分学者确认孙中山思想决非全盘西化的产物,他的理论的内容与形式都蕴含着传统文化中的优秀成分(如人本主义等)。任何一种先进的思潮,总是兼具时代精神和民族形式。民族虚无主义的危害,不可低估。显然有待探讨的问题甚多,诸如:他是儒学的继承者,抑或是孔孟之道的离异者?如果认为他曾经离异,那么晚年是否回归?他有否"儒学情结"?传统文化在他的理论中居于什么地位?他从传统文化中主要接受了哪些因素……这些重要的问题,需要实事求是地加以研究。

孙中山与当代中国和世界的社会运动,关系匪浅。他对近代中国农民运动(主要是太平天国运动)十分重视,采取了扬弃的态度。洋务运动曾经一度吸引了他的注意,但他很快就察知其浅薄和局限。维新运动给予他以深刻影响,他却迅速突破了君主立宪的藩篱。可以断言,孙中山与近代中国的大部分社会运动都有着互动关系。在其晚年,与中国共产主义运动以及新民主主义革命实践的关系尤为重要。此外,西方社会主义运动也与他早有接触。还在20世纪初,他曾经访问过布鲁塞尔的第二国际总部,受到的却是相当冷漠的待遇。后来,他与共产国际和苏俄——苏联有过合作,而在实现过程中也交织着复杂的矛盾,从国共两党延伸到国际范围。这类课题的研究确实比较薄弱,亟待加强。

四

孙中山是一位真正的巨人,他的理论与实践极为丰富。他多次环行世界,懂得几种外国语言。他制定了现实主义的政纲,又糅合以美好的梦想和至高的理念。他思索着古老的哲学命题,又亲历戎行指挥作战。他身处极其拮据的经济困境,却构想着宏伟的建设蓝图。他在历史潮流面前从不止步,而是与时俱进。他经历过胜利的欢欣和迭遭顿挫后"槁木死灰"般的心境,但总是毅然前行。因之,对孙中山的研究必须充分反映这种多层次和多方面的实况。

关于孙中山思想研究的著述甚多,然而在是否以三民主义为框架的基本问题上都有异议。应当深究他的多元的思想源流,剖析他的思想熔铸过程及其曲折性,阐明他的思想的复杂性和矛盾性。就民族主义而言,从避免瓜分到明确的反帝主张,历30年方始达成,至于国内民族问题的解决原则最少经过了三次变易。民权主义中有关政体的构建——革命程序论、政党与政党政治论、权能区分论、全民政治论、地方自治论和五权宪法论,都需认真研究。甚至被孙中山自称为"味同嚼蜡"的《民权初步》一书,也应从关于会议通则的论述中发现对封建专制主义长期君临的中国社会的民主启蒙意义。民生主义应以探究土地和资本为核心,而其精髓无疑在于对近代化的、社会化的大生产的肯定。他没有如民粹派那样在资本主义面前表现出伤感和恐惧,并且力求避免垄断所带来的社会溃疡。他的土地纲领是复杂的,但却是组成近代化方案的必要部分。他还探究过区域经济的相关问题,颇有助于物质建设。他的开放观念和实业化的具体构思,亦含有科学的积极因素。文化思想中的许多问题,如物质文明与心性文明的交互关系,中西文化的融合及西化与国情的处置,以及军事、外交、教育和科技思想等亦应更加重视。至于孙中山的实践活动,应作全方位的研究。他担任政党领袖——从兴中会到中国国民党——垂30年。他与许多国家有着联系和交往。他几乎终生从事"战争事业"。他为制定经济计划而多方勘察思考。要之,关于他的实践活动的研究必须兼有宏观与微观角度。

孙中山研究有待深化和拓展,我们没有理由自满,也不能任其弱化,更不应当停滞。

唯有奋进不已,锲而不舍,群策群力,增创辉煌!

2015年·广州